Kate Millett:

Im Basement

Meditationen über ein Menschenopfer

Aus dem Amerikanischen von
Erica Fischer

Deutscher
Taschenbuch
Verlag

dtv

Von Kate Millett
ist im Deutschen Taschenbuch Verlag erschienen:
Sita (11086)

Ungekürzte Ausgabe
1. Auflage Februar 1990
Deutscher Taschenbuch Verlag GmbH & Co. KG,
München

Titel der amerikanischen Originalausgabe:
The Basement. Meditation on a Human Sacrifice

ISBN 3-462-01401-3
Umschlaggestaltung: Celestino Piatti
Umschlagabbildung: Elvira Bach
Gesamtherstellung: C. H. Beck'sche Buchdruckerei,
Nördlingen
Printed in Germany · ISBN 3-423-11193-3
1 2 3 4 5 6 · 95 94 93 92 91 90

Dieses Buch besteht aus einer Reihe von Meditationen (persönlicher, philosophischer, spekulativer Natur) über ein Verbrechen – und obwohl es auf ausgiebigen Recherchen beruht, die durch die Prozeßniederschrift und die damalige Medienberichterstattung möglich wurden, erhebt es doch keinen Anspruch auf die gesamte Wahrheit; insbesondere dort, wo Ereignisse dramatisiert, Motive angegeben, und den Teilnehmern Monologe und Dialoge in den Mund gelegt werden, namentlich im letzten Teil, ist der Ablauf der Handlung bewußt und absichtlich erfunden.

Ich danke Albertha Hoeck, Bibliothekarin der *Indianapolis Star News,* für ihre große Hilfsbereitschaft, mit der sie mir bei meinen Recherchen über den Fall Sylvia Likens Zugang zu den Materialien und Informationen verschaffte. Dankbar bin ich auch vielen anderen Mitarbeitern für Kaffee und Ermutigung. Allen voran aber den Fotografen der *Star News,* deren visuelle Dokumentationen die Personen und Ereignisse in dieser Geschichte aufbewahrten, als ich mich Jahre danach daranmachte, sie in Worten neu zu schaffen. Einer der *Star-News*-Prozeßreporter, ein junger Mann namens John Dean, schrieb unmittelbar nach der Urteilsverkündigung einen Bericht über das Ereignis, der 1966 unter dem Titel *The Indiana Torture Slaying: Sylvia Likens' Ordeal and Death* im Verlag Bee-Line Books erschien – er hat mir damit einen unschätzbaren Dienst erwiesen, wofür ich ihm Dank schulde. Ich bin auch meinem Freund Fumio Yoshimura dankbar, der immer darauf bestand, daß ich dieses Buch schreibe, sowie meiner Freundin Cynthia MacAdams, die die Zeit des Schreibens an meiner Seite ertrug.

Sylvia Likens gewidmet

Am sechsundzwanzigsten Oktober 1965 wurde in Indianapolis, Indiana, die abgezehrte Leiche eines sechzehnjährigen Mädchens namens Sylvia Likens in einem Hinterschlafzimmer von Gertrude Baniszewskis Haus in der New York Street aufgefunden. Die Leiche war mit Wunden übersät, und die Worte »Ich bin eine Prostituierte und stolz darauf« waren auf ihren Bauch geritzt. Sylvias Eltern hatten sie und ihre jüngere Schwester, Jenny Likens, im Juli bei Gertrude in Pflege gegeben. Die Schläge und Mißhandlungen, die Sylvia während der Sommermonate erleiden mußte, hatten sich bis September so gesteigert, daß sie die letzten Wochen ihres Lebens als Gefangene im Keller des Hauses zubrachte. Gertrude Baniszewski wurde zusammen mit drei ihrer jugendlichen Kinder und zwei Jungen aus der Nachbarschaft, Coy Hubbard und Richard Hobbs, des Mordes angeklagt.

Das Buch

Am 26. Oktober 1965 wurde in Indianapolis, im Schlafzimmer des Hauses von Gertrude Baniszewski in der New York Street, der abgezehrte, mißhandelte Leichnam der sechzehnjährigen Sylvia Likens gefunden. Auf ihrem Bauch waren die Worte eingeritzt: »Ich bin eine Prostituierte und stolz darauf.« Sylvias Eltern, Handlungsreisende, hatten sie und ihre jüngere Schwester Jenny der sechsunddreißigjährigen Gertrude Baniszewski anvertraut. Von Juli bis Oktober folterte Gertrude Baniszewski zusammen mit drei ihrer sieben Kinder und einigen Jugendlichen aus der Nachbarschaft Sylvia zu Tode.

Kate Millett lotet die ganze Ungeheuerlichkeit dieses Verbrechens aus: das Freisetzen von Sadismen bei der enttäuschten, kranken und hoffnungslosen Gertrude Baniszewski, die Brutalität und Mitleidlosigkeit der Gleichaltrigen, die Kälte und Gleichgültigkeit der Erwachsenen, die hätten Zeugen und Retter sein können, wenn sie nur bereit gewesen wären zu sehen und zu hören, die Angst der Schwester, selbst Opfer zu werden – und letztlich die Willfährigkeit des Opfers: Sylvia Likens, die hätte entkommen können und bis zu ihrem Tode blieb. Kate Millett fügt mit ihren Überlegungen dem Thema »Gewalt gegen Frauen« einen neuen Akzent hinzu: die Frau als das durch anerzogene Scham konditionierte Opfer. Erst wenn die Frauen zu einer neuen Wertschätzung ihrer selbst, ihres Körpers kommen, werden sie sich dem Teufelskreis aus Scham, Opfer und Gewalt entziehen können. Gleichzeitig hinterfragt Kate Millett auch einen anderen Aspekt dieses Verbrechens: die Frau als Täter.

Die Autorin

Kate Millett wurde am 14. September 1934 geboren. Von 1961 bis 1963 lebte sie in Japan und heiratete 1965 den japanischen Bildhauer Fumio Yoshimura, von dem sie nach zehnjähriger Ehe geschieden wurde. 1979 erwarb sie mit ›Sexus und Herrschaft‹ den Doktorgrad an der Columbia University. Von ihren Büchern liegen in deutscher Sprache außerdem vor: ›Sexus und Herrschaft‹ (1971), ›Das verkaufte Geschlecht‹ (1972), ›Sita‹ (1978), ›Fliegen‹ (1982), ›Im Iran‹ (1982).

TEIL EINS

Eins

ENDLICH kann ich dich mit meiner Stimme berühren, endlich ist es soweit, Sylvia Likens. In wie vielen traurigen gelben Hotelzimmern habe ich zu dir gesprochen, habe diese Worte an die Wand geschrieben, als ich in fremden Betten lag und den getünchten Verputz anstarrte, habe diesen Anfang geistig vorbereitet. Eine Stunde lang voller Zuversicht. Und dann zu Hause von neuem die Feigheit, unfähig, auch nur ein Wort zu Papier zu bringen. Warten auf den richtigen Augenblick. Ich werde die erste Person verwenden, und ich werde dich direkt ansprechen – darauf habe ich gewartet, alle diese Jahre habe ich darauf gewartet, dieses Buch zu schreiben, meine vierzehnjährige Besessenheit von dir. Vierzehn Jahre lang warst du eine Geschichte, die ich Freunden, ja auch Fremden erzählte, jedem, den ich festnageln konnte, vor allem spät nachts. Seit dem ersten Mal, als ich von dir hörte, als ich in einer Zeitschrift auf etwas stieß, die Umrisse deiner Qual. Daß dein Körper gräßlich verstümmelt wurde und die Worte »Ich bin eine Prostituierte und stolz darauf« in deinen Bauch geritzt. In einem Keller von einer Horde Jugendlicher systematisch zu Tode gefoltert, unter der Anleitung einer Frau, der dich deine Eltern anvertraut hatten, einer Frau, die Gertrude Baniszewski hieß. Indianapolis, 1965.

Seither hast du mich begleitet, eine Teufelssaat, ein Alptraum, mein eigener Alptraum, der Alptraum der Jugend, des Erwachsenwerdens eines weiblichen Kindes, des Frauwerdens in einer uns feindlichen Welt, einer Welt, die wir verloren haben und in der wir überall an unsere Niederlage erinnert werden. Was du ertragen hast ein Sinnbild dafür. Daß es dir von der Hand einer Frau zugefügt wurde der schlimmste Teil der Geschichte, auch das. Wer sonst könnte geeigneter sein, eine Kind-Frau zu zerstören? Alle diese Jahre hatte ich Zeit, an dich zu denken, über dich zu grübeln, dich zu studieren, mich von dir verfolgen zu lassen, dich zu lieben, über dich zu staunen, dir aus dem Weg zu gehen und keine Ruhe vor dir zu finden.

Du bist in mich eingedrungen, hast mein Leben verändert. Zehn Jahre baute ich deinetwegen Käfige, ja die ersten dieser Art wurden sogar in einem Keller gemacht, in jenem Sommer, als ich von dir hörte. Denn ich war Bildhauerin und noch keine Schriftstellerin, eine Dissertantin, die im Sommer deines Prozesses vor den Sprachprüfungen für ihr Doktorat an der Columbia-Universität stand, und wie konnte ich nach Indiana fahren, zu arm zum Reisen – und außerdem schrieb ich ja nicht. Also blieb ich in der Bowery und lernte in siebzehn Tagen deutsch von A bis Z, legte die Prüfung ab, und da ich mir die Zeit verdient hatte, den Rest des Sommers vor mir, baute ich den ersten der vielen Käfige, jeder einzelne eine indirekte Nacherzählung deiner Geschichte, des Lebens, das du gekannt hast, seiner Fassung von Erfahrung. Ein Käfig, jetzt die einzig mögliche Metapher auch für das Leben anderer, für das Leben schlechthin. Denn nachdem man dich kannte, mußte man in solchen Bahnen denken. Fünf Ausstellungen. Während ich darauf wartete, fertig zu werden. Jahre vergingen, und ich begann auch zu schreiben, aber noch immer wartete ich auf die Zeit der Reife, wartete darauf, gut genug zu werden, um für dich schreiben zu können.

Alle diese Jahre, in denen ich eine Beschreibung deines Begräbnisses las, nach Indianapolis fuhr, wo ich mich wie zu Hause fühle, weil auch ich aus dem Mittelwesten stamme, und dich in den *Indianapolis News* vom 30. Oktober 1965 aufstöberte. »Begräbnis des Mädchens«, lautete die Überschrift, »Die Trauergäste versammeln sich im Oak Hill-Friedhof am Stadtrand von East Lebanon, um Sylvia Likens das letzte Geleit zu geben.« Ein kleines Häufchen waren sie, ungleich weniger als die Meute beim Prozeß. Die Zeitung zählte fünfzig, auf den unscharfen Fotografien sieht es nach viel weniger aus. Ein Matrose hielt Wache. Ein Mann mit Brille. Sonst meistens Frauen, und eine Blumenvase auf einem Grabstein im Vordergrund, Blumen und Gras bis hin zu den nylonbestrumpften Beinen.

Die »Damen«, und das sind sie gewiß (Gertrude darf jetzt nicht mehr an dich heran, doch von diesem Tag an wird sie dein Schicksal für immer mit sich führen), tragen jene leichten Herbstmäntel aus Wolle, wie sie im Mittelwesten so beliebt sind, weit, zeltartig und in Pastellfarben; es gibt Hüte und Frisuren und Schleier. Es ist alles so sehr wie daheim, wie unsere Pfarrkirche in St. Paul, trotz der anderen Religion. Ich kenne diese Pfarrgemeinde, bin zwanzig Jahre meines Lebens Sonntag für Sonntag in sie eingeschlossen gewesen. Für einen Amerikaner mag es typisch amerikanisch sein; für mich ist es eine ziemlich erbarmungslose, besonders deprimierende Wirklichkeit, unentrinnbar wie das eigene Ich und seine Ursprünge. Diese Körper sind irgendwie so schwer und kompakt. Genauso wie bei Hobbs' Begräbnis anderswo in meiner Sammlung, die Bilder, durch welche ich euch kennengelernt habe, euch alle, eines vom 11. November, als der junge Richard Hobbs, der das Zeug über die Prostituierte in deinen Bauch ritzte, nach dem Begräbnis von einem Polizisten durch die Hintertür (eigentlich die Blumentür) der Dorsey-Begräbniskapelle weggeschafft wurde, seine Mutter endlich, wirklich tot, gestorben am Krebs, der sie während der Monate seines Verbrechens an dir zerfressen hatte.

Du, die du dich jetzt in der Erde niederläßt. Umgeben von einigen Verwandten, einigen Bürgern der Stadt, denn das ist die Heimatstadt deines Vaters und dein Geburtsort. Vielleicht auch von einigen Neugierigen. Denn du bist bekannt geworden, eine Pressemeldung, fast eine »Berühmtheit«, diese eigentümliche amerikanische Erscheinung. Vor drei Tagen hast du das letzte Abendlicht in deinem Kellerloch gesehen, hast die letzte Auflehnung und Niederlage durchlebt, die letzte, verzweifelte Anstrengung. Bist verzweifelt und hast Frieden gefunden. Einen Frieden, der entweder endgültige Verzweiflung oder allerletzte Enttäuschung bedeutete. Oder aber die Rettung, eine Hoffnung, welche die Hoffnung aufhebt oder negiert, Nirwana. Oder das Nichts. Die Leere oder die Vision. Jetzt alles eins, bedeutungslos angesichts der feisten Damen, die deinem Ende beiwohnen, ihrer dicken Beine von hinten, ihrer weiten Mäntel, ihrer ältlichen Frisuren, ihrer Sonntagskleider. Nie sieht man ihre Gesichter, denn das Seltsame dieser Fotografie ist, daß alle diese Gestalten der Kamera den Rücken zeigen. Vielleicht ist sogar dein Begräbnis für seine Besucher kompromittierend. Vielleicht war der Fotograf diskret oder höflich oder rücksichtsvoll. Oder vielleicht vollzieht sich die Handlung gerade außerhalb des Bildes, an der Grube, in die du fällst, soeben fällst. Oder vielleicht ist das Grab schon über dir geschlossen, und das kleine Häufchen »Blumenarrangement« ist alles, was von dir übriggeblieben ist, eine ebenso entmutigende Aussicht wie die Parade am Heldengedenktag bei Sonnenuntergang.

Hamlet sprang in ein Grab und wütete, daß vierzigtausend Brüder Ophelia nicht so lieben konnten wie er. Aber dann half auch er mit, sie umzubringen. Ich bin bloß jemand, der vierzehn Jahre nach dem Vorfall an einem regnerischen Tag in New York ein Foto anstarrt. Mit euch allen im Kopf. Im Herzen sollte ich sogar sagen. In meinen Eingeweiden, ja, wo ihr wie Säure gebrannt habt – die Empörung, die ich empfand, als ich das erste Mal über euch las. Die Zufälle, die unser Leben bestimmen: Ich las an jenem Tag in der kleinen Kantine des Barnard College die Zeitschrift *Time*, in der nutzlosen Stunde zwischen zwei Vorlesungen, die man mit einem Hamburger, einer Cola füllt, ein Schriftwerk, das eine junge Universitätsdozentin wie ich großzügig verachtete, aber trotzdem las, wegen des Haßmaterials oder des Klatsches oder um sich aus dem Blickwinkel der Barbaren Einblick in das zu verschaffen, was sich draußen abspielte. Und stieß vollkommen zufällig auf diese Barbarei, las es in einer krankhaften Faszination vermischt mit Entsetzen und Wut. Und Angst. Vor allem Angst, eine riesige Angst.

Denn ich war Sylvia Likens. Sie war ich. Sie war sechzehn. Ich war es gewesen. Sie war das Grauen am Grunde der Höhle, sie war, was Mädchen »zustößt«. Oder kann. Oder mag. Oder von Zeit zu Zeit zugestoßen ist, und du trägst es mit dir herum, wenn du sechzehn bist oder es einmal warst oder weiblichen Geschlechts, und die Gefahr umgibt dich. Frauen, die Leichen von Frauen, in Zeitungsdruck an die Oberfläche geschwemmt, schrecklich zugerichtet oder eine andere im Kofferraum eines Wagens. Wir alle haben eine solche Geschichte, und ich habe meine gefunden. Die Gefahr wurde sichtbar gemacht, nahm Gestalt an, die allgegenwärtige, wirkliche, eingebildete, unbestimmbare Gefahr, die uns umgibt. Auch die mögliche Gefahr. Keller und Gefangenschaft und ein langer, langsamer, qualvoller Tod, der Körper sogar durch Schrift verstümmelt.

Und man liest dieses Zeug und denkt sich, warum zum Teufel haben sie das nur gemacht? Und man sieht die Zeile über die Prostituierte und weiß, obwohl man es kaum zu denken wagt – so wie sich ein Begriff erst bildet –, man weiß, daß es sich um Sexualität handelt. Daß sie sie der Sexualität wegen umgebracht haben. Weil sie sie hatte. Sie war Sexualität. Wie eine Krankheit. Wie irgendeine bizarre, primitive Medizin. Weil sie, unverheiratet und sechzehn Jahre alt, für die Welt um sie herum Sexualität verkörperte, und das ist eine Art Verbrechen. Deshalb ist ihre Ermordung Strafe. Eine Hinrichtung. Ein vollstrecktes Urteil. *Aus Scham.*

Und die Scham? Die Antwort auf die andere Frage – warum hat sie es zugelassen? Zugegeben, während der letzten Wochen ihres Lebens war sie in einem Basement gefesselt und hatte die unaussprechlichsten Qualen hinter sich. Aber hier steht, daß sie vorher noch frei war, zwar psychischem Druck und Einschüchterungen ausgesetzt, aber dennoch frei, zu kommen und zu gehen. Zumindest zur Schule, solange sie sie noch besuchen durfte. Und da gab es einen Pastor, an den sie sich wenden konnte, Verwandte, Nachbarn, Sozialarbeiter. Die ganze Bürokratie der Helfenden, wie immer skeptisch sie ihnen gegenüber eingestellt gewesen sein mochte, wie immer skeptisch sie angesichts der erstaunlichen Dinge gewesen sein mochten, die sie ihnen erzählen müßte. Und sie sagte nichts. Und sie lief nicht davon, oder vielmehr sie versuchte so lange nicht davonzulaufen, bis es zu spät war, versuchte es niemandem zu sagen, bis sie nur mehr eine Schaufel hatte, mit der sie sprechen konnte, eine Schaufel, mit der sie auf den Boden schlug und einen Nachbarn störte, einfach nur so sehr störte, daß er fast die Polizei gerufen hätte – er war wirklich gerade soweit, als das Geräusch aufhörte.

Es muß nicht nur der Körper gewesen sein, der gebrochen wurde, sondern der Geist. Und das ist die volle Bedeutung von Scham. In Kafkas *Strafkolonie* wird das Urteil am Fleisch vollstreckt, auf den Leib geschrieben, damit es in die Seele dringt. Hier auch.

Zwei

Wenn ich schreibe, halte ich sie vor mir. Sie, Gertrude und ihre Bande; auch das Haus in der New York Street, und das Basement. Fotografien freilich nur. Das einzige, was es gibt. Aber mit der fast mystischen Eigenschaft der Fotografie – ihre Dimension in der Zeit, so daß jedes von Gertrudes eingefallenen Gesichtern von damals, immer damals, zu einem gefrorenen Stück Zeit wird, zu einer echten Erinnerung – ist jeder neue Blick auf diese unvollkommene Druckerschwärze, diese Konfiguration von Schatten, eine Rückkehr in das Jahr 1965, eine Rückkehr zum Zeitpunkt ihrer Verhaftung. Ja, auch zu ihrer Erkenntnis; vielleicht sogar zu ihrer Befreiung. Denn sie hatten ihrem Treiben ein Ende gesetzt.

Und auf allen folgenden Fotografien, die den Prozeß begleiteten, wird ihr Gesicht auf magische Weise immer gelöster, ihr Körper nimmt an Gewicht zu, wird runder, gesünder, blüht auf. Auf manchen späteren Fotografien, als der Prozeß schon fortgeschritten war, besonders auf einer, hat sich Gertrude, ein Buch und Dokumente unter dem Arm, gestikulierend im Gespräch mit ihrem Anwalt Erbecker[1], in eine attraktive Frau verwandelt, selbstbewußt steht sie vor ihm, läßt sich beraten, plant ihre Strategie, nimmt Anteil. In ihrer Energie liegt sogar etwas Kokettes. Sie ist »normal« geworden, akzeptabel, glaubwürdig, statt des Gespenstes zur Zeit ihrer Verhaftung jetzt eine Frau.

Und vielleicht liebte sie ihren Prozeß. Die Kleider. Bei Kleidern kannten sie sich aus, die Anwälte, sie wußten genau, was sie anziehen sollte: Wollwesten und Faltenröcke. Die Achtbare. Eine angenehme junge Frau, die mit ihren beiden Töchtern den Gerichtssaal betritt. Auch anständig gekleidet. Nett. Einnehmend. Elegant, nicht zu elegant freilich, aber elegant im Vergleich zur New York Street, zur Küche, den Schlafzimmern und dem Keller.

1 Randy Singer, *Indianapolis Star News*, 30. April 1967.

Farbenfrohe neue Kleidungsstücke ersetzten die Schemen der schmutzigen Spülbecken und verdreckten Matratzen, löschten sie aus. Eine ganz andere Welt. Weshalb Gertrude gedieh. Sie war erlöst. In ihrem Mordprozeß war sie endlich auf ihre eigene Begnadigung gestoßen. Armut – sie schien wegzuschmelzen. Sie schien zu Ende zu sein. Gertrudes Anwälte, William Erbecker und seine Mitanwälte, erhielten kein Honorar und widmeten sich dem Fall mit großzügiger und ehrsamer Hingabe. Nahrung, Kleidung, Miete – die Mühsal der Beschaffung und Versorgung – das war jetzt alles vorbei für sie. Andere kümmerten sich darum. Shirley und Marie Baniszewski hatten Pflegeeltern gefunden, die ihnen Sicherheit und Geborgenheit boten und sogar schon Zuneigung zu ihnen gefaßt zu haben schienen. Die übrigen jüngeren Kinder wurden ebenfalls verstreut und nicht dem Schutz des Vaters überantwortet, obwohl das grelle Licht der Öffentlichkeit weitere Verletzungen der Sorgepflicht für die Kinder hätte verhüten können. Die drei ältesten, John, Paula und Stephanie, alle in Haft, erfreuten sich derselben professionellen Aufmerksamkeit wie Gertrude. Das war die Situation.

Aber es ging nicht um die materiellen Dinge. Nicht einmal um die Kleider. Doch wie wunderbar waren die Kleider, wie sie erneuerten und schützten, wie sie einem beim Betreten des Gerichtssaals tagtäglich aufrecht erhielten. Momente, in denen die Augen der Menge danach lechzen, dich zu verschlingen, dich zu verbrennen, dich auseinanderzunehmen, um zu sehen, wie nahe du dich ans Feuer gewagt hast, die nervöse Aufmerksamkeit eines Nagetiers, während sie das Auftreten der Angeklagten verfolgen, die Pfeile bald hier bald dort, wie Flammen sich in Wolle bohren und erst in winzigen schwarzen Löchern brennen, in kleinen glimmenden Negativen, die das Ende voraussagen. Und die ungewohnte, sehr selbstbewußte Neuheit der Weste, ihre leuchtende Chrysanthemenfarbe – wie früher einmal die Schulkinder, wie früher einmal die Herbstausstattung, die frische Erneuerung der Jahreszeit, das dringende Verlangen danach von der Schule so früh schon gezüchtet, daß es das ganze Erwachsenenleben erhalten bleibt, weitergeführt durch das Leben der eigenen Kinder – aber diesen September gab es keine neue Schulkleidung, nichts, und diese Leere, das Versagen und die Trostlosigkeit sind nun wieder wie ein Wunder gutgemacht durch den Rock und die Weste, ein Glücksfall des Lebens durch diesen grotesken Anlaß des Prozesses.

Die Rettung. Aber eigentlich ging es tiefer, unter den Schutz des Gefängnisses, die geschulte Bestimmtheit der Wärterinnen, Erbeckers väterliche Verteidigung, unter die Hochachtung der anderen Anwälte, die ihre Kinder verteidigen, Mr. Rice für ihre achtzehnjährige Tochter Paula, Stephanies Mr. Hammond – der so geschickt war, daß er ihr einen eigenen Prozeß verschaffte, anscheinend als Belohnung für Stephanies Bereitschaft, als Zeugin der Anklage gegen die anderen auszusagen, weshalb die Anklage wegen Mordes gegen Stephanie fallengelassen und sie freigesprochen wurde – Mr. Bowman für ihren dreizehnjährigen Sohn John Baniszewski, den er mit seinem Freund und Nachbarn Coy Hubbard teilte, und schließlich für den fünfzehnjährigen Richard Mr. Nedeff, der einzige vom Gericht bestellte Anwalt. Meistens junge Anwälte beim ersten sensationellen Prozeß ihrer Laufbahn, ernsthaft, unentgeltlich (bloß Mr. Nedeff, der Armenanwalt, wurde bezahlt), wie ihre Augen das durch ihre Klienten verkörperte Verbrechen zu achten schienen, ihre Umgangsformen fast höflich, »netter« als sie es bei Männern je erlebt hatte. Die Unterlagen. Die Reporter. Sie verfolgten ihr Leben, lechzten nach ihren Antworten – aber immer war sie wichtig. Wichtig. Böser als alles, in dessen Nähe diese Gestalten je gekommen waren, ihr Leben ein seltsamer Wettlauf mit dem Bösen, ohne es jemals wirklich zu erreichen, so schwer ist es zu finden, daß man die Maske des Schocks oder der gespielten Überraschung fallenläßt, die Aufgabe, Entsetzen zu heucheln. Für den Pöbel reicht es vielleicht, nicht aber für den professionellen Forscher. Hier endlich ist das Schaudern. Eine andere Dimension. Etwas gänzlich Neues. Mord. Der große Mord, das eine, große, mystische Verbrechen. Andere Mörder hatten sie freilich schon gesehen. Auch die Wärterinnen, einige der Anwälte, die Reporter, die über die üblichen Familienverbrechen berichteten, Kindesmißhandlung, die Samstagabend-Leidenschaft, das Abschlachten von Ehefrauen und Geliebten. Aber nichts reichte an das heran. Weil es Folter war. Etwas kaum Bekanntes.

Oder so verbreitet, daß es übersehen wurde. Aber zu Tode gefoltert – das hatte etwas Großartiges an sich. In einem Keller gefesselt und langsam und rituell ermordet werden. Der Alptraum eines jeden, eine Erinnerung aus den Spielen der Kinder, das ganze endlose Drumherum von Seilen, Knoten, Spielen mit Augenverbinden oder Knebeln, die Streiche oder Bestrafungen durch Einsperren in dunkle Kammern.

Auch die Vorliebe für Spiele im Keller, Stätten der Lagerung und der Dunkelheit, kühl und feucht, höhlenartig und verborgen, sicher vor Erwachsenen und Störung. Stätten sexueller Experimente, der erste Exhibitionismus, das Herzeigen von Genitalien, wo das Geheimnis, wie Jungen pipi machen und Mädchen aussehen, gelüftet wird, das Kichern und Berühren, das zarte Ködern, das Hänseln und Necken, das Gewinnen und Verlieren von Spielen, Kartenspiele, Mensch ärgere dich nicht, Dame, das Spielen mit Murmeln und Würfeln. Der Ort, wo man Zigaretten raucht.

Der Mittelwesten. Man fragt sich, was mit Jugendlichen geschieht, die in Florida aufwachsen, wo die Häuser nicht unterkellert sind. Auch keine Dachböden haben. Aber Dachböden sind etwas ganz anderes. Weggelegte Vorhänge für Verkleidungsspiele, Theater, das Spiel von heranwachsenden Mädchen. Erinnerungen in Schachteln, alte Fotografien und Kleider und Verkleidung. Völlig anders, in diesem Alter ist die Welt realer und deshalb notwendigerweise sanfter. Nicht die harten jüngeren Fantasien der ersten zehn Jahre, ihre schrecklichen Experimente mit Schmerz und Gefangennahme und Mord. Später werden sogar diese abscheulichen ersten Augenblicke des Zufügens von Schmerz und Hohn, wenn überhaupt, dann abgeschwächt in die Bösartigkeit von jungen Frauen, der plötzliche Treibsand von Zuneigung zwischen zwei »Freundinnen«, die auf eine dritte losschlagen, ihre Schmähungen ausgestoßen in einem singenden Tonfall zum Fieber der Tränen des Opfers.

Der Keller war, wenn man zurückblickt, der Ort für die Jungen; das Spiel von kleineren Kindern, solange Knaben und Mädchen noch miteinander spielen, aber das Spiel war von den Jungen angeführt, von jener Besessenheit von Gewalt, die sie unwiederbringlich von den Bullen und den Räubern und den Indianern gelernt haben, Spione und Fesseln und Hinrichtung. Oder die Mörderspiele in verdunkelten Häusern, komplizierter, wie im Kino; man kann sie oben spielen, wenn die Erwachsenen außer Haus sind, unter Jugendlichen spielen auch die Mädchen mit, die Spannung sowohl schrecklich als auch berauschend, das Warten in der Dunkelheit, ein fast sexuelles Warten, der Augenblick des Angriffs, der Augenblick, der in Hunderten von Filmen durchgespielt wird, die Heldin im Negligé, ihre Hand am Telefon, öffnet den Mund zum Schrei, während die Schritte immer näher kommen. Das Telefon ist tot, der Draht durchschnitten. Tausende Frauen halten den Atem an und packen das Handgelenk ihres Begleiters. So haben wir es gelernt.

Aber das ist alles viel subtiler als der dreckige Klumpen Kleider unter Gertrudes Kellertreppe. Das ist die Wirklichkeit. Die Trostlosigkeit so schön in den unbeteiligten Polizeifotografien[2] wiedergegeben, schöne Fotografien auf ihre Art, denn schon die Art ihrer Wiedergabe sperrt einem in einer unvorhergesehenen Reaktion die Luft ab, das scharfe Brennen in der Stirn, das Schock oder Grauen oder Abscheu bedeutet – alles Worte, die billig und platt sind im Vergleich zu dem Bild oder der Empfindung, die sie auslöst, jene kleine Flamme aus Blut über den Augen, als das Gehirn mehr Sauerstoff brauchte, um mit dem fertig zu werden, was es aufnehmen mußte, die Reaktion des Adrenalins auf eine so starke Lebensbedrohung. Oder vielleicht ist es Scham. Schon allein die Elendigkeit jener Treppe, die öde Armut des Spülbeckens rufen in uns Schamgefühle hervor, daß solches Leben jemals gelebt wurde, das Leben des Opfers, dort unten wie ein Hund festgehalten, und das Leben derjenigen, die es zum Opfer machten, die Zeit ausgebreitet vor ihrem endlosen Morgen, so bar jeder Hoffnung und auch jedes Interesses, daß sie es vorzogen, zu töten, um existieren zu können.

Und zum Vergnügen. Denn es muß Spaß gemacht haben. Seltsames Wort. Man braucht lange, um das zu erkennen oder zuzugeben. So offensichtlich, so sonnenklar, bis es einem endlich

2 Zusätzlich zu den Fotografien des Baniszewski-Hauses, die der Niederschrift beigelegt waren, durfte ich auch eine große Anzahl von Aufnahmen von Fotografien der *Indianapolis Star News* sehen.

in die Augen springt, daß, mit welchem Zorn, in welcher Verwirrung die Folterknechte auch immer gearbeitet haben, mit welcher Rechtschaffenheit sogar, jener religiösen Korrektheit, die in Augenblicken alles bestimmen mußte, daß es, zusätzlich zu jener vollen Befriedigung – Vergnügen gab. Mehr noch als Vergnügen. Erregung, die besondere Erregung von Gruppensport. Und seinen Sinn für das Spielerische, den Wettstreit, das improvisierte Theater.

Kein Wunder, denn es ist Sex und die Geschlechterrolle (zusammen mit den anderen historischen Kategorien von Beherrschung und Unterwerfung, Herr und Sklave, Adeliger und Leibeigener, Sieger und Besiegter), die dem Spiel im Keller, dem Kellerspiel, dem Kellertheater die treibende Kraft verleihen. Gespielte Fantasie. Theatergespielt. Aber um wie viel spannender ist es, das Wirkliche zu spielen, eine Handlung mit wirklichen Konsequenzen. Der Schrei ist echt. Nicht gespielt, kein Schauspiel – wo es scheint, daß die Spannung des Spiels etwas von seiner Panik in die Wirklichkeit umzusetzen vermag. Nicht so hier. Hier ist alles Wirklichkeit. Der absolute Schmerz. Die absolute Angst. Nicht bloß der echte Schrei eines gekniffenen Kindes, gefesselt oder einmal geschlagen, als Teil eines Rituals, auf das man sich geeinigt hat. Nein, das ist die wahrgewordene Sache. Weil das Opfer kein Komplize ist, an der Verschwörung in keiner Weise teilnehmen darf, nicht mitspielt. Weil das kein Spiel ist, die Grenze überschritten hat, zu Leben wurde. Für das Opfer. Und für seine jüngere Schwester Jenny Likens, die gezwungen wurde, hilflos zuzusehen. Für die Folterknechte ist es noch immer Spiel, ein Spiel mit dem Leben des Opfers, wie ein Tier den Körper des anderen zu Tode quält, die Moralordnung der Menschen völlig aufgehoben. Wochenlang hatte die Bande der Spieler, Gertrude und ihr Sohn John, ihre Tochter Paula, ihre Tochter Stephanie, und die Nachbarjungen, Coy Hubbard und Richard Hobbs, die Angeklagten, die Hauptdarsteller des Stücks, aber unterstützt von Jugendlichen in Nebenrollen, wie Randy Leper, der der Anklage entging, und einer Handvoll von Nebenfiguren aus der Nachbarschaft, entweder Zeugen oder Teilnehmer – wochenlang hatten diese Personen der Fantasie Form und Gestalt gegeben, sie mit pulsierendem Leben erfüllt, sie in rasendem, überstürztem Tempo in die Wirklichkeit befördert, sie in gefürchtete, erträumte oder gespielte Dinge einfließen und sie überwinden lassen.

Das Machtgefühl, das es ihnen verschafft haben muß. Das machte sicher Spaß. Aber Spaß ist auch Überschwang und Vergnügen, Gelächter, Spiel, Tanz und Witz. Gelächter muß es viel gegeben haben, Hohngelächter für das Opfer, für Sylvia, Gelächter, das zerstörerischer gewesen sein muß als selbst die Schläge. Und das Gelächter untereinander – wie anders, voller Bewunderung, wenn Gertrude Sylvia schlägt und dann das perfekte Gesicht, die passende Geste mimt, um die anderen zu unterhalten, wenn Johnnie die geistreiche Idee hat, Sylvia die Kellertreppe hinunterzustoßen, die Tat ebenso für die anderen wie für sich selbst, ebenso um die Zuseher zu befriedigen als um sich selbst herauszustellen. Die »schönen Zeiten« von Gruppenunternehmungen, von Kameradschaftsgeist, die Befriedigung der Erinnerung. Und zum Spaß zwangen sie Sylvia, eine Colaflasche in die Vagina zu schieben. Sie hatten Spaß.

Die Art, wie die Öffentlichkeit unter der Maske des Abscheus diesen Fall genoß, ist freilich eine andere Sache. Aber vielleicht werden durch Verbrechen gewisse inkohärente gesellschaftsfeindliche Impulse geweckt, das Durchbrechen von Regeln, das Ausleben des Verbotenen. Immer ist da die Erregung der Identifikation mit der öffentlichen Verfehlung. Irgendwo. Sogar bei Fragen von schwerwiegender moralischer Bedeutung und wo man sich im allgemeinen einig ist, wo sogar sentimentalisiert wird, wie im Falle von Kindern. Sogar dort gibt es die Wut des Erwachsenen gegen das Kind, jeder Erwachsene, der schon einmal ein Kind geschlagen hat. Oder wollte. Recht umfassende Kategorien. Oder sich dafür schämte oder eines von beiden tun wollte. Weniger umfassend. Insbesondere in einer Welt, wo die Ermächtigung, die Jüngeren und Kleineren zu züchtigen, als ein »Recht« gilt. Das universell geheiligte Recht der biologischen Eltern. Einmal war das Recht, die eigene Nachkommenschaft zu töten, eine Selbstverständlichkeit – so auch im römischen Recht. Das Recht, sie körperlich und seelisch zu quälen, wenn schon nicht zu töten, wurde erst vor kurzem in Frage gestellt. Wollte man kategorisch feststellen, daß die Erwachsenen keinerlei Recht haben, Kinder zu terrorisieren und zu brutalisieren, kein Recht, sie zu prügeln und zu schlagen und zu ohrfeigen, würde es schwer sein, Leute zu finden, die sich damit einverstanden erklären. Der Oberste Gerichtshof der Vereinigten Staaten hat kürzlich die Prügelstrafe bei Schulkindern auf Stöcke beschränkt, die nicht länger als einen halben Meter und nicht dicker als 10 cm sind. Das war die Größe des Prügels, oder wie Gertrude sich ausdrückte, des »Paddels«, das gegen Sylvia eingesetzt wurde.

Gertrudes Nachbarn glaubten alle an die Notwendigkeit der körperlichen Züchtigung von Kindern. Sie hörten Sylvia schreien. Sie hörten es vier Wochen lang. Judy Duke sah Sylvias Prügel und beschrieb sie sogar einmal ihrer Mutter in der Küche beim Spülen; der Urteilsspruch war, daß das Kind Strafe verdiente. Mrs. Vermillion vom Nachbarhaus, keine fünf Meter von Sylvias Kellerfenster entfernt, muß das Kind Woche für Woche bis zum Wahnsinn leiden gehört haben, bevor ein anderes Geräusch, das Geräusch einer Kohlenschaufel gegen den Boden, sie so sehr erzürnte, daß sie erwog, die Polizei zu rufen. Und tat es dann nicht. Genauso wie Sylvia aufhörte, die Schaufel bewegte sich nicht mehr, hörte auf, Signale zu geben, zum letzten Mal nach Hilfe zu rufen. Der Wurm wand sich, das Opfer bäumte sich auf und rief um Hilfe, glaubte endlich, in diesem letzten Durchgang, daß es noch Hilfe geben könnte.

Und so legte Mrs. Vermillion das Telefon wieder nieder, brummte noch einmal ihren Mann an (wie muß es für die Kinder gewesen sein, diese Schreie zu hören, die Kinder, die sie einmal bei Gertrude lassen wollte, als sie bei RCA in der Abendschicht arbeitete), und ließ sich wieder in moralische Trägheit zurückfallen.

Aber angesichts des Todes und der Leiche war Mrs. Vermillion endlich entsetzt. Indianapolis war geschockt. Die Befürworter von Kindesmißhandlung allerorten waren angesichts der möglichen Konsequenzen und Auswirkungen ihrer Politik rechtschaffen entrüstet. Auf das Ausmaß kommt es an. Und irgend etwas an der Gruppe von Sylvias Peinigern, irgend etwas an ihrem Vergnügen ist unüberwindbar abstoßend. Ein Verbrechen, dem der Elan völlig fehlt, ein Mord ohne Katharsis. Nur nacktes Grauen. Elend, mit einer Plattheit, die man nur als dumm bezeichnen kann. So dumm wie Gertrudes schwaches Alibi, so grausam wie Rickys Lachen, sein Abenteuer, das Wort Prostituierte in den Bauch seines Opfers zu ritzen. »Ich bin eine Prostituierte und stolz darauf.« Fast unerklärlich dumm, da ja Sylvia weder eine Prostituierte war, noch stolz darauf. Wie fummelnd und einfältig ist das Bild von Sexualität in den Augen des jungen Hobbs, wie ignorant und abergläubisch ist Gertrude als seine Lehrmeisterin. Doch welche Bände spricht dieser naive Zauber des Stigmas und der Hinrichtung über die große Welt um sie herum, ihre Dogmen und Überzeugungen – die sie nur leicht mißverstanden haben. Hinweise lassen sich finden. Sie sind abgedroschen. Sind nicht unverheiratete junge Frauen auf irgendeine komplizierte Art für die Sexualität verantwortlich, die sie ausströmen, ja sogar verkörpern, sind sie nicht zu einer perfekten und unwissenden Unschuld verpflichtet, sind sie nicht Gefäße von Schuld, unverzeihlich schuldig, sollten sie neugierig, rebellisch, lustvoll, erotisch sein? Und ist nicht diese ihnen zugeschriebene, ihnen gegen ihren Willen und auch ohne ihr Wissen angehängte Eigenschaft, wenn sie einmal befleckt ist, ein für alle Mal befleckt und verlangt nach der härtesten Vergeltung durch den Pariastatus, durch den buchstäblichen oder abstrakten Tod?

Das Zimmer, wo die Leiche gefunden wurde, wurde in den Zeitungen beschrieben: »Eine schmutzige Doppelbettmatratze liegt auf dem Boden in einem sonst unmöblierten rosa Schlafzimmer im ersten Stock des Hauses in der New York Street Nr. 3850 E. Auf der Matratze befindet sich eine zerknüllte, dünne Decke, ebenfalls rosa. Neben der Decke liegt eine Flasche Nagellack. Rosa. Im Zimmer verstreut ist eine Ansammlung von Abfall, meistens Papier, darunter eine Broschüre mit dem Titel ›Gottes einfacher Heilsplan‹.«[3]

Denn der Glaube, eine Reihe von religiösen Überzeugungen, systematischen Überzeugungen, waren für Sylvia Likens Tod

3 Fremont Power, »Likens Trial Turns the Mind Away«, *Indianapolis News*, 5. Mai 1966.

verantwortlich. Und das Vergnügen, die Teamarbeit, der Spaß, die Schadenfreude, daraus entstand dieses Ding, sein entstelltes junges Fleisch, das wehrlose Subjekt von Autopsieschnappschüssen, das frische Beweismaterial auf den Polizeifotos. Jeder Zentimeter mit Verstümmelungen und Brandmalen, mit Schlägen und Schrammen bedeckt. Nackt, aber ohne die Schönheit der Jugend oder des Weiblichen oder des Menschlichen. Es ist etwas Obszönes an seinem Zustand, das man nicht sehen möchte. Und dieses Obszöne ist ihr Werk, ihre Errungenschaft. Dieses Objekt. Das einmal ein sechzehnjähriges Mädchen war, ein Lebewesen, jetzt so sehr verbrannt und entstellt, daß von ihm nur mehr ein Gewebe-rest übrig ist.

Aber der Mund ist seltsamerweise das Bemerkenswerteste daran. Man betrachtet die Schrecken der Haut, die zahllosen Male am ganzen Körper auf den Fotografien, wo sich die Haut durch die Verbrennungen verfärbte oder weggebrannt wurde und das rohe Fleisch darunter freilegte. Aber es ist immer noch der Mund, der einen restlos schafft. Ich wollte dieses Bild nicht sehen. Ich hatte die Absicht, es zu meiden. Oder wenigstens es nie gezielt zu suchen. Mein eigener Instinkt trieb mich dazu, das Sensationelle zu meiden, darauf beim Schreiben zu verzichten, da die Tatsachen ausreichten; es war nicht notwendig, das allerletzte visuelle Beweismaterial vorzulegen. Und die vier großen Autopsiefotos, die den Geschworenen gezeigt wurden, würden sich wegen ihrer Größe, zwischen einem halben und einem Meter, nicht unter den Unterlagen befinden, die zusammen mit der Niederschrift im Gebäude des Obersten Gerichtshofs von Indianapolis aufbewahrt wurden. Ich hielt mich also für geschützt, als ich das dreitausend Seiten starke Bündel Niederschrift durchblätterte, das für mich fotokopiert wurde.

Dann traf es mich; bevor ich Zeit hatte, festzustellen, was es war und ob ich es sehen wollte, hatte ich es schon wahrgenommen. In einem der fünf Bände der Niederschrift, die ich im Original noch nicht gelesen hatte. Etwas fiel heraus auf den Boden. Und ich sah es, noch während es fiel und dann war es zu spät. Insgesamt waren es drei Fotografien. Zwölf mal fünfzehn, auf Hochglanzpapier. Ich hatte schon andere Polizeifotos gesehen: das Haus, die Küche,

Sylvias Behausung unter der Kellertreppe, aber niemals diese. Niemals den Körper. Halbnackt auf einer uringetränkten Matratze. Reglos. Halb auf der Matratze und halb auf dem Boden. So achtlos hingelegt, daß man weiß, daß es tot ist. In Fischerhosen. Bizarre amerikanische Sommerkleidung, hochgekrempelt, um die Masse der Wunden freizulegen.

Aber trotzdem war es der Mund. Dorthin schoß das Auge. Die dritte Fotografie zeigte ihren Mund ganz deutlich. Natürlich den ganzen Kopf, fast eine Großaufnahme. Aber in Wirklichkeit nur den Mund. Als ob er mich zwänge, ihn zu sehen. Und der trockene, langweilige Kreis des Obersten Gerichtshofs von Indiana drehte sich, das Büro des Gerichtsschreibers, die Ordner, der Prunk, die Autorität, die Achtbarkeit, der Eichenstuhl, unbequem, amtlich, scharfkantig wie der kleine Tisch. Ich wünschte, ich hätte eine Zigarette. Ich sah diesen Mund an und fürchtete, verrückt zu werden, denn beide Lippen waren fast entzwei gekaut. Sylvia hatte sich das in ihrer Agonie selbst angetan. Selbstverstümmelung. Diese Wunde wurde ihr nicht von anderen zugefügt – und doch waren sie die Urheber. Ein Schmerz so groß, daß er sich selbst verstümmelt. An diesen durchtrennten Lippen konnte man erkennen, was Schmerz wirklich ist. Verzweiflung, Agonie, die gesamte körperliche Veranschaulichung von Leiden. In jenen Linien von dunklem, zerfetztem Fleisch. Die klaffende Wunde, die die Kreatur seinem eigenen Fleisch zufügte, während sie auf den Tod wartete. Ich hatte das Böse erblickt.

Drei

Gertrude Baniszewski, siebenunddreißig, geborene Gertrude Van Fossan[1], ist schon über eine Woche in Haft, wird aber in der Presse noch immer »Mrs. Wright« genannt, wahrscheinlich aus Rücksicht auf ihre Lebensgemeinschaft mit Dennis Wright, dreiundzwanzig, von dem manchmal behauptet wird, er befände sich mit »unseren Streitkräften« im Einsatz in Deutschland, und manchmal, er sei ganz einfach im Gefängnis. Es ist etwas Unwirkliches an den ersten Berichten, an den kargen Fakten, der Art, wie Jenny Likens (die alles ans Licht brachte, die Verhaftung, die Menschenmassen, die Anklage selbst) als Nebendarstellerin behandelt wird. Und an der Art, wie Getrude mit diesem gänzlich verwirrenden Namen genannt wird.

»5 Personen im Foltermord-Fall vor der Grand Jury«*
Indianapolis News vom 2. November 1965, Bill Roberts berichtet über die ersten Einvernahmen:

> Die Polizei sagte, daß Sylvia in Mrs. Wrights Heim, wo sie und ihre fünfzehnjährige Schwester Jenny vorübergehend wohnten, während einer längeren qualvollen Periode geprügelt, mit Brandmalen versehen, gebrandmarkt und verbrüht wurde. Ihre Eltern waren damals in Florida, wo sie auf einem Jahrmarkt einen Lebensmittelstand betrieben.
>
> Die Worte »Ich bin eine Prostituierte und stolz darauf« wurden mit einer heißen Nadel in Sylvias Bauch geritzt. Hobbs behauptet, daß Mrs. Wright es ihm angeordnet hat.
>
> Anscheinend wußte eine Reihe von Leuten aus der Nachbarschaft,

1 Anderswo in der Niederschrift findet man Van Fausen. Die Schreibweise, für die ich mich entschieden habe, stammt aus dem Bericht des Bewährungshelfers vor der Urteilsverkündung, da dieser sich am ehesten auf andere Quellen beruft als auf die gerichtsstenographische Niederschrift mündlicher Zeugenaussagen.

* Anm. d. Übers.: Geschworenengericht zur Anklageerhebung im amerikanischen Strafrecht.

daß Sylvia gefoltert wurde, aber niemand machte sich die Mühe, die Behörden zu verständigen. Obwohl viele von ihnen die Schreie aus Mrs. Wrights Haus gehört hatten, herrschte die Einstellung vor, daß man sich in solche Sachen »besser nicht einmischt«.

Manche eben dieser Leute schlossen sich den Verwandten, den Neugierigen und den Angestellten des City County Building an, um die Einvernahme von Mrs. Wright und des jungen Hobbs vor Gericht mitzuerleben.

Man sieht die Menschenmenge auf den Fotografien. Es handelt sich um den sensationellsten Mordfall in Indiana seit Menschengedenken, die größte Anzahl an Angeklagten in der Geschichte des Bundesstaates, der Richter mußte ununterbrochen zur Ordnung mahnen, um Ruhe ersuchen, das Gerangel um Sitzplätze. Dieselben stumpfen Gemüter, die Sylvias Schreien zuhörten, drängten sich nun, um einen Blick auf Gertrude und Richard Hobbs zu erhaschen – Mitbürger, bis vor kurzem ihresgleichen, und jetzt auf immer von ihnen losgelöst, der Schande anheimgefallen, zu trauriger Berühmtheit erhoben, die Größe des »Verbrechens«, die Feierlichkeit von Justiz und Formalität.

Würdevoll, würdevoll in jenen ersten Tagen der Vorführung vor Gericht, der Anklage durch die Grand Jury, des Ermittlungsverfahrens und Monate später, während des eigentlichen Prozesses, kommen Detektive, um den Anruf zu beschreiben, den sie erhalten hatten. Seltsamerweise kam er von der Bande selbst, denn Gertrude beauftragte Hobbs, die Polizei zu rufen, als ihnen Sylvia zu ihrer Überraschung, Verärgerung, Enttäuschung, ja gegen ihren Willen entkam, indem sie ihnen wegstarb. Ein Zustand zwischen Leben und Tod war annehmbar, und sie hatten seine Vorteile lange genug genossen. Als die Polizei eintraf, begrüßte sie Gertrude mit einem Märchen. Sylvia war im Zustand völliger Auflösung nach wochenlanger Abwesenheit aufgetaucht; sie war mit einer Bande Jungen gewesen, die sie zusammengeschlagen hatten. Gertrude labte sie mit Tee und Fürsorge, einem Bad, und als sie entdeckte, daß das Kind nicht mehr atmete, rief sie die Polizei. Um dies alles zu beweisen, hatte sie einen Zettel in Sylvias eigener Handschrift vorzuweisen, der in aller Form an Sylvias eigene Eltern gerichtet war, mit der unwahrscheinlichen Begrüßungsformel »An Mr. und Mrs. Likens« begann, über Abenteuer mit den Jungen berichtete und zugab, mit allen von ihnen sexuellen Verkehr gehabt zu haben – »sie bekamen alle, was sie wollten«.[2] Die Leiche wurde fotografiert. Anfangs ignorierte die Polizei den Zettel, Officer Melvin Dixon steckte ihn in die Tasche, ohne sich die Mühe zu nehmen, ihn zu lesen, bereit, alles zu glauben. Bis er den Körper sah. Aber noch immer war die Geschichte glaubhaft, noch immer gab es niemanden, den man verdächtigen konnte. Bis Jennys Flüstern alles herausbrachte, Richard Hobbs das Geständnis entlockte. So leicht, so einfach, innerhalb einer Stunde nach der Verhaftung, wurde alles durchbrochen, erzählt, wurde Gertrude entlarvt, und mit ihr die ganze Horde.

Hobbs, dessen Mutter an Krebs stirbt, der strenge martialische Vater mit ihm auf einem Foto, ein erstaunlich wütender Mann, der Blick eines schrecklich autoritären Charakters. Er stand bei seinem Jungen, als er am nächsten Morgen in die Polizeidirektion kam, wo Richards eidliche Aussage festgehalten wurde. Sag nur die Wahrheit, mein Junge, die ganze Wahrheit, hört man ihn förmlich sagen, alles ohne den Vorteil eines Rechtsbeistandes, unter vertrauensvollem Verzicht auf das verfassungsmäßig verbriefte Recht. Rickie war der erste, der nach Jenny verhört wurde: er gab fast augenblicklich zu, auf Sylvias Bauch geschrieben zu haben. »Sag nur die Wahrheit, mein Junge«, hört man die Bullen sagen, spielen jetzt die netten Kerle, gefaßt und ernst, wahrscheinlich erstaunt über das, was sie hörten, aber seltsam beruhigt jetzt, wo sie ihren Mann haben – und auch die Frau, denn Gertrude wurde gerade in dem Augenblick durch eine andere Tür hereingeführt. Und der Mann war ein vierzehnjähriger Junge, jetzt nur mehr ein Häufchen Angst; als eine förmliche Erklärung niedergeschrieben wurde, gab man ihm als Schutz seinen Vater, aber keinen Anwalt, der Vater verzichtete ebenso wie der Sohn naiv auf dieses wertvolle Recht. Und umgeben von dieser feierlichen Männlichkeit fiel Rickies Verbindung mit Getrude von ihm ab, die Detektive vor ihm, die

2 Wenn nicht anders angegeben, dann beziehen sich die in den Fußnoten angegebenen Seitenzahlen auf die maschinengeschriebene Niederschrift des Protokolls der Berufungsverhandlung im Prozeß State of Indiana gegen Gertrude Baniszewski.

Polizeistenographen, auch sein Vater, wahrscheinlich zu entsetzt, um ihm Vorwürfe zu machen, und obwohl aus Eisen, hatte wahrscheinlich auch er Angst um Rickie, in diesem Männerraum, ernsthaft, väterlich, aber feierlich tröstend.

Hobbs' junge Arme und Schultern sind weich abfallend. Jetzt ist es vorbei, der Traum des Schauspiels, das Abenteuer, das Grauen und die Heiterkeit, vorbei auch der Schreck, daß sie ihnen wegstarb, der Schock und die Überraschung, das Gefühl von Betrug und der Zorn. Das flaue Gefühl, als er die New York Street zur Shell-Tankstelle überquerte, um die Polizei zu rufen, das Warten. Das Warten, während Gertrude ihr Alibi vorlegt, der riskante Augenblick, wenn man den Bullen beobachtet, um zu sehen, wie er es aufnehmen wird, ob sie wirklich so dumm sind, wie sie sein sollen. Mehr Bullen. Die Blicke, die zwischen ihnen hin und her gehen. Der Klang von Paulas lauter Stimme, als sie allgemein vernehmlich Jenny tröstet, ihr bei ihnen ein neues Heim anbietet, Paula, die aus der Bibel vorliest. Mehr Blicke und Bullen, die kommen und gehen, Autos, Schritte auf der Treppe, Fotos. Gertrude, die noch immer spricht, Bullen die Rickie Fragen stellen – hat er diese Bande Jungen jemals vorher gesehen? Nein. Um wieviel Uhr starb sie? Hat er gleich darauf die Polizei gerufen? War sie schon tot? Aber er sagt ihnen, er muß jetzt nach Hause gehen, es ist fast sechs Uhr, und sein Papa verlangt immer, daß er um sechs zu Hause ist. Der Bulle läßt ihn sogar gehen.

Und das muß der Moment gewesen sein, wo Jenny ihre Chance ergriff. Sie fand sich alleine mit einem Bullen und forderte ihn mit kleiner, heiserer Stimme auf – »Holen Sie mich von hier raus, und ich werde Ihnen alles erzählen«. Endlich. Zu spät, aber dennoch muß es der mutigste Satz ihres Lebens gewesen sein. Gertrude noch immer bloß ein Zimmer weit weg, Paula in Hörweite, und Paula ist Gertrudes verlängerter Arm. Gertrudes Zettel hätte funktionieren können, mochte in Jennys Augen funktionieren können – ein Kind – das Kindische an Gertrudes fadenscheinigem Notbehelf mag ihr nicht aufgefallen sein. Sie blies die Sirene so lautlos wie nur möglich, aber immerhin, sie blies sie. Nach all diesen Wochen von Schweigen, Einschüchterung, Mitschuld.

Und jetzt sitzt sie bei Gericht, die Kronzeugin, und später das

Mündel des Staatsanwaltes, Mr. Leroy New, der Jenny nach dem Prozeß den Sommer lang in seine eigene Familie am Stadtrand aufnahm und sie dann in den Osten zu einem neunmonatigen Ausbildungsprogramm für das Zusammensetzen von Radioteilen schickte. Man sagt, daß ihre schreckliche, sprachlose Wildheit in Umgangsformen und Ausdrucksweise, gleichzeitig Rüstung und Verstümmelung des brutalisierten Kindes, sich durch diese Behandlung wunderbar verbessert habe. Aber sie konnte keine Arbeit finden. Jenny kehrte nach Indianapolis zurück. Ließ sich bei ihrer Großmutter zusammen mit ihrer Mutter, Betty Likens, nieder, die ihre Verbindung zu ihrem Mann endlich gelöst hatte. Und ebenfalls keine Arbeit findet. Jenny heiratet. Der wundersame Ausweg für Frauen aus jeder mißlichen Lage, und bei der Wiederaufnahme von Gertrudes Prozeß wird Jenny Mrs. Ford genannt. Noch immer gebeugt unter der Last jener Tage. Aber jetzt ist Jenny fünfzehn Jahre alt und hat Kinderlähmung. »Ich hatte Angst. Paula prügelte am meisten.« Die *News* vom 2. November zitieren ihre gestammelten Äußerungen unter dem ersten Ansturm von Fragen, Jennys Verhör zur Zeit der Anklage, als sie erklärte, daß Gertrude ihrer ältesten Tochter Paula befahl, ihren Willen auszuführen, die Prügel, wie sie »es mit dem Brett machen ließ... Als sie begannen, auf Sylvias Bauch zu schreiben, schickten sie mich zum Einkaufen«.

Jennys seltsame Bewußtlosigkeit. Sie ist immer einkaufen, immer aus. An dem Abend, als ihre Schwester Sylvia im Sterben lag, rechte Jenny mit Marie Baniszewski Laub. Ist es ihre Krankheit, die Kinderlähmung (obwohl sie das niemals daran hinderte, einkaufen oder zur Schule zu gehen, um Geld bei den Nachbarn Laub zu rechen), ist es noch immer ihr lahmes Bein, das sie von der Aktion ausschließt. Das ihrem Entsetzen vor Gertrude zugrunde liegt? Oder das unbestimmte stillschweigende Einverständnis, das sich scheinbar nach den Prügeln der frühen Zeit ihrer bemächtigt, angefangen von den ersten Schlägen, die sie und Sylvia gemeinsam und zu gleichen Teilen einsteckten, wenn auch in getrennten Schlafzimmern, als Lesters Scheck nicht rechtzeitig eintraf und Gertrude beide Untermieter zur Initiation nach oben nahm. Es gab den Gürtel. Und das Paddel – auch Brett genannt.

Fast ein eigenständiger Charakter in der Geschichte, dieser Drohgegenstand hinter jeder von Gertrudes Äußerungen Jenny gegenüber. Von der allerersten Zeit ihres Aufenthalts an, selbst so früh wie die Geschichte mit dem Tennisschuh, ein weggeworfener Schuh, den Jenny und Sylvia am Heimweg vom Park fanden, worauf man ihnen Diebstahl vorwarf und sie bestrafte – schon damals mußten die Schläge etwas besiegelt haben. Als Paula berichtete, daß beide von ihnen bei dem von der Kirche organisierten Abendessen zu viel gegessen hatten, bekam Jenny zusammen mit Sylvia das Brett zu spüren, nackt auf dem Bett ausgestreckt. Aber nach einem gewissen Zeitpunkt war es Sylvia, die die größte Last zu tragen hatte. Von da an schien sich ein Abkommen herausgebildet zu haben, ein heimliches Abkommen, nie ausgesprochen und wahrscheinlich nie bewußt begriffen, aber empfunden, geahnt an jener unfaßbaren Stelle, wo alles vor sich ging, dort, wo man fühlt, das Grunzen und Nicken, der Blick, die Augenpaare, die einander mustern, das Unterschwellige genauso wirksam wie das eigentliche Wissen und mächtiger als Worte, weil nie laut ausgesprochen – daß solang Jenny den Mund hielt, ihre Stimme nicht erhob, um sich einzumischen, die Außenwelt nicht durch Petzen hereinbrachte, so lange würde es Sylvia und nicht sie selbst sein, die jene endlosen Schreie ausstieß.

Viele haben sich ärger verhalten. Sie war jung und hatte schreckliche Angst. Es ist leicht, sich ärger zu verhalten, sogar auf Reflexe hin, wo wir gewöhnlich besser sind – am allerbesten vielleicht – wenn wir einen Freund vor einem Auto wegzerren oder einen Schlag abwehren. Aber was wäre, wenn wir Zeit hätten, uns zu fürchten, oder wenn wir in der Minderheit wären? Um wieviel schlimmer, wenn die Zeit verstreicht und alles immer ärger wird, auch im Leben brutalisiert, geschlagen, daran gewöhnt. Einer der Prozeßreporter wies in seinem Bericht darauf hin, daß Sylvia und Jenny daran gewöhnt waren, geprügelt zu werden, oft ohne Grund[3]. Bestraft, geschlagen, und fünfzehn und verkrüppelt und

3 John Dean, The Indiana Torture Slaying: Sylvia Likens' Ordeal and Death (Bee-Line Books, 1966), S. 37. Für mich war dieses Buch in Fragen der Chronologie und bei der Auswahl von Zeugenaussagen bei Gericht von unschätzbarem Wert. Ich schulde dem Autor meinen aufrichtigen Dank.

von Gertrude terrorisiert, so subtil und allmächtig terrorisiert, so total, daß Gertrude ihre Gedanken lesen konnte, bei ihrer Rückkehr von der Schule wußte, ob sie mit jemandem gesprochen hatten, einer verbotenen Person begegnet waren, so wie Sylvia einmal einen verbotenen Hamburger verzehrt hatte, die Senfreste auf ihren Lippen von Gertrudes übernatürlichen Sinnen sofort erkannt. Für jede dieser Übertretungen setzte es eine Tracht Prügel, sogar fürs Essen. Und dann – und das ist vielleicht die Crux von allem – muß Jenny nicht sehr viel Vertrauen in die Möglichkeit einer Rettung gehabt haben. In die Erwachsenen. Die Lehrer. Den Pastor. Die Verwandten. War nicht eine Sozialarbeiterin gekommen und wieder gegangen und von Gertrude vollkommen eingenommen gewesen, die gefaßt wie der Teufel in eigener Person im Wohnzimmer saß; das Sofa mit den Fransen, das angebotene Pepsi, die gemeinsame Zigarette, die übergeschlagenen Beine, das damenhafte Geplauder über Krankheiten, die Mühsal der Haushaltsführung, die Prognosen ihres Arztes, ihre ständige Müdigkeit. »Aber die Kinder helfen mit.« Sie lächelt. Die Sozialarbeiterin lächelt. Jenny sieht zu und weiß endgültig und unwiderruflich um die Wirkungslosigkeit aller Helfer.

Die Sozialarbeiterin war in Wirklichkeit eine Krankenschwester vom Gesundheitsamt und hieß Mrs. Barbara Sanders. Ein anonymer Anrufer hatte ihr mitgeteilt, daß es im Haus ein Kind mit offenen Wunden gab. Gertrude führte einige ihrer Kinder vor, Sylvia blieb eingesperrt und außer Sicht. Als sie erwähnt wurde, antwortete Gertrude kühl, daß sie sie aus dem Haus geworfen habe; Sylvia sei untragbar, liederlich, wäre schon tagelang nicht zu Hause gewesen. Jennys Augen beobachteten alles. Es gab keinen Weg, der hinausführte.

Wer verständigte die Beamtin des Gesundheitsamts? War es Jenny? Nahm sie ein einziges Mal ein Risiko auf sich? Oder war sie zu schüchtern, hatte zu viel Angst und überredete eine Nachbarin dazu? Es findet sich keine Erklärung, obwohl es wahrscheinlich möglich gewesen wäre, hätte sie es wirklich getan, da die Verteidigung sie stundenlang einem harten Verhör über das Rätsel unterzog, warum sie nie Hilfe gesucht hatte. Das Enigma, das große Enigma von Jennys Charakter. Ein Leben lang wird sie dieses Versagen und seine Konsequenzen mit sich tragen müssen. Aber eines Tages kam Hilfe. Und Jenny mußte beobachtet haben, wie diese Chance vorüberging; die Frau mit Collegebildung in ihrer adretten Kleidung, ihre Brille, die Karteikarten und Formulare, und Gertrude, die ihr Honig ums Maul schmierte, voller Zuversicht auf dem Sofa, die Beine in gepflegter Gesellschaft übereinandergeschlagen, und alle Hoffnung schwand dahin.

Ernst und feierlich senkten sich endlich die Mächte in all ihrer verspäteten Pracht auf sie herab. Die ganz große Formalität eines Strafprozesses. Jenny sieht zu, Rickie sieht zu, Gertrude sieht zu, während Dr. Arthur Paul Kebel in den Zeugenstand tritt. Ordnungsgemäß vereidigt. Zweiter Coroner* von Indianapolis. Ausgebildet am City College in New York und an der Universität von Indiana, mit der uneingeschränkten Berechtigung, hier in diesem Bundesstaat und in diesem Verwaltungsbezirk den Arztberuf auszuüben. Dr. Kebel war am Abend des 26. Oktober zu einem, wie er es nannte, »kleinen Treffen« unterwegs gewesen, als ihn der Hotelpage ans Telefon holte, wo ein Gespräch aus der Zentrale der Ärztevereinigung auf ihn wartete. Man stellt sich ein joviales Leben vor: Prominenz und Klubs und Berufsvereinigungen mit freundschaftlichen kleinen Treffen am Abend. Diese angenehme Vorstellung wird überschattet von der Pflicht, die Leiche eines jungen Mädchens im hinteren Schlafzimmer zu begutachten, ein Körper, der halb auf einer uringetränkten Matratze und halb auf dem Boden ausgestreckt liegt.

»Als ich sie das erste Mal sah, waren ihre Hände über der Brust gefaltet.«[4] Sylvia in der glückseligen Stellung, in die Gertrude die gewaschene Leiche arrangiert hatte. Hobbs und Stephanie mußten alle ihre Kräfte aufbieten, um die Leiche vom Keller hinaufzuschleppen. Gertrude leistete keinen Beitrag, Gertrude hysterisch. Das Miststück hatte sie hintergangen, sie war gestorben, sie war ihnen entkommen, sie hatte sich abgeseilt, hatte sich davongeschlichen, als sie gerade nicht aufpaßten. Verweigerte ihnen jene Vollendung und endgültige Befriedigung, die sie nun nie mehr erleben

* Anm. d. Übers.: Amtlicher Leichenbeschauer für Städte und Verwaltungsbezirke bei ungeklärter Todesursache.

4 Indiana gegen Gertrude Baniszewski, S. 1141.

würden. Erst letzte Nacht hatte Gertrude davon gesprochen, Sylvia in »Jimmy's Wood«, einem abgelegenen Stück Land unweit ihres Hauses, auszusetzen – ob tot oder lebendig ist unklar – vielleicht auch ihr selbst. Jetzt aber würde es keine von ihnen herbeigeführte Lösung mehr geben, kein letztes Abenteuer. Jetzt gab es Panik. Irrationale Versuche, den Leichnam in Badewasser zum Leben zu erwecken (als Dr. Kebel eintraf, war das Haar noch naß), ihn zumindest zu reinigen. Rituell und instinktiv, aber auch praktisch. Sonst würde es ihnen noch schlechter ergehen. Die Entdeckung war jetzt gewiß, und Sauberkeit ist die erste Geste der Anpassung. In Sylvias Fall ist es sogar eine Wiederherstellung: der Entzug der primitivsten Formen von Reinlichkeit bildete einen Teil ihrer Folter. Sylvia hatte sich oft vollgemacht, durfte und konnte tagelang nicht die Toilette benutzen als willkürliche Strafe dafür, daß sie einmal die Matratze genäßt hatte. Ihr wurden keine sauberen Kleider und Unterwäsche gegeben, und lange Zeit hindurch wurde sie gezwungen, den Tag nackt oder nur in schmutzige Unterwäsche gehüllt zu verbringen. Unter den spöttelnden Augen von jungen Männern: Richard Hobbs, Coy Hubbard, Randy Leper und welche Busenfreunde Gertrude ihnen noch mitzubringen erlaubte.

Und dann die Perfektion des jungfräulichen Weiß, in das sie nach dem Bad gesteckt wurde. Sie breiteten die Leiche in einer weißen Fischerhose auf dem Badezimmerboden aus. Diese geheiligte Stätte. Sauber und in Weiß in einem amerikanischen Badezimmer, welcher Makel kann einem da noch anhaften? Sie hatten ihr Zauberkunststück vollbracht. Sylvia wurde dann mit einem Buch gegen die Schläfen geschlagen. Gertrude versuchte noch immer, sie zum Leben zu erwecken. Und als dies nicht gelang, wurde sie wie zufällig auf die schmutzstarrende Matratze gelegt.

Der allerletzte Hieb und die Ironie, daß er mit einem Buch versetzt wurde. Und welches Buch könnte sich in Gertrudes Haushalt finden? Die Bibel? Ein Schulbuch? Der Ritus gibt nicht alle seine Geheimnisse preis, Bruchstücke des Unerkennbaren bleiben über. Aber der Rest ist klar, die Bedeutung, die Absicht, die primitive Wirksamkeit. Es fiel an jenem traurigen Oktoberabend in der braunen Acht-Uhr-Dämmerung sogar dem Arzt auf:

»Die Kleider waren erstaunlich sauber im Gegensatz zur sonstigen Umgebung im Zimmer.[5] ... Die Kleider sahen frisch aus, als ob sie vor kurzem gewaschen und dieser Person angezogen worden wären.«[6] Der Arzt erinnert sich nicht genau an die Zimmereinrichtung, wahrscheinlich mußte er andere Reaktionen registrieren, aber als er das Foto wiedersah, sorgfältig vor den Augen der Geschworenen geschützt, denn es könnte sie beeinflussen – Mr. Bowman legt für die Verteidigung bereits Einspruch ein, und in der Tat könnten sie sich dem Einfluß nicht entziehen, so schrecklich ist es – erinnert sich Dr. Kebel jetzt genau und erkennt sogar seine eigene Hand am Eck der Fotografie, sagt aus, daß er sich zuerst um Anzeichen von Steifheit oder Totenstarre kümmerte, »um die Körpertemperatur zu schätzen und daraus zu schließen, wie lange die junge Dame schon tot war«.[7]

Ist das das erste Mal in ihrem Leben, daß Sylvia Likens als junge Dame angesprochen wurde? Erst wenn sie eine von Narben übersäte und verstümmelte Leiche ist, die das alles ertragen mußte, damit ein höflicher Arzt mittleren Alters, ein Mann, der jeden Zentimeter ihrer Wunden und ihrer Scham untersucht hat, dieses Wort über sie aussprechen kann, erst dann erfährt sie, jetzt jenseits jeder Erfahrung, den wohlwollenden väterlichen Charme der Galanterie. Hört Jenny zu, wird sie durch diesen Ausdruck irgendwie bestätigt? Denn er entbehrt hier nicht einer gewissen Schönheit. Oder Betty oder Lester. Oder Paula oder Johnnie, Rickie und Coy Hubbard. Sehen sie Sylvia jetzt anders, seitdem sie wissen, daß sie am Ende eine junge Dame war? Auch noch in Fischerhosen und halb über eine verschmutzte Matratze geworfen. Auch noch verwildert und verstümmelt wie zerfetztes Zeitungspapier. Was, wenn Gertrude gewußt hätte, daß Sylvia eine junge Dame war?

Wie nimmt sie diesen Satz wahr? Wenn sie ihn überhaupt hört, die Stimmen brüllen in ihrem Kopf, die Stimmen, die Sylvia als Luder und als Dämon und als Schlampe kannten, das kleine Loch, das nicht lernen wollte, die stupsnasige Göre, die so lange getreten werden muß, bis sie zu dem weißen Lumpen geworden ist, der auf

5 Ibid., S. 1142.
6 Ibid.
7 Ibid., S. 1144.

der Matratze liegt, seine faulende Haut verhöhnt die saubere, verdammt noch mal, frischgewaschene Kleidung, die sie ihr verpaßten. Und dieser Schwachkopf glaubt, er hat eine junge Dame gesehen. Sie weiß es besser, sie hat diesen lächerlichen Zwerg schnüffeln und betteln, weinen und schreien und pissen und scheißen und dort unten mit den Hunden leben sehen, und wie sie bettelte, ja bettelte, und welcher Genuß, sie flehen zu hören, wie sie um bloße Crackers und Wasser wimmerte. Tränen im ganzen Gesicht, aber sie tat es trotzdem. Das Brett, wenn sie es nicht tat. Keine Widerrede. Sie wird schon lernen. Und kriechen. Ich ließ sie über den ganzen Kellerboden kriechen. Stundenlang. Wenn ich müde wurde, rief ich Rickie, um auf sie aufzupassen. Sie mußte immer in Bewegung bleiben. Auf allen vieren wie ein Hund. Um nichts besser als diese beiden Hunde. Schlimmer noch, kann man sich einen Hund vorstellen, der sich eine Cola-Flasche na du weißt schon wo hineinschiebt, hat es so etwas jemals gegeben? Junge Dame? Der arme Dummkopf weiß wirklich nichts vom Leben.

Kebel kennt sich bei Verletzungen aus. Ein ausgebrochener Zahn. Der schwere Schlag gegen die Schläfengegend, das Subduralhämatom; die Folge von geplatzten Blutgefäßen unter dem Gehirn[8], die offizielle Todesursache, wenn auch nur die beschleu-

8 Die Todesursache wird medizinisch als »traumatischer Schock nach einem Subduralhämatom« zusammengefaßt. Dr. Kebel ist als Coroner verpflichtet, eine offizielle Todesursache anzugeben, was er auch tut – Schock und Subduralhämatom (S. 1158) – aber er stellt auch klar, daß so viele andere Faktoren zu Sylvia Likens' Tod beitrugen, so viele Schläge (andere Schläge auf den Kopf, abgesehen von jenem, den ihr Coy Hubbard angeblich mit dem Besenstiel am Abend ihrer letzten Nacht versetzte), Verbrennungen, Schnitte, Schrammen, zusammen mit Unterernährung – daß das Hämatom für sich zwar den medizinischen Erfordernissen gerecht wird, aber zur Ambivalenz der »hinreichenden, aber nicht notwendigen Ursache« tendiert. Sylvia hätte auch später als der tatsächliche Eintritt des Todes an einem Hämatom sterben können. Aber Kebel betont auch den Schock, und »das Bild von traumatischem Schock«, wie er es beschreibt, besteht in einem »Kreislaufkollaps« aufgrund einer »zu geringen Blutmenge, die dem Gehirn und anderen Geweben zugeführt wurde«; Leute in einem solchen Zustand, erklärt er, »werden extrem indifferent für Reize, und es ist sehr schwierig, sie anzuregen« (1170). Dann folgen einige undeutlich ausgesprochene Worte. Sogar Verlust des Erinnerungsvermögens, des Augenlichts und der Fähigkeit zu gehen (1160). »Allgemein ist das Bewußtsein reduziert«, die Opfer »werden apathisch und liegen

nigende Ursache, denn es gibt einen ganzen Komplex von Begleitursachen: Unterernährung, der Schock, erlitten durch die zahllosen Schläge, die ein schweres Trauma hervorriefen. Es gibt auch Wunden oder Verletzungen, die der Arzt als »Platzwunden, Schrammen, Abschürfungen, Verbrennungen der Haut oder Schnittwunden«[9] definiert. Sylvias Körper ist von ihnen übersät. Der Schaden, der dem Körper zugefügt wurde, ist nach Kebel, der für einmal seine Verpflichtung zu professioneller Objektivität fallen läßt, »eine unglaubliche Menge von Traumen«.[10] Gertrudes Verteidiger erhebt Einspruch. Bowman legt für ihren Sohn John Baniszewski und für Coy Hubbard Einspruch ein. Das Gericht streicht das Wort »unglaublich«. »Man weiß kaum, wo man beginnen soll«[11], zögert Kebel. Die Verteidiger erheben von neuem Einspruch. Der Richter weist Kebel an: »Beschreiben Sie einfach das Trauma, Herr Doktor, so vorhanden.«[12]

»Über dem Bereich beider Brüste gibt es Male wie von Schnitten und Verbrennungen. Im Bereich zwischen dem Ende des Sternums und oberhalb des Nabels war ein Brandmal, eine 3«.[13] »... In den Bereich zwischen dem Schamhügel und dem Nabel waren lesbare Buchstaben eingeritzt ... Ich bin eine Prostituierte und stolz darauf. Unmittelbar über der Haarlinie links über den oberen Extremitäten war auch ein Dreieck eingeritzt. Der Körper wies unzählige punktförmige Wunden auf – runde Verletzungen – die wie Zigarettenverbrennungen aussahen, etwas, was eine Zigarette hinterlassen würde.«[14] Staatsanwalt Lorey New fragt nach der

herum. Sie befinden sich in einem Schockzustand« (1170). Diese endgültige Erschlaffung, eine physische Parallele zur Anomie, die Sylvia gegen Ende erlitten haben mußte, das Stolpern und ziellose Zählen und Heruntersagen des Alphabeths bis zum Buchstaben D, aber nicht weiter, von dem Jenny erzählte – wenn man schließlich sowohl die psychischen wie die physischen Schläge und die endgültige Unmöglichkeit von Hilfe oder Flucht in Betracht zieht – dann kommt man zu dem Schluß, daß Sylvia Likens genausogut an Verzweiflung wie an ihren Wunden gestorben ist.

9 Indiana gegen Gertrude Baniszewski, S. 1146.

10 Ibid., S. 1152.

11 Ibid.

12 Ibid.

13 Ibid.

14 Ibid., S. 1153.

genauen Stelle. Sowohl vorne als auch hinten, an Armen und Beinen. Wie viele? Kebel ist sich nicht ganz sicher. »Ungefähr?« »Ich würde sagen einhundertundfünfzig.«[15]

Da gibt es noch eine Menge mehr: »Die äußere Vagina war geschwollen und ekchymotisch, als ob sie mit den Füßen getreten worden wäre – sie war extrem aufgeschwollen, die Labia.«[16] Kebel definiert ekchymotisch als subkutane Blutung. Es gibt überall Wunden, manche neu, manche Wochen alt. »Am Kreuz gab es noch einen Bereich, eine Wunde ungefähr so groß wie meine Hand, und die Verletzungen dort schienen sich in einem fortgeschrittenen Stadium der Heilung zu befinden. Manche sahen frisch aus, andere alt.«[17]

Kebel war Gertrude an jenem Abend natürlich begegnet. Gertrude die Gluckhenne, die über den Zettel gackerte, den das Kind gerade heimgebracht hatte, den Zettel, der in Sylvias eigenen Worten erklärte, wie sie von einer Bande von Jungs zusammengeschlagen wurde. »Ich fragte die Dame, warum sie nicht einen Arzt oder die Polizei gerufen hatte, als sie die Verletzungen an dem Mädchen gesehen hatte, und sie sagte – nun, sie hätte sich selbst darum gekümmert, sie hätte etwas Alkohol und einige Erste-Hilfe-Sachen daraufgegeben und die Wunden selbst behandelt.«[18] Hatte sie nicht dem Polizeidetektiv Sergeant Kaiser erzählt, wie sie Sylvia mit Tee labte, als sie nach ihrem schockierenden Abenteuer nach Hause kam. Aber Kebel konnte auf den Wunden keine Spur von Verarztung feststellen. Aber noch war Gertrude nicht verdächtig. Jenny hatte noch nicht gesprochen. Richard Hobbs war noch nicht zusammengebrochen. Und etwa eine Stunde lang nahm der Zettel, der wohl unter großer Verwirrung vorausgeplant und unter Folter erzwungen wurde, seinen fadenscheinigen und wakkeligen Lauf. Officer Dixon hatte ihn achtlos in die Tasche gesteckt und nicht einmal gelesen, bevor er hinaufging und den Leichnam sah. Wie die anderen Polizeibeamten, die auf der Bildfläche erschienen, war er über den Zustand der Leiche so entsetzt,

15 Ibid.
16 Ibid., S. 1154.
17 Ibid., S. 1155.
18 Ibid., S. 1156.

daß es ihm wahrscheinlich überhaupt nicht in den Sinn kam, daß die Ausführende von solchen Schreckenstaten vor ihm stehen könnte, in Gestalt einer schwatzhaften Hausfrau, umgeben von einer Brut von sechs verwahrlosten Kindern und einem Jungen von nebenan.

Später, als Sergeant Kaiser von der Mordkommission eintraf, gab ihm Dixon den Zettel, und sie lasen ihn gemeinsam. Er ist ein erstaunliches Dokument:

> An Mr. und Mrs. Likens!
> Ich ging mitten in der Nacht mit einer Bande von Jungs und sie sagten, sie würden mich bezahlen, wenn ich ihnen etwas geben würde und so stieg ich ins Auto ein und sie bekamen alle, was sie wollten, und sie taten es und als sie fertig waren, schlugen sie mich zusammen, so daß auf meinem Gesicht und auf meinem Körper lauter Wunden waren.
>
> Sie schrieben auch auf meinen Bauch, Ich bin eine Prostituierte und stolz darauf. Ich habe so ungefähr alles getan, was ich konnte, um Gertie zu ärgern, und habe Gertie mehr Geld gekostet, als sie gehabt hat. Ich habe eine neue Matratze zerissen und daraufgemacht. Ich habe Gertie auch Arztrechnungen gekostet, die sie sich wirklich nicht leisten kann und habe Gertie die Nerven ruiniert. Ich habe noch einen Küchenstuhl zerbrochen. Ich habe Gertie die Nerven ruiniert und allen Kindern auch. Ich habe ihr an einem Tag $ 35.00 fürs Krankenhaus gekostet und ich habe im Haus nichts getan. Ich habe alles getan, um alles für sie noch schlimmer zu machen. [Beweisstück 5, S. 861]

Staatsanwalt New: »Herr Doktor, Sie gaben an, die Labia und den Genitalbereich untersucht zu haben?«

»Ja, das habe ich.«

»Haben Sie Zeichen von sexueller Manipulation vorgefunden?«

»Nein, Herr Staatsanwalt, auch nicht von Belästigung.«[19]

Es erscheint seltsam, daß der Fußtritt gegen die Vagina, den Kebel bereits erwähnt hat, nicht als sexuelle Belästigung gilt, aber die Bedeutung dieses Gesprächs ist enger gefaßt: gegen Sylvia wurde nicht sexuell, sondern nur feindselig vorgegangen. Genauso wie das Instrument ihrer Vergewaltigung eine Coca-Cola-Flasche war, die sie selbst handhabte, da Sylvia gezwungen wurde, sie sich

19 Ibid., S. 1161.

in die Vagina einzuführen, während die ganze Bande zusah und lachte – ein Instrument, das vielleicht nicht einmal das Hymen durchstieß – Sexualität mußte schmerzhaft und demütigend sein, keineswegs genußvoll. Und so starb Sylvia Likens wahrscheinlich für ihre Peiniger als Jungfrau. Und sie vermieden Sünde und Beschmutzung. Weil sie den Fuß benutzten, anstatt sie zu ficken.

Am Ende von Dr. Kebels langer Liste von Verletzungen und Quetschungen, von punktförmigen Wunden, und Beschreibungen, wo das Fleisch verbrüht oder weggerissen oder verbrannt oder mit Brandmalen oder mit Schrift versehen war, stellt Gertrudes Anwalt William Erbecker dem Arzt eine lange Frage mit der Absicht, Unterstützung für seine Darstellung zu finden, daß Gertrude geistig abnorm und deshalb nicht zurechnungsfähig ist, eine Verteidigungstaktik, die er wochenlang verfolgte, da Richter Rabb ihm eine Unzahl von psychiatrischen Gutachten gewährte, die von Erbecker und den anderen Anwälten gestellten Anträge auf Verhandlungsunfähigkeit aber zurückwies. Alle Verteidiger beantragten, ihr Unschuldsbekenntnis in »unschuldig wegen geistiger Abnormität« umzuwandeln, doch die Gerichtspsychiater bezeichneten sie alle als geistig normal. Erbecker untersucht jede Wunde, die Schrift, die den Bauch entstellt, die Tatsache, daß Gertrude der einzige Erwachsene im Haus war, die Tatsache, daß sie Sylvia keine medizinische Betreuung angedeihen ließ, die Tatsache, daß die Wunden keineswegs alle frisch waren, sondern schon vor Wochen zugefügt wurden, manche neu, manche alt, »um die fortgesetzte Ausübung dieser Handlungen durch Wochen hindurch vor diesem Datum zu beweisen; angesichts der Tatsache, daß sich das Haus in einer Wohngegend mit verfügbarer ärztlicher und polizeilicher Versorgung befand; angesichts der von den Jugendlichen im Haus begangenen Handlungen und der Tatsache, daß meine Mandantin, Gertrude Baniszewski, eine Erwachsene von circa siebenunddreißig Jahren, die einzige dort anwesende erwachsene Person zur Zeit Ihres Besuches war; angesichts des Mangels an Erklärungen oder mildernden Umständen, die Ihnen von Gertrude Baniszewski berichtet oder vorgebracht wurden, würden alle diese Tatsachen, Herr Doktor, unter Berücksichtigung der von Ihnen beschriebenen psychiatrischen und medizinischen Erfahrung ihrerseits zur Annahme oder Überzeugung Anlaß geben, würde das Ihrer Meinung nach darauf hinweisen, daß Gertrude Baniszewski geistig normal war?«[20]

Der Staatsanwalt beharrt darauf, daß dies die Geschworenen beeinflussen könnte. Das Gericht gibt dem Einspruch nicht statt, Kebel darf die Frage beantworten, »wenn er die Frage verstanden hat«[21], fügt Richter Rabb lakonisch hinzu. Erbeckers gesamte Frage umfaßt in der Niederschrift drei Seiten. Kebel weigert sich, sich die Frage wiederholen zu lassen, und beginnt das legalistische Gerede satt zu kriegen. »Darf ich dem Gericht diese Frage wenigstens einmal in meinen eigenen Worten beantworten?« »Versuchen Sie es, Herr Doktor«[22], schmunzelt Rabb. Die anderen Anwälte erklären sich einverstanden. »Sie müssen sich vergegenwärtigen, Mr. Erbecker, daß ich zum Zeitpunkt, als ich die Leiche sah, keinerlei Anlaß hatte, das, was ich sah, mit irgendeinem der Angeklagten in Verbindung zu bringen. Tatsache ist, daß ich, als ich an jenem Abend das Haus wieder verließ, noch immer keine Ahnung hatte, daß irgend jemand in diesem Gerichtssaal heute dieses Verbrechens angeklagt sein würde. Auf der Grundlage dessen, was ich sah, dachte ich, es sei das Werk eines Verrückten.«[23]

Erbecker stupst ihn weiter: »... Würden Sie sagen, daß Gertrude Baniszewski damals an solchen sadistischen Tendenzen litt oder noch darunter leidet, daß sie einen unwiderstehlichen Drang hat, sie zu genießen oder auszuleben?« Die anderen Verteidiger erheben Einspruch, immer im Widerspruch zueinander, immer erfolgt die Verteidigung ihres Klienten auf Kosten der anderen. Kebel führt freilich ins Treffen, daß er Gertrude noch nie untersucht hat, nur einmal kurz mit ihr gesprochen hat. Er ist nicht in der Lage, sich über Gertrude zu äußern, ist nur zuständig für den mißhandelten Körper, den er vor Monaten in der Abenddämmerung eines Oktobertages untersucht hat, aber die Fotografien frischen seine Erinnerung auf, und er hat sie nun schon seit

20 Ibid., S. 1208–9.
21 Ibid., S. 1209.
22 Ibid.
23 Ibid., S. 1210.

Stunden betrachtet: »Wenn ich nichts anderes vor mir hätte, als diese Fotografien, dann würde ich sagen, daß nur eine Person, die jeden Bezug zur Realität verloren hat, fähig sein könnte, einem anderen Menschen solche Qualen zuzufügen.«[24]

Gerade als Kebel dabei ist, den Zeugenstand zu verlassen, stellt Forrest Bowman, der Anwalt des pausbäckigen jungen John Baniszewski, von neuem die (angesichts des Aussehens seines Klienten) eher überflüssige Frage nach der Unterernährung: »Herr Doktor, haben Sie Anzeichen von Unterernährung vorfinden können?« Kebels Antwort entbehrt nicht einer verärgerten Würde: »Ja, das ist eine verhungerte, ausgezehrte Person.«[25]

24 Ibid., S. 1212.
25 Ibid., S. 1213.

Vier

Was ist das Wesen von Schmerz, von Grausamkeit – seine Bedeutung, sein Kern? Was wird daraus für das Opfer, für die Person, die ihn zufügt? Welchen »Sinn« hat das eine für das andere? Welches Produkt schaffen sie miteinander? »Über der Stirn waren vielfältige Abschürfungen und gelbbraune Verfärbungen des Gesichts... jede Wunde war zwischen einem Tag und ein bis zwei Wochen alt.«[1] Charles Ellis, der gerade ein Jahr davor sein Medizinstudium beendet hatte und in der Leichenhalle des General Hospital unter Beisein von zwei Polizeibeamten und einem Fotografen der Mordkommission die Autopsie von Sylvia Likens vornahm, konnte das Produkt mit der Methodologie und dem Instrumentarium der Wissenschaft, ihrer Vorliebe für exakte Beschreibungen und präzise Messungen identifizieren, analysieren, kalkulieren und evaluieren. Und der Fotograf konnte es festhalten, für immer auf Papier bannen.

Die magischen Papiere, die die Verteidiger so ängstlich vor den Augen der Geschworenen zu schützen bestrebt waren, und als sie ihnen endlich vorgelegt wurden, ermahnte das Gericht in der Person von Richter Rabb die Geschworenen feierlich und ernsthaft – und mit Recht – »Nüchternheit zu bewahren« und sich vor »Voreingenommenheit und Vorurteilen gegen die Angeklagten« zu hüten. »Die Fotografien sind nicht zu diesem Zweck in den Akten«, versichert er ihnen. »Die Angeklagten haben ein Recht auf Ihre gefaßte, ruhige und freie Entscheidung.«[2] Ich selbst habe diese Fotografien nie gesehen und werde sie wahrscheinlich nie sehen. Die Autopsiefotografien von Sylvia Likens' Leiche (nackt und mit jeder Narbe und Wunde und Verbrennung klar sichtbar – anders als die Fotos, die mit Dr. Kebel aufgenommen wurden, als man die Leiche fand) befinden sich nicht in der Prozeßnieder-

1 Indiana gegen Gertrude Baniszewski, S. 1225.
2 Ibid., S. 1224.

schrift und unter den anderen Unterlagen im Gebäude des Obersten Gerichtshofs von Indiana. Ich habe sie nie gesehen und werde wahrscheinlich nie versuchen, sie zu sehen. Mir reichte die erste Serie von Fotografien, Dr. Kebels Bilder, als sie noch bekleidet war; ich sah den Mund und das genügte, um mich in meiner Absicht auf immer zu bestärken.

Es gibt auch eine andere Gerechtigkeit. Es gibt die Verteidiger. Man wird versuchen müssen, diese Personen zu verstehen; auch sie sind Menschen. Sicherlich ist jeder zur Folter fähig. Auf der einen oder anderen Ebene. Auf diese oder jene Art. Haben wir es nicht alle getan, mindestens in unserer Kindheit? Die meisten Menschen werden wenigstens zugeben, einen kleinen Bruder oder eine kleine Schwester systematisch tyrannisiert oder ein jüngeres Kind auf dem Heimweg von der Schule zusammengeschlagen zu haben. Wer entsinnt sich nicht der krankhaften Erregung, ihres Reizes und Glanzes, der Lust an Grausamkeit, der Begeisterung? Ganz zu schweigen von Liebhabern oder wie wir unsere eigenen Kinder behandeln oder die Alten oder die grausame Verachtung, die wir mitunter für irgendeine Behinderung empfinden – fast jeder von uns wird zugeben, in der Kindheit Grausamkeit gekannt und sogar genossen zu haben. Wo ein gewisses Maß davon zulässig ist. Wo alle Dramen des späteren Lebens ausagiert werden, die ganze Spanne, von Glückseligkeit bis knapp an Kurtz' Grauen in Conrads *Herz der Finsternis.*

Aber der Anblick dieses toten Mundes war Kurtz' Grauen. Keineswegs ungewöhnlich, dieses blasse junge Gesicht, das Haar feucht und aus der Stirn gestrichen; ein Kind, ein Mädchen, bei dem man sich in diesem Zustand der Ruhe überlegen könnte, ob es hübsch ist oder sogar wie hübsch es ist – bis die unnatürliche Reglosigkeit des faulenden Fleisches unbarmherzig an den Tod gemahnt. Und dann etwas anderes. Man sieht es nicht gleich, und wenn man es sieht, wenn man die zusätzliche Öffnung unter dem Mund sieht, etwas, was fast wie ein zweites Paar Lippen aussieht, muß man erkennen, daß die Lippen entzweigebissen sind – die Zähne gruben sich zwei Zentimeter unterhalb der Unterlippe ins Fleisch und rissen in welch unvorstellbarer Agonie an der Unterlippe, bis sie entzwei war und ein neuer Schlitz, eine neue Öffnung entstand. Auf der Fotografie in einer erschreckenden dunklen Linie wiedergegeben. Wie Kurtz' Schädel auf Pfählen. Hier war ein Produkt, ein Artefakt, dessen Erzeugung eine angsterregende Ehrfurcht hervorruft.

Es war nicht der *Augenblick* von Grausamkeit, den wir alle erfahren haben – es waren Wochen. Und geplant; kein plötzlicher Zornesausbruch oder spontaner Schlag. Er war ehrfurchtgebietend, dieser entstellte Kopf, eine Schöpfung jenseits von Logik oder Natur oder Fantasie. Ein diabolisches Produkt, das monatelang vorbereitet wurde. Damit dieser traurige Kopf für immer bestehen bleibe, ein solches Verbrechen auf seltsame Weise das Gegenteil von Kunst, der absolute Tiefpunkt auf dem Lebensrad. Und Gertrude vergleichbar mit dem ehrgeizigen Mann, der den Tempel von Ephesus niederbrannte, um Unsterblichkeit zu erlangen, weil Urheberin dieser Ungeheuerlichkeit?

Aber das Ganze gleichzeitig so dumm. Wie Kurtz' Schädel. Das war die Aussage der Geschichte. Daß es völlig unnötig war, sinnlos; daß es für einen Europäer ein Verbrechen war, aus Neugierde und perverser Experimentierfreude Kannibale und Kopfjäger zu werden, während es bei den Stammesmenschen überhaupt kein Verbrechen ist. Und so ist es beim Mord, an sich schon in der Zivilisation ein Verbrechen, wird er zu einem tausendfachen Verbrechen, wenn er als eine langsame und planmäßig durchgeführte Folter auftritt. Die Opfer unserer Polizeistaaten, von faschistischen »Verhörmethoden«, die Gestalt, die auf dem von der iranischen Geheimpolizei SAVAK aufgebauten Rost so lange schreit, bis ihr Rückgrat schmilzt, muß so sterben. Und sein Folterknecht? Ist er ein Fall von ähnlicher geistiger Verfassung wie Richard Hobbs? Oder Gertrude?

Hier tritt eine handfestere Ideologie auf den Plan, oder eine, die eher offiziell sanktioniert und angeordnet ist, mit höheren Mächten unmittelbar und nicht nur in unfaßbarer Weise verbunden. Auch Angestellte; staatliche Sanktionierung und Ermächtigung, die emotionslose »Schulung« von Personal des amerikanischen »Nachrichtendienstes«. Und die Tatsache der Anstellung ist sicher wichtig, denn solche Arbeit wird bezahlt und wahrscheinlich gut bezahlt. Dafür braucht man weniger Überzeugung als Geldgier.

Obwohl Überzeugung bei solcher Arbeit keineswegs fehlt, gepaart mit einer bestimmten Art von Charakter. Es gibt auch, wie es die Nürnberger Prozesse offenbarten, »Befehle« für verschiedene Grade zur Pflicht gewordener Gewalt. Die staatliche Folter hat immer etwas »Geschäftsmäßiges« an sich. Im Vergleich dazu, waren unsere Bürger bloß Amateure, ungeschulte Enthusiasten.

Man fragt sich, was für Überzeugungen Leute haben, die andere verstümmeln, denn abgesehen von den Grauen des Krieges und der staatlichen Folter, ist Verstümmelung noch immer in manchen Teilen der Welt eine Routineangelegenheit. Darunter fällt die Verstümmelung des weiblichen Sexualorgans. Die Entfernung und Infibulation der Klitoris von jungen Frauen im islamischen Ägypten, im Sudan und den benachbarten Gebieten.

Die Entfernung oder Amputation der Klitoris »besteht aus der Entfernung des Vorhofs und der Glans der Klitoris sowie der umliegenden Teile der kleinen Schamlippen, oder auch alles zusammen, ausgenommen die großen Schamlippen; die Vulva wird nicht verschlossen«.[3] Infibulation oder pharaonische Beschneidung ist eine noch drastischere Inbesitznahme durch Verstümmelung: »Es handelt sich dabei in Wirklichkeit um eine Exzision plus Infibulation. Bei dieser Art werden die gesamte Klitoris, die gesamten kleinen Schamlippen und das vordere Zweidrittel des umliegenden Mittelteils der großen Schamlippen entfernt. Die beiden Seiten der Vulva werden dann durch Seiden- oder Katgutnähte aneinandergefügt, wobei die Vaginalöffnung bis auf eine kleine hintere Öffnung für Urin und Menstruationsblut geschlossen wird. Früher wurde eine Spange aus geschlitztem Bambus verwendet, um das Blut zu steuern und beide Seiten aneinanderzufügen. In Somaliland werden zur Verbindung der beiden Seiten Dornen verwendet, und die Wunde wird mit Myrrhe behandelt.«[4]

Daß diese Verstümmelungen vor kurzem verboten wurden, hat

3 Ben R. Huelsman, »An Anthropological View of Clitoral and Other Female Genital Mutilations«, in *The Clitoris,* Hrsg. Thomas und Thea Lowry (St. Louis: Warren Green, 1976), S. 116.

4 Ibid., S. 117.

wenig Wirkung: »Die illegalen Operationen werden manchmal von geprüften Hebammen durchgeführt; sind diese nicht verfügbar, dann wird eine inoffizielle Hebamme aufgesucht. Das Mädchen wird oft in der Nacht an den Nil gebracht, wo ihr zuerst das Gesicht gewaschen wird. Vor der Operation wird die Stimmung als festlich beschrieben, das Mädchen ist, vielleicht zum ersten Mal in ihrem Leben, im Mittelpunkt gesellschaftlicher Aufmerksamkeit. Die Mädchen erhalten neue Kleider und spüren, daß sie nun erwachsen werden. Die Infibulation und pharaonische Beschneidung geht unter lauten Rufen, Klatschen und Gesang der beiwohnenden Frauen vor sich, mit der Absicht das Kreischen und Schreien der Opfer zu übertönen.«[5]

Es ist wichtig, darauf hinzuweisen, daß so sehr dieser Akt auch dem Willen des Stammes und seiner Männer entspringt, er von Frauen ausgeübt wird. Wie durchtrieben, daß der Wunsch der männlichen Gesellschaft, die Frau zu kastrieren, von Frauen als ihren Handlangern ausgeführt wird; Frauen, die in ihrer Jugend selbst verstümmelt wurden, verbittert und begierig, zu garantieren, daß die Jungen niemals jene Freuden erfahren, auf die sie selbst verzichten mußten. Da es das Ergebnis der Verstümmelung ist, dem Opfer jedes sexuelle Vergnügen auf Lebenszeit zu nehmen, eine Narbe an jener Stelle zu hinterlassen, wo es hätte stattfinden können, und daraus auf immer eine Wunde zu machen, die weder physisch noch psychisch jemals heilt. Die medizinischen Komplikationen sind niederschmetternd: Sepsis, da die groben Schnitte infiziert werden und häufig nicht heilen können, Wunden an der Vulva, Zysten und Wachstum von Narbenkeloidgewebe, die das Gebären erschweren und manchmal lebensgefährlich machen. Der Koitus ist fortan immer schmerzhaft, manchmal sogar unmöglich. Noch schlimmer sind die Folgen bei jenen Formen der Klitoridektomie, die in Nordostafrika angewendet werden, wo die Klitoris durch die Feuerfolter vollständig zerstört wird, »mit einer glühenden Kohle auf einem Löffel wird die Verkohlung der Klitoris herbeigeführt«.[6]

5 Ibid., S. 148–49.

6 Ibid., S. 117. Unter den Männern dieser Kulturen »wird die Tatsache, daß Frauen kein sexuelles Vergnügen erleben können, nicht einmal in Betracht gezogen«. Ibid., S. 149.

»Erklärungen« werden angeboten, die unbehagliche Rechtfertigung der Anthropologen, daß es, weil Stammesbrauch, gut ist, eingebettet in das soziale Gefüge. Das traf auch auf die Sklaverei und die Kreuzigung zu. Weitere Erklärungen kommen von den Männern der Gruppen, die diese Dinge praktizieren; daß der Anblick des weiblichen Organs sie beleidigt, unangenehm ist, obszön, unästhetisch, daß Frauen, die ihre Klitoris behalten, die Sexualität genießen. Was unschön ist.[7] Ja, sie könnten sogar masturbieren und eine unabhängige, autonome Sexualität genießen; und in der Ehe ist wohl eine Frau im Vollbesitz des Organs ihrer Lust in jeder Hinsicht schwerer zu beherrschen, zu unterjochen, zu versklaven. Das ist Ideologie. Und gar nicht so anders als jene, die über Sylvia hereinbrach.

Ich bin soeben auf einen ausgezeichneten historischen Bericht über soziale und kulturelle Zustände im vorigen Jahrhundert gestoßen, der ein neues und erschreckendes Licht auf die ganze Frage der sexuellen Verstümmelung von Frauen und jener Form von Todesstrafe für Sexualität wirft, die durch Sylvia Likens' Folterqual symbolisiert wird: *Victorian Murderesses* von Mary S. Hartman. Hartmans Bericht über die mutmaßliche Ermordung eines Pflegekindes durch eine französische Gouvernante scheint mir erstaunliche Parallelen, ja tiefere Einblicke in unseren vorliegenden Fall zu liefern.

> Mlle. Doudet, eine ehemalige Gouvernante, die in der Cité d'Odiot in Paris eine kleine Tagesschule leitete, mußte sich 1855 am Kapitol gegen die Anklage verantworten, vier ihrer Schülerinnen körperlich mißhandelt und eine fünfte getötet zu haben, alle Töchter eines englischen Arztes, der sie ihrer Obhut anvertraut hatte. Die Angeklagte, eine hochgebildete Frau mit makellosen Empfehlungen für ihre Stelle, bestand darauf, daß das tote Kind an einem schweren Anfall von Keuchhusten eines natürlichen Todes gestorben sei. Sie behauptete auch, daß der unterernährte Zustand der anderen Mädchen nicht von ihrer schlechten Behandlung herrührte, sondern vielmehr auf die ihnen eigenen Gewohnheiten zurückzuführen war, verschärft durch die strenge Diät, die ihnen ihr homöopathischer Doktor-Vater verschrieb.

7 Lowry, S. 144–49.

Mlle. Doudet erklärte sich im Sinne der Anklage der Mißhandlung und nicht vorsätzlichen Tötung für unschuldig …
Auf Mlle. Doudets Ersuchen hatte die Polizei bereits die Leiterin einer Gesundheitseinrichtung befragt, die berichtete, daß, als der Arzt im vergangenen Januar seine Töchter besucht hatte, er und seine Frau sie konsultiert hatten, um Wege zu finden, die »geheime Sünde« ihrer Kinder zu unterbinden. Die Frau sagte, sie hätte einen »Schutzgürtel« empfohlen, den Marsden bestellt hatte …
Marsden befand sich mit seiner Sorge um die angebliche Sünde der Masturbation in guter Gesellschaft. Seine Kinder wurden um die Mitte des Jahrhunderts von dieser »Krankheit« befallen, zu einer Zeit, als sich die Angst vor der Masturbation auf ihrem Höhepunkt befand. Unter den Zuständen, die dem »Selbstmißbrauch« zugeschrieben wurden, nannte man Hysterie, Asthma, Epilepsie, Melancholie, Paralyse und Wahnsinn … Ab 1850 allerdings wandten die Ärzte in der allgemeinen Sorge um die Sexualität ihre Aufmerksamkeit von der »Heilung« auf die »Unterdrückung« jeglicher autoerotischen Aktivität zu. Zunehmend wurden sadistische Methoden angewandt, und bis zur Jahrhundertwende waren mindestens die Hälfte der empfohlenen Maßnahmen in allen Ländern drastischer Natur, einschließlich bändigenden Geräten, schweren Strafen und sogar chirurgischen Eingriffen.
Ungefähr zur Zeit des Marsden-Falles führte ein bekannter Londoner Chirurg als eine Behandlungsmethode für die weibliche Masturbation die Operation der Klitoridektomie ein, die darin bestand, das Organ zu entfernen, mit dem die Selbstbefriedigung erfolgte. Diese Methode scheint in England barmherzig kurz gewesen zu sein, und ihr Hauptverfechter wurde zehn Jahre darauf aus der Gynäkologischen Gesellschaft ausgeschlossen; in Frankreich fand sie um 1890 kurze Zeit Anwendung. Andere chirurgische Methoden wurden allerdings sogar bis in die dreißiger Jahre dieses Jahrhunderts hinein weiterhin in Lehrbüchern und in der Fachliteratur empfohlen. Darunter war das Erzeugen von Bläschen an den Schenkeln oder Genitalien, das »Vergraben« der Klitoris unter die Schamlippen durch Nähte, Verätzung und Verschließen der großen Schamlippen. Die Marsden-Mädchen mußten sich solchen Heilmethoden nicht unterziehen, teilweise weil ihr Vater jedem chirurgischen Eingriff ablehnend gegenüberstand, aber ihr Leiden mag sehr wohl genauso groß, wenn nicht sogar größer gewesen sein, als wenn sie ihnen unterzogen worden wären …
Der ständige Vorwurf moralischer Verworfenheit übte eine unmittelbare und sichtbare Wirkung auf die Mädchen aus, noch bevor ihre

Gouvernante zu härteren Methoden überging. Es ist wahrscheinlich, daß, wenn die Kinder jemals masturbiert hatten, sie aus blankem Entsetzen sicher gleich damit aufhörten, weshalb die Unterstellungen um so schwerer zu ertragen gewesen sein mußten. Eines der Kinder schluchzte später, daß, wenn es masturbiert hat, es im Schlaf gewesen sein muß ... ein Arzt berichtete von seinem Erstaunen über das, wie er es nannte, »zynische« Bekenntnis, daß das Mädchen regelmäßig masturbierte. Es scheint ihm nie in den Sinn gekommen zu sein, daß Mlle. Doudet ihre Pflegekinder beauftragt haben mag, ihre Gewohnheiten zu »gestehen« ... Marsden (der Vater) scheint auch darauf hereingefallen zu sein, denn er nahm ohne einen einzigen Hintergedanken die alarmierenden Briefe, die die Gouvernante ihnen heimzuschreiben befahl, für bare Münze, Briefe, die verkündeten, daß sich ihr Zustand nicht besserte, sondern im Gegenteil immer schlimmer wurde. Diesen Berichten zufolge unternahm Mlle. Doudet heroische Heilungsversuche, aber diese Angewohnheiten breiteten sich aus und gerieten völlig außer Kontrolle.

Gertrudes Motivation muß dieser irgendwie geähnelt haben, auch wie sie darauf bestand, daß die junge Frau gebrochen, genommen und verletzt und gebrochen werden mußte. Und die Buchstaben von Schuld und Scham, die ihr gerade in jenem Augenblick des Lebens auf den Leib geschrieben wurden, als sie, eigensinnig wie sie nun einmal war, ihr Leben vielleicht hätte genießen können, es mit einem glücklichen Leben hätte verwechseln können. Die Knospe ihrer Sexualität nehmen und sich an ihr hätte erfreuen können. Leben hätte können. So wurde sie gebrandmarkt, verstümmelt durch das magische sexuelle Wort »Prostituierte«.

Und weil der Kopf dieser jungen Leiche so verstockt die ihr auferlegte Trauer, das ihr vorgeschriebene Leid zurückwies, kam es, wie es kommen mußte. Sie muß insgesamt etwas zu Freies an sich gehabt haben. Ihr Mentor, die ihr zugeordnete ältere Frau, Gertrude, überschritt auf eigene Initiative die übliche Grenze – überschritt sogar die Überreste von Bösartigkeit jungen Frauen gegenüber, die bei der klitoralen Verstümmelung so auffällig ist, und gewisse archaische Stammeszüge des Patriarchats – überwand verzweifelt die Geheiße ihrer eigenen Kultur. Aber der Stammesdrang lebt irgendwie weiter, füllt jeden Morgen den Gerichtssaal von Marion County bis auf den letzten Platz, obwohl die Gruppenreaktion eine Mischung aus dumpfem Schock vor dem Obszönen und unbestimmt lüsterner Neugierde ist, das hypnotisierte Starren auf Gertrude – weil sie sich so weit jenseits des gewohnten Maßes vorgewagt hatte. Gertrude, die maßlose Pionierin, die auf so groteske Art und Weise die puritanischen Triebe ausagierte, von denen alle geschüttelt sind. Sie hat es deutlich erkennbar gemacht, hat es buchstabengetreu ausgeführt. Und rechtschaffen, das Wüten ihrer Überzeugung, ihr tiefsitzender Zorn gegen diese junge Frau, die sich ihrer strafenden Übergangsperiode widersetzte, in einer einzigen gigantischen Geste – wenn auch nicht ohne Mühe und Plage – hat Gertrude diesen Kopf mit seinen ausgefransten Lippen, diese *Pietà* geschaffen.

Charles Ellis ging es bedächtig und methodisch an: »... über der Stirn waren vielfältige Abschürfungen und gelbbraune Verfärbungen des Gesichts ... jede Wunde war zwischen einem Tag und ein bis zwei Wochen alt.[8] ... Beide Augen wiesen Ekchymose auf, was üblicherweise als blaues Auge bezeichnet wird, und um die Augenlider Ödeme.[9] ... Auf dem ganzen Gesicht waren große und vielfältige Kratzspuren, und über der linken Wange und hinunter bis zum Kiefer befand sich ein größerer Bereich von Abschürfungen.«[10] Jetzt kommt er zum Wesentlichen: »Dann bei der Untersuchung der Lippen erwies sich, daß sie auffallend eingerissen und im großen und ganzen zerfetzt waren, ausgenommen der Teil der Unterlippe, wo sich der rechte Vorderzahn befinden sollte. Dieser Zahl fehlte. Das war die einzige Stelle, wo die Lippen nicht zerbissen waren ... Diese Einrisse oder Fleischwunden an der Lippe erstreckten sich von der äußeren zur inneren Oberfläche und waren an manchen Stellen ganz durchgängig.«[11]

Zur Beschreibung der Wunden, die die gesamte Oberfläche von Sylvia Likens' Oberkörper bedeckten, wurde dem Gericht die Silhouette eines jungen menschlichen Torso vorgeführt, auf die Ellis die Wunden peinlich genau in verschiedenen Farben eintrug.

8 Indiana gegen Gertrude Baniszewski, S. 1225.
9 Ibid., S. 1226.
10 Ibid.
11 Ibid., S. 1226–27.

»Am Hals befanden sich mehrere Bereiche, an denen die Oberhaut fehlte. Besonders ausgeprägt war das an der rechten Halsseite ...[12], die Wundränder waren ziemlich scharf, was darauf hinweist, daß die Wunden mindestens so lange vorher zugefügt wurden, um eine Loslösung des verletzten Gewebes zu ermöglichen, und die scharfen Ränder deuten darauf hin, daß die Wunden entweder von einem scharfen oder einem heißen Gegenstand stammen.[13] ... Dies hätte mit einem Messer oder mit einer Nadel erfolgen können – mit jedem ähnlich gearteten scharfen Gegenstand, oder aber es hätte mit etwas weniger Scharfem, aber Heißem erfolgen können.«[14] Obwohl Sylvia wiederholt mit heißem Wasser verbrüht wurde, war das nicht die einzige Art von Verbrennungen, es gab auch Zigaretten. Es gab kleine Verbrennungen. »Die meisten davon schienen nicht durch heißes Wasser erfolgt zu sein, denn heißes Wasser hätte den umliegenden Bereich weniger stark verbrannt.«[15] Ellis beginnt sich den geschundenen Körper hinunterzubewegen: »Über der rechten Schulter befindet sich ein linearer Bereich, wo wieder die Oberhaut fehlt.[16] ... Dann wieder zum vorderen Teil des Brustkorbs, dort, wo ungefähr das Schlüsselbein ist, und entlang des Schlüsselbeinrandes befinden sich zwei weitere Bereiche, die einen fleckigen Verlust der Oberhaut aufweisen. Über der linken Schulter befindet sich ein weiterer Bereich, vom oberen Teil der Schulter hinunter zum Vorderteil des Armes und ungefähr so geformt ein weiterer Bereich mit scharfen Rändern und fehlender Oberhaut.«[17] Der Gerichtssaal wartet. Der Arzt fährt mit seinen bunten Stiften fort, violett für Blutergüsse, rot für Hautverlust durch Verbrennungen und Schnitte, grün für Abschürfungen und Fleischwunden unbestimmten Grades. »Wenn wir uns nun den Brustkorb ansehen, befinden sich über der rechten Brust noch mehr Bereiche mit Hautverlust in ungefähr diesem Umfang. Die Brustwarze selbst war nicht in Mitleiden-

12 Ibid., S. 1227.
13 Ibid.
14 Ibid., S. 1228.
15 Ibid.
16 Ibid., S. 1234.
17 Ibid.

schaft gezogen, aber der Bereich um die Brustwarze.«[18] Jennys kleine Brüste in ihrem neuen Pullover, Paulas riesige in ihrer Strickjacke, Gertrudes harter Busen in ihrer Bluse. Sie hören zu. Auch die Bürger hören zu. »Ein ähnliches Bild fand sich auf der linken Brust, insofern als auch hier die Brustwarze nicht betroffen war. An der unteren Grenze der linken Brust befand sich eine Kratzspur, die in diese Richtung verlief. An der Mittellinie des Bauches, zwischen – das ist also im wesentlichen die Höhe des Nabels – dem Nabel also und dem Ende des Brustbeins, in diesem Bereich befand sich eine weitere Ziffer, nämlich eine Drei.«[19] Ellis hatte früher von einer Vier gesprochen und korrigierte sich nun; die Tatsache, daß so etwas auf die Haut geritzt wurde, ist für ihn so bizarr, daß er nicht unterscheiden kann; gleichermaßen verwirrt waren Sylvias Peiniger, die ihr ein S auf den Leib schreiben wollten, aber den unteren Teil davon verkehrt machten und schließlich nur eine Drei zustande brachten. »Ich würde es eine Blockdrei nennen. Sie war acht Zentimeter hoch und insgesamt zweieinhalb Zentimeter breit.«[20]

Jetzt, wo er dort angelangt ist, versucht Ellis den Rest rasch abzufertigen: »Über dem Bauch, wieder im wesentlichen in Blockbuchstaben, stand – standen die Worte ›Ich bin eine Prostituierte und stolz darauf‹ mit einem Ausrufungszeichen. In das äußere Genitale hineinreichend befand sich ein ausgeprägtes Ödem der äußeren Genitalien, mit einem großen Hämatom an der linken Labia, die Hautfalte, die den Bereich der Vaginalöffnung umgibt.«[21] Nachdem er festgestellt hatte, daß ein Hämatom eine Verletzung ist, bei der sich Blut unter der Haut ansammelt, und daß die Genitalien auch eine beidseitige Schwellung aufwiesen und daß das alles ein Hinweis dafür sei, daß der Vagina ein Schlag, wahrscheinlich ein Fußtritt versetzt wurde – »und es muß wohl ein recht ordentlicher Tritt gewesen sein«[22], unterstreicht Ellis mit einer besonders unglücklichen Wortwahl – muß Staatsanwalt New

18 Ibid., S. 1235.
19 Ibid.
20 Ibid.
21 Ibid.
22 Ibid., S. 1236.

die Frage trotzdem stellen: »Herr Doktor, gab es Hinweise auf eine sexuelle Penetration oder Beschädigung des Mädchens?« Mädchen werden nur auf eine Weise beschädigt. Ellis versteht: »Die Vagina wurde sehr genau untersucht und es wurden keine Hinweise auf Verletzungen gefunden. Zur Spermauntersuchung wurde ein Abstrich vorgenommen, dessen Ergebnis negativ war. Es gibt keine Hinweise, daß eine Penetration erfolgte.«[23]

Ein trockener Fick fürwahr. Ein Fußtritt. Aber kein Eindringen durch die Hand, den Mund, die Zunge, den Penis. Sexualität ohne Sex. Reine Ideologie. Gedanken über Sex, Vorstellungen, Wertungen, Aberglauben, Gefühle, Haß, Ängste – alles über Sex, ausgenommen das Eigentliche, der Akt ein so mächtiges Tabu, daß man zu Gewalt Zuflucht nimmt, zu Sadismus, zu jeglicher Form von Brutalität, nur um ihn zu vermeiden. Auszurotten. Im Gerichtssaal redete die Stimme des Arztes weiter, seine Diagramme, seine grünen und violetten Buntstifte. Die Verstümmelung jedes Gliedes wird sorgfältig bemalt. Der Hautverlust, die Wunden in medizinischen Jargon übersetzt: »Nach unten zum linken Vorderarm reichend befindet sich ein weiterer großer Bereich.[24] ... Auch hier wurde eine scharfe Begrenzung zwischen der normalen Haut und den Teilen vorgefunden, wo die Oberhaut fehlte, was wieder darauf hinweist, daß es sich um einen scharfen oder heißen Gegenstand handelte.[25]

»An der linken Hand, am Mittelfinger, gab cs etwas Blut, unter oder im Nagelbett, und der mittlere Teil des Fingernagels war abgebrochen. Die restlichen Fingernägel erwiesen sich bei der Untersuchung als allesamt auf solche Weise abgebrochen, daß der gebrochene Teil gegen den Handrücken zeigte. Und zwar an beiden Händen.«[26] Für Ellis ist das ein Hinweis auf »eine starke kratzende Bewegung oder ein sich Verkrallen«[27], denn sie waren alle nach hinten abgebrochen, d.h. gegen den Handrücken zu. So unglaublich es scheint, Sylvia mag sich auch das in den letzten

23 Ibid.
24 Ibid.
25 Ibid.
26 Ibid., S. 1238.
27 Ibid.

Kämpfen ihres Leidens selbst zugefügt haben, ein Gedanke, der ernüchternder ist, als die erste Schlußfolgerung, daß die Nägel von anderen in bösartiger Absicht abgebrochen wurden. Unter den Fingernägeln befand sich abgeschürftes Material, das von der Laboruntersuchung als »irgendein fettiges, nicht näher identifizierbares Material«[28] zurückkam, wahrscheinlich Reste von Gertrudes Kellerboden.

Dann die Beine, Wunde auf Wunde, der Hautverlust, die Zigarettenbrandmale. Hautverlust am Rücken. Ein großer Bereich im Nacken. »Dieser Bereich unterschied sich ein wenig von vielen anderen, indem er statt ganz scharfen Rändern eine geringe Zerstörung der umliegenden Haut aufwies, sie war weniger beschädigt und zum Teil noch erhalten. Dieser Schaden bestand aus einigermaßen geröteten und kleinen Hautfragmenten – wo die Haut nicht mehr vorhanden war, wölbten sich diese Hautteile entlang der Ränder auf.«[29] Man denkt an Gertrudes Brühbäder: »... mehr oder weniger würde eine Verbrennung durch eine Flüssigkeit solche Brandwunden um die Ränder hinterlassen ... es könnte alles sein, auch heißes Wasser.«[30] Die rituelle Taufe. In Gertrudes Haus gab es wenige Geräte, die so komplex und bedeutungsvoll waren wie das Bad; Feuer und Messer sind einfachere Dinge. Freilich auch Seile und die Prügelwerkzeuge: das Brett und der Gürtel, die Vorhangstange, der Schürhaken, das Brandeisen – aber wenn man schon allein Letzteres nennt, merkt man gleich seinen Abstand zum Bad, jener uralten und herrlichen Erfindung des Menschen, eine Quelle von Entspannung, von Genuß und Ruhe – durch Gertrudes schadhafte Installationen und den Wasserspeicher zu einem Gegenstand des Grauens gemacht.

Nachdem die letzten punktförmigen Wunden, die kleineren Quetschungen, die Verbrennungen zusammengezählt wurden; rund, ungefähr einen Zentimeter im Durchmesser und durch irgendeinen heißen Gegenstand von ungefähr der Größe einer Zigarette hervorgerufen, von Kebel auf ungefähr einhundertundfünfzig geschätzt, und eine fast vergessene Vertiefung am rechten

28 Ibid.
29 Ibid., S. 1239.
30 Ibid., S. 1240.

Knie, aus der eine »rotbräunliche Flüssigkeit«[31] sickerte, und endlich der Zustand der Leber beschrieben war, gelb und verfettet, »Das weist auf Unterernährung hin«[32], bescheinigt der Arzt, besonders wenn man den Zustand der Knochen dazunimmt, »insbesondere die Beckenknochen scheinen weiter vorzustehen als normal, was auf Gewichtsverlust hinweist«[33] – ist der Kadaver fast bereit, beiseite gelegt zu werden.

Aber da es sich um einen weiblichen Kadaver handelt und die Frage für ihr Leben und sein Ende von Bedeutung ist; sogar die Form ihrer Pein gründete auf seiner Keuschheit; so muß auch hier noch eine Sache festgestellt werden: »Haben Sie sich um die Feststellung bemüht, ob diese Person schwanger war?« »Ich habe den Uterus genau untersucht, und es gab keinerlei Hinweis auf eine Schwangerschaft.«[34]

31 Ibid., S. 1243.
32 Ibid., S. 1244.
33 Ibid.
34 Ibid.

Fünf

Schliesslich schaut man nicht mehr auf Gesichter, sondern auf Artefakte. Auf die Bilder von *Dingen.* Von einem Ort, einem Milieu, einem Gegenstand. Das Haus New York Street Nummer 3850 E. Ich habe sowohl das Haus selbst als auch eine Fotografie davon gesehen; sie sind verschieden. Das heutige Haus ist frisch gestrichen worden und hat die schreckliche Ausdruckskraft des Fotos verloren, das Abweisende mit der Farbe, die herunterblättert, dem durstigen Holz, der fast mythischen Trauer, die es ausströmte, eine Macht, die Fotos Dingen verleihen können, eine Kraft, die bisweilen viel stärker ist als die Wirklichkeit. Ich könnte das Haus selbst, das wirkliche Haus in der New York Street, nie betreten. Das dem Haus von damals, an jenem Oktoberabend vor vierzehn Jahren, als man Sylvia Likens' Leiche fand, nicht ähneln würde. Aber Fotografien geben mir diese Räume, die Polizei und die Pressefotografen beider Lokalzeitungen haben jedes Zimmer fotografiert. Und weil ich lange Zeit mit diesen Fotografien lebte, meine Vorstellung vom Haus ausschmückte und überarbeitete, als ich vor dem wirklichen Haus stand, weil ich Sylvia war, die starb, und Gertrude, die stunden-, wochen-, jahrelang folterte, habe ich den Ort in meiner Fantasie und mit meinen Gefühlen schon so lange bewohnt, daß ich das Innere des Hauses fast kenne, seine Gänge, seine Schlafzimmer, die Fenster und Türen, und wie das Licht einfällt, die Geräusche klingen und die Dinge sich anfühlen. Das Haus in der New York Street Nummer 3850 wurde frisch gestrichen und ist jetzt ein harmloses scheunenartiges Bauwerk, aber darunter vergraben ist, was es einmal war, die Ruinen seiner Vergangenheit. Und die nüchternen Schwarzweißfotos jedes einzelnen Zimmers sind meine Anhaltspunkte und mein Hintergrund für das Drama; in ihnen entblättert sich New York Street in ihrer täglichen Unordnung. Doch auch hinter dem eintönigen und vertrauten Aspekt bestimmter Räume lauert ein besonderes Entsetzen, die uringetränkte Matratze, über die die Leiche, sauber gewaschen und in Weiß gekleidet, gebreitet wurde, die unaussprechliche Verwahrlosung von Sylvias Lumpenlager unter der Kellertreppe, wo sie während der letzten Wochen schlafen mußte, selbst die normalerweise unauffällige Anwesenheit einiger wahrscheinlich leerer Farbtöpfe und ein umgestoßener Wäschekorb aus Plastik, sogar diese Gegenstände nehmen den Geschmack dessen an, was hier vor sich ging, eine nunmehr beständige Aura, die das Ereignis und jeden seiner Akteure auf ewig überleben wird, unauslöschbar eingegangen in das teilnahmslose Papier von Polizei und Presse.

Es liegt eine besondere Bedeutung auch in der emotionslosen Abbildung einer schmutzigen Küchenspüle mit einer Margarineschachtel und einer leeren Dose *Miracle Whip*. Dinge. Dinge, so vertraut wie *Kraft*, so amerikanisch wie Installationen, wie das verdreckte Badezimmer, Zeitungen auf dem Linoleumboden verstreut, ein leerer Klopapierbehälter in Reichweite der Toilette, die Klobrille hochgeklappt, der Deckel von der Wasserspülung dahinter entfernt, so daß man den Schwimmer sieht; die Wahrscheinlichkeit, daß das Klo zusätzlich zu seiner Verwahrlosung auch noch kaputt ist. Die Ärgerlichkeiten der täglichen Haushaltsroutine, ja sicher, aber auch die letztendliche Entmutigung durch Armut, ihre trostlosen lebenserhaltenden Maßnahmen, ihr täglicher Angriff auf den Sinn für Schönheit. Besonders eine bestimmte Art von Armut; Armut verbunden mit Depressionen. Denn hier ist die Zerstörung der Bereitschaft, für Nahrung und Unterhalt zu sorgen, nicht nur auf Geldmangel zurückzuführen, sondern auf den Mangel an allem Materiellen – und sogar am Lebenswillen.

Gertrude mußte neun Menschen versorgen und hatte nur einen einzigen Löffel im Haus.[1] Sieben eigene Kinder, zwei Pflegekinder und sie selbst – zehn Seelen. Und keinen Herd. Das ist keine

1 Diese Tatsache tauchte während des Prozesses unerwartet auf. Wenn man das erste Mal darauf stößt, erscheint es einem wie ein seltsames kleines Detail, nebensächlich – aber wenn man darüber nachdenkt, spricht es Bände über einen Lebensstil. Jenny muß es einer bestürzten zweiten Staatsanwältin, Mrs. Wessner, erklären: »Wissen Sie, sie haben sich die Löffel geteilt. Einer verwendete ihn und spülte ihn dann ab, wenn er fertig war« (Indiana gegen Gertrude Baniszewski, S. 1575). Anfangs hatte es noch drei gegeben, aber schließlich gab es nur mehr einen.

einfache Feststellung für einen zehnköpfigen Haushalt. Das Wenige an Nahrung, das aufgetrieben werden konnte, mußte auf einer Kochplatte gewärmt werden. Das bedeutete Sandwiches und Dosensuppe. Und Crackers. Aber wie kann man so herunterkommen, daß zehn Leute einen einzigen Löffel benützen? Woher bezieht sie ihre Einkünfte? Gertrudes Gelegenheitsarbeiten als Getränkeverkäuferin beim Speedway; die Alimente ihres Ex-Ehemannes, des Polizisten John Baniszewski, unregelmäßig und weit im Rückstand; und die Bügelarbeiten, die sie übernehmen kann, wenn sie sich dazu wohl genug fühlt. Sie hat sich schon eine ganze Weile nicht wohl genug gefühlt. Und die zwanzig Dollar wöchentlich, die Lester Likens für den Unterhalt von Sylvia und Jenny schickt. Vielleicht war das zu gewissen Zeiten Gertrudes einziges Einkommen. Die beiden Likens-Schwestern die einzige Quelle für Nahrung und das Allernotwendigste für ihre eigenen sieben Kinder. Und sie ermordet eine davon? Etwas ist besser als nichts. Aber Lester wollte bald zurückkommen. Um seine Töchter zurückzufordern? Um die Zahlungen einzustellen? Das war schon früher in der Luft gelegen, geplante Rückkehr und Wiedervereinigung der Familie. Aber daraus waren bloß Besuche geworden, und der elterliche Vorteil, die Mädchen aus dem Weg zu haben, wurde verlängert. Lester und Betty konnten weiterhin den Jahrmärkten folgen. Davon gab es im Südosten noch mehr. Florida. Lester hatte jetzt endlich seinen eigenen Stand.

Die zwanzig Dollar die Woche hätten weitergehen können. Aber kann das für zehn Leute reichen? Die Mahlzeiten bestanden aus Toast. Suppe. Soda. Die wilde Gier aufs Essen, die Sylvia einmal eine schreckliche Tracht Prügel einbrachte, als ihr vorgeworfen wurde, einen Hamburger gegessen zu haben, den ihr ihr Bruder Danny[2] gekauft haben mag, denn möglicherweise war sie ihm im Park begegnet, er mag in die Stadt gekommen sein, – oder

2 Der achtzehnjährige Danny (Dianas Zwillingsbruder) und der fünfzehnjährige Benny (Jennys Zwillingsbruder) durften die Eltern zu den Jahrmärkten begleiten. Und beide Eltern und ihre Söhne kamen zwischen den Jahrmärkten immer wieder nach Indianapolis zurück und besuchten die Mädchen. Das letzte Mal wurden Sylvia und Jenny am 5. Oktober von ihren Eltern besucht. Daß sie sich damals nicht über ihre Behandlung beklagten und so noch rechtzeitig hätten gerettet werden können, zeugt von Gertrudes Fähigkeit, die Mädchen einzuschüchtern.

es mag auch bloß ein Racheakt gegen Sylvia gewesen sein. Sie wurde wieder geprügelt wegen eines Sandwich und einer Cola, die ihr ihre Schwester Diana kaufte. Aber aus den Aussagen geht nicht hervor, daß man im Haus wie im Krieg unter beständigem Hunger litt.

Aber trotzdem, wie erreicht man einen Punkt, wo es im Haus nur mehr einen Löffel gibt? Als der Polizist noch da war, muß es mehr gegeben haben, es muß, wenn schon kein vollständiges Besteck, so doch einige Teile davon gegeben haben. Mindestens drei waren noch über, als die Likens, ohne jemals das Haus besichtigt zu haben oder nach oben gegangen zu sein, Gertrude ihre Töchter anvertrauten. Aber zu der Zeit, als Sylvia im Keller gefangengehalten wurde, waren sie auf einen Löffel herabgewirtschaftet. Seit der junge Dennis Wright seine Besitzansprüche geltend machte, begann alles auseinanderzufallen. Dennis war dreiundzwanzig, Gertrude siebenunddreißig, sie mußte zweimal ins Krankenhaus gebracht werden, nachdem er sie zusammengeschlagen hatte. Verschwand der Rest des Bestecks irgendwie in der Depression, die folgte, als er sie verließ, ein zerstückelter mühsamer Tag nach dem anderen und die Versorgung eines neuen Kleinkindes, des Babys, das Dennis zurückgelassen hatte.

Es hatte nie einen Herd gegeben. Die Miete kam auf fünfundfünfzig Dollar. Aber anfangs konnte Gertrude noch sagen, sie waren eben erst eingezogen, sie kamen im Juni in die New York Street, übersiedelten von einer anderen Wohnung nicht weit davon, Gertrudes Aufeinanderfolge von Adressen, wie auch die Lesters eine bemerkenswerte Anzahl davon aufwiesen, meistens im selben Zirkel von Slumbehausungen, von denen viele denselben Hausbesitzern gehörten. Hatten nicht auch Lester und seine Familie zweimal in der New York Street gewohnt? Und das letzte Mal gleich drüben auf Nummer 3838, wo damals die MacGuires und gleich nach ihnen die Monroes wohnten. Immer in dem einen oder anderen der billigen unmöblierten Häuser und Wohnungen im nahen Umkreis. Vielleicht hatte das Haus in der North Bradley Street einen Herd gehabt. Vielleicht hatte Gertrude die Absicht, einen zu kaufen oder die elektrische Bratpfanne reparieren zu lassen. Man kann sich schwer vorstellen, wie man ohne Herd für sieben Kinder kocht, ganz zu schweigen von den Pflegekindern.

Aber die Löffel bleiben ein Geheimnis. Löffel kann man stehlen. Eine Schachtel Plastiklöffeln muß damals ungefähr einen Viertel Dollar gekostet haben. *Dairy Queen* verschenkte sie mit ihren Eisbechern. Gertrude beschäftigte einen Anwalt (um Dennis Wright auf Alimente zu verklagen) und eine Reihe von Ärzten (für ihre diversen Krankheiten) und beglich wahrscheinlich sogar ihre Honorarforderungen. Sie besaß einen Fernsehapparat und eine Stereoanlage. So daß die Frage der Löffel nicht bloß Armut ist, sondern eine besondere Art von Armut, eine Form von Desorganisation, die man sich bei jemandem, der für neun Kinder verantwortlich ist, kaum vorstellen kann. Eine Verwirrung in der Form, sein Leben zu führen, seine wesentlichen Äußerlichkeiten – so intensiv, daß es die bizarren Ereignisse hervorrufen konnte, die sich um diese Verwirrung abspielten: ihre Apathie, ihre verhungerte Hoffnung, ihr moralisches Chaos. Obwohl Verbrechen an Kindern in allen Gesellschaftsschichten vorkommen, spielt Gertrudes Armut in diesem Fall eine überwältigende Rolle, aber sie kann nicht nur als Mangel an den nötigen Finanzen verstanden werden, denn es handelt sich um eine Vielfalt verschiedenartiger Armut: Verwahrlosung, Ziellosigkeit, geistige Verarmung, Gefühlskälte, Ausweglosigkeit – die komplizierteste und zerstörerischste Form von Armut –, die mit finanzieller Armut beginnen kann, sich dann aber ganz anders weiterentwickelt. Sonst verleumdet man die Armen. Armut alleine führt nicht notwendigerweise zu einem Zustand, in dem man Kinder in Kellern foltert. Und Gertrude handelte auch aus Glauben, aus Überzeugung, aus verwickelten Vorstellungen, die eher ideologischer als materieller Natur waren, geistige Kräfte, undurchschaubar und geheimnisvoll.

Weil sie hier sterben sollte, war alles in diesem Haus für Sylvia geheimnisumwoben. Jenny und Gertrudes eigene Kinder, die anderen Bewohner waren auf ihre Art ebenfalls Häftlinge des Hauses, denn in jungen Jahren ist man in seiner Umwelt gefangen; sie ist unsere ganze Welt, das Badezimmer verkörpert alle Badezimmer, das Badezimmer an sich.[3] Anfangs ist nichts besonders

3 Ich bin den *Indianapolis Star News* für die Erlaubnis dankbar, Nick Longworths Fotografien vom Keller für die *News* vom 4. Mai 1966 und Randy Singers Aufnahmen von Küche und Badezimmer vom 9. Mai 1966 ansehen zu dürfen.

Geheimnisvolles am verstreuten Zeitungspapier, dem abgetretenen Linoleum, der erschöpften Qualität dieses Zimmers auf der Fotografie, seine entmutigte Stimmung. »60 Sekunden unter $« – verkündet eine Werbung aus einer Zeitschrift auf dem Boden neben der Toilettenmuschel – die magische Zahl, die dem Dollarzeichen folgen sollte, zerrissen, auf immer verschwunden. Der leuchtende Sechsfarbendruck des Originals der Zeitschrift ist erkennbar, scheint aber in dem nüchternen Schwarzweiß des Pressefotos nicht auf. Paradoxerweise betont das nur den Fluchtwert, den das Technicolor für die Menschen gehabt haben muß, die gezwungen waren, sich in diesem düsteren Zimmer aufzuhalten. Das Zimmer selbst verkörpert die Essenz von »Schwarzweiß», der Geist, der ihm entströmt, ist in den Schwarzweißfotografien festgehalten, die alles zusammenfassen, es auf die banale »Realität« reduzieren. Das Muster des Linoleums, das Wort auf der Seifenpackung; »Dove«, verkündet sie, »Dove Beauty Bar garantiert Leistung und Qualität« lautet auf der kleinen Pappfläche das Versprechen von Frieden, einem Vogel und Luxus. In Wirklichkeit ist Dove rosa, eine rosa Verpackung. Aber die Schwarzweißfotografie verstärkt noch den Zynismus einer solchen Illusion; sie kommentiert, doziert sogar. Ohne Unterlaß. Daß Armut langweilig ist. Deprimierend. Voll von Wiederholung. Ohne Abwechslung. Alle Abende gleich. Alle Freitagnachmittage drohend identisch. Sogar ganze Jahre. Die fünfte Schulstufe und die sechste. Ziellos. Dein sechsunddreißigster oder siebenunddreißigster Geburtstag. Die Zukunft verschwindet oder verharrt mühselig in derselben Stellung.

Nur die Wanne ist geheimnisvoll. Sie hat Beine. Die liebenswerte altmodische Klauenart, die Klaue, die einen Ball umklammert, und der Ball liegt auf dem Boden auf. Eine Art, die neulich von Innenarchitekten zu neuem Leben erweckt wurde. Zu Gertrudes Zeit war sie nicht modern, sie war übergeblieben, nachdem die anderen durch vorgeblich moderne Wannen aus leichtem Stahl ersetzt wurden, rundherum flach verkachelt, nicht dieses Original aus Gußeisen. Ein Gegenstand so voll von Unschuld und Vertrautheit wie eine gußeiserne Badewanne. Aber welche Schreie hat dieser Raum mit angehört, welche Kämpfe. Paula hielt sie fest,

Gertrude hielt sie fest, das Wasser unerträglich heiß, Sylvias Haut um Hals und Schultern verbrüht, wie Ellis feststellte, so daß in weiten Bereichen die Oberhaut oder die oberste Schicht der Haut weggerissen wurde, die Verletzung gleich einer Verbrennung, brennend heißes Wasser. Der Raubzug, als Sylvia ins Bad geschleppt wird, getragen, hochgehoben, eine Gestalt an ihrem Kopf, die andere an ihren Füßen – sie wechseln sich jede Nacht ab – und die Qual, Fesseln und Eintauchen in strafendes Wasser.

Das fand mehrere Male die Woche statt. An einem gewöhnlichen Freitagabend, unter Umständen kam Coy Hubbard vorbei, als Sylvia im Bad war, dem Bad unterzogen wurde. Gertrude beauftragt Coy vielleicht, hinaufzugehen und Sylvia ans Bett zu fesseln. Er tut es. Das geht aus seiner Aussage hervor, die er bei seiner Verhaftung machte. Obwohl er sich sehr bemüht, so wenig wie möglich zuzugeben, bekennt er sich doch zum »Flippen«. So hat er, bis Sylvia gefesselt ist, sie schon einige Male »geflippt«. Coy hat Judo gelernt, und das Flippen von Sylvia, das heißt sie auf den Boden oder gegen die Wand zu schleudern, ist seine besondere Spezialität; er machte es, um die anderen zu unterhalten, besonders für Gertrudes Tochter Stephanie, die sein »Mädchen« ist.

Die Schreie. Das Geräusch eines Körpers, der gegen die Wand stößt, auf dem Boden aufschlägt, das Geräusch eines Körpers, der sich wehrt, während die anderen ihn festhalten, ihn unter das grimmige Wasser drücken, das Umsichschlagen, das Flehen. Jetzt alles vorbei. Das Zimmer ist leer, teilnahmslos. Beim Betrachten seiner fotografischen Kopie ist es schwer, sich alle ihre Beine vorzustellen, Paulas und Gertrudes Beine bei den klauenartigen Füßen. Die Geräusche, das Durcheinander. Gertrude kommt herein und trägt den oberen Teil von Sylvias Körper, Paulas schwerer Schritt stampft die Treppe hinauf und ins Badezimmer, einhundertundsechzig Pfund einer schwangeren und unglücklichen Jugendlichen, die die Beine der Rivalin hinunterdrückt, die sie haßt. Sylvia, der Nagel zu ihrem Sarg, bloß zwei Jahre jünger, und das Luder ist süß. Glücklich. Eine besondere Grazie in ihrer neckischen Art, ihre Sommersprossen, ihr nicht unterdrückbarer Humor, die Art, wie sie zurückprallen und wenige Stunden später wieder grinsen kann. Nicht nach dem allerdings. Oder viel mehr davon.

»In den ersten eineinhalb Wochen war es ganz nett. Nach zwei Wochen wurde es ziemlich schlimm«[4], war Jennys Aussage beim Prozeß, ihre lakonische Untertreibung eine Zusammenfassung von schrecklicher Einfachheit. »Bekam Sylvia dasselbe Essen wie du?« lautet die sanfte Frage von Mrs. Wessner, der zweiten Staatsanwältin, im Zuge einer Reihe von geduldigen Fragen zum Thema Unterernährung. »Ja, bis es immer schlimmer wurde.« »Wann wurde es schlimmer?« »Ich meine, als sie blaue Augen kriegte«[5]. Aber so weit waren sie noch nicht gekommen.

»Halt sie, jetzt halt sie fest. Paß auf. Drück ihr den Kopf runter.« Gertrude rasend vor Wut, vor Asthma, vor Erschöpfung, vor den Anweisungen und der Aufgabe, ihre ordnungsgemäße Ausführung zu beaufsichtigen, vor der Mühe, eine stumpfe Paula zu ihrem perfekten Werkzeug zu machen. Paula, die jetzt meistens die Verantwortung für das Brett trägt. Für den Gürtel. Sie übernimmt die gesamte Last der Prügel, trotz ihres gebrochenen Handgelenks, das sie sich brach, als sie Sylvia in den Kiefer schlug. Sogar Gertrude selbst schlug einmal daneben; als sie nach Sylvia ausholte, verpaßte sie sich selbst ein blaues Auge. Es war harte Arbeit für eine Frau mit so schwachen Nerven, einem so schlechten Rücken, mit Asthma, und die richtige Asthmazeit war erst im Kommen, eine Frau, von ihren Sorgen gejagt, von ihrer Wut angefeuert und von einer Sendung überwältigt. Und dieses Teufelskind. Das Haar und die Kopfhaut und der Halsmuskel drängen nach oben, werden mit Gewalt nach unten gezwungen, hinuntergedrückt unter die Wasserhähne. Der lange Schnitt auf Sylvias Kopf wird unters Wasser gehalten. Oft auch in der Küche, unter dem Küchenhahn. Das Wasser so heiß, wie sie es nur machen können. Gestern kreischte Gertrude vor Lachen. Gelächter, Schreie, das Spritzen des rinnenden Wassers.

Jenny steht im Gang und sieht zu. Hört zu. Stumm auch noch, als Stephanie sie anbrüllt, wegzugehen. Als ob sie etwas Verbotenes oder irgendwie Obszönes getan hätte. »Schmutzig.« Zusehen ist schmutzig und schlecht, wenn sie dich erwischen. Nicht zuse-

4 Indiana gegen Gertrude Baniszewski, S. 1550.
5 Ibid., S. 1561.

hen ist auch schlecht. Aber zusehen, nur zusehen, die Augen gefaßt und ruhig, wenn auch offensichtlich gehorsam, ist schlecht, schlecht auf eine so viel subtilere und komplexere Art, als einfach ungehorsam zu sein und den Weg des Gürtels und des Brettes einzuschlagen, das Brett, das am Ende eines jeden Blicks und Wortes lauert, das Brett in ihrer Erinnerung, ihr Körper nackt auf der Matratze, und Gertrude, die damals noch selbst prügelte, danach immer Paula und ihr großes, schweres Gewicht. Zehn oder fünfzehn Mal, und du versuchst mitzuzählen, dann verlierst du den Faden in einem Strudel von Schmerz, in deinem eigenen Schreien, in Sylvias Schreien neben dir.

Sylvia bei Bewußtsein und dann wieder weg, das Schreien ihre Sirene, ihr Protest, schließlich ihre allesumfassende Realität, wie eine Decke über dem Raum ihres Schmerzes, es umfängt sie und gibt ihm Sinn und Form. Weil sie sich weigerte. Sie weigerte sich immer noch. Obwohl die Weigerung nachläßt, der Kampf der Anfangszeit verebbt. Ihre eigene ältere Schwester Diana, die nebenan wohnte und eine leise Ahnung hatte, was vor sich ging, obwohl Gertrude ihr das Haus verwehrte und mit der Polizei drohte, als sie das eine Mal versuchte einzuschreiten, Diana sagte der Polizei, daß Sylvia sich gewehrt hatte, allen getrotzt hatte, legte ihren ganzen Stolz, ihre ganze Überzeugung in diese Feststellung.[6] Sylvias Widerstand setzt sich fort im Akt des Schreiens, wenngleich die Anstrengung, die es erforderte, sie in Wirklichkeit körperlich nur noch mehr erschöpfte. Denn sie schreit nicht nur aus Schmerz, die Ejakulation von Schmerz, sie schreit auch zwischendurch, in den Sekunden, in denen es keine Prügel setzt, in den Pausen, der Zeit der Erholung und des Wimmerns.

Nicht daß sie nicht auch bittet und fleht, nicht versucht, wo sie nur kann, ihre Rüstung von Verachtung, ihren Mantel von Solidarität zu durchbrechen, Gertrudes nervöse Unsicherheit, ihr häufiger Leichtsinn (kein anderes Wort erscheint angesichts der Bürde ihrer Sendung angebracht), denn freilich hat auch Gertrude die voraussehbaren hausfraulichen Augenblicke von Unachtsamkeit, in denen sie ständig vom Füttern und Bekleiden der zahlreichen

6 *Indianapolis News*, 2. November 1965.

Kinder abgelenkt wird, die Tausenden Kleinigkeiten des Haushalts, Aufräumen und Einkaufen und das Kleingeld, das die Kinder für die Schule brauchen, all das sind ihre Aufgaben. Sylvias Schrei bäumt sich auf vor Paulas schwerfälliger Versenkung in sich selbst, die manchmal sogar ihre Rolle des Folterknechts einige Zentimeter zurückdrängt, ihre Augen leer und ihre Aufmerksamkeit anderswo, so daß Gertrude sie an ihre unmittelbaren Aufgaben und Pflichten erinnern muß, worauf sie ihre Konzentration in Form eines besonders festen Schlages zusammenrafft. Paula kehrt nur um so resoluter und wütender zurück. Mit dem ganzen inneren Ausgefülltsein der Unglücklichen, der ungewollt Schwangeren, der Jugendlichen »in Schwierigkeiten«, mit dem Selbstmitleid der Übergewichtigen, der Häßlichen, ihrem Hader mit der Gerechtigkeit angesichts jener, die in ihren Augen hübsch und unverdient bevorzugt sind.

Und durch das Schreien, durch das ständige Schreien, durch die Verwendung dieses Schreis (Hände und Füße, der Kopf und sogar der Mund sind manchmal in brühendes Wasser getaucht) widersetzt sich Sylvia Gertrudes mystischer Entschlossenheit, sie zu brechen und ihr eine Lektion zu erteilen. Gertrude selbst hat sich schon sehr verändert, hat viele andere Sachen laufenlassen, hat sich vielleicht zum ersten Mal in ihrem Leben auf ein Projekt konzentriert, das sie ganz beschäftigte und für das sie sich selbst *entschieden* hatte – nicht schicksalhaft, wie die unerwünschte Geburt von Kindern, ihre wiederholten Gefangenschaften. Und vielleicht hat Sylvias Erscheinen zumindest das erreicht – daß es ihr half, ihren Weg zu erkennen, so wie irgendein zufälliges Ereignis, irgendeine Anregung von außen den Verlauf von Fantasie und Gefühlen klären kann, dazu beitragen kann, zumindest am Anfang, den unterdrückten Wunsch und die intuitive Wahl freizusetzen, die davor in der Luft hingen. Als wir bei einer Entscheidung innehielten, zögerten, vielleicht nicht ganz den Mut fassen konnten. So konnte der Widerstand, den Sylvia repräsentierte, der alleine niemals den Weg von Gertrudes Rache an der Welt gepflastert hätte, ihn zumindest erhellen; seine verirrten Strahlen über die Wüste bündeln und aus der Finsternis Dinge beleuchten, die immer schon herumgelegen hatten, diese grollende Verwirrung, betrogen worden zu sein in einem Leben, das sich dem Unglück gegenüber passiv verhält. Unter diesem Strahl der Entdeckung war alles klar; er hatte schon die ganze Zeit dagelegen, der Weg, den sie einschlagen mußte, der Weg, der nicht nur die drückende Notwendigkeit löste, mit diesem widerspenstigen Kind fertig zu werden; auch längere, ältere, großartigere Bedürfnisse, weit grundlegendere, die unter der Oberfläche lagen und weniger leicht in Worte gefaßt werden konnten. Denn Gertrude spricht nichts aus, sie ist kein Mensch von Worten, deren Substanzlosigkeit den Zweck verwässern würde. Das Ziel. Sollte sie laut aussprechen, was sie da eigentlich tat, wäre sie dazu vielleicht nicht einmal imstande – es würde sich in Luft auflösen. Gewöhnlich werden, ohne Geheimnis. »Erklärt« mag es vielleicht nicht einmal notwendig erscheinen. Auch das Lehren kann dabei helfen – es lenkt den Sog der Emotionen, bis sie in Handlung explodieren, in einen Schlag, in das Theater des Körperlichen. In den Schrei, der jetzt auf sie zurückfällt. Widerstand leistet.

Sechs

»Sie wehrte sich, so gut sie konnte. Das weiß ich.«[1] Das ist das einzige Mal, daß man von Sylvias Widerstand hört. In gewisser Weise ist es eine gute Nachricht, obwohl nicht so sicher ist, ob man dieser Aussage trauen kann. Wie konnte Diana das wissen? Hatte Sylvia es ihr erzählt, als sie einander einmal zufällig begegneten? Oder Jenny? Zuerst einmal unterstellt Dianas Feststellung, daß Sylvia sich gewehrt hatte, daß sie darüber Bescheid wußte, wie »sie« sie mißhandelten. Warum hatte Diana, die ältere Schwester und verheiratet und daher von größerer Glaubwürdigkeit bei Lester und Betty und den Lehrern und Pfaffen und Bullen und Sozialarbeitern – warum hatte sie es den Behörden nicht gesagt, sie informiert, protestiert, dem Treiben irgendwie ein Ende gesetzt, ob öffentlich mit Hilfe der Maschinerie von Polizei, Pastoren und Schule, oder privat, indem sie Lester und Betty überredete, ihre Töchter anderswo unterzubringen oder sich sogar der Mühe zu unterziehen, sie zu sich zurückzunehmen? Wenn sie die Adresse ihrer Eltern kannte. Die Beziehungen zwischen Diana und ihren Eltern standen nicht zum Besten, das erwies sich beim Prozeß; sie wußten nach ihrer Heirat nicht genau über sie Bescheid, hatten sie aus den Augen verloren. Es ist deshalb unwahrscheinlich, daß sie ihren Aufenthalt kannte. Sylvia und Jenny kannten ihn nicht. Waren nicht einmal sicher, ob sie sich noch in ihrem Bundesstaat befanden oder schon den Jahrmärkten im Südosten des Landes nachgezogen waren. Die Nachricht von Sylvias Tod erreichte sie in Florida. Es gibt Fotos von Lester, der beim Begräbnis weint, aber seine Fürsorge und Empörung erscheinen verspätet.

Diana erzählte Reportern, daß sie an einem Samstag Anfang Oktober versucht hatte, Sylvia zu besuchen, aber Gertrude ließ sie nicht ins Haus hinein, behauptete, daß sie den Auftrag hatte, die Geschwister auseinanderzuhalten. Von wem, fragt man sich.

1 *Indianapolis News*, 2. November 1965.

Lester und Betty? »Ich habe die Erlaubnis, Ihnen zu verbieten, sie zu sehen.« Gertrude drohte, Diana wegen Hausfriedensbruch verhaften zu lassen. Gezänk, Beschimpfungen, die Frauen bekämpfen einander und schreien sich durch die Tür an. Zwei Wochen darauf, ziemlich knapp vor dem Ende, sagte ihr Jenny, als sie Diana auf der Straße begegnete »Ich kann mit dir nicht reden, sonst kriege ich Schwierigkeiten.« Übte Diana ihr Vorrecht als ältere Schwester aus und befragte Jenny, forderte sie eine Erklärung – wart mal, Kind, mit wem kriegst du Schwierigkeiten? Mit dieser Person Gertrude? Was geht dort vor? Geht es euch gut dort? Meckert sie an euch herum? Wo ist Sylvia, meckert sie an Sylvia herum? Vielleicht sollte ich mal mit Mama und Papa reden wegen dieser Gertrude – das letzte Mal hat mich dieses Biest nicht einmal hineingelassen. Was soll das alles heißen? Hör zu, ich lass' dich nicht weg, bis du nicht den Mund aufmachst! Blieb Jenny starrköpfig, lenkte sie ein? Oder Diana? Wir werden es nie erfahren. Das beiläufige Muster von unsystematischer Vernachlässigung, zufälligem Kontakt, Apathie.

Die *Indianapolis News* vom 2. November beschreiben Diana als »Sylvias hübsche 18jährige Schwester, Mrs. Diana Shoemaker«. Das war am Tag, als Gertrude und die anderen vor die Grand Jury traten. Auf dem Pressefoto der beiden Schwestern sieht Diana aus wie eine liebenswerte Stadtgöre, mit einer riesigen Farah-Diba-Frisur, das volle schwarze Haar, dem vielleicht ein wenig nachgeholfen wurde, wie ein gigantischer Pfannkuchen um ihren Kopf, »hochgesteckt«, ihrem gehobenen und erwachsenen Status entsprechend, frisch verheiratet und im Rampenlicht der Öffentlichkeit, oder zu journalistischen Zwecken, noch immer mit Mr. Shoemaker in der North Tuxedo Avenue Nummer 1215 zusammen, obwohl Shoemaker verschwunden zu sein scheint und Jenny und Sylvia scheinbar oft nicht einmal wußten, wo genau sich die Tuxedo Avenue befand oder ob Diana noch dort lebte. Trotz ihres Femme-fatale-Aufputzes legt Diana ihren Arm schützend um Jenny, deren Augen gesenkt und jungfräulich sind, die Ältere eine fürsorgliche und mütterliche Leibwache, und es ist etwas Schönes an den beiden, als sie sich durch die Menge zwängen, in dem Augenblick, als der Fotograf Joe Young von den *Indianapolis*

News sie für alle Zeit festhielt, sie alle, die gemeinen neugierigen Gesichter der Gerichtssaalkiebitze, der verurteilende Lynchjustizblick von Männern in Hüten und Brillen, Frauen in Kopftüchern und weiten Mänteln.

Jenny ist reizend, ihre Augen gesenkt, das Haar umspielt ihren Kopf, der wunderbare, große, gefältelte Kreis eines hellen Kragens umrahmt Gesicht und Hals über einer hübschen Weste, deren Reißverschluß am oberen Ende einen großen Ring hat. Die Mode kam aus Frankreich. Ich selbst hatte eine ähnliche Weste, und ich erinnere mich noch, daß ich sie im Fernsehen trug, als einer Gruppe von Feministinnen zum ersten Mal die Gelegenheit geboten wurde, sich öffentlich darzustellen. Eine triviale Erinnerung zwischendurch, hervorgerufen durch den Anblick eines Kleidungsstückes, und mein Stolz, als ich es an jenem Abend trug. Blaues französisches Leder, ein Reißverschluß bis ganz hinunter, das eleganteste Kleidungsstück der Welt, bis ich mir in ihm wie eine Idiotin vorkam, die gigantische öffentliche Demütigung der Medien. Und Jenny hier in ihrem, bei Gericht umringt von Reportern. Fotografen und Neugierigen, den Kiebitzen, den Geilspechten. Die Horde, die Tag für Tag in das Marion County Criminal Court im City-County Building strömte, Richter Rabbs geduldige Wut auf diese Leute gegen Ende des Prozesses, wie sie alle zehn Seiten der Niederschrift herausbrach, seine Ermahnungen, daß sie sich setzen sollen, ruhig sein sollen, die Türen und Ausgänge freihalten sollen, respektvolle Ruhe bewahren sollen.

Sie waren gekommen, um etwas Anstößiges zu sehen, ohne genau zu wissen, worum es eigentlich ging. Der Mord an einem Mädchen durch langsame und zermürbende Folter, ein auf eine seltsame Art sexueller Mord, aber ohne Sexualität; Brandmale statt Geschlechtsverkehr; Verstümmelung statt Vergewaltigung; die roten Buchstaben auf dem toten Fleisch eines jungen Bauches – Ich bin eine Prostituierte und stolz darauf. Ein Kitzel, den sie nicht so recht verstehen; das ist nicht die Zweiundvierzigste Straße, weder ihr Zynismus noch ihr Humor noch ihre ehrliche Offenheit, all das steht im Gegensatz zu dieser anderen, unbewußten, irregeleiteten, ja traumartigen Heuchelei.

Die Geschichte in den Zeitungen, die Sachen, die sie bei Gericht hören – sie sind davon entsetzt, empfinden aber trotzdem Erregung. Halten es für eine neue, wenn auch unerklärliche Erregung, zumindest in diesem Ausmaß (ihre niederen Register tönen, sind ihr ganzes Leben unterschwellig dagewesen), und sie strömen hier in diese Hallen und halten diese Erregung für die Empörung der Öffentlichkeit, elterliches Mitgefühl, oder einfach heißblütige Wut gegen das Böse – endlich sind sie in der Lage, es anzufassen. Angesichts seiner Größe und seiner Dimension; so neu, so unwahrscheinlich hier in unserer Stadt, so schockierend, so obszön. Obszön in dem gesellschaftlich nicht achtbaren Sinn eines Exhibitionisten, der in einer Straßenbahn oder auf einer Parkbank oder auf einem Spielplatz einen großen roten Fleischklumpen in seiner knetenden Faust entblößt; die Frauen wenden gewöhnlich ihre Augen ab, wenn auch einige wenige in der Lage sind, hinzuzeigen und die Hand vor den Mund zu klappen, die Männer wenden sich in Abscheu ab, ohne jemals unter ihre eigenen dicken Hüften auf die Quelle hinunterzublicken.

Man könnte behaupten, daß die Frauen anders zuschauen, daß ihre nach unten gezogenen Mundwinkel unter ihren Schals und Kopftüchern sich schämen, von einem Wurm gebissen, der zerstörerischer ist, als die rechtschaffen aggressiv zusammengekniffenen Münder ihrer Männer. Als ob die Frauen bedroht wären. Diejenigen, die *mit* dem Opfer sind; Frauen immerhin auch. Egal was auf dem Körper des Mädchens geschrieben stand. Ob es ein Beweis war oder eine Anschuldigung – ist sie nicht tot und war doch nur ein Kind? Gibt es da nicht auch den Unterton, der meint: »Sie wird schon etwas getan haben, wenn man ihr dieses Zeug auf den Leib geschrieben hat.« Und wie kompromittiert ist ein totes Mädchen unter den strengen Augen der Männer? Man kann nie wissen.

Doch sie war vorhanden, diese Scham, eine Scham, die nicht einmal mehr Wut aufbrachte. Sie war vorhanden, in der Stadt und unter den Mädchen in Sylvias Alter. Ihre Generation. Ich traf eine, die es mir erklärte. Ein Zufall, daß ich sie überhaupt traf. Sie war bei einer Pressekonferenz an der Universität von South Florida gewesen, als ich einmal gefragt wurde, an welchem Buch ich als nächstes arbeitete, und ich sagte einen oder zwei Sätze über diesen Fall. Nachher ging sie auf mich zu und sagte mir, daß sie mit Sylvia Likens aufgewachsen war, die Wirkung erlebt hatte, die ihr Tod auf ihre Schulkameraden und auf die ganze Nachbarschaft ausgeübt hatte. Und am gleichen Abend kam das Mädchen wieder, als ich den Hörsaal betrat, um eine Rede zu halten. Sie war dort am Seiteneingang und überreichte mir eine Rose, als ich auf das Podium zuging. »Das ist von Sylvia.« Seltsamstes und köstlichstes Geschenk; das Mädchen verschwand wie eine Erscheinung. Also suchte ich sie nachher, am Ende des Abends, in der kleinen Wohnung meiner Freundin Mildred Thompson, bei Wein und Gitarrenmusik und irgendeinem neuen Sänger, mit dem sie befreundet war, und wir saßen ein wenig abseits, und ich fragte sie. Wollte sie nicht ausfragen, aber hier gab es schließlich etwas Wirkliches und Lebendiges, jemanden, der mit Sylvia zur Schule gegangen war, sie kannte oder ein wenig kannte, sie als wirkliche Person kannte und nicht als eine Gestalt in meiner Geschichte, meiner Bilderwelt von Zeitungsausschnitten, Pressefotos und Niederschriften. Also fragte ich sie. Sie hatte Sylvia nicht gut gekannt. Sie war unbestimmt und konnte sich kaum an irgend etwas genau erinnern, aber es hatte im Jahr vor Sylvias Tod, dem Jahr vor Gertrudes Haus, einen Zeichenkurs gegeben, den Sylvia anscheinend mit wenig Interesse besucht hatte, mehr ein Clown als eine gute Schülerin. Aber auch dieses Mädchen war nicht fleißig, machte gerade eine junge Ehe und zwei Kinder durch, verließ dann den Mann, nahm die Kinder mit und arbeitete sich hier nach Tampa und zur Universität durch; irgendwie im Zuge der Veränderungen, die sie mitrissen, war sie Lesbierin, Feministin und Malerin geworden und war gerade dabei, ihr Diplom an der Kunsthochschule abzuschließen.

In jenen zehn Jahren seit dem Mord hatte diese junge Frau einen langen Weg hinter sich gelegt. Sie war Sylvia oder jemand aus jenem Ort und jener Zeit, der es geschafft hatte. Sechsundzwanzig. Dunkel, hübsch, lebendig. Diese Begegnung mit ihr schien alles zu verändern. Als ob es nicht geschehen war. Zumindest *eine* war davongekommen. Als ob Sylvia am Leben war, oder in gewisser Weise noch am Leben war, überlebt hatte. Als ob es eine

Sylvia gab, die noch immer überlebte, eine, die aus diesem Milieu herausgefunden hatte, ausgehend vom selben Ort, dem Jahr 1965 und der Arsenal Technical School, auch derselben Umgebung und ihrer Distanz zu den schönen Künsten, dem lesbischen Lebensstil und dem radikalen Feminismus; was damals unaussprechliche Vorstellungen gewesen sein mußten, die niemals Wirklichkeit werden sollten, als das letzte Licht durch Sylvias Kellerfenster fiel.

Hier war jemand, der das alles durchgemacht hatte, das Verbrechen und die Zeit danach; wie es die ganze Stadt erschütterte, und die jungen Mädchen begannen plötzlich zu begreifen – und schämten sich. Denn das war das Eigenartige, das einzig Wesentliche, was sie mir erzählte, etwas ungemein Wichtiges und besser als meterweise Erinnerungen; das, was mir verstehen half – ich suchte nicht nur nach Spuren, sondern nach Anhaltspunkten (das alte Rätsel, warum sie es taten und warum sie es sich gefallen ließ) – und dieses vollkommen neue Phänomen, doch ein Mädchen in Sylvias Alter gab mir den Schlüssel. Denn als ich sie fragte, wie es war, ein Mädchen in Sylvias Alter und ihre Klassenkameradin zu sein, damals als alles ans Licht kam, sagte sie, daß sie sich schämten.

Aber warum waren sie nicht wütend? War es nicht einer von ihnen angetan worden und grausam angetan, Sylvia ein Opfer, ein bemitleidenswertes Opfer – und war es nicht, als ob auch die anderen Mädchen davon betroffen waren? »Ja, aber wir schämten uns dafür. Damals hatte ich nie die Möglichkeit, davon wegzukommen und darüber nachzudenken. Nicht nur, daß die Zeitungen alle über den Prozeß schrieben und jeder war voll davon und stellte Fragen, ob man einen von ihnen gekannt hatte. Sie waren alle dort zur Schule gegangen, auch die anderen Kinder, die Kinder, die es taten. Aber trotz unserer Abscheu vor der Sensationsgier schämten wir uns auch wirklich. Vielleicht, weil es sexuell war, oder irgendwie sexuell, die Worte auf ihrem Bauch und so. Auch das nie sehr klare Gerede über den sexuellen Teil daran, daß es sexuell war, und jeder wußte es, aber sie sagten es nicht. Sie sagten – ›schrecklich‹ – oder schauten auf eine bestimmte Art, oder schwiegen einfach. Aber es war vorhanden, und es betraf auch irgendwie uns selbst. Als ob sie sozusagen entehrt worden war, und wir irgendwie mit ihr.«

»Und wart ihr entehrt?« »Ja, irgendwie, niemand konnte es in Worte fassen, aber wir schämten uns, als ob wir nackt gewesen wären oder man über uns in der Zeitung geschrieben hätte oder als ob wir vergewaltigt worden wären und andere Leute wußten davon und redeten. Verstehst du, was ich meine?« »Nicht ganz, denn man würde meinen, daß ihr wütend gewesen sein müßtet, bedrückt. Leute empfinden kollektiven Zorn, wenn einem von ihnen Unrecht zugefügt wird.« »Aber wir waren Mädchen. Sechzehnjährige Mädchen.«

»Ich weiß.«

»Wenn wir uns mit ihr identifizierten, dann eben nur als Opfer.«

»Und mit ihren Demütigungen und Prügeln.«

»Ja. Eingekreist und auswegslos.«

»Und die Leute, die zusahen.«

»Alle sahen zu. Ganz Indianapolis. Sogar *Time.* Wir schämten uns, obwohl wir nie genau wußten, weshalb, aber irgendwie hatten wir durch das alles erfahren, daß wir ziemlich leicht zu haben waren. Schwach, verletzbar, vielleicht sogar irgendwo schuldig oder schmutzig oder so – es lauerte auf uns draußen, und wir sollten uns besser in acht nehmen.«

Es ist die Ohnmacht, die wir empfinden, wenn wir lesen, wie Richard Speck eigenhändig, unbewaffnet und ohne fremde Hilfe acht Schwesternschülerinnen ermordete, eine nach der anderen, ein Zimmer nach dem anderen, gefesselt und erwürgt, die, die als nächste dran war, hörte die Sterbende vor ihr schreien. Und es schien ihnen nie in den Sinn zu kommen, so groß war vielleicht ihre mythische Ohnmacht (Impotenz) angesichts des mythisch mächtigen (potenten) Mannes, daß acht gegen einen ein leichtes sein könnte. Obwohl schon zwei oder drei seine überlegene Körperkraft ausgleichen könnten. Auch eine einzige sehr wütende Frau kann sich gegen einen Mann zur Wehr setzen, kann ihn aus der Fassung bringen, kann entkommen, Hilfe holen, davonlaufen – wie jedes empörte Lebewesen einen stärkeren Angreifer überleben und überrumpeln kann, wenn es nicht schon vorher durch Angst besiegt ist, aufgrund seiner eigenen, sorgfältigen konditionierten Gewißheit, daß jeder Widerstand sinnlos ist, daß der

Augenblick, in dem der Feind kommt, in dem der Angreifer die Hand auf die Türklinke legt, der Augenblick ist, in dem man sterben muß. Schicksalhaft. Alles, was zwischen diesem Augenblick und dem Ende des Bewußtseins vor sich geht, ist nichts als ein Drama des Leidens, in die Enge getrieben und in der ohnmächtigen Hoffnung, doch noch davonzukommen, Glück zu haben. In der Hoffnung, nicht noch obendrein vergewaltigt zu werden. Nicht vorher noch gefoltert zu werden. Nicht lange leiden zu müssen. Kooperativ sein, beschwichtigen, die Hände bereitwillig zum Fesseln vorstrecken. Leise flehen. Nicht schreien, weil das ihn böse machen wird, weil er dich dann schlagen wird. Jede Geste der Unterwerfung durchspielen, wie bei Tieren, der Hund, der sich auf den Rücken rollt. Wie bei Frauen. »Weiblich« sein.

Weiblich sein heißt also sterben. Als ob das eine Behauptung sei, die ich jetzt schon ein halbes Leben mit mir herumgetragen habe. Die Stimmen des Haders und des Hohns sind nie still, verurteilen das Opfer zu einer endlosen Wiederholung eines uralten unbefriedbaren Schicksals. Immer in Angst, daß die Antwort auf die große Frage lauten wird, daß wir dazu einladen, es verdienen, darum bitten, es mit uns geschehen lassen. Und die Lösung der beiden Rätsel des Basements – warum haben sie das getan, warum ließ sie es sich gefallen – wird alle diese uralten vernichtenden Anklagen wieder einmal bestätigen: die offiziellen Theorien des den Frauen innewohnenden Masochismus, der uralte Zynismus immer wieder von neuem in schicken modernen Jargon umgegossen: »Sie wird schon was davon gehabt haben. Jeder, der sich eine solche Art von Behandlung gefallen läßt, muß irgendwie auch Spaß daran haben.« Der Mann, der auf der Straße seine Frau schlägt, von den Passanten ignoriert, die mißhandelte Frau selbst – beide strömen dieses Grinsen und Zwinkern aus, daß es ihr schließlich und endlich doch gefallen muß, wenn sie immer wieder dazu zurückkehrt.

Dazu zurückkehren. Ich erinnere mich an diesem Punkt auch an die Geschichte, die Jenny vor Gericht erzählte, wie Gertrudes zwölfjähriger Sohn John Baniszewski Sylvia eines Abends mitgenommen hatte, um sie zu »verlieren«. Und sie folgte ihm heim. Oder das behauptete mindestens Gertrude. Gertrude erzählte es

Jenny am nächsten Morgen. Daß Johnny Silvia in eine abgelegene Gegend geführt und versucht hatte, sie loszuwerden. Und sie folgte ihm heim. Wie ein Hund? Wie ein verhungerndes Tier noch immer den Spuren seines Herrn folgt, von dem es mißhandelt wird? Wie Bill Sykes' Bastard in *Oliver Twist.*

Die Geschichte kommt einem unwahrscheinlich vor, aber was war bei diesen Leuten nicht unwahrscheinlich? Und während dieser ganzen Episode schlief Jenny und erfuhr es erst am nächsten Morgen. Durch Gertrude. Um zu beweisen, was, weiß man nicht genau: daß Sylvia in ihre Sklaverei einwilligte, daß sie nirgendwo hinzugehen hatte, daß Jenny besser nicht auf dumme Gedanken kommen sollte, daß bei Gertrude zu wohnen unwiderstehlich wird, sobald man sich daran gewöhnt hat? Und Jenny scheint sich nie die Mühe gemacht zu haben, bei Sylvia nachzufragen, erfährt man erstaunt, als die Anklage weiterfragt. War es eine so unwichtige, offensichtliche Propaganda, die im Ansturm der Ereignisse verlorenging – denn Sylvia war die meiste Zeit im Basement eingesperrt. Vielleicht war das damals gerade der Anfang. Herausgeholt aus ihrem Zimmer, dem Zimmer, das sie mit Jenny teilte, die schmutzige Matratze auf dem Boden im Obergeschoß – und in den finsteren Untergrund verbannt, ausgestattet mit einem Bündel Lumpen unter der Kellertreppe. Aber weit wichtiger als der Verlust einer relativen Bequemlichkeit war die psychologische und soziale Bedeutung, war die Tatsache, daß die Schwestern voneinander getrennt wurden.

Warum war es also wichtig, die Angelegenheit mit dem Spaziergang mit John überhaupt aufs Tapet zu bringen? Ohnehin eine unwahrscheinliche Geschichte. Handelt es sich um ein juristisches Manöver in der Absicht, Jennys frühere Behauptung zu untermauern, daß Getrude geplant hatte, Sylvia, tot oder lebendig, in Jimmys' Wood auszusetzen? Was freilich nicht wie in der ersten Fassung bedeutet, jemanden einfach zu »verlieren«, es kommt vielmehr einem vorsätzlichen Mord gleich, das Verschweigen dieses Tatbestandes angesichts der Leiche würde insgesamt zu einer viel schlimmeren Auslegung führen. Gertrudes Verteidigungsstrategie von absoluter Unschuld und ihr Versuch, sich mit dem Zettel über die Bande von Jungs und so weiter ein Alibi zu verschaffen, wurde gleich am Anfang zunichte gemacht. Ihr nächster Ansatz war, darauf zu bestehen, daß sie krank war und niemals an der Folter teilgenommen hatte: wenn Sylvia etwas angetan wurde, dann erfolgte es durch die Kinder und wessen Kinder hatte sie keine Ahnung, da sie ständig krank war, unter dem Einfluß von Medikamenten, oder schlief, aber immerhin hatte sie freundlicherweise die Polizei gerufen, als sie informiert wurde, daß das Mädchen im Sterben lag. Bevor es aber so weit kam, versuchte Erbekker alles, stellte mit bewundernswerter Hartnäckigkeit immer wieder Anträge auf Unzurechnungsfähigkeit, auf psychiatrische Gutachten, auf gerichtliche Anordnung einer Haftprüfung und eine große und einfallsreiche Anzahl von Voranträgen vor Prozeßbeginn. Aber während sich das Beweismaterial verdichtete – ein Augenzeuge nach dem anderen: Jenny Likens, Shirley Baniszewski, Marie Baniszewski, Stephanie Baniszewski, Richard Hobbs, Randy Leper – jeder für sich ein unwiderlegbarer Beweis dafür, daß sie die Anführerin der düsteren Bande war, veränderte Gertrude selbst ihre Geschichte nie. Sie erklärte sich weiterhin für nicht schuldig, auch bei der Wiederaufnahme des Verfahrens. Aber wenn es sein mußte, modifizierte ihre Verteidigung, das heißt ihr Anwalt, ihre Verteidigungsstrategie der völligen Unschuld oder wechselte ab zwischen Unschuld und ziemlich erschreckenden, aber leidenschaftlichen Reden an die Geschworenen, in denen alles zugegeben wurde, weil Gertrude ein Monster war, zu monströs, um geistig normal zu sein. Das alles stand nicht im Einklang mit den anderen Verteidigungsstrategien der Angeklagten, die alle bei ihrer Verhaftung ausgesagt hatten, einen Großteil gestanden hatten, und jetzt nur mehr versuchten, eine Verurteilung wegen vorsätzlichen Mordes zu vermeiden und bis zum Ende um den Grad ihrer Schuld feilschten: vorsätzlicher Mord oder Totschlag, fahrlässige Tötung oder bloß Körperverletzung. Jeder Anwalt schob das Gewicht der Verantwortung dem anderen zu. Sylvia, ein unsichtbarer Fußball zwischen ihnen. Sie hatten sie einmal geschlagen oder so, aber nie viel, sie waren nicht so oft dort gewesen, sie konnten sich nicht erinnern, vielleicht war sie wirklich von dem anderen Kerl gefoltert worden oder von Gertrude und wenn von Gertrude, dann betonte ihr eigener oder irgendein anderer Anwalt, daß diese Dinge nur geschahen, weil Gertrude verrückt war oder arm oder voller Sorgen oder provoziert wurde. Hatte Sylvia Gertrude nicht einmal beschimpft? Hatte sie nicht in der Schule herumerzählt, daß Paula schwanger war, und damit zusammen mit der Ehre ihrer Tochter auch Gertrudes Ehrgefühl verletzt? Hatte sie nicht sowohl Stephanie als auch Paula als Huren beschimpft? So erzählte man. Hatte sie Gertrude nicht ein Biest genannt? Jemand hatte das Johnny erzählt, und er hatte Sylvia deswegen zusammengeschlagen.

Aber der Geschichte von Johnny, der unter Gertrudes Befehlsgewalt Sylvia beim Spaziergang in einer entlegenen Gegend verliert, mangelt es an Glaubwürdigkeit. Steckte Gertrude zurück, knapp bevor ihr die Belohnung winkte? Ein Impuls, Sylvia noch halbwegs gesund, an der Schwelle ihrer Nächte im Basement, sich zu überlassen? Möglich, aber angesichts des Endes unwahrscheinlich. Aber doch wieder sehr verständlich, diese Pause vor dem Weitermachen, dieser Rückzug vor dem letzten Kapitel und den Wochen des richtigen Kellers, welche die letzte verzweifelte Phase markierten. Die eigentliche Frage muß freilich lauten – wäre Sylvia Johnny dorthin zurückgefolgt?

Warum sollte eine solche Frage überhaupt gestellt werden? Eine von Jennys Abschweifungen? Denn sie ist eine aufreizende Zeugin, so einfach ist sie, ihre karge Erzählung, ihre Naivität – aber dann bei den schrecklichen Augenblicken kann sie über sich selbst hinauswachsen. Jennys Bild von Gertrude ist absolut überzeugend: Gertrude, die Sylvia zwingt, Scheiße zu essen oder Urin zu trinken, die sie mit dem Brandmal und der Schrift auf dem Bauch fertigmacht: »Gerty sagte, sie sollen sie hinaufbringen, und sie brachten sie hinauf in die Küche, und Gerty sagte, ›Sylvia, was wirst du jetzt tun? Du kannst nicht heiraten, du kannst dich vor niemandem ausziehen. Was wirst du jetzt tun?‹ Sylvia sagte, ›Da kann man nichts machen, jetzt ist es eben drauf.‹«[2]

Es gibt noch eine andere Geschichte über Gertrude, als sie die beiden, Jenny und Sylvia, satt hatte und ihnen drohte, sie hinauszuwerfen, sie an die Fänge der Jugendfürsorge auszuliefern. »Ich

2 Indiana gegen Gertrude Baniszewski, S. 1591.

erinnere mich, einmal sagte sie, ›ihr beiden, holt eure Sachen herunter‹, und Paula ging hinüber, um das Jugendamt anzurufen.«[3] Das war bloß drei oder vier Wochen vor Sylvias Tod, und wieder mag das fast ein Wendepunkt gewesen sein. »Wir waren ganz aufgeregt und holten unsere Sachen und dachten, jetzt würden wir hier rauskommen.«[4] Und so neigen wir dazu, Jenny zu glauben, wenn sie schließlich berichtet, daß Gertrude ihr gesagt hätte, »Johnny hat Sylvia in eine schmale Gasse geführt und ging dann nach Hause und Sylvia folgte ihm«, auch wenn Jenny uns Gertrude als Quelle nennt, »Ich war oben im Bett und das ist, was sie mir gesagt hat.«[5]

Obwohl die Geschichte noch immer unwahrscheinlich klingt, sind Gertrude und ihre Rekruten in allem, was sie tun, bizarr. Warum sollte das Opfer nicht in einer momentanen Laune willkürlich freigelassen, ja hinausgeworfen, verloren werden? Warum nicht auch eine verpaßte Flucht, eine verhinderte Auslieferung? Während Coy Hubbard Sylvia mit Judogriffen gegen Wände und Böden flippte, saß Gertrude daneben und häkelte. Alles erscheint möglich. Beim ersten Anlaß erschien es Jenny sogar möglich, daß Gertrude sie abhauen lassen würde, und in begeisterter Aufregung hatten die beiden Mädchen ihre Kleider zusammengefaltet und sie unten im Speisezimmer in eine Schachtel gelegt. »Was geschah dann?« fragte der Staatsanwalt. »Dort blieben sie einen oder zwei Tage liegen, und dann sagte sie uns, wir sollen sie wieder nach oben bringen.«

Und so geschah nichts, trotz des Befehls, ihre Sachen einzupakken. Keine Tür öffnete sich. Aber welche Ironie, daß wir jetzt, im vollen Gerichtssaal, in dem sensationellsten Mordprozeß von Indianapolis, hören müssen, daß das Opfer knapp daran war, sein Leben zu retten, gerade noch versäumte, dem Jugendamt des Bundesstaates überantwortet zu werden – von seinem eigenen Henker. Auch angesichts des heruntergekommenen Charakters der Kindergefängnisse wäre ein Erziehungsheim für beide ein

3 Ibid., S. 1596. (Obwohl Sylvia in ihrem Brief die Rechtschreibung »Gertie« verwendete, halte ich mich an die Schreibweise der Niederschrift – »Gerty«.)

4 Ibid., S. 1599.

5 Ibid., S. 1596.

Schritt hinauf gewesen, und so empfanden sie es auch. »Wir waren ganz aufgeregt und holten unsere Sachen und dachten, jetzt würden wir hier rauskommen.« Und dann, weil die Fragen in eine andere Richtung zielen, und da der Ausgang dieser Hoffnung aufgrund des gegebenen Anlasses offensichtlich ist, ein Gericht, das zusammentritt, um über den Mord an einer der Schwestern zu richten, erfahren wir nie, genau welche Stimmungsänderung, welche flüchtige Unaufmerksamkeit, welch falkenartiges Niedersinken auf Johnny oder den kleinen Dennis, oder ihre Nerven oder das Asthma oder wie diese verdammten Kinder sie verrückt machen, Gertrude dazu brachte, einen anderen Kurs einzuschlagen. Vielleicht war die Leitung besetzt. Vielleicht telefonierte gerade jemand beim Automaten an der Shelltankstelle. Oder Paula hatte eine bessere Verwendung für das Geldstück. Oder auch Gertrude. Und vielleicht war es überhaupt nur Gebell, vielleicht bloß eine von jenen endlosen sadistischen Drohungen, mit denen Erwachsene Kinder bei der Stange halten – ich werde dich ins Heim stecken. Mit dem Drehen des Windes hatte Sylvia bloß ihre letzte Chance verloren. Genauso wie bei der Krankenschwester vom Gesundheitsamt, die kam, um nach offenen Wunden zu sehen, keine vorfand und es dabei bewenden ließ.

Aber die Geschichte von Johnnys Irrweg zermarterte das Hirn. Warum und aus welchen Gründen oder Gefühlen oder Bedürfnissen sollte Sylvia ihm heimfolgen? In welchem Zustand des Grauens? War die andere Welt, die Straße und welche Hilfe sie auch immer zu bringen vermochte, zumindest die Freiheit, war sie um so vieles schlimmer als das Basement, das sie daheim erwartete? Daheim – dieses Wort ist wohl hier etwas unpassend. Nicht umsonst ist dieser Ausdruck von Sentimentalität umgeben: er bedeutet Sicherheit. Oder war das nur, weil es kein anderes Daheim gab? Geprügelte Kinder gehen jeden Tag nach der Schule heim. Mißhandelte Ehefrauen sind zum Abendessen daheim. Obwohl das ja nicht einmal ein Daheim war, bloß ein Haus, in dem Sylvia Likens wohnte.

Es gab kein anderes Daheim. Lester und Betty draußen in der Welt ohne Adresse, ihre beiden Kinder jetzt schon im Ungewissen, ob sie noch im selben Bundesstaat oder schon unten im Süden waren. Und Sylvias früheres Zuhause, einige Zimmer in der North Euclid Street in einer Wohnung, die Betty einen oder zwei Tage, bevor sie wegen Ladendiebstahls verhaftet wurde, gemietet hatte, die sie wenige Tage nach ihrer Freilassung aus dem Frauengefängnis wieder aufgab, als sie und Lester, nach einer ihrer üblichen Ehestreitigkeiten wieder beisammen, mit Gertrude übereinkamen, Gertrude, eine ganz fremde Person, der Lester zufällig begegnet war, weil seine Töchter ihre Töchter auf der Straße getroffen hatten, und eine Vereinbarung wurde getroffen, nach der diese unbekannte Frau ihnen ihre Töchter abnehmen würde, wodurch sie für ihre Wanderschaft und die Jahrmärkte freigesetzt wurden. North Euclid Street hatte nicht viel von einem Heim, und es war schon sage und schreibe die vierzehnte Adresse, die Sylvia in den sechzehn Jahren ihres Lebens durchlaufen hatte. Die Odyssee der Aufeinanderfolge von Adressen der Familie Likens ist eine jener unbeachteten Einzelheiten – es kam erst unter Anwalt Erbeckers geduldigem, anfänglich irrelevantem und einigermaßen mühsamem Kreuzverhör von Lester Likens heraus. Einer von jenen Momenten, an denen die Niederschrift – lange Strecken so arm an Substanz, beschränkt durch die abgedroschene Form von Frage und Antwort, so streng in der Handhabung, daß der Zeuge daran gehindert wird, ja, daß ihm zeitweise sogar verboten wird, das zu sagen, was er weiß, und die Sprache des Ganzen so routiniert und leblos im Vergleich zu dem Ereignis, das sie beschreiben soll, überladen mit ritualisiertem Geschwätz, sich wiederholenden Einwänden, den endlosen Ermahnungen des Richters – plötzlich öffnet sich die Seite und lebt. Man hat etwas erfahren, ein wertvolles Stück Information, über das man stundenlang nachdenken kann, nämlich, daß Sylvia Likens in den sechzehn Jahren ihres Lebens eine nomadenhafte Existenz in einer verwirrenden Anzahl von billigen Wohnungen verbracht hat, die immer wieder rasch verlassen wurden. Bei einer Reihe von Übersiedlungen blieb sie auch zurück, wurde bei Großeltern oder irgendwelchen anderen Leuten deponiert und wiederaufgelesen, wenn Lesters schwieriger Überlebenskampf sich wieder zum Besseren wendete. Es ist schwer einzuschätzen, wie wenig Sicherheit, Beständigkeit, Heimatgefühl das alles ihr eingebracht haben muß, sicherlich kein hoffnungsfroher Hintergrund für die Lage, in der sie sich jetzt befindet.

Macht einen das hinreichend hungrig, um Johnny in Gertrudes Keller zurückzufolgen? Irgendwie kann ich es noch immer nicht glauben. Aber noch immer steht das Problem im Raum, der Kern der Sache – die alte bohrende, irritierende Frage –, die ewige Zusatzfrage zum Rätsel, warum sie es taten – nämlich, warum ließ sie es sich gefallen? Denn völlig abgehoben von der Frage nach der Motivation ihrer Peiniger, besteht die schreckliche Möglichkeit einer gewissen Komplizität auf seiten des Opfers. Eine Komplizität, die gegen sie oder ihn als Rechtfertigung vorgebracht wird, daß sie so oder so »danach verlangt« haben müssen. Obwohl freilich nichts ein Verbrechen solchen Ausmaßes, wie wir es hier vorfinden, entschuldigen oder rechtfertigen könnte. Aber könnte es da etwas geben, das den Vorfall zu »erklären« vermag? Die Überlegung, die Argumentation, daß die anderen das alles vollbringen konnten, weil Sylvia es »zuließ«, es ihnen erlaubte, es passiv über sich ergehen ließ. Alle Ausdrücke ungenau, so sehr aus dem gewöhnlichen Leben genommen, und daher ungeeignet, auf diese außerordentlichen Umstände angewendet zu werden.

Selbst wenn man das wahrscheinliche Element von Sylvias natürlichem rebellischem Charakter in Betracht zieht, denn sie war ein gesunder »Fratz«, hatte ihren Spaß daran, die Leute zu necken und sie an der Nase herumzuführen – denn von anderen hören wir über sie, daß sie mit Spitznamen »Cookie« hieß und etwas von einem Clown an sich hatte, eines jener Kinder, die sich nicht unterkriegen lassen, die das bevorzugte schwarze Schaf von autoritären Erwachsenen sind, Kinder, die lachen, die auch noch lachen, wenn man sie zurechtweist – ist es dann denkbar, daß sie ihre Peiniger mit ihrem Humor, ihrem gutmütigen Charakter verärgerte, sie durch ihre Weigerung, sich brechen zu lassen, anlockte – aber wie lange?

Was war geschehen? Das Opfer belud sich mit Schuld. Nahm die Schuld auf sich, die mit solcher Wucht, Autorität und Allmacht über es hereinbrach, daß es schließlich nicht widerstehen konnte. Eine Invasion des Geistes, ausgeführt am Leib. Weil ihr Alter und ihre gesellschaftliche Stellung und der Punkt, an dem sie sich in ihrem Leben befand, sie offen ließen, verletzbar, ja kulturell dazu konditioniert, diese Schuld auf sich zu nehmen. In gewissem Sinn ist das »verrückt«. Da wir ja wissen, daß sie keine Schuld traf. (Obgleich wir nicht sicher sind, ob sie schuldlos bleibt, wenn sie weiterhin die Schuld auf sich nimmt, kapituliert.) Doch wenn wir über die Umstände erfahren, ihre Ungerechtigkeit und Grausamkeit, werden wir davon überzeugt, daß es für das Opfer »verrückt« war, die Schuld auf sich zu nehmen. Weil wir im Gegensatz zum Anspruch ihrer Peinigerin glauben, daß sie keine Schuld trifft. Buchstäblich. Daß sie keine Prostituierte war; daß es deshalb eine Lüge war, was auf ihrem Leib geschrieben stand. Was, wenn es wahr wäre? Was, wenn Sylvia die junge Schlampe aus Gertrudes Vorstellungswelt wäre? Doch das ist für die meisten von uns zu derb; es ist zu plump, auf den Körper zu schreiben, das Fleisch zu verstümmeln. Aber vielleicht sieht unsere Reaktion dann schon ganz anders aus: in diesem Fall »verdiente« Sylvia in den Augen jener, die es ihr antaten, was ihr zugefügt wurde. Gertrude war der Meinung, daß sie es verdiente, einfach weil sie Paula und Stephanie in der Schule Huren genannt hatte: »Du hast meine Töchter gebrandmarkt, jetzt werde ich dich brandmarken.« Das Brandmal. Tugend. Prostituierte. Das Ganze wörtlich genommen wie hier, auf den echten Leib geschrieben statt bloß ein Beiwort, die Identitätskarte, die Psyche – das ist eindeutig wahnsinnig, nachweisbar verrückt – auch in einer Kultur, die noch immer an den metaphorischen und geistigen Zustand glaubt, den solche allumfassenden Ausdrücke darstellen.

Und warum sollte das Opfer nicht von derselben Begeisterung erfaßt werden, von demselben Wahn oder zumindest denselben Beweggründen wie seine Wärter? Bei gekidnappten Personen passiert das heutzutage im allgemeinen. Und die Opfer von ideologischen Verbrechen haben es äußerst schwer, ihren Geist frei zu erhalten, auch wenn er es am Anfang war, entschlossen, standhaft und vorgefaßt. Welches sechzehnjährige Mädchen ist noch frei von der Schuld der Bescheidenheit, der Scham der Sexualität? Eine Indoktrinierung mit schrecklichen Folgen, unter diesen Bedingungen sogar tödlich. Wenn heranwachsende Frauen als Gruppe für eine bestimmte Art von psychischer Zerstörung »präpariert« werden, dann befand sich Sylvia Likens – die Übertreibung macht Dinge klar – in einer Falle, wo das Psychische auch physisch wurde.

Aber verhielt es sich so? Nahm sie irgendwie, und wenn, wie teil am Geschehen? Umgehen wir diese Frage für einen Augenblick und stellen wir eine andere – wie konnte es so weit kommen? Da wir darauf getrimmt sind, dem Zweifel nachzugehen, wirkte Sylvia auf eine der tausend subtilen Auslegungsmöglichkeiten mit? Wenn nicht aus sexuellem Masochismus, so vielleicht aus moralischem Masochismus? Man könnte der entgegengesetzten Möglichkeit nachgehen, die sich daraus ergibt, daß sie ein »schwerer Fall«, eine Rebellin war. Oder eine Stoffpuppe. Oder ein sehr verängstigtes Kind, das nirgends hingehen konnte? Denn aus welchen Gründen auch immer, Sylvia versagte genauso wie Jenny. Betrog ihr eigenes Ich, nahm ihre Überlebenschance nicht wahr, indem sie keine Hilfe, keine Rettung, keine Flucht suchte. Indem sie weder über die Gewalt ihres Lebens berichteten, in dem sich beide befanden, noch davor davonliefen.

Mädchen. Bedeutete es etwas, daß sie Mädchen waren? Sylvia wäre ihren speziellen Foltermethoden nicht unterzogen worden, wenn sie nicht ein Mädchen gewesen wäre. Sie waren auf sie abgestimmt, weil sie ein Mädchen war. Das war ihr Verbrechen. Aber hat ihr Versagen zu überleben auch damit zu tun? Wenn einem Jungen ähnliches widerfahren wäre, hätte er überlebt? Hartnäckigen Widerstand geleistet, sich überhaupt geweigert? Aber wie können wir uns einen Jungen in einer analogen Lage vorstellen, die auf einer Scham beruht, die kaputtmacht, hervorgerufen durch eine spezifische Sexualschuld, die kulturell als weiblich definiert ist; Bescheidenheit und Jungfräulichkeit, die Frage, ob sie eine Schlampe oder eine Hure ist, Fragen, die bei einem Jungen nicht gestellt werden können. Und warum reagieren Frauen angesichts von Bedrohung und Gefangenschaft passiv, hoffnungslos? Tun sie das immer oder nur unter bestimmten Umständen? Gibt es bestimmte Umstände, die sie völlig außer Gefecht setzen? Was geschieht mit ihrem Selbstwertgefühl?

Beim Prozeß fragte Richard Hobbs' Anwalt James Nedeff Jenny stundenlang, oder zumindest wirkte es so, und mitleidlos darüber aus, warum sie nie Hilfe gesucht hatte, um Sylvias Leben zu retten. Diana wohnte nebenan, wenn sie auffindbar war. Es gab eine Großmutter in der Nähe. Jenny ging mit Stephanie einmal zu ihr auf Besuch. Als er jede Hilfsquelle durchgeht, an die sie sich hätte wenden können, stößt er auf die letzte Gestalt, die vor Sylvias Tod auftauchte, bloß zwei Tage davor, am Samstagabend, der letzte aller Besucher, der ganz beiläufig vorbeikam, um einen deutschen Schäferhund zum »Schutz« seiner Kinder zu hinterlassen, John Baniszewski, Vater der meisten ihrer Peiniger, zweimal mit Gertrude verheiratet. John kam nie ins Haus, aber seine Anwesenheit, nimmt Nedeff wie selbstverständlich an, wäre trotzdem in der Lage gewesen, Gertrude in Schach zu halten. Schließlich und endlich hatte er sie immer geschlagen. Und ein Polizist obendrein, dessen Abschiedsgeschenk einer seiner eigenen abgelegten Polizeigürtel war, um damit die Kinder zu züchtigen. An Sylvia angewendet. Auch an Jenny. Er lag wie ein heiliger Gegenstand auf dem Küchentisch, wo ihn Inspektor Harmon fand, als das Haus durchsucht und versiegelt wurde. All das, unterstellt der Verteidiger, hätte nicht geschehen müssen, wenn Jenny sich unter den Schutz des Polizisten John Baniszewski begeben hätte.

»Stimmt es, daß er im Oktober mit einem ganz, ganz großen Hund gekommen ist?«

»Ja.«

»Das war am 22. Oktober[6], nicht wahr, vier Tage bevor deine Schwester starb?«

»Ja.«

»Er brachte einen ganz, ganz großen Polizeihund, einen Meter groß war er, stimmt's?«

»Ja.«

»Deine Schwester war in Agonie, hatte dir gesagt, daß sie sterben würde, sie war krank und lag im Keller. Warum hast du ihm das nicht gesagt?«

»Ich habe Ihnen schon gesagt, warum nicht.«[7]

6 Hier irrt Nedeff, es war am 23., einem Samstagabend. Am Abend des 26., ein Dienstag, war Sylvia schon tot.

7 Indiana gegen Gertrude Baniszewski, S. 1857.

Nedeff plagte Jenny mit jedem Verwandten, Lehrer, Parkwächter, einem Streifenpolizisten, der, wie sich herausstellte, im selben Stadtteil wohnte und von dessen Existenz sie absolut nichts wußte, auch mit den Polizisten, die Gertrude verhaften kamen, als sie dem Zeitungsjungen nicht zahlte, was nach einem seltsamen lokalen Gewohnheitsrecht in Indianapolis ein Verbrechen ist. Und immer gibt es nur eine einzige Antwort, Gertrude, eine Antwort, die Jenny mit bewundernswerter Hartnäckigkeit einmal erklärt und sich dann weigert, sie jedes Mal von neuem zu wiederholen – »Gerty drohte mir, daß wenn ich es jemandem sage, dann würde ich dieselbe Behandlung kriegen wie Sylvia«[8].

Sie mag auch gegen Ende Pastoren, Lehrern und Polizisten gegenüber völlig zynisch geworden sein. Vielleicht der naive Zynismus der Jungen, der Armen und der Mutlosen. Warum sollte sich ein Polizist von einem Polizeigürtel unterscheiden? Und sicher würde er sich an Gertrude wenden um Bestätigung dessen, was sie zu sagen wagte. Und sie hatte gesehen, wie Gertrude sowohl den Pastor als auch die Krankenschwester vom Gesundheitsamt an der Nase herumführte. Wenn schließlich und endlich die ganze Nachbarschaft es wußte und es auch hören konnte... das machte sie schließlich sich selbst gegenüber zynisch – Sylvia auch – wobei all dies kaum den Zynismus anderer rechtfertigt, die nachher kommen und den Mangel an Selbstbehauptung des Opfers als einen Fehler betrachten, der durch das widerfahrene Unglück gesühnt werden mußte.

Nichts könnte grausamer sein, als dieser verrückte Irrweg moralischer Logik, und trotzdem kommt man nach wie vor nicht davon los, eine gewisse Komplizität zu unterstellen, ja es gibt sogar Beweise dafür. Zumindest den Beweis, daß es keinen Protest gegeben hat. Ja, glauben wir an Dianas Behauptung, daß Sylvia sich gewehrt hatte. Aber noch immer gibt es keinen ausreichenden Protest, keine Anstrengung, darüber zu berichten, keinen angemessenen Fluchtversuch. So muß man also weiter mit den zerstörerischen negativen Elementen zu Rande kommen, die sich um Sylvia Likens' Gestalt scharen. Stimmt es, zum Beispiel, daß sie

8 Ibid., S. 1854.

John heimfolgte? So unwahrscheinlich und auch irreführend diese Geschichte sein mag – warum erlauben wir uns nicht, eine Weile an sie zu glauben?

Wir werden sie. Rechnet sie sich im Gehen ihre Chancen aus? Die »Autoritäten«, an die sie sich wenden kann, und die schlanke Gerte einer Jenny, die noch immer dort drinnen steckt. Sie schläft in Gertrudes Haus. Wenn sie davonlief, fort ins Leere, dann wären sie voneinander getrennt. Könnte man ihr einen solchen Heroismus unterstellen, wegen Jenny zu Gertrude zurückgekehrt zu sein? Denn freilich würden sie sich nun an Jenny schadlos halten, wenn sie sie nicht mehr hatten, und Jenny ist kleiner, schwächer, verkrüppelt. Und viel feiger als sie. Kann man das Wort »Feigling« auf ein mißhandeltes Kind anwenden, das bald sterben wird? Erwartet man von ihm, daß Fantasien wahr werden, in denen wir selbst einmal schwelgten (und ich bin auch Leuten begegnet, die sie tatsächlich ausführten, auch Frauen), Fantasien, in denen wir uns erheben und den Vater schlagen, wenn er sich auf die Mutter stürzt oder einen kleinen Bruder verprügelt? Oder geht man einfach ein wenig realistischer vor und nimmt einfach statt dessen den Großteil der Schläge des kleinen Bruders auf sich?

Aber Sylvia folgte Johnny, wenn wir uns vorstellen können, daß solches jemals passiert ist, und in dem Versuch, Sylvias Gedankengängen zu folgen, wird es vielleicht nötig sein, die Frage zu stellen, ob ein Kind in Sylvias Lage angesichts des Ausmaßes seiner Angst überhaupt noch denken kann? Im Sinne von zusammenhängenden Satzteilen? Sätzen. Logik. Angesichts der unbewußten Ebene ihres Lebens, in dem sie vielleicht nie gelernt hat, sich zu verbalisieren, und der Entbehrungen durch wochenlange Mißhandlung und Angst, hatte Sylvia noch die Fähigkeit, ihre eigenen Gedankengänge zu steuern? Oder, wenn man schon diese Frage stellt, wer sonst unter ihnen? Denkt man in Sätzen und vollbringt Gertrudes Taten? Handelt es sich nicht um Satzteile, vereinzelte Worte, Etiketten wie Tisch und Seil – oder eher bloß Empfindungen: Müdigkeit, Wut – nichts als Gefühle, die durch den Geist streichen? »Pack sie« oder »kleines Biest« oder »mein Rücken bringt mich um« oder vielleicht bloß der Schmerz im Rücken, der Stich.

Schmerz. »Wie ein Schlag in ihr Gesicht.« – Aber das ist eine

Metapher. Wir sind da ein wenig unsicher sogar beim Aufbau der Sätze, Hauptwort, Zeitwort, Prädikat, Ursache und Wirkung und Richtung – und dennoch unterstellten wir noch einen Augenblick zuvor Sylvia eine Beschützerrolle Jenny gegenüber, die edel und altruistisch ist. Es mag aber völlig instinktmäßig gewesen sein. Genauso wie Jennys Elementarenglisch das Wesentliche vollends zu erfassen scheint, den Wendepunkt, der sich dadurch ergab, daß sie voneinander getrennt wurden:

»Während der zwei Wochen, bevor Sylvia starb, hast du da viel Zeit mit ihr verbracht?«

»Nein, nicht sehr viel.«

»Warum?«

Die Antwort ist selbstverständlich Gertrude, die Dirigentin, die jene, die untergehen sollte, von jener schied, die zum Schweigen verurteilt war.

»Wir waren nicht zusammen – ich meine, sie trennte uns voneinander.«[9]

Nur weil »wir nicht zusammen waren«, konnte das Schlimmste geschehen, Jenny von Sylvia getrennt, nutzlos geworden, wenn schon nicht sogar Komplizin; aber als sie zu Jenny zurückkehrte, wie konnte Sylvia ahnen, daß man sie ins Basement verbannen würde, getrennt von genau jener Person, die ihre Rückkehr benötigte? Pech, daß das Basement, die letzte Phase, das war, wozu Sylvia zurückkam. Oder vielleicht wurde die ganze Geschichte erfunden, um die Trennung zu rationalisieren – um Jenny zu überzeugen, daß Sylvia für beide versagt hatte, zuerst die Flucht verpaßt hatte und damit Hilfe von außen und dann wieder, als sie ins Basement gesperrt wurde, dann ohnmächtiger als je zuvor. So wie Jenny die Geschichte erzählt, klingt sie nach Gertrudes Erfindung: »Sie schaffte Johnny an – sie sagte, ›Johnny ging mit Sylvia spazieren, dann ging er heim und Sylvia folgte ihm.‹ Ich war oben im Bett. So hat sie es mir erzählt.«[10] Am nächsten Morgen Gertrude trocken: »Sie sagte, Johnny ging mit ihr spazieren oder so.«[11] So knapp vor dem Ende erwartet man einen Fluchtversuch, und

9 Ibid., S. 1596.
10 Ibid., S. 1599.
11 Ibid., S. 1597.

vielleicht lügt Gertrude gerade deswegen. Jenny muß sich von einer großen Schwester etwas erwartet haben, so daß durch Sylvias neuerliche Gefangennahme, die als ein einfaches Heimkehren dargestellt wurde, Jennys Entmutigung total wurde.

Aber wieviel von dieser Loyalität kann man glaubhaft in einer zusammenbrechenden Jugendlichen erwarten? Dickens hätte so etwas freilich machen können, und es wäre innerhalb seines Bezugsrahmens durchaus glaubhaft gewesen. Daß Sylvia Jennys wegen zurückgekehrt ist. Und nicht, weil sie selbst gebrochen war. Denn wer unter seinen Lesern hätte dann für sie noch Sympathie aufbringen können? Besonders nicht bei der persönlichen, ja sexuellen Scham, die durch dieses Gebrochensein angedeutet wird, die Gebrandmarkte von dem getrennt, was sie erfahren hat; jetzt dazu gezwungen, sich einer leiblichen Brandmarkung auf dem Fleisch ihres Bauches zu unterziehen, durch eine Reihe von Worten, die Dickens' Lesern nie wortwörtlich berichtet, nie geradeheraus hätten wiederholt werden können. Ein Mensch – eine junge Frau, konditioniert, gedemütigt, jetzt von ihrer eigenen Wertlosigkeit überzeugt, der Leib nur deshalb geschändet, weil der Geist zuerst dran war – weil der beginnende Zerfall des Körpers durch physischen Schmerz schließlich vom Geist als Normalzustand akzeptiert wurde, akzeptiert, um den weiteren und endgültigen Zerfall des Körpers zu ermöglichen – das wäre zu viel für ein viktorianisches Publikum.

Wir nehmen an, daß wir gegen Ende des zwanzigsten Jahrhunderts weiser sind, und angesichts unserer politischen Erfahrung, unseren Holocausts und Massenvernichtungen, der Neuauflage von legalisierter Folter, mag diese Annahme gerechtfertigt sein. Wir kennen die Rolle des Geistes beim Verrat, wir besinnen uns wieder auf die Inquisition. Denn auch die Folterknechte von politischen Gefangenen wollen weit mehr als »Information«. Sie wollen das Eingeständnis der Häresie. Sie wollen Sinneswandlung. Sie wollen Glauben. Weit über ihren Wunsch, das Opfer durch die von ihrem System beherrschte physische Macht einzuschüchtern, wollen sie – fordern sie und werden sie so lange darauf bestehen, bis sie es bekommen – Unterwerfung unter ihre Dogmen, den Kniefall vor dem, was sie als ihre Ideale bezeichnen. Der allerletzte

Triumph von Gulag ist die geistige, ja emotionelle Anerkennung seiner Ideologie.

Wenn Sylvia Johnny heimfolgte, bekamen sie das alles. Aber vielleicht dauerte es andererseits lange. Wir weichen noch immer der Frage aus, wie Sylvia »so wurde« (die Frage danach, was ihrem Geist angetan wurde) und wenden uns einer anderen zu – wie reagierte Sylvia im Handeln – wobei es gewisse Dinge gibt, die wir wissen – sie brach aus. Das ist übrigens auch ein Bericht darüber – andere werden folgen – wie sie so wurde.

»Ich war im Nachthemd, und Gertrude sagte mir, ich soll hinaufgehen und mich anziehen, sie sagte, ich und Johnny werden Sylvia aussetzen.«

»Haben sie noch etwas gesagt?«

»Ich kam hinunter und ging hinüber zur Tür, und sie schaffte es bis zur Eingangstür, und Gertrude zerrte sie zurück. Sie packte sie am Arm und zerrte sie auf den Boden.«

»Wie weit zerrte sie sie?«

»Über den ganzen Boden und sie sagte nur, sie wird nirgends hingehen.«

»Was geschah dann?«

»Ja, dann saß Sylvia am Tisch und Gertrude versuchte sie dazu zu bringen, zwei Stück Toast zu essen, und sie sagte, sie kann nicht schlucken.«

»Wer war während dieser Zeit anwesend?«

»Ich und Sylvia und Gertrude. Paula war im Bett. Johnny war unten in der Küche. Sylvia konnte nicht schlucken. Gertrude nahm eine Vorhangstange und schlug ihr damit immer wieder übers Gesicht.«

»Jenny, ich gebe dir jetzt zu Identifizierungszwecken Beweisstück Nummer 12, und ich frage dich, was das ist?«

»Das ist die Vorhangstange, mit der sie Sylvia geschlagen hat.«

»Die Vorhangstange, über die du gerade ausgesagt hast?«

»Ja.«[12]

12 Ibid., S. 1579–80.

Sieben

»Hat sie Sylvia damals geschlagen?«

»Ja.«

»Wie oft?«

»Vielleicht acht- – neun- oder zehnmal.«

»Wohin?«

»Auf den Rücken.«

»Sonst noch wohin?«

»Nein, dieses Mal nicht.«

»Wie oft?«

»Neun- oder zehnmal.«

»Was hat Sylvia getan?«

»Sie ist einfach dagestanden.«

»War das damals, als sie dich mit dem Paddel schlug?«

»Ja.«

»Hast du Sylvia jemals weinen sehen?«

»Sie sagten, sie ist gefühllos, aber ich weiß es besser. Ich habe sie früher weinen sehen, aber ich denke, sie hat nicht geweint, weil sie nicht genug Wasser hatte.«[1]

Diese Bemerkung überrascht. Sie hat etwas von einem Trugschluß an sich, wie so oft bei Jennys eindrucksvollsten Feststellungen. Die Anklage fordert sie auf, eine Prügelszene aus der Anfangszeit zu schildern, eine, der auch sie sich unterziehen mußte. und dann schweift Jenny plötzlich ab und zitiert »sie« defensiv. »Sie sagten, sie ist gefühllos, aber ich weiß es besser.« Sie muß in der Tat Sylvia während ihrer gemeinsamen Kindheit oft weinen gesehen haben. Und bei Gertrude muß es sicherlich Jenny, wenn irgend jemand, gewesen sein, der Sylvias Tränen sah. Sie sehen durfte. Aber hörte Sylvia auf, sie den anderen zu zeigen? Verweigerte sie sich ihnen so vollständig (ist das bei großen Schmerzen körperlich überhaupt möglich?), erreichte sie eine

1 Indiana gegen Gertrude Baniszewski, S. 1617.

solche Stoik, daß ihre Peiniger sie bequem als ein Objekt betrachten konnten? Man stellt sich vor, wie sie einander immer wieder sagen, »Sie spürt nichts«, voller Staunen, unter Kopfschütteln und Grinsen. Wenn sie nichts spürt, macht es nichts aus, was man ihr antut. Sie haben die Erlaubnis erhalten, sie sind durch ihre Weigerung, um Gnade zu bitten, zum Weitermachen berechtigt. Sie wird nicht kapitulieren, nicht einmal mehr mit Tränen. Sie hält durch. Verweigert sich bewußt. Früher wehrte sie sich, dann weinte sie und flehte. Jetzt sieht sie sie bloß an. Manchmal nicht einmal das.

»Weinte sie, als Mrs. Baniszewski sie mit dem Brett schlug?«

»... Nicht immer.«

»Manchmal?«

»Ja.«

»In den letzten zwei Wochen, bevor sie starb?«

»... Nicht viel.«[2]

Sie wissen, daß das eine andere Form des Widerstandes ist. »Sie macht es schwerer«, sagten sie, und nicht nur schwerer für sie, sie macht es sich selbst schwerer, verlängert es hartnäckig – und sie, sie versuchen es beharrlich immer wieder.

So viel Strafe nur, weil sie lebt. Tränen waren Sylvia gegen Ende immer schwerer zu entlocken, als sie sich einem komaartigen Zustand näherte. Apathie, Verzweiflung – am Ende fragt man sich, ob Sylvias Tod nicht irgendwie von ihr selbst gewollt war, das einzige Entkommen, das ihr blieb – so sehr eine bewußte Entscheidung, ein psychischer Verzicht aufs Leben, wie sie es eben kannte – endgültig befreit durch einen Schlag auf den Kopf. Die Reaktionen der ersten Zeit, die sie erreichten, das Entsetzen und Flehen und die Jagd durchs Haus, die Tränen und das Gekreisch, das Um-die-Wette-Brüllen, das langanhaltende Geschrei, der Anblick von Angst und dann die Gewalt, all das sackte gegen Ende ab. Enttäuscht. Schlapp. Als ob man sich hinsetzte, um zu beobachten, wie eine Fliege in einer Flasche stirbt: die verzweifelte Anstrengung, Energie, Panik, das Sich-gegen-Glaswände-Schleudern – aber am Ende kauert sie nur ruhig

2 Ibid., S. 1619–20.

am Boden, schläfrig, handlungsunfähig. Doch sie handelt ohnehin, trotz alledem. Denn ihr Auftrag war es, zu sterben, zum Vergnügen ihrer Zuschauer.

So war es mit Sylvia. Oder vielleicht nicht ganz bis zum Tod. Der Tod war schließlich ein Betrug. Sadisten wollen vielleicht nicht, daß ihre Opfer wirklich sterben, denn dann verlieren sie sie, verlieren ihren Widerpart, ihren Partner. Gertrude scheint vom Tod verwirrt, mindestens durch die Tatsache, daß er innerhalb ihres Hauses erfolgte; sie ging bei all dem nicht sehr bewußt vor; es gab vage Pläne, Sylvia die Nacht bevor sie tatsächlich starb, in Jimmy's Wood loszuwerden, wahrscheinlich weil es ihr immer schlechter ging, aber es kam nie dazu. Sylvia benützte die Gelegenheit, einen Fluchtversuch zu unternehmen, also fingen sie sie ein, sperrten sie wieder ein und ließen dann alles laufen. Es gab noch eine andere Ausflucht, falls erforderlich; es gab den lächerlichen Alibizettel, die tragische Ironie der Gesellschaft, daß seine Version des Geschehens als plausible Erklärung dafür dienen mochte, wie ein junges Mädchen (tot oder lebendig) in einen solchen Zustand geraten kann – das Verbrechen einer Bande von männlichen Jugendlichen, aber niemals das Werk einer siebenfachen Mutter. Ein Teil von Gertrude muß von Sylvias Tod überrascht worden sein, unvorbereitet, nicht darauf gefaßt. Vielleicht war es dieser Teil, der Richard beauftragte, die Polizei zu rufen. So wie der Vorgesetzte oder die Eltern gerufen werden, wenn ein Kind in einem verbotenen Spiel wirklich verletzt wird.

Aber wenn der Tod auch niemals das angestrebte Ziel war (und wiederum mag es auch darum gegangen sein – als ein emotionelles Ziel: »Mach das noch einmal, und ich bringe dich um«), war Sylvia doch durch die Qual, die zum Tod führte, eine Fliege in einer Flasche, begafft und beobachtet, angeblasen und auf den Rücken gelegt. Jede Reaktion lieferte neue Beweise für ihren Zweck; Reaktionslosigkeit war nur ein weiterer Beweis dafür, daß neue Anregungen erforderlich waren. Die Weigerung, zu reagieren, war immerhin eine Weigerung, also Ungehorsam, und der mußte bestraft werden. Ohne Flucht gibt es keinen Ausweg; keine Möglichkeit des Entkommens. Wenn man bleibt, kann man sich nirgendwo hinwenden. Ebensowenig wie das eine vernachlässigte Kind in der Schule – der Ausgestoßene, der Sündenbock.

Weil sie am Ende mit ihren Peinigern zusammengeschweißt war. Es gab keine großen Brüder und Schwestern, keine Schule mehr, keine Klassenkameraden mit anderen Ansichten, nichts als Gertrude und ihre Häscher, das Team, dessen Aufgabe es war, sie zu brechen. Und es mußte so scheinen, als ob sich die ganze Nachbarschaft ihnen anschloß, ihre ganze Welt. Ihr gesamter Bekanntenkreis faßte sich lückenlos an den Händen, um sie einzukreisen und gefangenzuhalten, die Stimmen, die sie zu Dreck machten, zu weniger als Dreck, zu einem gefühllosen Untermenschen. Wenn sie reagiert und weint und schreit, trampeln sie nur noch mehr auf ihr herum – um mehr Feuerwerk, Schauspiel, Theater, Drama, das sie hervorbringen, schüren, beherrschen; sie beobachten, nehmen Anteil und zahlen für das Spektakel mit ihrer Mühe. Und wenn sie weint und zeigt, daß es ihr weh tut, wenn sie um Gnade fleht, hat sie bestätigt, unter Beweis gestellt, daß ihre Schläge und ihre Worte wahr sind.

»Schlampe. Dreckiges kleines Biest. Komm her. Komm hierher. Bleib stehen und jetzt hör mir mal zu. Wenn du nicht folgst, werde ich dich wieder in den Keller schicken, Mädchen. Ich werde dich gleich hier die Kellertreppe hinuntertreten. Das kannst du mir glauben. Hörst du? Ich hab gesagt – hörst du mich? Zeig, daß du mich hörst. Knie nieder. Knie nieder, hab' ich gesagt oder ich breche dir die Knochen. Ist das nicht ein Anblick? Schaut euch das an, Kinder, wie in der Kirche. Glotz mich nicht so frech an, sonst setzt es gleich was. Und ich will, daß du das nächste Mal schneller bist. Sonst kriegst du 'ne Tracht Prügel, Mädchen, die du nicht mehr so bald vergessen wirst. Ein einmaliges Erlebnis, das schwör' ich dir.«

Das volle sexuelle Vergnügen, mit dem Gertrude diese Worte ausspricht. Und dann verlagert sich die Stimme auf eine andere Tonart, der übliche tyrannische Befehlston, und dann wieder ihr »normales«, fast öffentliches Ich der überlasteten Mutter, Lehrerin, Erzieherin von Kindern: Sylvia und ihre eigenen und auch noch die Nachbarjungen. Diese wieder hören jeden Klang und bereiten sich auf die entsprechende Reaktion vor; jetzt wird sie freundlich sein, jetzt wird sie wirklich wütend werden, jetzt wird sie nicht anders sein, als andere gewöhnliche Mütter, jetzt wird sie das sein, was Gerty von den anderen unterscheidet.

»Schieb deinen Allerwertesten die Stiegen hinunter, Mädchen, aber dalli. Marsch. Kommt, Kinder, wollen mal sehen, ob wir mit Sylvia etwas Spaß haben können, bringen wir ihr Umgangsformen bei. Armes weißes Gesindel, das ist es, die Art von Leuten, mit denen man nichts anfangen kann, guckt sie euch nur an. Prima, Sylvia, jetzt möchte ich, daß du dort an der Wand stehst, und wir werden dich mal begutachten. Ist sie nicht ’n Anblick? Weißes Gesindel, das bist du, Sylvia, damit mußt du dich abfinden. Deine Alten verlottern alle beide im Karneval. Und du, kleines Luder, vagabundierst dein ganzes Leben herum. Siehst du nicht, wie lästig du mir gewesen bist? Absolut nutzlos. Alles, was du tun kannst, ist uns das Essen wegfressen. Wie stellst du dir nur vor, daß ich mit diesen mickrigen zwanzig Scheinen weitermachen soll? Na, denk schon darüber nach. Gib den Kopf runter. Ich will dich weinen sehen. Wir wollen dich alle weinen sehen. Klar, na komm schon, weine. Sonst werde ich dir was verpassen müssen, damit du weinst. Paula wird das Brett holen. Okay. Sylvia, laß die Hose runter. Bist du taub? Na, mach schon. Was gibt es denn da schon zu sehen? Du bist kein besonderer Anblick. Ts, ts. Ist die aber dreckig. Schmutzig, schmutzig, in jedem Sinn. Eine, die sich immer draußen auf der Straße herumtreibt, es gratis macht. Die ganze Zeit mit gespreizten Beinen, ich trau mich wetten, stimmt's? Hol das Brett, Paula. Vielleicht können wir es aus ihr rausprügeln, ihr den Kopf zurechtstutzen, wenn wir am andern Ende anfangen. Guckt euch nur das Höschen an, die wäscht sich nicht einmal. Pinkelt ins Bett wie eine Hure. Coy – willste was sehen? Sie pinkelt sich die Hose voll. Wie gefällt euch das, Jungs, Sylvia pinkelt sich die Hose voll.«

Als Paula oben auf der Treppe mit dem Brett in der Hand erscheint, ist es zu einem Sprechchor geworden. »Sylvia pinkelt sich die Hose voll, ja ja ja, Sylvia pinkelt in ihr Bett, ja ja ja ja.« Der Sprechchor von Stimmen, die Worte im Singsangton gesprochen und gesungen. »Sylvia pinkelt sich die Hose voll, ja ja ja ja, Sylvia pinkelt in ihr Bett«, Gesten und Bewegungen, wie ein Tanz, die Erregung eines Spiels. Ein Festival. Nicht nur Coy und Rickie sind heute bei ihnen, sondern da sind auch noch Johnny und Stephanie und die Kleinen, Shirley und Marie Baniszewski, zehn und elf Jahre alt, die selten etwas versäumen, ausgezeichnetes Publikum. Mitunter helfen sie auch aus, immer zollen sie Anerkennung für das, was vor sich geht. Dessen Höhepunkt sich jetzt mit dem Brett nähert. Gertrude erregt, voller Witz – »Ich kann einfach nicht atmen, wenn das Mädchen in der Nähe ist, puh, wie sie stinkt, sieh zu, daß du ihr die Dreckschicht wegprügelst, Paula« – fast gutgelaunt, zuversichtlich, daß Paula ihre Arbeit gut erledigen wird, »Johnny kann auch aushelfen, und die anderen Kinder. Ich kann diesen Gestank einfach nicht mehr ertragen, nicht mit meinem Asthma.«

Sylvia hört ihren Singsang wie eine Armee von roten Ameisen über ihrem Fleisch. Wenn sie schweigt und vor sich hin starrt, fordert sie sie heraus, zweifelt, verweigert sich. Trotzt ihnen sogar. Und das ruft weitere Prügel auf den Plan, gegenseitige Versicherung, daß sie gefühllos ist, keine Empfindungen hat – nur ein Ding ist. Daher können sie mit ihr verfahren, wie es ihnen Spaß macht. Weitergehen. Ihren Arm ganz verrenken, wenn sie nicht Onkel sagt, sag Wann – so wie ihr Coy und Johnny drohen, wenn sie an ihr Ringen üben, oder Judo oder gerade jetzt, wo sie von allen umringt ist, mit der Singsangbeschimpfung auf die Prügel vorbereitet wird, das heutige Opfer. Wie kann man sie dazu bringen, damit aufzuhören? Sie würden nie darauf verzichten, sind voller Entzücken, fiebrig vor Vorfreude. Es müssen mehr Hiebe kommen. Und dann noch mehr. Klar.

Acht

»Ich habe sie früher weinen sehen, aber ich denke, sie hat nicht geweint, weil sie nicht genug Wasser hatte.«[1] Rührend wie Jennys Vermutung klingt, da der Körper noch immer Tränen hat, auch wenn er Durst leidet, unterliegt ihr doch eine seltsame, kindliche Logik, denn die letzten Tage von Sylvia Likens' Leben waren so sehr eine Frage von Durst und Hunger, daß Jenny mit ihrer Aussage vor Gericht vernünftig klingt.

Sylvias Gefangenschaft, die Periode im Basement, die letzte und schrecklichste Phase, begann, als Gertrude entdeckte, daß sie das Bett genäßt hatte. Fast den ganzen Oktober, bis zu ihrem Tod am fünfundzwanzigsten, verbrachte Sylvia buchstäblich als unterirdischer Häftling. Vielleicht hatte sie nicht mehr genug Energie für Tränen. Aber Wasser, und der Entzug von Wasser (oder auch sein Übermaß in den Brühbädern) spielte eine große Rolle in Sylvias Folter. Mit der Schlauheit und dem Einfallsreichtum, die unter den Bedingungen eines Haushalts entstanden, wo nur die allereinfachsten Elemente verfügbar waren, war Gertrude instinktiv auf die Verwendung von Wasser gestoßen, das einzige, das auf Befehl kostenlos aus dem Hahn kam. Das von der Stadt oder dem Hausherrn ihres Slumhauses kam, aber kostenlos. Die Bäder, das Untertauchen von Sylvias zerschrammtem Kopf unter den Küchenhahn, und schließlich die Rationierung von Wasser, ob in Form des halbleeren Blechnapfes zum Trinken – oder in Form der Reinlichkeit, die ihr versagt wurde. Und zu allerletzt die verheerenden Strafen dafür, daß das Kind das Bett näßte, das Bett, das sie mit Jenny teilte, die Matratze auf dem Schlafzimmerboden, wo der Körper gefunden wurde, die Leiche, die zuerst mit einem Schlauch abgespritzt und dann vom Keller, wo sie nach jenem Fehltritt wochenlang eingekerkert gewesen war, hinaufgebracht wurde, leblos, aber doch noch ein letztes Mal gebadet, unbeseelte Materie,

1 Indiana gegen Gertrude Baniszewski, S. 1617.

auf der sich schon die Totenstarre bemerkbar machte, als sie halb auf den rauhen blauweißen Drillich gelegt wurde, das Endprodukt dieser bizarren Auslieferung an die Prozesse von Nahrungsaufnahme und Urinieren, ein Zeugnis von Gertrudes Vorstellungen von Hygiene, von ihrer rechtschaffenen Abscheu vor dem Fleisch.

Die letzte Phase von Sylvias Folter spielte sich von etwa Ende September bis zu ihrem Tod im Basement ab. Die ständige Einkerkerung begann mit der Nacht Anfang Oktober, als sie das Bett näßte, ein Bett im Schlafzimmer im Obergeschoß, wo sie über Nacht gefesselt war. Die willkürliche Verwendung von Wasser oder sein Entzug waren immer gegenwärtig; nicht nur band Gertrude Sylvia an ihre Matratze fest und verbot ihr, die Toilette zu benützen, wobei sie ihre Schüler mit einer niemals in Frage gestellten Logik informierte, daß sie so lernen würde, das Bett nicht mehr zu nässen, sondern sie verwendete auch Wasser, um zu foltern, zu quälen, einen Teufelskreis zu konstruieren, auch später noch in der Kellerzeit. Und Jenny mißbrauchte sie als ihre Abgesandte:

»Ich ging wieder hinauf, und Gerty sagte mir, ich soll Sylvia sagen, daß sie ihr noch eine Chance gibt, daß sie einen Cracker haben kann, und sehen, ob sie ihn nimmt, und ein bißchen Wasser. Shirley brachte eine Tasse Wasser, und ich brachte einen Cracker, und Sylvia sagte, ›Ich mag nicht, gib es dem Hund. Der hat mehr Hunger als ich.‹ Ich sagte, ›Ich weiß, daß du hungrig bist.‹ Sie sagte, sie will nicht. Ich wußte, daß sie es wieder kriegen würde. Shirley goß ihr das Wasser in den Mund, und Sylvia hat es getrunken. Shirley lief zu ihrer Mutter und sagte, daß sie das Wasser getrunken hat. Sie konnte es nicht wegschieben, weil ihre Hände gefesselt waren. Gerty kommt in den Keller und sagte, ›Du weißt, daß ich dir verboten habe, Wasser zu trinken.‹ Silvia sagte, ›Ich wollte ja nicht, aber Shirley hat mich gezwungen.‹ Gerty nahm ihre Faust und stieß sie immer wieder in den Bauch.«[2]

2 Ibid., S. 1637. Selbstverständlich muß man eine Niederschrift vollkommen wörtlich wiedergeben, selbst auf die Gefahr hin, die echten Sprachgewohnheiten eines Zeugen zu verfälschen. Die gesamte Interpunktion, auch umgangssprachliche Wendungen, werden von den Gerichtsstenographen bestimmt, die die gesprochene Sprache in eine Reihe von privaten Symbolen transskribieren und später in Langschrift übertragen, in eine Sprache, die notwendigerweise klar und prägnant ist

Wenn Sylvia das Wasser trinkt, wird sie bestraft. Wenn sie sich weigert, wird sie bestraft. Doch aufgrund der Instruktionen, die Gertrude den anderen Kindern erteilte, gab sie ihr »noch eine Chance«, Gelegenheit und Vergebung, symbolisiert durch den Cracker und den Becher Wasser, die traditionelle Speise von Gefangenen und Obdachlosen und den ausgesetzten Kindern in den Märchen, jetzt die seltsame Eucharistie von Gertrudes Vergebung. Aber eine Falle. Welche die Kinder, alle drei, erkennen. »Ich wußte, daß sie es kriegen würde«, sagte Jennys Fatalismus voraus. Warum hat sie es ihr angeboten? Gab es kein Flüstern von Kind zu Kind, kein Augenzwinkern oder die Spur eines Lächelns in der üblichen Verbundenheit gegen Erwachsene und ihre pompöse fremde Welt von Gewalt, Befehlen, Autorität? Warum ist Jenny überhaupt dort? »Ich ging hinunter, um nach ihr zu sehen«, erzählt sie uns, ohne irgend etwas zu sagen. Sylvia war an jenem Nachmittag von Johnny im Keller gefesselt worden, zum Spaß. Jenny beobachtet und schweigt. Bringt sie ihr Sympathie entgegen oder bleibt sie neutral? Oder verrät sie sogar heimliches Einverständnis? Die Augen, welche die Fliege in der Flasche beobachten. Nicht die Augen von jenem, der sie dort hineintat, aber die Augen des Neugierigen, des Benommenen, des Amüsierten; leere Augen, letztendlich willenlos. Nicht der Angreifer, aber derjenige, der den Angriff beobachtet, ob fähig oder unfähig, ihm Einhalt zu gebieten, und vielleicht sogar schließlich nicht einmal mehr fähig, einen derartigen Gedanken zu fassen.

Jenny wird jetzt eine Rolle zugeteilt, nicht die derbe Rolle von früher, als Gertrude ihr befahl, Sylvia zu schlagen, und Jenny versetzte ihr nur einen »Klaps« und mußte es noch einmal machen. Jenny trägt den Cracker, die Nahrung der Verführung oder des Trostes. Und Shirley bringt den Becher, das Wasser, das der

(Umgangssprache muß das nicht immer sein), aber hier ernsthaft verunstaltet durch eine rigorose Abneigung gegen umgangssprachliche Formen. Obwohl noch immer einige solcher Ausdrücke diesen strengen Grammatikern durch die Lappen gehen (und selbst unter der Annahme, daß unsere Darsteller in der ehrfurchtgebietenden Umgebung eines Gerichtssaals »richtiger« sprechen als untereinander), habe ich den Verdacht, daß der Grammatik allzuoft »nachgeholfen« wird, wodurch die sich ergebende Steifheit paradoxerweise *falsch* klingt.

gefesselten und hilflosen Gestalt wie Essig in einem Schwamm gereicht wird. Doch noch spricht sie. Und lehnt ab. Sie tut das Undenkbare – sie lehnt ab. Zuerst mag es als eine großartige, engelgleiche Demut erscheinen: »Gib es dem Hund, der hat mehr Hunger als ich.« »Ich weiß, daß du hungrig bist«, beharrrt Jenny. Drängt sie. Gertrudes Häscherin? Drängt sie, gehorsam zu sein, die Konsequenzen abzuschätzen – hier ist ein Ort, wo du tust, was dir gesagt wird. »Ich wußte, daß sie es wieder kriegen würde.« Ob sie trinkt oder nicht, ob sie den angebotenen Cracker ißt oder nicht, der Schlag ist gewiß. Wie in der Hölle – die Hölle muß genau so sein; oder der Faschismus. Verweigere den Befehl zu trinken und du wirst geschlagen, gehorche und du wirst ebenso geschlagen. Denn während die Order lautet, die Nahrung zu akzeptieren, lautete der umfassendere Geheimbefehl, daß sie keine zu sich nehmen durfte. Und auch, daß sie an all dem früher oder später sterben würde. Da sie sterben mußte, es verdient hat; Hunger und Durst sind nur die Mittel, den über sie gefällten höheren Richtspruch zu akzeptieren. Und seine Ausführung soll listig in die Hände des Opfers selbst gelegt werden. Als Beweis für seine Bereitschaft. Unterwerfung. Und Sylvia ist gefesselt, an die Seite der Kellertreppe befestigt: »Er band ihr die Hände über dem Kopf zusammen. Er fesselte ihre Hände, dann band er ihr die Füße an ein Brett«[3], und hilflos und an so vielen Stellen schon gebrochen, im Geist gebrochen, im Kampf ihres Geistes gegen den ihrer Peiniger, ihres Selbstwertgefühls gegen deren Urteil – trotzdem lehnt sie ab. Wagt es. Fast stolz.

Wie ein Taxifahrer, der ein knausriges Trinkgeld ablehnt – gib es dem Hund. Gertrudes Cracker. Der andere Hund, nicht der Schäferhund, der kommt erst am Ende, der junge Hund. »Er hat mehr Hunger als ich.« Das mag gestimmt haben. Und da Sylvia jetzt mit diesem jungen Hund in seiner Hütte wohnt, mag hinter diesem Sarkasmus sogar etwas wie Mitleid oder Solidarität mit dem ebenfalls geschundenen Wesen stecken. Gleichzeitig wird aber eine klare Unterscheidung gemacht zwischen dem Tier und dem Menschen. Dieser junge Hund, der an einem solchen Ort

3 Ibid., S. 1636.

ganz selbstverständlich mißhandelt wird, ist trotzdem nichts als ein Hund, dessen dankbare Augen Nahrung und Getränk gleich nach dem Fußtritt aufnehmen werden. Aber das sind andere Augen, entsetzte Augen freilich, die zwischen den Fesseln hervorblicken, ein Kind, nach Wochen der Folter durch irgendeine geheimnisvolle Energiequelle noch immer voller Entschlußkraft. Obwohl vielleicht jetzt auf der Hut vor anderen Kindern, selbst vor der jüngeren Schwester. Jetzt bloß eine Abgesandte, die Botschafterin eines Erwachsenen. Gertrude ist alles. Gertrude ist überall. Gertrude ist jetzt jeder. Sie alle sind der verlängerte Arm ihres Willens. Der hinterhältig den Cracker, den Becher Wasser reicht. Und Sylvia sagt es ihnen und weiß sehr genau, daß sie es dadurch auch Gertrude sagt. Sie sagt ihnen, sie sollen es dem Hund geben. Blasphemie.

»Ich wußte, daß sie es wieder kriegen würde ... Shirley goß ihr das Wasser in den Mund, und Sylvia hat es getrunken. Shirley lief zu ihrer Mutter und sagte, daß sie das Wasser getrunken hat.«[4] Vorlauter kleiner Fratz. Und freilich war auch der Akt des Trinkens ungewollt. »Sie konnte es nicht wegschieben, weil ihre Hände gefesselt waren.«[5] Sofort steigt die Rächerin zu ihr hinab; der Akt der Versuchung ist vorbei, die Schlinge wurde zugezogen. »Du weißt, daß ich dir verboten habe, Wasser zu trinken.«[6] Schreit Gertrude, wie eine schwere Feder, die sich ihr von oben nähert. Zählt auf das »Ich habe dir verboten zu...« – zählt auf dieses Wissen, zählt darauf, daß es sich eingenistet hatte, intuitiv erfaßt wurde, zählt auf diejenige, die sterben wird, indem sie sich dem Tod unterwirft, ihn aufnimmt aus eigener Bereitschaft und jetzt auch noch aus der Überzeugung, daß sie nicht würdig ist zu leben. »Ich wollte ja nicht, aber Shirley hat mich gezwungen.«[7] Ein seltsames verzerrtes Echo von Adams Rede im Garten: Das Weib gab mir und ich aß. Adams Rede, aber ohne seine Durchtriebenheit. Ehrlicher, das Unschuldsbekenntnis näher der Wahrheit. Doch die alttestamentarische Rächerin läßt die Hand fallen und

4 Ibid., S. 1637.
5 Ibid.
6 Ibid.
7 Ibid.

schlägt trotzdem zu. »Gerty nahm ihre Faust und stieß sie immer wieder in den Bauch.«[8]

Auch die Sprache – die einigermaßen seltsame Wendung »nahm ihre Faust« – entbehrt nicht einer gewissen Größe, wie so viel des hier Gesprochenen von dem einen Buch entliehen ist, das Jenny und alle anderen immer und immer wieder gehört haben, die höchste Sprachebene, der sie je ausgesetzt wurden, Jennys Ausdrucksweise ist eine Sekunde lang biblisch, und steigt dann wieder hinab ins Amerikanische der Armen des Mittelwestens, stumpf und voll von Wiederholungen wie Schläge, wie das tägliche Leben, farb- und mitleidlos, »und stieß sie immer wieder in den Bauch«, grau wie das Nachmittagslicht im Basement, das Tagesende und nach Schulschluß, vor Einbruch der Nacht, Oktober und der braune Winter, der sich wie ein freudloses Abendmahl nähert, oder keines, alle Abende ihres Lebens scheint es nun. Sylvia wird nun selbst der Tod, trotz ihres Widerstandes, wird das, was sich im Grauen eines jeden Abends vor Einbruch des Winters andeutet, Jahr für Jahr, und die Faust des Stärkeren, so stark wie der Haß, der einen töten kann, stieß sie immer wieder in den Bauch.

»Dann weiß ich nicht – wenn ich mich erinnere, sagte Gertrude, ›Lassen wir sie eine Weile so liegen.‹ Also gingen wir hinauf.«[9]

8 Ibid.
9 Ibid., S. 1637–38.

Neun

SIE GINGEN ein und aus. Die Hoffnung auf Flucht, die Drohung, weggeschickt zu werden. Dabei ist der Bericht nie klar genug. Jenny ist unfähig, Daten zu nennen, kein Zeitpunkt wird genau angegeben: ungefähr eine Woche, zwei Wochen, ein paar Tage vor dem Ende. Und was sie angibt, ist manchmal widersprüchlich, immer andeutungsweise. Nach Jennys Darstellung vor Gericht bestand Gertrudes Plan darin, Sylvia in den letzten Tagen »auszusetzen« – »Sie sagte, sie würde sie töten, sie loswerden«, »sie irgendwo aussetzen«[1] und dann, »sie sagte, sie würde ihr die Augen verbinden und sie aussetzen, in Jimmys Wald, zwei Meilen draußen«[2], ein Plan, der schließlich aufgegeben wurde, als Sylvia ihn in eine Befreiungsaktion umsetzte und zur Tür stürzte. Die Nacht vor Sylvias Tod erhielt Jenny den Befehl, ihren Schlafanzug auszuziehen und sich anzukleiden, weil »Sie sagte, ich und Johnny werden Sylvia aussetzen.« Aber als Jenny zurückkommt, ist Sylvia schon vom Keller heraufgebracht worden und versucht gerade ihr Glück: »Sie schaffte es zur Eingangstür, und Gertrude zerrte sie zurück. Sie packte sie am Arm und zerrte sie auf den Boden.« Sylvia wird über den Küchenboden gezerrt, weg von der Eingangstür und der Außenwelt – zehn Sekunden davor so greifbar nah, Gertrude behält Oberhand, immer die Oberhand und jetzt ist sie allmächtig – »Und sie sagte ihr, daß sie nirgends hingehen würde.«[4]

Was geschah dann? Fragt man sich zusammen mit dem Staatsanwalt, aber was dann geschah, ist etwas, das man nie erraten würde: »Dann saß Sylvia am Tisch und Gertrude versuchte sie dazu zu bringen, zwei Stück Toast zu essen, und sie sagte, sie kann nicht schlucken.« Paula ist nicht da, im Bett, hat diesen Auftritt ver-

1 Indiana gegen Gertrude Baniszewski, S. 1658, S. 1595.
2 Ibid., S. 1579.
3 Ibid.
4 Ibid., S. 1580.

säumt, aber Johnny ist auch unten in der Küche, Jenny sieht zu, Gertrude steht über Sylvia, Sylvia, die nicht schlucken kann.

»Gertrude nahm eine Vorhangstange und schlug ihr damit immer wieder übers Gesicht.«[5] Die Figuren bewegen sich so mechanisch. Der pausbäckige Johnny unten in der Küche sitzt während dieser seltsamen Zwangsernährung die ganze Zeit da wie eine Kröte, glotzt auf diesen Akt von Bestechung oder Befriedung, die Vergütung des Erwachsenen vor und nach der Missetat, das mütterliche Essen mit ihren eigenen Händen zubereitet, das träge leichte maschinengekochte Essen, getoastetes *American Wonderbread,* das Brot unserer Kultur. Und Gertrudes mechanische Gestalt, wie sie Sylvia über den Boden schleppt, sie von der Eingangstür und der Freiheit wegzerrt. Damit sie weiterhin wie ein Tier im Käfig bleibt, mit Nahrung verlockt, die Nahrung der Lohn für die Gefangenschaft, eine Linderung, die Rechtfertigung des Gefängniswärters. Daß Gertrude Sylvia Toast bereitete, muß eine fast unerhörte Großzügigkeit bedeutet haben. Und das kleine Biest weigerte sich, ihn zu essen. Gertrude muß den Eindruck gehabt haben, daß sie diesen Fratz verwöhnte, verzärtelte. Ein oft bei der Folter beobachteter Zug, gewisse subtile Formen, bei denen sich Seide mit Stahl abwechseln, aber nicht die grobe und hemmungslose Form Gertrudescher Prägung.

Dennoch gab es noch den Griff nach der mütterlichen Geste – die Gesten eines ganzen Lebens für dieses eine Mal umgekehrt – dieses eine zurückgewiesene Kind, das Gefäß aller Ablehnungen und Weigerungen, die sie sich je gewünscht hatte, aber nie den Mut hatten auszuführen. Man zieht keine sieben Kinder auf, ohne nicht pausenlos Essen mit eigenen Händen zuzubereiten und den kleinen Mund mit Zärtlichkeit zu füttern. Ebenso wie die Ungeduld. Tausende Male. Jetzt dieses getoastete Brot, die abkühlenden und hart werdenden Scheiben auf einem Teller (denn irgendwie toastet man Brotscheiben immer paarweise, der traditionelle Happen zwischendurch, vertraut, alltäglich) – und ob es bloß aus Gewohnheit geschieht oder ob es eine besondere Geste der Linderung ist, der Versöhnung gar, das werden wir nie wirklich wissen.

5 Ibid.

Denn Sylvia verweigert die Nahrungsaufnahme. Oder kann nicht essen. Kann einfach nicht. Es macht keinen Unterschied aus. Ob sie mit Absicht scheut, bewußt oder halbbewußt, oder ob unter dem Druck von Angst und Verzweiflung, Abscheu (egal ob vor sich selbst oder ihren Peinigern) – all das ist für Gertrude nebensächlich.

Was zählt, ist, daß die Kreatur noch immer Widerstand leistet, auch noch, als sie gefüttert und besänftigt wird. Ihr Mund will nicht annehmen, was ihm gereicht wird. Ihr Hals verschließt sich dagegen. Sie behauptet, sie kann nicht schlucken. Sie hat die Frechheit, das mit diesem Mund zu sagen, jedes ihrer Worte wie eine Schmähung. Die Lippen teilen sich, der Kiefer bewegt sich auf und ab.

Die Vorhangstange kommt wie Donner, rasch wie Zorn, total wie der Richtspruch Gottes. Über dieses Gesicht. Gertrudes Hand und Arm beben vor Wut, vor Empörung. Vor Verwirrung, könnte man fast sagen. So unfaßbar, daß das kleine Biest noch immer durchhalten, sich sogar gegen ihre Freundlichkeit stemmen kann.

Draußen, wohin sie fast gelangte, die kleine Schlampe, draußen würden sie ihr Hilfe anbieten, wenn sie nicht zu doof wäre, es so weit kommen zu lassen, draußen würden sie sie rundherum verhätscheln, ich kann sie schon hören. Du armes kleines blabla, der ganze Unsinn, wir sind wirklich froh, daß du von dort weg bist und es uns gesagt hast. Bösartige Lehrerinnen, die angeberische Krankenschwester, die unlängst hier war, irgendein Schwachkopf von der Kirche. Auch ihre Eltern, irgendwie könnte sie es bis zu ihnen schaffen. Diese freche Schwester von ihr, die vorige Woche vorbeikam. Jeden einzelnen von diesen verdammten Leuten könnte sie finden. Ihnen alles verraten, die Schweigepflicht durchbrechen, mein ganzes Werk hier in einen Haufen Scheiße verwandeln, was schert sie sich drum? Hauptsache, sie kommt weg von hier. Ihr ist es scheißegal. Sie würde heute nacht direkt zum Teufel gehen und zurück auf die Straße, aber ich behalte sie hier und auf dem rechten Weg und gebe ihr sogar was Gutes zu essen und sie – »Ich werd's dir zeigen, das Ding hier wird auseinanderbrechen…«

Noch immer sieht sie mich an. Sie weint nicht einmal, so war sie in letzter Zeit immer, nicht einmal ein Wimmern ist aus ihr rauszuholen. Ich werd's ihr zeigen. Ich werde ihre süße kleine Fratze zerbrechen, sie zerfetzen, zerstückeln, zertrümmern. »Heul. Ich hab gesagt, heul.«

Gertrudes Schreien tönt mir noch im Ohr, aber sie ist leichter zu begreifen, erkennbar in jedem Kampf, den man je ausgefochten hat. Es ist auch nicht so schwer, sich an seine eigenen tyrannischen Wutausbrüche zu erinnern. Aber du, Sylvia, bist schwerer zugänglich, es ist schwerer, sich in die Gestalt hineinzuversetzen, die sich vor Gertrude krümmt. Oder ist es, daß wir uns, gar nicht so paradoxerweise, einfach mehr schämen, eine solche Erinnerung wachzurufen, den Geschmack von Demütigung und Niederlage, den Augenblick, in dem wir so sehr verachtet werden, daß wir uns selbst verachten. Oder bist du wirklich schwerer zu durchschauen, ist mehr dahinter, als der billige Impuls, die Scham oder die Ansprüche des Opfers zu unterdrücken? Bist du die Finsternis dort, den Kopf vor dem Tyrannen gebeugt, bist du allen entzogen, wagst du es nicht einmal mehr, mit dir selbst zu reden?

Ich habe die Beschreibungen immer wieder von neuem gelesen, so wie sie da standen, habe vermittelt, jedes unklare, unverständliche Wort abgewogen, habe versucht, die Erfahrung des Augenblicks zu verstehen, das empfundene Geheimnis, jede Sekunde einmalig, überraschend, einzigartig auch die Verwirrung, das Unwahrscheinliche daran – denn es geschah etwas, was man nie für möglich gehalten hätte – und doch geschieht es gerade jetzt, die Stunden deiner Qual, jedes Mal begieriger, dich irgendwo in ihnen anzusiedeln. Nicht das Opfer, die Leidende, sondern das sechzehnjährige amerikanische Kind. Der Teenager. Die Range. Halb Kind, halb Frau. Aber das Gerichtsprotokoll macht aus dir einen Sack, der von Ort zu Ort geschleppt wird, gestoßen, verbrannt, gebadet, geprügelt. Immer passiv, Gegenstand des Streits, handlungsunfähig. Und die Fragen verfolgen mich: welche Rolle spielen Bereitschaft, Einverständnis, Passivität, Unterwerfung, ja sogar Komplizenschaft in deinem eigenen Tod? Sylvia, Opfer und

Mittelpunkt der ganzen Legende – wie du mir entschwindest, in den Schattenbereich abdriftest. Wie sehr verliere ich den Kontakt mit dir, werde die anderen, werde zwangsweise Gertrude, werde Coy, werde Paula und Rickie.

Werde sogar Jenny, jene, die dich überlebte. Es ist leicht, Jenny zu werden. Mit offenem Mund dastehen, während sich die Obszönität abspielt, der Mund, der später alles berichten wird, aber sich jetzt in der üblichen hoffnungslosen Lage befindet; die großen angsterfüllten Augen, die die Grausamkeit betrachten, ohne die Macht, ihr ein Ende zu setzen. Aber auch ohne größere Anstrengungen in diese Richtung zu unternehmen. Und was hast du getan, Sylvia? – hast du zu schwimmen versucht – hast du dich gewehrt? Du hast nicht überlebt, aber hattest du eine Überlebende in dir? Hast du dich gegen sie zur Wehr gesetzt, wie Diana hartnäckig behauptete? Hast du um dein Leben gekämpft? Was geschah, oder vielmehr wie geschah es, daß du untergingst, wie ging das schrittweise vor sich? Warst du im August noch lebhaft und bist allmählich abgelaufen, am Ende nur mehr eingeschüchtert, traurig, wortkarg? Wo bist du, Kind? Wie haben sie es geschafft, in deine Seele zu dringen?

»Hast du jemals gehört, ob Mrs. Baniszewski Sylvia irgend etwas über sich wehren gesagt hat?«

»Sie sagte, ›Komm her, Sylvia, und wehr dich.‹«

»Wann war das, Jenny?«

»Im September.«

»Wann – wo spielte sich das ab?«

»Im Speisezimmer.«

»Was hast du gesehen, und was haben sie gesagt?«

»Ja, Gertrude machte einfach eine Faust und schlug immer wieder auf sie ein, und Sylvia wehrte sich nicht.«

»Was sagte Mrs. Baniszewski?«

»Sie sagte nur, ›Komm her und wehr dich.‹«

»Hat sie Sylvia dann geschlagen?«

»Ja, sie schlug sie immer wieder, und Sylvia wehrte sich nicht.«[6]

6 Ibid., S. 1623. (Ich verwende hier Sylvias Schreibung von Jennys Namen. So wurde er auch von der Presse verwendet. In der Niederschrift heißt es »Jennie«.)

Was für ein engelhafter Unsinn ist denn das? Warum hast du nicht zurückgeschlagen? Sie k.o. geschlagen? Oder wußtest du, was das bringen würde, wußtest, daß das bloß eine weitere Falle war, wußtest, daß du einen anderen Befehl mißachten würdest, sobald du diesem hier gehorchst. Spürtest du auch irgendwie, daß es nicht nur um die althergebrachte Grausamkeit ging, um das eherne Gesetz der Großen und der Kleinen, das es Erwachsenen gestattet, Kinder zu schlagen – obwohl es für das Kind tabu ist, zurückzuschlagen.

Nein, eine stärkere Ordnung, ein größeres Verbot liegt in Gertrudes Augen. Nicht nur die Großen und die Kleinen, die Bewaffneten und die Unbewaffneten, Eltern und Kind (ein Schema, dem die meisten sadomasochistischen Beziehungen zugrunde liegen, da es unsere früheste Begegnung mit Schmerz und Gewalt darstellt, mit dem bewußt eingesetzten Leid, dem systematischen Terror), denn dieses Schema vermittelt uns auch romantischere Formen derselben hierarchischen Ordnung: Leibeigenschaft, Gefangenschaft, dargebrachte Opfer und zelebrierender Hohepriester, Opfer und Henker, Angeklagter und Richter, alle Rollen der Antike, des Sklaventums und der Leibeigenschaft, die Vasallen und Lehnsherren des Feudalismus. Die Essenz von kultischen sadomasochistischen Formeln, das Drum und Dran, die Fantasie, ein Besuch in der Vergangenheit, ein Seitensprung weg von der Demokratie, doch gleichzeitig – da die Formen der Herrschaft in der Vergangenheit jene der Herrschaft der Eltern über das Kind widerspiegeln (ebenso wie jene des patriarchalischen Mannes über die Frau) – gilt die Nostalgie, in der man schwelgt, nicht nur dem eingebildeten Glanz historischer Farbgebung und Ausstattung – in Amerika etwas, was man ausschließlich aus Hollywoodfilmen kennt –, sondern auch der harten Einfachheit der Kindheit, den Prügeln, den Belohnungen, den Versöhnungen. Der Herrschaft der Gewalt. Gelindert durch Freundlichkeit. Auch Zärtlichkeit und Wärme, Liebkosungen und Verzärtelung und Streicheln. Das alles, damit die Ohrfeige oder der Schlag auf den nackten Hintern um so schärfer ist, ein noch größerer Verrat, eine noch größere Demütigung und Gefahr.

Wenn jemand ein solches Ausmaß an absoluter Macht über dich

hat, dann steht man nicht »Mann gegen Mann« und wehrt sich, als wäre er deinesgleichen. Das ist ein Sakrileg, und man weiß das. Vor allem aber würde es die Machtvollkommenheit aufdecken, die sich Gertrude nur aufgrund ihrer elterngleichen Autorität über das Kind anmaßt, denn es gab auch die unübersehbare physische Tatsache, daß du mit einen Meter dreiundsechzig schon fast ausgewachsen und bereits fünf Zentimeter größer warst als Gertrude und daß du selbst in deinem letzten schwächsten und verhungerten Zustand, als du nur mehr hundertundzehn Pfund wogst, noch immer um zehn Pfund schwerer warst als Gertrude.

Aber du bist einfach dagestanden und hast dich schlagen lassen? möchte man sagen. Weil du wußtest, daß sie dich »umbringen« würde, wenn du dich bewegst? Sie hat dich ohnehin umgebracht. Daß sie dich »ermorden« würde, wenn du auch nur den Arm hobst, um sie abzuwehren? Sie hat dich ohnehin ermordet – ja, aber langsamer. All dieser Gehorsam, diese Anstrengung, »ein braves Mädchen« zu sein: »jetzt sei brav«, »benimm dich« – nicht daß du allzu »brav« warst – aber immerhin bist du aufgewachsen mit der Vorstellung, »gesittet« sein zu müssen, dich »zusammenzunehmen«. Wie wir alle. Und sie haben uns nie beigebracht, uns zu wehren. Das durften wir nie. Und wir waren ungeübt und hielten uns für »klüger«. Wie klug waren wir alles in allem? Auch die annehmbare Forderung, ältere Menschen zu achten? Es mag Augenblicke gegeben haben, wo du eine Chance gehabt hättest, wenn dir deine Erziehung die Überlebensfähigkeit mitgegeben hätte (das hat sie bei keiner von uns, denn ihr Zweck ist, uns so verletzbar und wehrlos wie nur möglich zu halten), aber schließlich sprach nichts zu deinen Gunsten, zu viele Nachteile waren gegen dich vereinigt. War es für dich irgendwie eine Befriedigung zu sehen, wie Gertrude ihr infernalisches Paddel zum xten Male gegen dich erhob – verfehlte – und sich selbst ein blaues Auge zufügte? Damals warst du aber wahrscheinlich nicht mehr in der Lage, Schadenfreude zu empfinden.

Was bedeutet es, daß du gestorben bist? Bedeutet es nichts? Es ist so viel Banales daran: Gertrude und ihr erbarmungsloses ausführendes Organ Paula mit dem allgegenwärtigen Paddel; das Gewöhnliche von Soda Crackers und des Blechnapfes mit Wasser;

so bar jeder Würde, und dann noch das Waschpulver, das sie auf deine noch warme Leiche streuten, weil du graue Shorts vollgemacht hast, die ein Polizist namens Harmon später in einer Papiertüte in der Küche fand; so viel davon ist grotesk, wie die Colaflasche – absurd sogar – Gertrude, die sich selbst ein blaues Auge verpaßt, weil sie mit ihrem blöden Paddel nach dir schlägt und dich verfehlt.

So viel an deinen Folterknechten ist einfach dumm, ihre Launen und die Zufälle – warum führte Gertrude ihren Plan nicht aus und schickte dich ins Erziehungsheim? Ein Kindergefängnis ist noch immer besser als Gertrudes Keller. Oder warst du anderer Meinung? Wie hypnotisiert warst du vom Verlauf deines eigenen Verfalls? Welche emotionelle Sucht nach Gertrudes, Coys, Paulas, Johns und Rickies Anerkennung – oder nach ihrem Urteil – hast du dir zugelegt? Man kann auch auf solche Sachen abfahren, fasziniert sein von der Perfektion der Verachtung eines Feindes. Denn egal wie ungerecht, ungenau, unverdient der Vorwurf sein mag, egal wie gut wir uns selbst kennen, auch wenn wir geistreich oder schön oder gut sind – oder zumindest normal intelligent, annehmbar anständig, von durchschnittlicher äußerer Erscheinung – die bloße Tatsache, daß sie eine andere Meinung von uns haben und darauf beharren – auch schon das bloße Ausmaß ihrer Überzeugung, daß wir dumm, häßlich und böse sind – fasziniert uns.

Um der Meinung eines Feindes willen ignoriere ich die gutwillige Achtung einer Schar von Freunden. Weil diese Meinung in mir steckt, wie ein Holzsplitter, ich bin von ihr besessen. Wie kann ich sie ändern? Wie kann ich sie widerlegen? Wie kann ich beweisen, daß ich nichts von dem bin, was dieser Verleumder von mir behauptet? Es ein für alle Male beweisen. So daß nicht nur alle Zuschauer, Nebenstehende, Schwätzer und unbeteiligten Personen überzeugt werden – sondern auch der Lästerer selbst? Wie kann ich meinen Feind, meinen Ungläubigen bekehren, wie kann ich meinen Kritiker zu einem Lob veranlassen, meinen Verleumder begeistern? Wie kann ich den einen erobern, der durch bloße Verachtung mich erobert hat?

Und so betritt man mit dem Gegenspieler das Feld. Denn das ist der Weg des moralischen Masochisten. Meide nie die Begegnung, nein, das wäre zwar sicher, aber feige. Könnte dich der Möglichkeit preisgeben, daß die anderen dem Ankläger Glauben schenken. Wenn man nicht aufsteht und den Vorwurf selbst von sich weist. Stelle dich immer und immer wieder dem Angriff. Um wieviel verletzbarer wird man durch diese Intimität. Und so, so pervers es ist, steht man nicht auf und verläßt jene Personen, die einen quälen, selbst wenn man nahe beieinander lebt. Man läßt sie ihrerseits aber auch nicht gehen, wenn man dazu die Möglichkeit hat (das wäre kein faires Spiel, würde bedeuten, daß man sich Taktiken wie den ihren »beugt«). Und das Gefühl von verletzter Unschuld, das solche Leute in einem hervorrufen, erfordert, daß man sich immer wieder von neuem in ihren Bannkreis begibt. Bis es zu viel wird. Damit auch sie es einsehen. Daß sie im Unrecht sind. Zu weit gegangen sind.

Sie sahen es natürlich ein. Einige Minuten zu spät. Ihr abgestumpftes Verstehen reagierte, indem sie das Ding, das sie geschaffen hatten, mit Waschpulver bestreuten. Denn selbstverständlich verstanden sie überhaupt nichts, außer daß es ihnen unter den Händen weggestorben war. Es hinaufschleppen. Es baden und weiß einkleiden. Das Zeichen der Versöhnung.

Dann die Polizei vom Telefonautomaten rufen. Sie hatten ihre Beute aufgegeben. Wäre die Leiche wieder zu Leben erwacht, ich glaube nicht, daß es lange gedauert hätte, ehe sie wieder über sie hergefallen wären.

Über *dich* hergefallen wären, Sylvia. Denn manchmal habe ich das Gefühl, dich zu kennen, mit dir schon jahrelang im Gespräch gewesen zu sein. Und besonders jetzt, wo ich versuche, deine Welt neu zu erschaffen. Als ob ich sie kannte. Doch ich glaube, daß ich sie wirklich kenne. Oder vielleicht erinnere ich mich nur daran – wie man sich an einen kollektiven Alptraum erinnert. Oder ich errate sie. Oder ich stelle sie mir vor. Aber das Problem ist – ich habe keinerlei Sicherheit. Obwohl ich vierzehn Jahre Zeit zum Nachdenken hatte. Und mehrere Stunden täglich, in denen ich nichts anderes zu tun habe, als über deinen Fall zu meditieren. Jene vier oder fünf Kernstunden im Tag eines Schriftstellers, für die alle anderen Stunden bloß Warten und Vorbereitung sind. Und trotzdem weiß ich es noch nicht. Weiß nichts. Wie viele Monate habe ich jetzt schon gezögert, auch nur die allerkürzeste Passage mit deiner Stimme zu schreiben, deine Gedanken »festzuhalten« – als ob ich wüßte, wie sie klangen, als ob ich Einblick in deine eigene besondere Sprache hätte. Betrug. Die Tricks von Buchautoren. Die Größe von Faulkners Benjy. Bestand darin, daß er Faulkners Benjy war. Aber du bist Sylvia. Ich habe dich nicht erfunden, dich hat es wirklich gegeben. Und was du erlebt hast, wäre daher von besonderer Gültigkeit – wenn wir es wüßten.

Ob es wohl eine Erleichterung ist, oder bloß berunruhigend, einem Autor zu begegnen, der zugibt, nicht genau zu wissen, was einer seiner Charaktere »denkt« (was mich nicht daran hindern wird, es trotzdem zu versuchen) – ist das nicht eine notwendige Art von Rückversicherung? Das sind nicht Charaktere, sondern sprachlose historische Personen. Ich wage es also, die Regel der absoluten Glaubwürdigkeit zu durchbrechen. Nachdem sich die Niederschrift erschöpft, Gedanken, Dialoge, auch die Handlung, »male ich mir es aus« und gebe zu, daß ich es erfinde. Eine Sünde gegen die korrekte Art, eine Geschichte zu erzählen, die geliebte und heilige Lüge. Das Hintergehen des großen Kindes in uns allen, jahrhundertealte Sehnsucht, immer die Sehnsucht nach einer Geschichte, vor allem aber der Wunsch, daß sie »wahr« ist, die Fiktion an allen Ecken genäht, daß sie saumlos wird wie die Wirklichkeit. Genauso glatt, genauso luftdicht.

Gleichzeitig dringe ich tiefer in die Fantasie vor, bis zur Selbsttäuschung, ja zur regelrechten Besessenheit, werde Sylvia oder Gertrude, während ein Tag dem anderen folgt, immer an diesem Tisch, umgeben von der verwirrenden Menge deiner gedruckten Relikte, die Niederschrift des Prozesses deiner Mörder, das Taschenbuch, das ein Journalist bald darauf veröffentlichte, das Bündel von Fotografien und die sechs großen Flügelmappen voller Zeitungsausschnitte, die ein entgegenkommender Bibliothekar für mich gesammelt hatte. Aus all diesen Sachen heraus, fahre ich fort in meinem Versuch, dich zu erkennen.

Und *ihre* Empfindungen. Ich starre auf die Fotos, die Leute, die Orte, und lese. Fange wieder von vorne an. Bis ich glaube, daß ich dich denken höre. Höre, wie sie Drohungen aussprechen. Übungen in Vorstellungskraft und Erinnerungsvermögen: mit Kindern verbrachte Zeit, als Kind verbrachte Zeit, wie man ein Kind peinigt, wie man als Kind die Stimme des Tyrannen vernimmt. Kontakt aufnehmen mit dem Tyrannen in mir selbst. Über Gertrude meditieren. Aber das schafft nicht eine Tag für Tag gleiche Gertrude, den bizarren tranceartigen Sadismus oder jene viel seltenere Erscheinung, den Gruppensadismus, durch den du mit Trend-Waschpulver besprenkelt auf dem Boden des Basement gelandet bist, und Johnny, der zwei Tassen heißes Wasser auf deine Leiche gießt. Man kann mit Gertrude weit gehen, aber nicht den ganzen Weg. Schließlich ist man doch verwirrt. Dieses Ereignis. Die Monströsität, die deine zerkauten und durchtrennten Lippen erzeugte. Daß es überhaupt stattfand, daß es weiterging bis zum Ende. Daß niemand eingriff, niemand es »ausplauderte«, niemand – ob Erwachsener oder Wichtigtuer oder Petzer – dazwischentrat. Es zum Stillstand brachte. An die zwanzig Kinder aus der Nachbarschaft hatten selbst mit angesehen, wie Sylvia geprügelt wurde. Und nicht eines davon plauderte. Überall gibt es normalerweise ein Kind, das – aus den schlechtesten oder besten Motiven heraus – petzt. Schließlich ist es das Petzen, das den gesellschaftlichen Zusammenhalt sichert, wir werden informiert, die Möglichkeit eines Hinterhalts wird angezeigt, die »Autoritäten« werden verständigt, die »verantwortlichen Erwachsenen« werden in Kenntnis gesetzt, die Macht der Freiheitsberaubung inspiriert anständige Bürger, der lange Arm des Gesetzes, Geldstrafen, Verhaftungen, Gefängnisse. Zeitspannen und Jahre unseres Lebens müssen für unsere Indiskretionen und unsere Launen bezahlen. Wenn man es positiver betrachtet, könnte man behaupten, daß die Zivilisation auch durch ein allgemein anerkanntes Wertsystem und eine verbreitete Vorstellung von Anstand aufrechterhalten wird – und auch diese versagten vollständig in einer Umgebung, wo fünfundzwanzig Kinder und alle Erwachsenen aus vier Häusern rundherum wußten, daß ein Kind schwer mißhandelt wurde. Und sie hielten es für angebracht, diese Mißhandlung als »Strafe« einzustufen, die sie »nichts anging«, oder sogar als «Spaß«.

Wenn das der Fall ist, was mag dein eigener Tod dir bedeutet haben, der Jenny schon Tage vorher und bald nach dem Fehlschlagen deines Fluchtversuchs vorausgesagt wurde. Unter ihren Händen zu sterben? Aber sie waren alle, nicht wahr? Sie füllten den Himmel. Sie waren endgültig – schon so lange waren sie es gewesen, besonders aber seit die eigentliche Kellerperiode begann. Es konnte seither keine andere Welt gegeben haben, keine andere Wirklichkeit. Schwache Worte, um ihre überwältigenden Leiber und Stimmen, ihre mitleidlosen Gesichter zu veranschaulichen. Die freie Bahn. Das notwendige Ende.

TEIL ZWEI

GERTRUDE. Immer hab ich eine Zigarette, aber trotzdem muß ich mein ganzes verdammtes Leben darauf verwenden, nach Streichhölzern zu suchen. Die Zigaretten habe ich in meiner Tasche. Das beste Kleid, das ich habe, um immer Zigaretten zur Hand zu haben. Außer dieser Schürze mit der Tasche, die ist auch gut, aber dieses Kleid hat eine Tasche mitten auf der Hüfte und dann hinunter zum Bauch. Komisches Wort, Bauch, klingt komisch. Bauch und Nabel und Kinder. Immer und immer wieder mein riesiger Bauch. Und im letzten Frühjahr fing alles noch mal von vorne an. Ich war todsicher, daß es nie mehr geschehen würde. War ein bißchen traurig, auch ein bißchen gedrückt. Nie mehr was Süßes, kein Babyspeck – ich meine Babies, wenn sie noch lieb sind und dich noch nicht bekämpfen. Dachte mir, daß es aus und vorbei war. Aber der verdammte Dennis, man hätte sich's ja denken können, daß er mich wieder vollspritzt, so jung und voller Schwanz, das Schwein. In manchen Nächten war er gut. Eine ganze Menge Nächte. Aber dann wieder, so oft war er der Teufel höchstpersönlich, brachte mich zweimal ins Krankenhaus. Gott sei Dank ist das vorbei, und ich bin die Chefin, ohne einen Mann, der mir dreinredet. Und ich werde es gut machen. Die Bengel werden mich respektieren. Auch Ihre Königliche Hoheit, der kleine Scheißhaufen Sylvia. Sie vor allem, sie wird ihnen den Weg weisen. Für die Prügel habe ich Paula. Ich brauche keinen verdammten Mann, jetzt bin ich obenauf, niemand wird mit mir herumkommandieren, diese Arschlöcher von der Behörde, der Schwachkopf Reverend Julian, drei Idioten von Männern, die mich mein halbes Leben herumkommandiert haben. Keiner von ihnen mehr da, als ich in dieser Bruchbude landete. Von Geld natürlich keine Rede. Die Hälfte der Zeit zahlen sie sowieso nichts. Wie viele Monate ist John jetzt schon im Rückstand? Sechs verdammte Kinder und die Laus in seiner Bullenuniform macht gutes Geld. Und schiebt es der wie heißt sie nur, die er jetzt hat, hinten rein. Ein neueres Modell. Wie wenn wir so 'n Auto wären. Ja, so ungefähr. Vielleicht ein Traktor oder irgend so 'n Zusatzgerät. Das ist gut – ein Zusatzgerät. So 'n Arbeitsvieh, das schuftet, und wenn sie sicher sind, daß sie alles aus dir rausgeholt haben, dann hauen sie ab. Dennis rast überall in Deutschland herum. Europa. Ausland. Wie kann er so reden, wie hat er das nur aufgeschnappt? Einmal hat er mir ein paar Wörter gezeigt. Nach zwei Minuten war schon wieder alles weg. Geht bei einem Ohr rein und beim andern wieder raus, wenn es nichts heißt, nur Laute. Aber sie klingen gut oder sie knurren, je nachdem wie man sich fühlt und wer sie sagt. Die katholischen Kinder haben das komische Latein gelernt, haben dafür extra bezahlt. Dort werden sie ganz schön streng gehalten in diesen Schulen, auch die Schlimmen. Sonst müssen sie dafür bezahlen. Diese Nonnen dürfen sie schlagen, wenn sie Lust dazu haben. Das sollten sie in den öffentlichen Schulen wieder einführen, Prügelstrafe oder wie das heißt. Wie beim Militär. Stell dich hin wie ein Soldat, nimm deine Strafe wie ein Mann, sagten sie immer zu meiner Zeit, wenn man sich fürs Lineal aufstellte. Ich habe viel abgekriegt – hat nicht sehr weh getan. Nein, Moment mal, ans Warten erinnere ich mich *schon.* Komisch, ich hab' es gewußt, aber noch nie daran gedacht, daß das Warten das Schlimmste war. Angst haben ist anders als Schmerzen haben. Und wir hatten irrsinnigen Schiß die paar Minuten vorher. Oder warten, bis der Vater heimkam. Manchmal Stunden. Schlimmer noch als die Haue, weil es die Haue zusammen mit der Angst davor waren. Wovor, zum Teufel, hatten wir solche Angst – daß wir sterben würden? Wahrscheinlich, daß wir es nicht überstehen, daß wir die Schmerzen nicht ertragen. Aber sterben? Das haut nicht hin. Ohnmächtig werden schon eher. Das ist mir ein oder zwei Mal schon passiert, in den sechs Monaten draußen im Westen, als Guthrie mich schlug. Natürlich kann man sich auch verstellen. Wer weiß, wie oft das kleine Stinktier Sylvia das bei mir macht? Das soll sie aber lieber erst gar nicht versuchen, ich bin eine Expertin. Schau sich einer nur diese Küche an, was ist los mit Paula? Dreht den Hahn auf, nur um eine Zigarette auszumachen, und ich muß mich noch mal um die kaputte Spüle kümmern, der ganze Rost und das Geschirr, wo zum Teufel, krieg' ich einen Installateur her, vom Zahlen ganz zu schweigen. Für sie ist es immer noch gut genug, wenn das Wasser über ihren doofen Kopf rinnt, sieht sie extra doof aus von hinten mit den Ohren, die vorstehen. Lange nicht mehr so hübsch. Das Haarbüschel in meiner Hand, wie es sich anfühlt. Dreckiges Zeug. Wäscht sich jetzt nicht mehr. Gut. Verdammt gut sogar. Jetzt schon viel weniger die hübsche Dame, diese brandneue, frische, warme Mieze.

Die Hand packt das lebende Haar. Überall Wasser. Ein Bild. Das Standfoto in der Vorstellung. Aber gehe zurück; was ist vorgegangen? Die Polizeifotos der Küchenspüle. Du bist jetzt außerhalb von Gertrude. Oder von Sylvia. Die Schreie. Das Brüllen. Projiziere jetzt das Bild ein zweites Mal. Ein Bild einer Hand, ein Büschel Haar. Der gefolterte Geist unter diesem Haar. In der einen oder der anderen »sein«. Oder in keiner. Es sich vorstellen oder lesen. Es ist erfunden. Was weiß man schließlich? Hat Gertrude geflucht? Was für Flüche? Jene, die gegen religiöse Verbote verstoßen, Teufel und verdammt – oder gegen die gefährlicheren Tabus: Schwanz und Möse und Muschi? Ist Muschi zu frivol, zu humorvoll, zu hedonistisch? Vergnüglich? Welches Vergnügen? Der feste Griff ihrer Hand, die den nassen Tang des Haars umklammert hält und den Kopf zurückreißt, das ist wahrscheinlich alles, was wir erfahren können.

Geld. Um Himmels willen Geld. Einen Dollar neunundvierzig. Wenn diese Kinder nicht aufhören, Geld auszugeben, werde ich ihnen den Hintern versohlen. Einen Dollar neunundvierzig. Schulmittagessen, Kino, diese lausigen Dairy Queens. Paula braucht von Tag zu Tag mehr Geld. Und nicht einmal eine einzige Flasche Cola im ganzen Haus. Und Stephanie. Für die Bücher. Und alle wachsen sie, brauchen wirklich neue Kleider. Paula ißt mich noch arm, wird von Tag zu Tag dicker. Nicht nur fett, sondern in Schwierigkeiten. Es hat sie ganz sicher erwischt. Und was zum Teufel werden wir mit noch einem Baby tun? Wo ich das alles gerade hinter mir habe. Jetzt fängt sie damit an. Mein ganzes verdammtes Leben – jetzt fängt alles wieder von vorne an. Ich habe sie gewarnt, habe es ihr eingebleut. Aber wer hat mich denn aufgehalten? Man überlegt es sich nie, wenn man sie ranläßt, daß man dann gefangen ist. Sie wollen es und drängen und man denkt, vielleicht macht es doch Spaß. Man macht dann, was man nicht machen sollte, lacht über die Eltern, das Wort Gottes und auch den Pfarrer. Die ganzen alten Frauen beim Kirchgang starren dich an als Hure und dein Bauch wird immer dicker. Und zum Teufel noch mal, dieses eine Mal haben sie recht, weil du dumm warst. Wetten, daß sie es jetzt bereut – das ganze kleine Feuer zwischen den Beinen ist jetzt sicher schon ausgegangen. Außer sie schläft dort in der Highschool herum. Aber nicht einmal Paula kann so doof sein. Ich muß unbedingt noch Colas holen. Doof, aber nicht so doof. Und jetzt gibt's noch Stephanie, wie werde ich sie über die Runden kriegen? Wenn sie sich überhaupt noch zurückhält und nicht ohnehin schon die Beine breit macht, wie dieses Biest Sylvia an der Schule rumerzählt. Dafür wird sie noch ihr blaues Wunder erleben, das wird sie büßen. Dafür werde ich ihr die Hölle heiß machen. Warum Stephanie um Gottes willen? Wo Stephanie das einzige Kind in der ganzen Horde ist, mit der ich rechne. Sie könnte es schaffen. Macht sich echt gut in der Schule. Stephanie könnte weiterkommen im Leben. Irgendwo ein guter Job, weg von hier, weg von diesem Gesindel in der Umgebung. Vielleicht am besten gleich ganz woanders hin, glatt nach Kalifornien. Oder Stenographie, in eine Stadt wie Chicago. Sie könnte auch ins College gehen – warum nicht? Diese Sozialtanten breitschlagen, ein bißchen nachhelfen, da kann man viel erreichen. Muß mich weiter mit Mrs. Sanders, der Schulkrankenschwester, unterhalten, ihr Honig ums Maul schmieren. Sie soll ihre Nase besser nicht in den Keller stecken und Sylvia suchen, sondern sich lieber um meine Kinder kümmern. Wo habe ich jetzt wieder meine Zigaretten hingetan? Warum zum Teufel kann diese Jenny nicht ihr Zeug wegräumen. Johnny hat den Dollar neunundvierzig genommen und jetzt gibt es nicht einmal mehr einen Groschen im Haus für eine Cola. Paula hat den neuen Mantel schon wieder zerrissen. Noch nicht einmal bezahlt ist er. Stephanies Bücher überall. Mindestens lernt sie; die anderen lachen nur, wenn man sie daran erinnert. Das kleine Luder Sylvia lernt aber. Nicht richtig gescheit wie Stephanie, aber immerhin sie liest. Wie um hier rauszukommen. Während ich hier den ganzen Tag festgenagelt bin. Komisch, aber jedes Mal, wenn ich sie mit der Nase in einem Buch sehe, macht es mich unheimlich wütend. Irgendwie hasse ich sie deswegen um so mehr, muß hier den ganzen Tag rumhängen und ihr zuschauen, wie sie liest, und wissen, daß sie ganz vertieft ist und weit weg von hier. Hört nicht einmal. Gestern hab ich ihr das Zeug aus der Hand gerissen und es weggeworfen. Hab Johnny gesagt, er soll es zerreißen. Ihr direkt ins Gesicht. Ich stand dort und wartete, daß sie zu flennen anfängt. Aber nein. Also versetzte ich ihr eine. Sie schaute mir mitten ins Gesicht, frech von oben bis unten. Wenn ich sie noch einmal mit einem Buch erwische. Nicht einmal eine einzige Flasche Cola. Lester hat sich mit seiner Zahlung schon wieder verspätet. Sollte am ersten da sein. Jetzt sind wir so weit heruntergekommen, daß man nicht einmal hinauskann, um eine Cola zu kaufen. Also nächstens werde ich Flaschen sammeln gehen. Eine erwachsene Frau. Siebenunddreißig Jahre alt und sieben Kinder und ich habe nicht einmal Geld für eine Coca-Cola. Habe Sylvia und Jenny vor einiger Zeit draußen beim Flaschensammeln erwischt und ihnen ordentlich den Hintern versohlt. Wer zum Teufel glauben sie, daß sie sind, haben gutes Geld und bringen es nicht heim? Dabei schauen sie wie Gesindel aus. Zwei Tage lang im Park, die müssen die Hände voller Geld gehabt haben. Und haben nicht einen einzigen Cent nach Hause gebracht. Wie zum Teufel soll ich diese beiden Teenager mit zwanzig die Woche aufziehen? Und der Fettwanst Lester kann seinen Arsch nicht einmal rechtzeitig zum Postamt bewegen. »Habe mich ein bißchen verspätet, Gerty« – das höre ich ihn schon sagen. Sein dummes, dickes Gesicht, diese Schweinsäuglein, wie er seinen Mund mit der Hand abwischt. Und die Frau ist auch nichts wert. Das erste Mal, als ich sie sah, kam sie frisch aus dem Knast. Und Lester, der herumzieht und sie sucht und säuft. Säuft Bier in dem großen Stuhl in meinem Wohnzimmer, ohne Schuhe, und fragt, ob sein Junge unten auf der Couch übernachten kann. Dann ging er raus und brachte uns allen White Castles. Und dann kochte er diese ganze verrückte Geschichte aus, daß er seine beiden Mädchen bei mir unterbringen will. Er war so verloren ohne Frau, wahrscheinlich tat er mir leid. Dachte mir, daß ich das Geld brauchen kann. Damals schien die Idee nicht so schlecht, Paula und McGuire von nebenan haben Sylvia irgendwo in der Nähe aufgegabelt und mit nach Hause gebracht. Aber schon damals, gleich am ersten Abend, war mir Sylvia unsympathisch. Gleich vom Anfang an. Schon am ersten Tag. Ich erinnere mich, daß ich Jenny zum Nachtmahl einlud, als sie etwas später am selben Abend mit Paula und Sylvia und Darlene hier auftauchte. Sylvia habe ich nicht eingeladen. Und Jenny, die sagt, sie wird bleiben, wenn auch ihre Schwester bleibt. Wie Kletten waren sie damals, die beiden. Schwestern, das würde man am Anfang auch erwarten, aber ich treibe es ihr jetzt schon aus. Jenny begreift langsam, daß es sich für sie nicht lohnt, sich für Sylvia stark zu machen. Aber damals hielt sie sich überhaupt nicht zurück – »Ich kann nur bleiben, wenn meine Schwester Sylvia auch bleibt.« Richtig so. Also was konnte ich tun, sie ist eben geblieben. Größter Fehler meines Lebens. Wenn ich dieses Luder nur aus dem Haus kriegen könnte, bevor sie mich verrückt macht. Das Dümmste, was ich je getan habe, mich auf Lesters und Bettys schwachsinnige Idee einzulassen. Leicht gesagt – aber wer wird dann die zwanzig Dollar ins Haus bringen? Auch wenn es nicht reicht und ich nicht einmal weiß, ob die Likens-Fratzen nicht das Ganze allein aufessen und meinen eigenen Kindern das Essen aus dem Mund stehlen oder nicht. Kein Überblick. Ich weiß nur, daß die Hälfte der Zeit das Geld zu spät kommt und daß es nie langt. Und der Schweinekerl John, der seine eigenen sechs Kinder »vergißt«. Bis vor vier Jahren habe ich mit diesem Mann zusammengelebt. Seit unserer Hochzeit, als ich sechzehn war. Außer der Zeit wo ich mit Guthrie draußen im Westen war. Das sind fast siebzehn Jahre. Aber auch als ich diese sechs Monate mit Guthrie auf und davon war, hatte ich trotzdem noch immer diese Kinder am Hals. Und der Schweinehund hat die Frechheit, sie zu »vergessen«. Manchmal frage ich mich, ob er sie auf der Straße überhaupt erkennen würde. Die einzige Vorstellung, die er von seiner Vaterschaft hat, ist, daß er mir manchmal sagt, er wird einen riesengroßen Schäferhund als Geschenk vorbeibringen. Wahrscheinlich einen, den er loswerden will. Sie wird das Vieh wahrscheinlich nicht im Haus haben wollen und da muß ich eben herhalten. Ein riesengroßes schmutziges Tier, weil ich zu wenig zu tun habe, das wird uns das Essen vom Tisch wegfressen. Sollten doch auch seine Kinder sein, verdammt noch mal. Aber weißt du was? – Es stimmt nicht. Sie sind wirklich nicht seine Kinder. Alles in allem hat er doch recht, das sind meine Kinder. So geht es jedes Mal. Er macht sich auf die Socken, und sie kriegt die Kinder. Sollen sie also meine sein, sie gehören alle nur mir ganz allein. Auch das im Keller.

Was, wenn Gertrude unschuldig wäre? Was, wenn die Kinder das Verbrechen alleine begingen und sie wird dafür verantwortlich gemacht, einfach weil sie die einzige erwachsene Person im Haus war? Das war die letzte Verteidigungstaktik. Nachdem der Alibibrief mit seiner »Bande von Jungs« geplatzt war, nachdem die darin enthaltene Behauptung, Sylvia sei schon zwei Wochen lang von zu Hause weg, von den Kindern selbst in ihren Aussagen vor der Polizei widerlegt worden war. Ihr Sohn John gestand, so auch Richard Hobbs. So auch Coy und Paula. Sie alle machten sie zur Hauptschuldigen. Aber es waren die Zeugenaussagen während des Prozesses, die Zeugenaussagen von insgesamt sechs jungen Leuten: Jenny Likens, Richard Hobbs, Randy Leper und ihre eigenen drei Kinder, die aussagten: Shirley, Marie und Stephanie Baniszewski, die die Beweislast lieferten. Paula betrat nie den Zeugenstand und auch John eigentlich nicht.[1] Dafür aber Gertrude. Und ihr Auftreten dort war erstaunlich.

Im Zeugenstand leugnete Gertrude rundweg, Sylvia Likens jemals mißhandelt zu haben. »Ich denke, ich habe einmal versucht, sie mit dem Paddel zu schlagen«[2], – so weit geht sie und nicht weiter. Den Rest der Zeit, den Sylvia in ihrem Haus zubrachte, war Gertrude von Krankheit und Erschöpfung heimgesucht. Seitenlange Schilderungen darüber, wie ihr die Bügelwäsche

1 John Baniszewski beantwortete im Zeugenstand nur eine Frage: seine Adresse. Forrest Bowman rief ihn während eines schwachen Moments in der Anklagebeweisführung auf, um festzustellen, daß man ohne Hausdurchsuchungsbefehl in Johns Haus eingedrungen sei und es durchsucht hatte. Obwohl John Richard Hobbs begleitet hatte, um auf Gertrudes Geheiß die Polizei anzurufen.

2 Indiana gegen Gertrude Baniszewski, S. 2335.

aus der Hand fiel, wie ihr Asthma wütete, wie sie sich nach einer Fehlgeburt im vergangenen April nie erholt hatte, sie konnte kaum das Bett verlassen. In den Tagen vor Sylvias Tod am 26. Oktober war Gertrude mit einem schrecklichen Ausschlag beschäftigt, suchte den Arzt auf und blieb die ganze Zeit im Speisezimmer, das sie in ein Schlafzimmer umgewandelt hatte, nahm hohe Dosen von Medikamenten, angeblich Phenobarbital, und wußte überhaupt nichts von dem, was sich im Basement abspielen mochte, was die Kinder jetzt wieder anstellen könnten, was mit ihrem Pflegekind geschehen könnte.

Aber es gibt noch eine andere Verteidigungstaktik, die tiefer reicht, hinterhältig, einigermaßen unlogisch – aber nicht ohne Wirkung. Sie beginnt damit, wie Gertrude ihre Begegnung mit den Likens' beschreibt. In den meisten Versionen, die die anderen erzählen, traf Sylvia Darlene McGuire, die mit Paula befreundet war, und Jenny begleitete die beiden später gegen Abend zu Gertrudes Haus und wurde zum Abendessen eingeladen, bat aber, auch ihre Schwester Sylvia einzuladen. Viel später am gleichen Abend kam Lester vorbei, auf der Suche nach seinen Töchtern und seiner Frau (die wegen eines Ladendiebstahls verhaftet worden war) und akzeptierte den Vorschlag, daß Gertrude seine Töchter in Pflege übernehmen würde. Gertrude erzählte diese Geschichte anders und der Unterschied ist bedeutsam:

»Da war ein Mädchen aus der Nachbarschaft – sie heißt Darlene McGuire, sie kam recht oft vorbei, um mit Paula und den anderen Kindern zu spielen, und da war ein junges Mädchen an der Tür und wollte mit Darlene sprechen, und ich ging mit Darlene zur Tür, und sie sprach mit Darlene – sie wollte wissen, ob sie wußte, wo sie Sylvia Likens finden kann. Darlene sagte, daß sie bei ihr zu Hause gewesen ist, aber daß sie nicht genau wußte, wo sie wohnt. Einen Tag oder so später kam Sylvia, so nehme ich an, zu Darlenes Haus, und der Grund, warum diese Frau Sylvia suchte, war angeblich, daß Sylvia sich mit ihrem Mann herumgetrieben hatte. Das war der Grund, warum die Frau sie suchte. Darlene sagte, sie würde es ihr sagen, wenn sie sie sieht. Darlene brachte zwei Tage später Sylvia Likens zu ihr nach Hause und stellte sie als das

Mädchen vor, das die andere Frau suchte. Das war meine erste Begegnung mit Sylvia Likens.«[3]

Das erste Mal, als Sylvias Name aufscheint oder erwähnt wird, ist er so weit wie nur irgend möglich von dem Opfer im Basement entfernt, der mißhandelten jungen Leiche: eine Bedrohung für die Nachbarschaft. Junge Frauen laufen herum und versuchen sie zu »finden«, weil sie sich mit ihren Männern »herumtreibt«. Sylvia wird zur Rechenschaft gezogen. Und sie macht keinen besonders guten Eindruck. Sie ist »lose«, »leicht zu haben«.

Es gibt noch andere Unterschiede in ihrer Fassung der Geschichte, in der Richtung, die sie einschlägt. Bei Gertrude ist es Sylvia, die sich zuerst hineindrängt. »Sie trieb sich an dem Tag bei den Kindern und Darlene herum, und später am Nachmittag sagte sie etwas – glaube ich – davon, daß Jenny alleine ist oder zu Hause oder irgendwie so, und sie wollte nach ihr schauen, und so gingen Paula und Darlene und Sylvia zu ihrem Haus und brachten Jenny mit.«[4] In Jennys eigener Geschichte hatte ihr Gertrude Unterstützung angeboten, ließ Sylvia aber völlig links liegen, und Jenny hatte sich auf die Hinterbeine gestellt und darauf bestanden, daß auch Sylvia bleiben darf. Gertrudes eigener Bericht ist gastfreundlicher. »In der Zwischenzeit hatten sie mit meinen Kindern das Abendbrot gegessen, denn ich wollte nicht meine eigenen Kinder an den Tisch setzen und diesen Kindern nichts zu essen geben, also lud ich sie ein, mit uns zu Abend zu essen, und sie blieben.«[5] Dann wollte sie ihre Gäste wieder loswerden. Sie sollten heimgehen zu ihrer Mutter. Aber sie ist nicht zu Hause. »Sylvia versuchte es mir zu sagen – nein, wahrscheinlich war sie nicht einmal zu Hause.«[6] Sie sollten heimgehen und nachsehen. Später sind sie wieder zurück. Dann kommt Lester an. »Er fragte, ob die Mädchen eine Weile im Hause bleiben könnten – die Mädchen hatten ihrem Vater eine Geschichte erzählt, daß ihre Mutter wegen Ladendiebstahls im Gefängnis war. Er wollte ins Gefängnis gehen und nachsehen, ob sie noch immer dort war.«[7] Eine Geschichte?

3 Ibid., S. 2320–21.
4 Ibid., S. 2321.
5 Ibid., S. 2321–22.
6 Ibid., S. 2322.
7 Ibid., S. 2322–23.

Müssen wir annehmen, daß sie sie erfinden? Nicht ganz. »Später kam er wieder zurück und sagte, die Mutter der Mädchen ist gegen Kaution freigelassen worden. Er wußte nicht, wo sie sonst sein konnte. Ich habe gehört, wie die Mädchen ihrem Vater über irgendeinen Mann erzählt haben, daß sie dort bei ihm sein könnte oder aber bei ihrer Mutter, und er fragte mich noch mal, ob es okay ist, wenn er die Mädchen hierläßt, damit sie nicht alleine sind, wenn er die Mutter sucht.«[8] Lester taucht noch einmal gegen zwei Uhr früh auf. »Er hatte herausgefunden, daß die Mutter im Haus ihrer Mutter war und dort schon ein oder zwei Tage gewesen war oder so was.« Da Betty eine so nachlässige Mutter ist, ist Lester verständlicherweise besorgt – »Ich weiß nicht, was ich mit euch Mädchen machen soll, wo werdet ihr wohnen.« Gertrude beobachtet diese unfähigen Leute und berichtet dem Gericht viel später. »Er war echt rachsüchtig gegen die Mutter.«[9]

Staatsanwalt New erhebt sofort Einspruch. Rabb gibt dem Einspruch statt, weil die Aussage nicht auf eigene Wahrnehmung beruhte. Aber es ist dennoch eigenartig. Daß sich Gertrude dieses rechthaberische Auftreten herausnahm – wessen Prozeß ist es eigentlich? Aber da gibt es noch viel mehr, viel, was sie ihr nicht zu sagen erlauben. Viel, das auf ihre Überzeugung hinweist, daß diese Leute miese Eltern waren, darum gebeten hatten, weniger achtbar waren als sie selbst. Ladendiebe. Und Betty Likens ist nun ihrer Tochter in die öffentliche Entblößung gefolgt – auch sie ist lose. Ein schwerwiegender und äußerst schädlicher Vorwurf vor einem solchen Gericht, in dieser Zeit und in dieser Gegend. Schon allein die Wortwahl – rachsüchtig – ist interessant, besonders aus Gertrudes Mund. Es ist ein »feineres« Wort, als man es von ihr erwarten würde: umschattet, subtil mit feiner Andeutung, daß Zorn und Groll zu viel sein, übertrieben werden können. Im Zeugenstand ist Gertrudes Sprache an sich schon interessant – die ganze Bandbreite von zu erwartendem Idiom und Dialekt, zeitweise wortreich und kompliziert, ein andermal prägnant, ja erstaunlich. Und es reichte vom Englisch ihrer Klasse und Bil-

8 Ibid., S. 2323.
9 Ibid., S2323–24.

dungsstufe bis zu einer einstudierten, affektierten Korrektheit, die sich an die Amtsspache anlehnte, »er übermittelte mir« oder »ferner teilte er mir mit«; dann wieder schwang sie sich gelegentlich zu einer geschliffenen kritischen Eleganz empor – nach dem jetzigen Aufenthalt von John Baniszewski senior befragt, antwortete Gertrude »Sein ständiger Wohnsitz befindet sich in Beach Grove.«[10] Es liegt etwas Schroffes und Sarkastisches in vielen ihrer Antworten, etwas Beißendes, Böses und Scharfes: Wo befindet sich Dennis Lee Wright derzeit? fragt sie Erbecker. »Wie soll ich das wissen?« beißt sie zurück.[11] Nie ist sie eingeschüchtert. Beim Lesen der über zweihundert Seiten ihrer Aussage, in der sie ohne Unterlaß leugnet, kommt man zu dem Schluß, daß sie nicht nur lügen muß – sondern daß sie tatsächlich nicht wirklich Angst hat. Daß die Konsequenzen irgendwie von ihr abgefallen sind.

Und selbst die einfachsten Details der Geschichte, die Vereinbarungen für die Pflege der Kinder, verwandeln sich in Gertrudes Worten in etwas, das angesichts seines Ausgangs fast unheilvoll ist.

»Sylvia fragte ihren Vater, ob sie bei uns bleiben könnte.«

»In derselben Nacht, um ein Uhr früh?«

»Ja, Sir. Ich sagte sofort, ›Nein, auf euch kann ich nicht auch noch aufpassen, ich habe zu viele eigene Kinder und zu viele Sorgen und zuviel Verantwortung, ohne mir das auch noch aufzuhalsen.‹ Sie sagte, ›Wir können uns um uns selber kümmern, wir sind das gewöhnt.‹«

»Wer sagte das?«

»Sylvia, sie drehte sich zu ihrem Vater und sagte, ›Vati, du könntest sie bezahlen, damit wir hierbleiben können.‹«[12]

Sylvia bettelte darum, grub sich ihr eigenes Grab – forderte hier Unterschlupf. Gertrude zögert. Lester bittet sie: »Ich wüßte überhaupt nicht, wo ich sie jetzt gleich hinbringen könnte.«[13] Gertrude äußert Bedenken und stellt dann Bedingungen: »Ich sagte, daß

10 Ibid., S. 2311.
11 Ibid.
12 Ibid., S. 2324–25.
13 Ibid., S. 2325.

wenn sie bleiben, dann müssen sie sich um sich selbst kümmern, ich könnte das nicht für ihn besorgen.«[14]

»Haben Sie das vor den beiden Kindern gesagt?« »Ja, Sir, und dann teilte er mir ferner mit, daß die Mädchen eine feste Hand brauchten, daß sie ihrer Mutter nicht folgten, daß sie ihnen immer alles durchgehen ließ und sie sich selbst überließ, und er sagte mir weiter, daß die Kinder völlig außer Kontrolle geraten sind, und ich sagte, ich könnte nicht die Verantwortung übernehmen, mich um diese Mädchen zu kümmern und sie zu erziehen, weil ich genug Probleme mit meinen eigenen Kindern habe. Er sagte. ›Ich glaube, daß sie lernen werden.‹ Er sagte, es würde ohnehin nicht länger dauern als ein paar Wochen.«[15]

Durch das Ganze zieht sich die Vorstellung von Strafe, von Unbotmäßigkeit und Bosheit, von verdienter Strafe – doch Gertrude behauptet im selben Atemzug, daß sie nie welche ausgeteilt hat. Als ob die alten Vorwürfe gegen Sylvia noch in der Luft hingen. Gertrude zwang Sylvia, ihren Eltern einen Brief zu schreiben, noch vor dem Zettel über die »Bande von Jungs«. Der erste ist an »Liebe Mutti, lieber Vati« gerichtet und liest sich folgendermaßen:

> Ich schreibe Euch, um Euch zu sagen, was ich in den letzten beiden Wochen getan habe. Ich ging zur Schule und nahm einen Turnanzug aus dem Turnspind der Mädchen.
> Ich ging in den Park und wollte einige Colas aus einer Colamaschine nehmen.
> Ich habe mit Ronnie und Donnie Simpson Geschlechtsverkehr gehabt. Dany und Jenny wissen davon.
> In Kalifornien war ich mit Mike Erson im Bett. Jenny und Benny haben Mike mit der Hose unten gesehen.
> Ich habe versucht, auch Jenny mit hineinzuziehen.
> Ich habe Oma Martin Lügen über Mama erzählt.
> Ich habe ein dreijähriges Kind ins Gesicht geschlagen und ihm den Hintern versohlt.
> Im Haus in der Post Road.
> Ich habe in Kalifornien Sachen gestohlen, als wir dort lebten. Der

14 Ibid.
15 Ibid.

Grund, warum ich vom Job in der Post Road gekündigt wurde, ist, weil ich den Jungen ins Gesicht geschlagen habe. Ich habe Sachen getan, die eine Menge Schwierigkeiten machen könnten.
Ich wollte immer, daß Mutti und Vati Schluß machen, damit ich tun kann, was ich will, wenn ich bei Mutti lebe.
Ich bin mit einem verheirateten Mann ausgegangen und mit ihm in einem Sportwagen herumgefahren.
Ich habe Gertie Wright zehn Dollar weggenommen.
Ich habe Jimmy B. von meinem Rücken heruntergeworfen.
Ich habe Shirley B. grundlos geschlagen.
Das ist alles wahr.
Jenny ist brav gewesen.

Sylvia Likens[16]

Die alten Vorwürfe, Gertrudes Sündenregister, wird nie verschwinden, sie schreien immer noch zum Himmel, selbst hier vor Gericht, wo sie sie zur Rettung ihres eigenen Lebens zum Schweigen bringen muß. Alle Gründe, warum das Mädchen Prügel verdiente, werden in Gertrudes Aussagen nach wie vor aufgelistet, während sie gleichzeitig als Lebensrettung alles leugnet. »Ich denke, ich habe einmal versucht, sie mit dem Paddel zu schlagen«[17], einmal und das war alles: Gertrude war zu krank, hatte kein Interesse daran, war zu sehr mit ihrem eigenen Leben beschäftigt, mit ihren eigenen Krankheiten, sie hatte nicht einmal die Kraft dazu, auch dann nicht, als sie es das eine Mal versuchte: »... und am Ende mußte mir Paula helfen. Ich habe Asthma und wie schon gesagt, ich war die ganze Zeit krank. Ich bin rein körperlich nicht imstande, die Kinder zu prügeln.«

»Sie haben sie also gezüchtigt?«

»Ich begann damit, Sir, aber ich konnte sie nicht schlagen, weil – wie gesagt, ich habe Asthma und Atembeschwerden und ich schnappte nach Luft und gab wieder auf...«

»Haben Sie sie damals, abgesehen vom Paddel, je geschlagen, gezüchtigt, mißhandelt oder getreten?«

»Nein, Sir.«[18]

16 Der Niederschrift als Beweisstück 17 auf S. 998–99 beigefügt.
17 Indiana gegen Gertrude Baniszewski, S. 2335.
18 Ibid., S. 2336.

Sogar den Grund für diesen fast einmaligen Wutausbruch[19] muß das Gericht anerkennen – Gertrude hat Sylvia dabei erwischt, wie sie ihre eigenen Kinder in die Irre leitete und sie anstiftete, aus den benachbarten Läden Sachen zu stehlen. »Ich habe den Kindern immer gesagt – ich glaube, daß kein Kind ein Recht hat, sich in einem Lebensmittelladen aufzuhalten, außer um etwas einzukaufen und wenn es Geld hat, sich nur herumtreiben, nein. Ich habe meine Kinder immer ermahnt –«[20] Der Staatsanwalt unterbricht sie und erinnert sie an die Frage. Gertrude darf weiterspinnen, »und ich habe ihnen immer meine Meinung gesagt von wegen jemandem etwas abbetteln, etwas nehmen, das nicht ihnen gehört, und dann haben sie Jenny und Sylvia außerdem noch zu anderen Dingen angestiftet, sind in Lebensmittelläden gegangen, wenn ich es ihnen verboten habe. Die Kinder erzählten es mir, daß die Kinder angefangen hatten, Sachen aus den Lebensmittelläden zu nehmen, also mußte ich damals nicht nur Sylvia zurechtstutzen, sondern auch meine eigenen Kinder.«[21]

Ermahnungen. Zurechtstutzen. Aufrechte Lebensweise. Bloß einmal versuchte Gertrude Sylvia auf den rechten Weg zu bringen. Und auch dann mußte Paula ihr Werk zu Ende führen. Gertrude ist zerbrechlich. Der Rest ihrer Aussage rankt sich um die Darstellung eines Bildes von ihrem schwächlichen Gesundheitszustand; alle Sympathie wendet sich ihr zu. Ihr Asthma, ihre Erschöpfung, ihr Ausschlag, ihre Arztbesuche: »Ich war einfach krank und kaputt und hatte diese – ich glaube nicht, daß er wirklich wußte, was es war, es war am Gesicht und offen und ich mußte erbrechen, konnte nichts im Magen behalten und fühlte mich einfach elend.«[22] Nach dem »Zeug« im ganzen Gesicht und auf den Schultern befragt, erklärte Gertrude »so wie große Striemen«[23]. Die Periode ihrer Erkrankung stimmte haargenau mit den letzten beiden

19 Viel später gibt Gertrude zu, Sylvia einmal einen Klaps auf die Hand gegeben zu haben, S. 2361.

20 Indiana gegen Gertrude Baniszewski, S. 2335.

21 Ibid., S. 2335–36.

22 Ibid., S. 2316. Der »er«, von dem sie spricht, ist Gertrudes Arzt, Dr. Lindenborg.

23 Ibid.

Wochen von Sylvias Leben überein. Die Wochen im Basement. Gertrude konnte, falls es Quälereien gegeben hatte, sicher nichts damit zu tun gehabt haben. Was immer dort unten vor sich ging, war ihr völlig schleierhaft. Sie wußte überhaupt nichts davon, bis Sylvia im Sterben lag, und die Kinder, die sonst immer bemüht waren, alles Unangenehme von ihr fernzuhalten, sie schließlich in ihrer Krankheit doch stören mußten und sie informierten.

»Sie haben alle Aussagen bezüglich der Dinge, die Sie angeblich getan haben, gehört?«

»Ja, habe ich.«

»Haben Sie diese Dinge getan?«

»Nein, habe ich nicht.«

»Gut, erinnern Sie sich daran, wie Sylvia an besagtem Tag starb?«

»Ich weiß, daß Stephanie mir sagte, daß sie tot ist...«

»Was taten Sie, als Stephanie Ihnen sagte, daß sie tot sei?«

»Also, zuerst sagte mir Stephanie, daß sie ohnmächtig ist, oder irgend so was, denn da waren ein halbes Dutzend Kinder, die mir gleichzeitig ein halbes Dutzend verschiedene Sachen sagten, und ich erinnere mich, daß ich mich ziemlich aufregte und die Kinder bat, Hilfe zu holen oder so. Ich fragte immer wieder, was ist denn los mit ihr.«[1]

In den Zeugenstand gerufen, behauptete Gertrude, an Sylvias Todestag weder im Basement noch im Obergeschoß gewesen zu sein, als sie das Mädchen dort hinaufbrachten. Zuerst behauptete sie, nur vom oberen Treppenabsatz zugesehen zu haben. Und sie ging erst hinauf, als die Polizei eintraf. Die Kinder wollten sie nicht hinauflassen: »Stephanie war oben bei ihr, und sie ließen mich nicht die Treppe hinaufgehen.«[2] Nachdem Erbecker fertig ist, nimmt der Staatsanwalt dasselbe durch.

»Wie weit sind Sie gegangen?«

»So weit Rickie und Stephanie mich ließen.«

»Wie weit war das?«

»Nicht ganz bis hinauf.«

»Standen die Kinder auf der Treppe?«

»Rickie stand dort eine Zeitlang.«

1 Indiana gegen Gertrude Baniszewski, S. 2361–62.
2 Ibid., S. 2362.

»Was sagte er?«

»Er schickte mich wieder hinunter.«

»Haben Sie das getan?«

»Mit ein wenig Unterstützung.«

»Was für eine Unterstützung?«

»Ein paar Schubser.«

»Was haben Sie gesagt oder getan?«

»Ich kann mich nicht erinnern, was ich damals gesagt oder getan habe.«

»Da ist einfach ein leerer Fleck?«

»Nein, es ist kein leerer Fleck, Herr Staatsanwalt.«

»Warum können Sie sich dann nicht erinnern, was Sie getan haben?«[3]

Erbecker erhebt Einspruch, dem nicht stattgegeben wird. Die Frage wird wiederholt. Gertrude beginnt zu quengeln: »Wie konnte ich wissen, daß ich mir jedes Detail merken soll, ich weiß es nicht.«[4]

Als Erbecker sie befragte, wollte er aufzeigen, daß die Rücksichtnahme der Kinder, die Gertrude daran hinderte, die Handlung zu verfolgen, die Kinder schuldig erscheinen ließ, zu den einzigen Schuldigen machte. »Meine Kinder hielten mich damals eher zurück.«[5] Behauptet Gertrude, stellt sich selbst als vollkommen passiv dar, sie selbst ein Kind unter Kindern.

»Wie hielten sie Sie zurück?«

»Also, zuerst einmal ließen sie mich nicht hinunter ins Basement und weil – also, wie gesagt, ich mußte erbrechen, und ich war krank. Paula wollte nicht, daß ich dort hinuntergehe, Stephanie auch nicht. Auch Johnny wollte nicht, daß ich dort hinuntergehe, und das war aus Rücksicht auf mich, weil sie wußten, daß ich krank gewesen bin, und ich bin eine ziemlich hysterische Person, wissen Sie, wenn etwas passiert.«[6]

3 Ibid., S. 2402.
4 Ibid., S. 2403.
5 Ibid., S. 2371.
6 Ibid.

Wie Staatsanwalt New im Kreuzverhör unterstreicht, läßt Gertrude die Kinder ganz auf sich gestellt und entzieht sich so jeder Verantwortung. Im Dezember war sie noch nicht so gottergeben, als sie, wie er sie jetzt erinnert, vor der Grand Jury zugab, im Basement gewesen zu sein und den Kindern befohlen zu haben, Sylvia zu säubern: »Also, der Geruch und ich fühlte mich ohnehin nicht wohl, wie ich Ihnen gesagt habe, und es würgte mich, und ich hatte das Gefühl, Sie wissen schon, erbrechen zu müssen, also ging ich wieder hinauf.«[7] In dieser Aussage ist das Erbrechen nicht ein Symptom für Gertrudes eigene theatralische Krankheit, sondern eine Reaktion auf den Gestank des Opfers, das sich beschmutzt hatte. Gertrude weicht aus, bleibt auf halbem Weg auf der Treppe stehen, und dann entscheidet sie, daß sie sich nicht erinnern kann, ob sie mit Sylvia gesprochen hat oder nicht. Sie ist sehr gut, wenn sie ertappt wird:

»Haben Sie die Grand Jury angelogen?«

»Ich habe nicht gelogen, Herr Staatsanwalt.«

»Lügen Sie jetzt?«

»Nein, Sir.«

»Sie können sich also nicht erinnern, ob Sie mit Sylvia gesprochen haben?«

»Zwischen jetzt und damals ist viel Zeit vergangen.«

Die Staatsanwaltschaft läßt die letzte Frage wiederholen, da sie nicht beantwortet wurde, und der Gerichtsschreiber verliest die letzte Frage noch einmal.

»Nein, ich kann mich nicht erinnern.«

»Sie können sich also nicht erinnern?«

»Nein, Sir.«[8]

Der Staatsanwalt erinnert Gertrude an eine andere Äußerung, die sie vor der Grand Jury machte: »Ich ging wieder nach oben und sprach mit ihrer Schwester Jenny und bat sie, zu versuchen mit ihrer Schwester zu reden und sie dazu zu bringen, vom Basement

7 Ibid., S. 2382. Hier liest Staatsanwalt New laut aus der Niederschrift der Grand Jury vor.

8 Ibid., S. 2383.

heraufzukommen.«[9] Anscheinend hatte Gertrude vor der Grand Jury die Sachlage so dargelegt, als wäre sie voller Verantwortungsbewußtsein, hätte darauf gedrängt, daß Sylvia gesäubert wird, eine widerwillige Sylvia, die es anscheinend genoß, im Keller verdreckt herumzulungern. »Denn meine Kinder sagten, daß Sylvia dort unten im Basement war und nicht heraufkommen wollte.«[10] Gertrude legte darauf besonderen Wert, als sie uns berichtet, wie Jenny reagierte: »Ich fragte, was mit ihrer Schwester los ist, und sie sagte, sie schwindelt.«[11] Die Bosheit dieser Aussage ist erstaunlich, wie auch die Kühnheit, mit der Jenny als Zeugin angefochten wird. Gertrude hat die brillante Fähigkeit, die Beweiskraft der Aussagen aller anderen umzukehren, denn diese hatten die Tatsache erwähnt, ja sogar betont, daß Gertrude angesichts der sterbenden Sylvia hysterisch wurde, darauf bestand, daß es sich um einen Trick handelte und das Wort »Schwindlerin« immer wieder schrie. Jetzt ist es ein Zynismus, den sie an Jenny weitergibt. So war es allerdings schon seit dem Dezember-Verhör vor der Grand Jury gewesen. Aber bei ihrem Prozeß, sechs Monate danach, versuchte Gertrude nun mit Hilfe von Erbeckers gutwilligen Fragen, die Sachlage so darzustellen, daß sie schlief oder krank war und schon wochenlang überhaupt nicht mehr wußte, was mit Sylvia geschah, und erst wenige Augenblicke vor Eintreffen der Polizei von Sylvias Zustand in Kenntnis gesetzt wurde, ja es erst dann überhaupt in ihr Bewußtsein drang. Als sie an ihre früheren Äußerungen erinnert wird, wird Gertrude schließlich gezwungen, gewisse Handlungen im Zusammenhang mit Sylvias nahendem Tod zuzugeben. Aber selbst jetzt behält sie ihren draufgängerischen Ton bei, indem sie sicherstellt, daß der Vorwurf Jenny genauso trifft wie sie selbst: »Ich glaube, sie redete ein paar Worte mit ihr und kam dann herauf und sagte. ›Ach, so ist sie immer, wenn sie sich durchsetzen will‹ oder irgend so etwas.«[12] »Erinnern Sie sich daran, warum Sie der Polizei erzählt haben, Sylvia sei schon seit zwei Wochen nicht mehr daheim gewesen und wäre erst vor einer

9 Ibid., S. 2384.
10 Ibid., S. 2385.
11 Ibid., S. 2384.
12 Ibid., S. 2385.

Stunde durch die Hintertür hereingekommen?«[13] Erbecker erhebt an ihrer Statt Einspruch. Die Staatsanwaltschaft insistiert:

»Erinnern Sie sich daran, warum Sie das gesagt haben?«

»Nein, ich erinnere mich nicht daran, so etwas gesagt zu haben, Punkt.«

»Erinnern Sie sich daran, Rickie Hobbs beauftragt zu haben, es zu sagen?«

»Nein, Sir.«

»Wollen Sie damit den Geschworenen sagen, daß Sie es nicht gesagt haben?«

»Ich kann mich nicht erinnern, daß ich so etwas gesagt habe. Nein, Sir.«

»Haben Sie die Aussage von Officer Dixon gehört – waren Sie im Gerichtssaal anwesend?«

»Ja.«

»Haben Sie gehört, was er gesagt hat, daß Sie ihm erzählt haben?«

»Ja, Herr Staatsanwalt.«

»Hat er die Wahrheit gesagt?«

»Das soll er selbst entscheiden.«[14]

Es liegt etwas sehr Gewagtes an einer solchen Antwort. Erst kurze Zeit davor hatte Gertrude Erbecker gesagt, daß sie Dixon den Zettel gegeben hatte, aber durch einen geschickten neuen Schachzug gibt sie ihn jetzt bloß weiter. Eines ihrer Kinder hat ihn ihr gegeben, welches kann sie sich nicht erinnern.[15] Aber als die Staatsanwaltschaft darauf beharrt, verwickelt sie sich in weitere, auch unnötige Lügen:

»Wie beantworten Sie diese Frage?«

»Ich kann mich nicht erinnern, ihm so etwas gesagt zu haben.«

»Erinnern Sie sich daran, ihm den Zettel gegeben zu haben?«

»Nein.«[16]

13 Ibid., S. 2387.
14 Ibid.
15 Ibid., S. 2364.
16 Ibid., S. 2387–88.

Nicht nur soll Officer Dixon widerlegt werden, sondern auch Sergeant Kaiser. »Stimmt es, Mrs. Baniszewski, daß sie Officer Kaiser um 9 Uhr 50 am 27. Oktober erzählt haben, daß Sie sie – also Sylvia –, bevor Rickie Hobbs ihr die Schrift mit einer Nadel einritzte, fragten, ob sie wüßte, was eine Tätowierung sei?« »Nein, Herr Staatsanwalt, ich habe Mr. Kaiser nie etwas Derartiges gesagt.«[17] Tatsache ist, daß Gertrude am Morgen vor der Vorführung vor das Gericht ein langes Gespräch mit Kaiser hatte und, obwohl sie jeden Zusammenhang mit dem Verbrechen leugnete, doch zugab, von den Vorgängen gewußt zu haben, von den Brandmalen, dem Einritzen, und allem. Jetzt leugnet sie jedes Wort davon.

Gertrude wurde ohne Anwalt vorgeführt, und obwohl, wie sie sagte, Stephanie »mir in den Ohren lag, einen Anwalt anzurufen«[18], wurde nicht viel in dieser Richtung unternommen. Sie erhielt die Erlaubnis, John Hammond anzurufen, der sie schon bei ihren Scheidungs- und Vaterschaftsverfahren vertreten hatte, aber es ist unklar, ob sie ihn erreichte und ob er bereit war, ihr zu helfen. Sie wurde am nächsten Morgen unvertreten vor Gericht gebracht. Kaisers Verhörmethode vermittelte ihr ein falsches Gefühl von Zuversicht. »Haben Sie etwas angestellt?« forderte er sie heraus. Sie antwortete mit Nein. »Dann brauchen Sie ja auch keinen Anwalt, oder?« sagte Kaiser angeblich.[19] Und tatsächlich blieb Gertrude lange Zeit ohne Anwalt. Ihr eigener Anwalt, John Hammond, hielt es nicht für nötig, sie vor dem darauffolgenden Montag zu besuchen, dem 1. November, als sie unter Mordanklage gestellt wurde. Er schickte ein paar Tage vorher einen seiner Assistenten zu ihr in die Zelle, um ihr zu sagen, daß sie sich »über nichts Sorgen machen« solle.[20]

17 Ibid., S. 2390.
18 Ibid., S. 2389.
19 Ibid., S. 2366.
20 Ibid., S. 2367.

Auf diesen Fall fällt überall der Schatten von Escobedo[21], Erbekker bemüht sich immer wieder, ihn heraufzubeschwören, sich unter seinen Schutz zu stellen, und Rabb, der ihn mit einem Entscheid nach dem anderen verscheucht. Gertrude traf Erbecker zum ersten Mal im Januar, als Hammond Stephanie und die Beratertätigkeit für Marie und Shirley für sich behielt, sonst aber seine ganze Klientenfamilie auf andere Anwälte verteilte – nachdem Gertrude schon ohne Anwalt der Grand Jury vorgeführt und unter Anklage gestellt worden war. Gertrude wurde auch fünf Jahre später eine Wiederaufnahme des Verfahrens gewährt, und aus vielen Gründen, unter anderem wegen des Medienechos, das der Fall bereits vor dem Prozeß ausgelöst hatte.

Und die Geständnisse der Kinder, bei denen die Polizei sehr nachlässig mit den Rechten von Minderjährigen ohne Begleitung von Eltern oder Anwälten umging. Eine zeitgerechte Rechtsberatung hätte Gertrudes Tollkühnheit und Ignoranz verhindern können, die bewirkten, daß sie ohne Rechtsbeistand vor die Grand Jury trat und eine Verzichtserklärung auf ihr Recht, die Antwort zu verweigern, unterschrieb.[22] So wie die Dinge standen, erschien sie alleine und ohne Rechtsbeistand vor der Grand Jury. Bevor Erbecker den Fall übernahm, genoß sie keines dieser Rechte. Wie

21 Die Entscheidung des Obersten Gerichts zum Fall Escobedo gegen Illinois wurde im Jahre 1963 gefällt. In seinem Versuch, das Recht des Verhafteten auf Rechtsbeistand zu gewährleisten und ihn gegen von der Polizei erzwungene Geständnisse zu schützen, stellt dieser Entscheid einen Meilenstein in den amerikanischen Grundrechten dar, auf den sich Erbeckers Verteidigung ständig zu berufen versuchte.

22 Die Verzichtserklärung liest sich wie etwas, was niemand je unterschreiben sollte:

»Ich (Name) verzichte hiemit explizit auf jede Immunität, die ich bei der Beantwortung der durch die Marion County Grand Jury oder den Staatsanwalt bei dem am (Datum, Ort) durchgeführten Verhör an mich gerichteten Fragen, genießen könnte.

Ich kenne meine verfassungsmäßigen Rechte und weiß, daß ich die Beantwortung aller Fragen verweigern kann, die mich belasten könnten, weiters verzichte ich explizit auf alle mir eventuell zustehenden Rechte dieser Art und bin damit einverstanden, auch jene Fragen zu beantworten, von denen ich weiß, daß meine Antwort gegen mich verwendet werden kann.«

Unterschrift des Angeklagten und der Staatsanwaltschaft.

die meisten Staatsbürger, ob sie nun schuldig oder unschuldig sind, schien Gertrude nicht viel Ahnung von ihren Rechten zu haben.

Sie scheint auch gelegentlich die Wahrheit gesagt zu haben, ihre Wahrheit. Am Anfang, bevor sie die Tricks lernte.

»Ich frage Sie, ob es stimmt, daß Sie, als Sie damals von Officer Kaiser gefragt wurden, warum Sie Sylvia unten im Basement hielten, antworteten, daß der Grund dafür die Tatsache war, daß sie das Bett näßte?«

»Ich erinnere mich nicht, ihm jemals etwas dergleichen gesagt zu haben.«[23] Jetzt hat sie die Formen von Unwahrheit gelernt, die »erinnere mich nicht« und »entsinne mich nicht« des juristischen Ausweichens, die sich später in den Watergate-Prozessen zu einer Apotheose steigerten. Irgendwie kämpft sie auch um ihr Leben, blufft, wo sie kann, obstruiert, wo sie muß.

»Ich frage Sie, ob es stimmt, daß Sie Officer Kaiser sagten, Sie hätten gewußt, daß Ihr Sohn John Sylvia mit einem heißen Feuerhaken verbrannte?«

»Nein, Sir, so etwas habe ich ihm nie gesagt.«

»Ich frage Sie, um der Information willen, was Coy Hubbard getan hat.«

»Das sind Sachen, die Sergeant Kaiser behauptet. Aber er hat es nicht von mir.«

»Haben Sie es geleugnet?«

»Ganz gewiß.«

»Leugnen Sie es jetzt?«

»Es wurde nicht in meiner Anwesenheit getan.«[24]

Die Aussagen anderer Zeugen werden ihr vorgelegt. Gertrude zuckt nicht einmal mit der Wimper:

»Behaupten Sie, daß Sie sie nicht im Basement schlafen ließen?«

»Nein, das habe ich nicht.«

»Haben Sie gehört, wie Ihre Tochter Shirley sagte, daß Sie es sehr wohl getan haben?«

23 Indiana gegen Gertrude Baniszewski, S. 2390.

24 Ibid., S. 2391.

»Ja, habe ich.«
»Hat sie die Wahrheit gesagt?«
»Nein, Sir, sie hat nicht die Wahrheit gesagt.«
»Haben Sie Sylvia jemals mit einer Zigarette verbrannt?«
»Nein, Sir.«
»Kein einziges Mal?«
»Nein, Sir.«
»Haben Sie Shirley aussagen hören, daß Sie es mehrere Male getan haben?«
»Ja, habe ich gehört.«
»Hat Sie die Wahrheit gesagt?«
»Nein, sie hat nicht die Wahrheit gesagt.«[25]

Aber immer wieder, sogar noch zuletzt, als sie sich auf diese extreme Art verteidigt, kann Gertrude nicht auf den Versuch verzichten, Sylvia wegen Verbrechen anzuklagen, die danach verlangten – aber dann scheint sie sich zu erinnern – war sie nachsichtig und teilte keine Strafen aus. Vielleicht hat Gertrude die Absicht, sich als eine gerechte und mitleidige Person darzustellen. Doch der Impuls, der Sylvia immer wieder anklagt, ist eher ein Reflex. In seiner Suche nach Motivation fragte der Staatsanwalt Gertrude, ob sich Sylvia Gertrude gegenüber feindlich verhalten habe.

»Ich habe nie mit Sylvia Schwierigkeiten gehabt oder mit ihr gestritten.«
»Ihre Antwort ist also ›nein‹?«
»Sie machte nicht alles, was ich ihr anschaffte, nein.«
»War sie ungehorsam?«
»Sie folgte mir nicht, nein.«
»Haben Sie sie deswegen verdroschen?«
»Ich denke, ich habe ausgesagt, daß ich sie verdroschen habe. Oder es einmal versucht habe.«
»Wie oft war sie ungehorsam?«
»Ich habe Ihnen ja gesagt, sie folgte mir überhaupt nicht.«
»Wie oft?«

25 Ibid., S. 2393–94.

»Ich glaube, ich habe Ihre Frage beantwortet. Ich habe gesagt, daß sie mir überhaupt nicht folgte.«

»Nie?«

»Nicht daß ich mich erinnern könnte.«[26]

Der Staatsanwalt bohrt weiter, mißfiel Sylvia Gertrude, weil sie ihr nie folgte? »Sylvia tat mir leid«[27], entgegnete Gertrude, eine freiwillige Eröffnung, ohne eine bestimmte Frage zu beantworten. Vielleicht ein Symptom für ihre Güte bei einem so widerspenstigen jungen Ding; vielleicht das allerletzte Aufgebot von volkstümlicher Psychologie oder »nettem« Benehmen. Aber es hat auch etwas Geheimnisvolles an sich, wie die enigmatische Feststellung, die Gertrude bei ihrer Verhaftung von sich gab: »Sylvia suchte etwas. Ich habe nie erfahren, was es war.«

Es scheint auch hier etwas Unerklärliches am Mord an Sylvia Likens zu geben, wenn man dem Rätsel nachgeht, »warum sie es getan haben«. Welche Gründe auch dafür bestanden haben mochten, sie schienen nie im Gerichtssaal auf. Sie hätten dort vielleicht sogar deplaciert gewirkt. Gertrudes Taktik als alleinige Verwalterin der Gründe liegt in der negativen Wiederholung vor Gericht; sie leugnet die Tat rundweg, verweigert sich ins Unendliche. Die anderen, die, ob unter Anklage oder nicht, ihre Teilnahme gestehen, geben keine wirklichen Gründe an. Es wird wenig danach gefragt. Wenn man fragt, beziehen sie sich wie Automaten auf Gertrude – »Gerty hat es mir angeschafft« ist Hobbs' einzige Erklärung zu den eingebrannten Worten auf Sylvias Bauch. Oder sie liefern tragikomische Erklärungen: Sylvia hat jemanden beschimpft, hat Gertrude mit einem unanständigen Wort bedacht, hat Stephanie dieser oder jener Sache bezichtigt. Niemand weiß etwas. Nur Gertrude, und diese behält ihr Geheimnis für sich.

»Haben Sie John Baniszewskis Aussage zum Beweisstück Nr. 28 gehört, derzufolge Sie sie mit Streichhölzern und Zigaretten verbrannt haben?«

»Ja, ich habe diese Aussage gehört.«

26 Ibid., S. 2394.
27 Ibid., S. 2395.

»Hat er die Wahrheit gesagt oder sagen Sie die Wahrheit, wenn Sie das abstreiten, oder sagt er die Wahrheit, wenn er behauptet, Sie hätten es getan?«

»Er sagt nicht die Wahrheit, nein.«

»Wissen Sie, warum er Lügen über Sie verbreitet?«

»Wahrscheinlich ist er ein verschreckter kleiner Junge.«

»War er das am 27. Oktober?«

»Ich denke schon. Es wäre wohl jeder verschreckt, wenn jemand in seinem Haus stirbt.«

»Waren Sie verschreckt?«

»Ich schrecke mich schon lange über viele Dinge.«[28]

Wenn man so etwas dem Staatsanwalt sagt, tollkühn, einsam im Nichts, dann ist man gewissermaßen jenseits von Angst. Aber es ist auch etwas sehr Kleinliches an Gertrudes Kampf: »Es wäre wohl jeder verschreckt, wenn jemand in seinem Haus stirbt.«[29], hatte sie ihm gesagt. »Wovor hatten Sie Angst?« »Es war eben ein toter Körper in meinem Haus.« »Und Sie haben ihn verursacht, nicht wahr?«[30] Aber Gertrude leugnet nicht nur das, sondern weist das ganze Erscheinungsbild als »unangenehm« von sich. Wie eine tote Ratte oder eine Fledermaus, die man mit einem Besen loswerden muß. Diese Leiche hat sich ihr auferlegt. Die Fotografien davon als Beweismittel, alle Beweisstücke der primitiven Waffen, mit denen die Tat ausgeführt wurde, stoßen sie ab: »Ich habe das schon gesehen«, protestiert sie, als ihr die Autopsiefotots vorgelegt werden. »Ich will sie nicht noch einmal sehen. Ich habe Ihnen schon gesagt, daß ich ziemlich nervös und angespannt bin.«[31] Genauso wie die Beschreibung ihrer eigenen Krankheit, und besonders ihr Ausschlag am Tag vor Sylvias Tod, fordert sie, daß sich alle Aufmerksamkeit ihr zuwendet, alles Mitleid, alles Verständnis – ihre Reaktionen auf die Fotografien von Sylvias verstümmeltem Körper lenken unsere Rücksicht auf Gertrudes eigene mißliche Lage und einzig und allein auf sie. »Ich habe sie schon in

28 Ibid., S. 2395.
29 Ibid.
30 Ibid., S. 2396.
31 Ibid.

der Grand Jury gesehen, Herr Staatsanwalt.« Er besteht darauf, daß sie die Identifizierung vornimmt. »Muß ich wirklich?« Wie ein verwöhntes Kind. Das Gericht ist bestimmt und väterlich: »Können Sie antworten?« Gertrude schaut kurz hin und leugnet wieder. »Nein, das habe ich nicht gemacht.« Der Staatsanwalt versucht es nun mit der Schrift auf Sylvias Bauch. Hat sie den ersten Buchstaben begonnen? Hat sie dieses Beweisstück gesehen? »Ich will das alles nicht sehen, wenn es Ihnen nichts ausmacht.« »Wieso kommt es, daß Sie die Leiche dieses Mädchens nicht ansehen können?« Erbecker erhebt Einspruch, dem nicht stattgegeben wird. »Warum nicht? Ich denke, daß nichts Totes angenehm ist, oder?«[32]

Enttäuschend. Die allerbanalste Zimperlichkeit, das hemmungsloseste Weibchen-Gehabe. Aber es gibt auch andere Momente: eine großartige Unverschämtheit:

»Hatten Sie jemals das Bedürfnis, Sylvia Likens zu schlagen?«
»Nein, wenn ich das Bedürfnis gehabt hätte, hätte ich dazu sieben eigene Kinder.«[33]

Und ein erstaunlich drahtiger Widerstand:

»Wollen Sie damit behaupten, daß es Ihre Kinder getan haben?«
»Nein, ich behaupte nicht, daß es meine Kinder getan haben.«
»Wer sonst war im Haus?«
»Ziemlich viele Kinder waren im Haus.«[34]

Soll der Mord anonym sein; soll er ein Geheimnis bleiben. Obwohl der Effekt von Gertrudes gesamter Verteidigungstaktik darin liegt, sich selbst herauszuhalten und den Kindern die Schuld in die Schuhe zu schieben, es sind so viele, eine unbestimmte Masse, unter der keinem einzelnen etwas nachgewiesen werden kann. Und sie weigert sich standhaft, einzelne Namen zu nennen. Sie deckte sogar jene, die nicht ihre waren. Wie Rickie. Sie hat fürwahr nie gesehen, wie Richard Hobbs Sylvia schlug, sie kannte ihn kaum. Seit sie in das Haus eingezogen waren, ist er nur etwa

32 Ibid., S. 2397.
33 Ibid., S. 2440.
34 Ibid., S. 2396.

fünfmal vorbeigekommen. »Ich habe Rickie nie wirklich gut gekannt.«[35]

Gertrudes Haus ist voller Kinder, sie kann sie nicht abhalten. Das Schloß an der Hintertür funktioniert nicht mehr, sie verjagt sie, aber sie kommen immer wieder. Sie stehlen sogar Essen. Sie verlieren sogar Löffel.[36] Aber trotz alledem, trotz ihrer Krankheit und den Horden von lautstarken und unartigen Kindern, trotz ihrer Schwäche und Unfähigkeit – erspart sie ihnen die Prügel: »Ich habe Ihnen in der Grand Jury gesagt, daß ich sie einmal verdreschen wollte. Es könnte auch mit dem Paddel gewesen sein, ja, Sir.« »Woran erinnern Sie sich jetzt?« »Ich habe es mir nicht zur Gewohnheit gemacht, weder meine eigenen noch fremde Kinder zu schlagen.«[37]

Und die Zähigkeit, mit der sie leugnet:

»Haben Sie Shirleys Aussage gehört?«

»Ja.«

»Haben Sie Jennys Aussage gehört?«

»Ja.«

»Haben Sie gehört, wie sie sagten, daß Sie am Samstagnachmittag, bevor Sylvia starb, begonnen haben, dem Mädchen die Zeichen einzubrennen?«

»Ja, hab' ich gehört.«

»Haben sie alle gelogen?«

»Stimmt.«

»Tatsächlich lügen aber Sie, nicht wahr?«

»Nein, Sir.«[38]

»Haben Sie Mrs. Vermillions Aussage gehört, daß sie in Ihrem Haus anwesend war, als Sylvia von Paula mit heißem Wasser überschüttet wurde?«

»Ja, das habe ich gehört.«

35 Ibid., S. 2455.

36 Siehe ibid., S. 2373.

37 Ibid., S. 2399.

38 Ibid., S. 2406–7. (Eigentlich meint New das Einritzen des Wortes Prostituierte. Daß das Brandmal mit dem heißen Eisen die eigene Idee der Kinder war, stand nie zur Debatte).

»Lügt sie?«

»Selbstverständlich lügt sie.«[39]

»Gibt es einen Grund, warum diese Frau lügen sollte?« beharrt die Staatsanwaltschaft. »Keine Ahnung«, kontert Gertrude kurz angebunden, fast schnippisch. »Ich kenne die Frau kaum.« Fast hochmütig. »Können Sie sich vorstellen, warum sie so etwas sagen würde?« »Da war wahrscheinlich eine Menge Fantasie dabei«[40], schließt Gertrude. Und es kommen Zweifel auf. Wie immer – was, wenn sie *wirklich* die Wahrheit sagt? Die Zuhörer zweifeln anscheinend überhaupt nicht. Plötzlich, gerade als Staatsanwalt New Gertrude überführt, vielleicht diesmal endgültig, bei der Frage, wo sich Gertrude befand, als Sylvia starb – war sie nicht doch auch dort unten im Basement? – und Gertrude darauf besteht, daß sie bloß aufwachte und eine große Aufregung vorfand, der sie nie weiter nachging als bis zum Absatz der Kellertreppe, und nur die Berichte der Kinder entgegennahm, daß Sylvia »alles vollgemacht hatte und –«[41], da gibt es eine Explosion im Gerichtssaal. Ein Ausbruch von Zorn. Die Geschworenen werden rasch entschuldigt, und Richter Rabb behandelt den Vorfall wie ein strenger Schulmeister:

»Wer von Ihnen im Publikum will bleiben? Zeigen Sie auf. Warum verlassen jene, die nicht bleiben wollen, nicht den Saal? Wenn Sie nicht bleiben wollen, dann gehen Sie einfach. Wenn Sie doch bleiben, dann müssen Sie sich ruhig verhalten und zuhören, verstanden? Ich werde es merken, wenn Sie nicht bleiben wollen. Wenn ich von Ihnen Lärm höre, Flüstern, dann werde ich Sie alle auffordern zu gehen. Wenn Sie es vorziehen, sich ordentlich zu verhalten, können Sie bleiben.«[42]

Es wird eine Pause eingelegt, und sobald sie um ist, bringt Erbecker seine gerechtfertigte Klage vor: »Wir fordern das Hohe Gericht auf, die Geschworenen zu ermahnen, die Ausbrüche der Zuhörer zu ignorieren.« Rabb gibt es weiter, aber der Ausbruch kann seine Wirkung nicht verfehlt haben, trotz der wohlgemeinten

39 Ibid., S. 2409.
40 Ibid., S. 2409–10.
41 Ibid., S. 2412.
42 Ibid., S. 2413—14.

Ermahnung. »Meine Damen und Herren, Sie müssen Ihre Entscheidung aufgrund dessen fällen, was Sie vom Zeugenstand aus hören und von keiner anderen Quelle sonst. Sie müssen das Getuschel und Gelächter und alles, was Sie aus diesem Saal hören, ignorieren.«[43] Gertrude leugnet weiterhin, daß sie hinauf zum Bad gegangen ist und die Leiche vor Eintreffen der Polizei ausgebreitet hatte. So ist sie entweder sicher im Bett oder auf dem Treppenabsatz, während Sylvia unter der unschuldigen Fürsorge der Kinder ihren letzten Atemzug haucht. Gertrude ging nie höher als bis zum ersten Treppenabsatz, sie war weder am Bad noch am Schlag mit dem Buch noch am Hinlegen der Leiche beteiligt. Sie gelangte nie in Sylvias Nähe, solang sich kein Polizist im Haus befand. »Waren ihre Augen offen, als Sie hinaufgingen?« »Sie meinen, nachdem die Polizei kam?« konterte Gertrude, schlau, unmöglich zu ertappen. Aber sie hatte der Grand Jury gesagt, daß sie hinaufgegangen war und gesehen hatte, daß die Augen offen waren (genauso wie sie ihnen gesagt hatte, daß sie im Keller gewesen und ihn wegen des Gestankes wieder verlassen hatte), weshalb der Staatsanwalt sie weiter hetzt: »Das ist doch, was Sie gesagt haben, oder?« Aber Gertrudes eigene Augen haben gerade einen Ausweg erhascht: »Vielleicht habe ich gesagt, daß ihre Augen offen waren, als die Kinder sie durchs Haus trugen.«

»Waren sie offen?«

»Ich denke schon.«

»Was – sah Sylvia?«

»Daran kann ich mich nicht erinnern.«[44]

Surrealer Wortwechsel. Was sahen die letzten Blicke oder sahen sie überhaupt etwas? Waren die Augen nicht schon offen oder gerade dabei, sich im Tod zu öffnen? Was Gertrude ebenso wie der Staatsanwalt unterstellte. Was mich selbst betrifft, habe ich immer geglaubt, daß Sylvia in der wirklichen Bedeutung des Wortes nicht mehr lebte, als sie sie die Treppe hinauf zu ihrem letzten Bad schleppten. Die meisten Zeugen berichten, daß sie im Keller vor dem Aufstieg noch ein wenig stöhnte, vielleicht gab sie

43 Ibid., S. 2414.
44 Ibid., S. 2415–16.

oben noch einen schwachen Laut von sich, aber das muß das Todesgerassel eines Wesens gewesen sein, das im üblichen Sinn des Wortes, aber auch nach der wissenschaftlichen Definition des Lebens als Gehirntätigkeit, das Leben bereits hinter sich gelassen hatte. Die Staatsanwaltschaft erinnert Gertrude jetzt daran, daß sie der Grand Jury gesagt hatte, daß sie oben gewesen war, »als sie sie bei der Badezimmertür auf den Boden legten«[45]. Vor den Geschworenen im Prozeß bestand sie allerdings hartnäckig darauf, erst nach oben gegangen zu sein, als Officer Dixon kam – das bringt aber Gertrude keineswegs aus der Fassung, schließlich sind Treppen relative Abstufungen: »Ja, wahrscheinlich habe ich das gesagt. Ich war nicht ganz oben. Ich war nur auf dem Treppenabsatz, und ich sah sie nur ganz kurz.«[46] Danach ist es leicht weiterzumachen und alles aus Johns Aussage zu leugnen – die Szene im Keller – der Gummischlauch und das Trend-Waschpulver, Gertrudes Versuch, Sylvia gleichzeitig zum Leben zu erwekken und den ärgsten Dreck wegzuspritzen. »Sie waren überhaupt nicht unten bei Sylvia Likens im Keller, bevor sie starb?« »Nein, war ich nicht.« »Haben Sie gehört, daß Jenny Likens sagte, Sie hätten ihr mit beiden Füßen auf den Kopf getreten, als Sie dort unten waren?« »Ja, das habe ich gehört.«[47] Aber das belastet sie ebensowenig wie Johnnys Aussage, daß Gertrude Sylvia nach dem Bad oben den allerletzten Hieb auf den Kopf versetzte, mit einem Buch – mit welchem Buch, möchte man so gerne wissen und erfährt es nie.

»Ich frage Sie auch, ob Sie nicht einen Knebel in Sylvias Mund gesteckt haben?«

»Nein, Sir.«

»Haben Sie John beauftragt, Sylvia einen Knebel in den Mund zu stecken?«

»Nein, Sir.«

»Sie sagen, daß Sie seine Aussage gelesen haben?«

»Ja, Sir.«

45 Ibid., S. 2417. Die Staatsanwaltschaft liest laut aus der Grand Jury-Niederschrift vor.

46 Ibid., S. 2418.

47 Ibid., S. 2419.

»Ist es eine Lüge, wenn er sagt, daß Sie ihn aufgefordert haben, ihr einen Knebel in den Mund zu stecken, damit sie nicht so viel Lärm machen kann?«[48]

Da kommt noch ein anderes unwahrscheinliches Detail an den Tag:

»Haben Sie gehört, daß er sagte, Sie hätten unten gesessen und gestrickt, während Sylvia oben stöhnte?«[49]

Gertrude leugnet das, leugnet sogar, Sylvia jemals stöhnen gehört zu haben. Da gibt es noch einen, der gegen sie aussagte. Auf seine freche Art hatte Randy Leper, der unverdient das Glück hatte, nie unter Anklage gestellt worden zu sein, einen langen Nachmittag bei Gericht damit zugebracht, das Beweismaterial gegen Gertrude zu erhärten; in seiner kaltschnäuzigen und bisweilen belustigten Art, in der er die Dinge beschrieb, drückte er eine besondere Verachtung aus, die Sylvia und Gertrude gleichermaßen einschloß, sowohl das Opfer als auch die Fanatikerin, die diese ganze Bürde auf sich genommen hatte.

»Haben Sie Randy Leper an dem Tag gesehen, als sie starb?«

»Ja, Sir...«

»Hat er Ihnen den Schlauch gebracht?«

»Er hat mir keinen Schlauch nicht gebracht, nein.«

»Haben Sie gehört, daß er sagte, Sie hätten ihn von ihm genommen?«

»Nein.«

»Hat er gelogen?«

»Na klar.«[50]

Auch Paula hat gelogen, alle haben sie gelogen:

»Haben Sie die Verlesung von Paula Baniszewskis Aussage gehört?«

»Ja, habe ich.«

»Und haben Sie gehört, daß sie in dieser Aussage sagte, Sie hätten ...«
und die Dinge, die sie »hätte«, sind die Dinge, die, mit glaubwürdigen Variationen von allen Kindern wiederholt wurden – als

48 Ibid., S. 2421.
49 Ibid.
50 Ibid., S. 2422.

Aussage unter Eid oder im Zeugenstand – die Verbrennungen mit Zigarettenstummeln, die geschleuderte Colaflasche, das Spiel, bei dem Sylvia die Treppe hinuntergeworfen wurde, die Hiebe mit dem Brett. »Ich habe gesehen, wie meine Mutti Sylvia Likens an den Armen, am Rücken und am Bein mit einer Zigarette ungefähr fünfzehnmal in der vergangenen Woche verbrannt hat«[51], hatte Paula unter Eid ausgesagt. Gertrude selbst hatte Sergeant Kaiser gegenüber zugegeben, Sylvia mit einer Zigarette verbrannt zu haben, so gab er wenigstens zu Protokoll, doch sie leugnet es jetzt. Coys Aussagen werden ihr vorgelegt, die Aussage von Richard Hobbs. Sie leugnet alles. Richard sagte unter Eid auch aus, daß Gertrude den Plan gefaßt hatte, Sylvia am Tag vor ihrem Tod loszuwerden, so daß er sogar überrascht war, sie noch im Haus vorzufinden, als er am letzten Nachmittag vorbeikam.[52] Nein, nein auf alles – Gertrude hatte nicht nur niemandem erzählt, daß sie Sylvia Likens loswerden wollte, sie hatte es auch nie versucht. Alles Lügen.

Und jetzt die allerletzte Lüge. Die Geschichte für die Bullen. Das Alibi, die Bande von Jungs, der unsichtbare Rettungstrupp, der Deus ex machina, der kleine Schwindel, der jedem einzelnen Kind eingebleut wurde, während sie auf das Eintreffen der Polizei warteten. Jedes von ihnen erzählte die gleiche Geschichte. »Also, haben Sie John aufgetragen, der Polizei zu sagen, daß Sylvia zwei Wochen fortgewesen war und eben erst zurückgekommen sei?« »Nein, Sir.«[53] Und der Zettel? Jetzt behauptet Gertrude, den Zettel nie gelesen zu haben. Sie hatte ihn bloß von einem ihrer Kinder entgegengenommen. Von einem beliebigen Kind. Und sie hatte nie gesehen, was draufstand. Obwohl man annehmen muß, daß dies erforderlich sein mußte, um der Polizei seinen Inhalt zu vermitteln, da Dixon von Gertrude über den Inhalt des Zettels informiert wird, als er die Leiche untersucht und erfährt, daß das Kind nach einer langen Abwesenheit erst wieder-

51 Ibid., S. 2423 und siehe eidliche Aussage, Beweisstück Nr. 27., S. 1947.

52 Indiana gegen Gertrude Baniszewski, S. 2416. »Als ich ins Haus kam, dachte ich, daß Sylvia fort war, weil Gerty mir gesagt hat, daß sie sie am Abend vorher loswerden würde.« Staatsanwalt New zitiert Hobbs' Aussage bei der Polizei.

53 Ibid., S. 2422.

aufgetaucht ist, nachdem es mit einer ganzen Bande von Jungen davongelaufen war, die sie zusammenschlugen. Hatte ihm Gertrude zu verstehen gegeben, daß sie »alles bekamen, was sie wollten«[54], das Mädchen mißbrauchten? Erschien das von Anfang an plausibel, daß man sich einer Gruppe von Männern hingibt, und daß sie einen dann umbringen? Wahrscheinlich nicht, wahrscheinlich hielt sich Gertrude an den sichereren Inhalt des Zettels und wartete auf den Augenblick, an dem er ihn lesen und den Kernsatz selber finden würde. Man fragt sich, was Sergeant Kaiser davon hielt, als beide Polizisten endlich dazu kamen, den Brief zu lesen. War das der Augenblick, an dem Jenny eingreifen konnte? Klang der Zettel unecht, enthüllte er seinen trügerischen Schein gerade laut genug, um eine Veränderung der emotionellen Luft in den Räumen herbeizuführen, die Jenny spürte und die es ihr ermöglichte zu reden.

Aber als sie ins Polizeihauptquartier gebracht wurde, händigte Gertrude einen weiteren Zettel von Sylvia Likens aus, legte ihn voller Zuversicht vor. Der würde alles für sie regeln. Auf einer Bank wartend, während Jenny und dann Richard Hobbs verhört wurden, paßte sie Kaiser im Vorbeigehen ab. Um ihm einen anderen Zettel zu übergeben, den ersten, Liebe Mutti, lieber Vati, und die Litanei der Verbrechen, die er aufführt, einen gestohlenen Turnanzug, »Geschlechtsverkehr« mit Ronnie und Donnie Simpson »Ich ging in den Park und wollte einige Colas aus der Colamaschine nehmen«, »ich habe Gerty zehn Dollar weggenommen«. All das würde Gertys Fall lösen, würde Sylvias Schuld und ihre eigene Rechtschaffenheit beweisen. Die Handschrift war ja echt, paßte zum anderen Zettel, der Sylvias Tod erklärt. Der Inhalt, dessen war sie sich sicher, würde für sich sprechen. Sie hatte das schon lange Zeit im voraus geplant; jetzt würde sie die Früchte ihrer Umsicht ernten. Kaiser nahm den Zettel an sich und ging zum Verhör der Kinder zurück. Und ließ kurz darauf einen Haftbefehl gegen Gertrude ausstellen. Um neun Uhr, eineinhalb Stunden nachdem sie das Gebäude betreten hatte.

54 Beweisstück Nr. 5, S. 861.

Jetzt wird Gertrude der Zettel vorgelegt. »Ich zeige Ihnen nun das Beweisstück Nr. 17 und bitte Sie, es anzusehen und den Geschworenen zu sagen, woher Sie das haben.« »Ich wußte nicht, daß ich das hatte«, antwortete Gertrude, die Zettel sind ihr vorgeblich fremd, von Mal zu Mal weiter von ihr entfernt. Der andere Zettel war einst ihre Hoffnung gewesen, jetzt ist er bloß ein beliebiger Gegenstand, der ihr gegeben wurde, um ihn jemandem weiterzureichen. Ohne ihn auch nur zu überfliegen. Und jetzt wieder, zwei Blatt Papier, mit denen sie noch nie auch nur das geringste zu tun gehabt hat.

»Haben Sie das Officer Kaiser gegeben?«

»Daran kann ich mich nicht erinnern, nein.«

»Er sagte, sie hätten es ihm gegeben. Leugnen Sie das?«

»Ja, ich leugne es.«

»Woher hat er es dann?«

»Keine Ahnung.«[55]

Stellt die Polizei Beweisstücke gegen diese Frau zusammen? Gibt es ein Komplott gegen ihr Leben? Man beginnt zu zweifeln. Aber die Kinder wußten von den Zetteln, waren dabei, als sie geschrieben wurden, hatten den Auftrag, die Entschuldigungen zu wiederholen, die der letzte Brief über die Bande von Jungs und Sylvias plötzliche Heimkehr enthält. Man sucht im Geiste nach anderen erhärtenden Aussagen, nach einem Sinn für das alles.

Die einzigen Abänderungen in Gertrudes Geschichte sind jene, die sie engmaschiger machen, ihr weniger Wissen unterstellen, sie dem Verbrechen entrücken, bis sie sich dessen kaum mehr bewußt ist. Jetzt behauptet sie, daß sie die Polizei in die Irre geführt hatte, als sie zuerst eintraf – aus reiner Unwissenheit, wiederholte bloß die Geschichte der Kinder, als ob sie sie selbst erlebt hätte:

»Haben Sie ihnen die Wahrheit über den Vorgang erzählt, so weit Sie sich erinnern können?«

»Ich kann mich nicht erinnern, ihnen viel von dem erzählt zu haben, was ich Ihnen gesagt habe.«

»War das, woran Sie sich erinnern, die Wahrheit?«

»Nein, Sir.«

55 Indiana gegen Gertrude Baniszewski, S. 2427.

»Warum haben Sie am Ort der Handlung die Polizei damals angelogen?«

»Weil ich eine Menge Sachen hörte, bevor die Polizei zu uns gerufen wurde.«

»Von wem?«

John und Coys Anwalt, Forrest Bowman, erhebt Einspruch, der abgewiesen wird.

»Na ja, die Kinder hatten mir Verschiedenes erzählt.«

»Über wen?«

»Sylvia.«

»Darüber, was sie mit Sylvia getan hatten?«

»Eigentlich nicht, nein.«

»Warum sollten Sie die Polizei anlügen, wenn es sich um nichts handelte, was sie mit Sylvia getan hatten?«

»Weil ich nicht wußte, was mit ihr los war, was passiert war, und ich wußte nicht, was ich sagen sollte, Punkt.«

Auf die Gefahr hin, wie eine Idiotin dazustehen, eine völlig unfähige Erwachsene unter Kindern, die außer Rand und Band geraten waren und sie ständig an der Nase herumführten, hat Gertrude mindestens den Zustand jungfräulicher Unschuld erreicht.

»Wußten Sie, daß die Wahrheit Ihnen schaden würde?«

»Eigentlich nicht. Wie kann man etwas sagen, was man nicht weiß.«[56]

Gertrude war soeben aus einem Phenobarbital-Traum erwacht und entdeckte, daß die Kinder Sylvia Likens ermordet hatten. Aber die Narben waren alt. Aber Gertrude hatte sich schon wochenlang schlecht gefühlt, nahm täglich an die zehn Kapseln des Medikaments. Schluckte sie und schlief ein und erwachte, um zu entdecken, daß alles desorganisiert war, oder unangenehm, oder daß das Wachsein weniger angenehm als das Schlafen war, also schluckte sie wieder eine Handvoll. Aber es gibt Beweise, daß sie ständig auf war; Nachbarn, jeder der anderen Teilnehmer am Geschehen, ob unter Anklage oder nicht, sogar ihre eigenen Kinder identifizieren sie als die Bandenführerin. Macht nichts, trotzdem braucht sie keine Verantwortung zu tragen.

56 Ibid., S. 2435–36.

»Also, Mrs. Baniszewski, behaupten Sie, daß Sie am 26. Oktober nicht bei Sinnen waren?«

»Ich behaupte gar nichts.«

»Ich dachte, Sie hätten das behauptet. Unterstellen Sie nicht, daß Sie am 26. Oktober nicht bei Sinnen waren, berufen Sie sich diesem Gericht gegenüber nicht auf die Tatsache, daß Sie wahnsinnig waren?«

»Wie bitte?«

Gertrude wird sich da nicht festnageln lassen. Da sie die Frage nicht beantwortet hat, wird sie ihr noch einmal vorgelesen.

»Ich denke nicht, daß ich in der Lage bin, das zu beurteilen.«

»Haben Sie keine Antwort von fünf Paragraphen parat, die behauptet, daß Sie am 26. Oktober wahnsinnig waren?«

»Ich bin kein Psychiater.«[57]

Die Frage wird immer wieder gestellt, Gertrude verweigert beharrlich eine Antwort, entweder indem sie sie bloß wiederholt, sie nicht zu verstehen vorgibt. »Wie bitte?« und so weiter, oder indem sie ihr mit bewundernswerter Demut ausweicht: »Ich weiß nicht« oder »Wie könnte ich wissen, ob ich geistig abnormal oder normal war. Das kann ich nicht beurteilen.«[58] Schließlich antwortet sie den Geschworenen: »Ich habe nichts getan, das mich glauben machen könnte, daß ich verrückt war, nein.«[59] Eine interessante Antwort, vorsichtig formuliert und von ihrem Standpunkt aus wahr. »Das Gegenteil davon bedeutet – so weit Sie es wissen, daß Sie geistig normal waren?« forscht der Staatsanwalt weiter und stützt sich dabei nur auf Logik und Realität. »Ich bin kein Psychiater«[60] wiederholte Gertrudes kurzangebundene Antwort. Schnippisch klang es das erste Mal, als sie es sagte. Jetzt klingt es wie die Sphinx.

Da gibt es ganz am Ende etwas Seltsames. Gertrude, die behauptet, sich fast an nichts vom 23. Oktober, dem Samstag vor Sylvias Tod, erinnern zu können, dem Tag der Brandmale und der

57 Ibid., S. 2436.
58 Ibid., S. 2437.
59 Ibid., S. 2438.
60 Ibid.

Gravierungen, die sich nur entsinnt, ihren Dr. Lindenborg in der Praxis aufgesucht zu haben, erinnert sich dennoch ganz genau daran, wie der Tag begann. Johnny weckte sie früh auf, und es waren Feuerwehren auf der Straße. Alles ist sehr klar. »Der Grund, warum ich mich an das alles so lebhaft erinnere, ist, daß in der Nachbarschaft am selben Morgen ein kleines Baby gestorben ist.«[61] Es ist etwas Unheimliches an diesem jämmerlichen, echoartigen Umstand. Etwas Schauriges an Sylvias so gänzlicher Auslöschung.

61 Ibid., S. 2439.

Versuchen wir es mit Gertrudes Geschichte. Versuchen wir sie zu glauben. Man könnte eine große Ungerechtigkeit begehen, wenn man ihr böse Absichten unterstellte. Was ist, wenn sie die Wahrheit sagt? Lassen wir eine Weile alle Beweise gegen sie beiseite. Und glauben wir ihr. Jerome Joseph Relkin scheint es zu tun. Er ist ein Psychologe aus der Gegend, wurde an den Universitäten von Rutgers und Temple ausgebildet, beendete seine Abschlußarbeit an der Purdue-Universität, und braucht nur noch eine Dissertation, um Doktor der Psychologie zu werden. Er hat auch in der geschlossenen Abteilung von Beatty Memorial Hospital in Westvielle, Indiana, als Hauspsychologe für sogenannte geistig abnorme Rechtsbrecher gearbeitet.

Er hält Gertrude nicht für geistig abnorm. Unter den vielen Fachleuten, die sie testeten, war keiner dieser Meinung. Aber am Sonntag, dem 8. Mai (Gertrude sagte in der darauffolgenden Woche am 10. und 11. Mai vor Gericht aus), untersuchte sie der von Erbecker für diese Arbeit bestellte Relkin drei Stunden lang. Und Relkin ist einer aus der winzigen Gruppe von Leuten, die bereit sind, zu ihren Gunsten auszusagen. Er hat Gertrude in diesen seinen drei Stunden einer »Intensivbefragung« unterzogen, sie sowohl einen thematischen Wahrnehmungstest als auch einen Wagner-und-Petrasky-»Hand«-Test machen lassen, einen kürzlich entwickelten Test, der aus einer Reihe von Bildern von Händen besteht, die Relkin in seiner eigenen Forschungsarbeit verwendete und die »speziell für die Aufdeckung von offen aggressivem Verhalten geeignet« sind.[1] Aufgrund dieser Ergebnisse zog Relkin den Schluß, daß Gertrude »eine passive, abhängige Person (sei). Ich würde sagen, daß sie keineswegs psychotisch ist, keine Denkstörungen hat, Gutes von Bösem unterscheiden kann, aber aufgrund ihrer gegenwärtigen Persönlichkeitsstruktur, so wie ich

1 Indiana gegen Gertrude Baniszewski, S. 2563.

es sehe, glaube ich, daß ihre Version dessen, was im Basement geschehen ist, durchaus stimmt.«[2]

Gertrude war nach ihrem eineinhalbstündigen Interview mit Relkin »ziemlich durcheinander« und durfte eine halbe Stunde ruhen; dann unterzog er sie den Tests. Relkin ist davon überzeugt, daß es »höchst unwahrscheinlich ist, daß sie durchtrieben genug sein könnte, im Test zu simulieren oder mir etwas vorzumachen, und die Testergebnisse stimmten ziemlich genau mit dem Interviewergebnis überein«[3]. Das heißt, daß der Eindruck, den er im Gespräch mit ihr gewann, insgesamt zum Schluß führte, daß Gertrude »eine sehr passive, abhängige Person und eher masochistisch als sadistisch (sei)«[4]. Er breitet sich über ihren Masochismus aus: »Sie hat ein Bedürfnis nach Bestrafung, gestattet es den Leuten, sie zu übervorteilen.«[5] »Sie erzählte mir, wie ihr Freund sie schlug«, erklärt Relkin für Erbecker. »Ihr Freund?« »Ja, Mr. Wright, und sie liebt ihn immer noch, würde ihn wahrscheinlich wieder aufnehmen, sich auch wieder schlagen lassen, wenn er ihr nur ein wenig Zuneigung gäbe«, fährt Relkin fort.[6] Eine solche »Persönlichkeitsstruktur ist unvereinbar mit jener eines Menschen, der jemandem absichtlich Leid zufügen würde«, stellt Erbecker in einer Frage fest, und Relkin faßt zusammen: »Sie lassen andere Leute auf sich herumtrampeln.«[7]

Aber mißhandelte Ehefrauen sind oft Kindesmißhandlerinnen, das Syndrom wird nicht nur von einer Generation zur nächsten weitergegeben, sondern auch entlang der Hackordnung; Dennis ist ein Mann, ist Gertrudes Liebhaber; Gertrude »läßt es sich von ihm gefallen«, und gibt es weiter; Sylvia ist weiter unten in der Hierarchie, nichts als ein weibliches Wesen, jünger als Gertrude und ihr deshalb untertan. Es liegt etwas soziologisches Naives in Relkins Vorstellung, daß eine Frau, die sich Mißhandlungen gefallen läßt, »masochistisch« ist und »ein Bedürfnis nach Bestrafung

2 Ibid., S. 2564–65.
3 Ibid., S. 2564.
4 Ibid.
5 Ibid.
6 Ibid., S. 2567.
7 Ibid.

hat«. Er gibt sich auch der Illusion hin, daß Leute in einer solchen Situation einfach fortgehen können und deshalb aus freiem Willen bleiben. Fatalismus und Armut sind so geartet, daß es für die meisten von ihnen keine Wahl gibt. Vom Staatsanwalt ins Kreuzverhör genommen, in dem es zu einer Haarspalterei über den Unterschied zwischen Masochismus und masochistischen Tendenzen kommt, verteidigt Relkin seine Definitionen: »Sie hat in der Vergangenheit masochistischen Regungen nachgegeben, sich von ihrem Liebhaber schlagen lassen, wenn Sie so wollen.«[8] Aber Gertrude ist wahrscheinlich auch von ihrem ersten Mann und sicher von ihrem zweiten geschlagen worden; in ihrer Welt ist das nicht ein »masochistischen Regungen nachgeben«, sondern grauer Alltag, und man läßt es sich nicht »gefallen«, es passiert ganz einfach.

Dennoch ist es faszinierend, Gertrude von Relkins bürgerlicher Perspektive aus zu betrachten, mit dem wohlwollenden »Verständnis« seines therapeutischen Ansatzes, auch seine Ausdrücke, seine Sprache. »Sie war erdrückt von der Verantwortung für alle Kinder, erhielt kaum jemals von jemandem Hilfe, sie hat ein sehr großes Bedürfnis nach Liebe und Zuwendung und war unfähig, eine entsprechende Autorität auszuüben.« Jeder hat ein großes Bedüfnis nach Liebe und Zuwendung, bei Gertrude jedoch soll es stärker sein, weil Relkin diesen Mangel schon in ihrer Kindheit vorgefunden hat, auch wenn er dafür keine Beweise liefert. »Ich glaube, daß es schwer genug ist, wenn ein Mann und eine Frau mehrere Kinder angemessen versorgen sollen«, legt er dar. »Sie wurde überwältigt, und als die Dinge ihren Lauf nahmen, als die Kinder die Oberhand gewannen, glaube ich wirklich, daß sie bei Medikamenten Zuflucht suchte, um sich irgendwie herauszuhalten.« Gertrude hatte nicht die Charakterstärke, ihre Autorität bei so vielen Kindern zum Tragen zu bringen. »Das ist in meinen Augen bloß ein Zeichen von Schwäche. Sie ist kein starker Mensch.« Und noch dazu würde es »einen ungewöhnlich starken Menschen erfordern, um der Aufgabe gewachsen zu sein, so viele Kinder zu beaufsichtigen«. Was die Vorgänge um Sylvia betrifft,

8 Ibid., S. 2585.

war Gertrude »vor lauter Medikamenten nicht da und wußte wirklich nicht, was vor sich ging. Sie sagte, daß die Dinge, als sie aufwachte, außer Kontrolle geraten waren, und daraufhin nahm sie mehr Medikamente, um wieder einzuschlafen.«[9]

Allerdings gab Gertrude Relkin gegenüber zu, von der Schrift auf Sylvias Bauch gewußt zu haben. Das ist etwas, was sie später hier vor Gericht während der beiden Tage, in denen sie aussagte, beharrlich leugnete. Es ist ein Pech, daß sie es nicht schaffte, ihre Geschichte vor Gericht mit dem zu vereinbaren, was sie bei Relkins freundlichem und taktvollem, aber genau erinnerlichem Interview ausgeplaudert hatte: »Sie sagte, daß sie über die Schrift Bescheid wußte und es damals der Polizei hätte melden sollen.«[10] Freilich ist das allein schon ein Verbrechen, strafbare Fahrlässigkeit, ein Kind wird im eigenen Haus verstümmelt, mit schrecklichen Wörtern gezeichnet, mit Wörtern, die ins Fleisch geritzt werden, und man unternimmt nichts, weder um das Opfer zu retten, noch um es der medizinischen oder staatlichen Obrigkeit zur Kenntnis zu bringen. Freilich macht sich Relkin darüber Gedanken, er ist aber begierig, es zu umschiffen und es »wegzuerklären«: selbstverständlich hätte Gertrude es der Polizei melden sollen, »aber angesichts ihrer Persönlichkeitsstruktur, glaube ich, daß sie Angst davor hatte, sie hatte das Gefühl, die Liebe ihrer Kinder zu verlieren – und davon hing so viel ab«.[11]

Relkins Aussagen enthalten viele Sachen dieser Art: »Ich habe ihr erklärt, daß sie sogar jetzt noch Angst vor ihren Kindern hat, Angst, sich ihnen zu widersetzen. Sie hat noch immer Angst, die Liebe ihrer Kinder zu verlieren, obwohl sie ihr ganz offensichtlich ernsthaft schaden können.«[12] Auch Sylvia war ein Kind. Und starb. Aber wofür sich Relkin interessiert, ist Gertrude als Kind, als ein verletztes Kind. Erbecker erkundigt sich, ob sie während ihres Interviews mit ihm deprimiert war: »O ja, sie brach mehrmals zusammen und weinte.«[13] Obwohl sie nach der üblichen

9 Ibid., S. 2565–66.
10 Ibid., S. 2566.
11 Ibid.
12 Ibid.
13 Ibid., S. 2567.

Definition von geistig normal noch immer im Kontakt zur Realität stand, drückte sie »einige Zweifel über die Wirklichkeit der Situation aus – in gewisser Weise kann sie nicht glauben, daß dies alles vor sich geht«.[14] Allerdings hat sie Relkin von ihrer eigenen Realität überzeugt: »So wie ich ihre derzeitige Verfassung einschätze, würde ich ihr glauben, daß sie sich unter dem damals herrschenden Druck einfach zurückzog und die Autorität, die sie hätte haben sollen, nicht ausübte. Dessen ist sie sich bewußt.«[15] Selbsterkenntnis ist schon fast Absolution, und dazu kommt noch das Leid der Vergangenheit; im Test, den Relkin Gertrude machen ließ, entdeckte er Hinweise, daß »sie sich ihren eigenen Eltern und ihrer eigenen Familie nie verbunden fühlte und sich selbst als mangelhaft empfand, nicht sehr hübsch, nicht sehr liebenswert. Davon ausgehend würde sie wahrscheinlich alles mögliche tun, um Zuneigung zu erringen, würde einen sehr hohen Preis dafür bezahlen.«[16] Wenn man unter dem »hohen Preis« Sylvias Leben versteht, ist das ärgerlich, aber auch die Vorstellung, daß der »hohe Preis« bedeuten könnte, als eine Methode der Nachgiebigkeit den eigenen Kindern gegenüber die Augen vor der Folter zu verschließen, die sich im eigenen Haus abspielt, weil es keine andere Möglichkeit zu geben scheint, die Zuneigung ihrer Kinder zu gewinnen, ist zu bizarr, auch bei der in Relkins Ausführungen allgegenwärtigen und gebräuchlichen Formel vom »Liebesbedürfnis«.

Trotz all ihrer Unachtsamkeit erkannte Gertrude doch eine Sache. »Sie hatte das Gefühl, daß sich sexuelle Dinge auch zwischen den anderen Kindern abspielten.«[17] Das ist Erbecker nicht recht. Er fragte bloß, ob Gertrude erwähnt hatte, daß sich unter den Kindern Schwangere befanden – Paula war selbstverständlich schwanger (und entband das Kind am 13. Januar in der Haftanstalt; sie nannte das Baby Gertrude), aber Gertrude hatte auch Sylvia des öfteren bezichtigt, schwanger zu sein, hatte dem Pastor, Reverend Julian, als er sich auf unwillkommene Art nach Paula

14 Ibid., S. 2568.
15 Ibid., S. 2570.
16 Ibid.
17 Ibid., S. 2571.

erkundigte, gesagt – »Wenn irgendwer hier ein Kind kriegt, dann ist es Sylvia.«[18] Was immer Gertrude für sexuelle Praktiken eröffnete – es erfolgt keine weitere Befragung zu diesem von Relkin aufgeworfenen Thema –, Erbecker schaltet sofort auf Gertrudes Fehlgeburt um, von der Relkin anscheinend nichts gehört hat. Er möchte gerne seine Aufzeichnungen konsultieren, Erbecker läßt nicht einmal das zu, schaltet zurück auf Gertrudes Asthma. Aber wie interessant, wenn das Gespräch fortgesetzt worden wäre. Schreibt Gertrude den Kindern jetzt sexuelle Orgien zu, während sie asthmatisch im Bett liegt, abgestumpft vom Phenobarbital und im verzweifelten Versuch, sich herauszuhalten, um den dünnen Faden des guten Willens ihrer Brut zu erhalten?

Wenn sie jetzt über die Kinder spricht, ist Gertrude freilich mittlerweile weiser geworden. »Ich glaube, sie hatte ziemliche Schuldgefühle, weil sie nicht in der Lage war, die Kinder entsprechend zu beaufsichtigen. Wie erwähnt, ist es sehr schwierig, Kinder großzuziehen, und in ihrem Fall besonders, bei so vielen, und niemand, der ihr half.«[19] In Übereinstimmung mit Gertrudes Masochismus, ist Relkin mit Erbecker einer Meinung, daß sie von den Likens' »übervorteilt« worden war[20]: »Es scheint mir, daß sie nicht in der Lage war, noch mehr Kinder zu beaufsichtigen. Sie hatte mehr zu tun, als sie bewältigen konnte, die Aufzucht ihrer eigenen Kindern, noch dazu mit der kleinen Summe Geldes, die sie erhielt. Doch es scheint, als ob sie von den Leuten unter Druck gesetzt worden war, die Kinder aufzunehmen. Vielleicht dachte sie, daß sie von den Kindern, die sie aufnahm, Zuwendung und Zuneigung bekommen würde, ich weiß es nicht. Sie hatten ein leichtes Spiel mit ihr.«[21] Relkin ist beunruhigt, möchte ein wenig moralisieren: »Ich verstehe nicht, warum Leute ihre Kinder in eine solche Lage bringen. Ich würde das meinen Kindern nie antun.«[22]

In der Tat, wer würde wissentlich seine Kinder bei Gertrude unterbringen? Aber sicherlich ist Relkin einigermaßen beschränkt.

18 Ibid., S. 2253, Aussage von Reverend Julian.
19 Ibid., S. 2572.
20 Ibid., S. 2573.
21 Ibid., S. 2573–74.
22 Ibid., S. 2574.

Er ist auch auf eine caritative Art leichtgläubig und wiederholt die Feststellung, die Gertrude ihm gegenüber über die Verstorbene machte: »Sie sagte, daß Sylvia ein Recht auf Leben hatte wie jedes andere Mädchen. Sie fühlte sich schuldig, nicht entsprechend eingeschritten zu sein. Sie hatte das Gefühl, daß sie Sylvias Tod hätte verhindern können, wenn sie rechtzeitig gehandelt hätte. Zum Zeitpunkt des Geschehens war sie aber zu kaputt, um irgend etwas unternehmen zu können, und ich glaube nicht, daß sie jemals voll erkannte, daß Sylvia sterben würde.«[23]

Das ist eine Version des Geschehens. Wie es sich abgespielt haben mußte, Gertrude hilflos, unwissend, überwältigt. Und die Kinder zügellos, schrecklich, wild: »Ich würde meinen, daß ihr die Situation immer mehr entglitt und sie versuchte, alleine mit all den Kindern fertig zu werden, mit sehr wenig Hilfe, und sie zerbröckelte einfach, und die Kinder übernahmen alles.«[24] Gertrude zerbröckelte, die Kinder übernahmen das Haus. Sie beschuldigt keines von ihnen. Aber jemand muß doch etwas falsch gemacht haben.

Der Eckpfeiler von Gertrudes Fall sollte Marie Baniszewski werden, ihre elfjährige Tochter. Marie sollte zu ihren Gunsten aussagen und sie entlasten, die Zeugenaussagen von Shirley, zehn Jahre alt, Stephanie, fünfzehn Jahre alt, sowie jene von Jenny, Randy Leper und die eidlichen Aussagen von Richard Hobbs, Coy Hubbard und ihrem eigenen Sohn John anfechten. Wenn Gertrude vor Gericht trat und alle Anklagepunkte zurückwies, dann würden die anderen Angeklagten, die in ihren Aussagen Teile des Verbrechens gestanden, feindliche Handlungen gegen Sylvia, Schläge und dergleichen, und in Hobbs Fall, das Einritzen der Worte auf den Bauch der Verstorbenen – dann würden die anderen Angeklagten, die Kinder, das Hauptgewicht tragen. Und wenn Gertrude leugnen konnte, überhaupt Anteil genommen zu haben oder auch nur von den Schurkenstreichen gewußt zu haben, die sich hinter ihrem Rücken während ihrer Krankheit und Bettlägrigkeit abspielten – und wenn eines ihrer Kinder das erhärten

23 Ibid.
24 Ibid., S. 2575.

könnte – dann bestand für sie eine Chance auf Freispruch. Sie hatte nicht gestanden, die Beweise der anderen würden die Möglichkeit des Zweifels zulassen. Und das gesamte Verbrechen würde zu einer unglücklichen Geschichte unter Kindern werden, beklagenswert freilich, aber etwas, was auf einer anderen moralischen Ebene beurteilt werden muß, wo eine Verurteilung wegen Mordes unwahrscheinlich und fahrlässige Tötung das wahrscheinlichere Urteil ist (Hobbs, John und Coy wurden tatsächlich nicht wegen Mordes, sondern wegen fahrlässiger Tötung verurteilt und erhielten eine Rahmenstrafe zwischen zwei und einundzwanzig Jahren, von denen sie nur 18 Monate absaßen). Bei einem Freispruch Gertrudes hatte auch Paula bessere Chancen (obwohl achtzehn Jahre alt und Mutter), unter die Minderjährigen eingereiht und fast genauso nachsichtig behandelt zu werden. Ohne einen Erwachsenen oder Anführer, der sozusagen die Durchführung des Verbrechens »beaufsichtigte«, wird es unübersichtlich und zufällig, eine fast unverständliche Bosheit unter Kindern, entsetzlich, aber dennoch irgendwie nebensächlich, ein psychotischer Vorfall, etwas, das nicht strafbar ist, fast grundlos und ohne schlüssige Motivation. So hängt eine ganze Menge von der kleinen Marie Baniszewski ab, als Gertrudes Verteidigung ihrem Höhepunkt zustrebt. Sie ist elf Jahre alt und seit Gertrudes Verhaftung von ihrer Mutter getrennt, zuerst war sie im Guardian Home untergebracht und später bei Pflegeeltern. Erbecker hat sich mit ihr unterhalten. Auch Gertrude; aber Marie steht unter dem Schutz ihres Anwalts John Hammond. Shirley hat bereits gegen ihre Mutter ausgesagt. So auch Stephanie, aber Stephanie hat, wie Erbecker ständig betont, wahrscheinlich gerade aus diesem Grund einen eigenen Prozeß (John und Paula sagten zwar aus, aber weder zu ihren eigenen Gunsten noch gegen ihre Mutter). John Hammond, der anfangs die gesamte Familie vertrat, scheint sie sich angesehen und dann beschlossen zu haben, daß Stephanie die größten Chancen hatte. So schleuste er sie durch die Rolle einer Zeugin der Anklage, erhielt dann vom Bundesstaat die Erlaubnis, ihren Prozeß aus dem anderen herauszulösen und im Laufe der Zeit alle Anklagepunkte der Grand Jury gegen sie für ungültig zu erklären. Stephanie hatte etwas zu gewinnen, indem sie gegen ihre

Mutter aussagte. Relkin weist als Antwort auf Erbeckers Fragen darauf hin: »Wenn eine ihrer Töchter gegen sie aussagen würde? Da sie selbst so sehr nach Liebe verlangt, würde sie sehr zögern, gegen ihre Tochter auszusagen, obwohl die Tochter ihr sehr schaden könnte. Das könnte möglicherweise eine Quelle von Liebe und Zuneigung zum Versiegen bringen.« »Hat sie Ihnen nie gesagt, daß die Kinder es getan haben?« wundert sich Erbecker.

»Ich glaube, sie hat gesagt, daß sie das Gefühl hatte, sie hätten es getan.«

»Es getan haben müssen, sie oder die Nachbarskinder?«

»Ja, alle Kinder zusammen.«[25]

Beim neuerlichen Kreuzverhör setzt der Staatsanwalt diese Befragung fort:

»Aufgrund der Antwort, die Sie, Mr. Relkin, unmittelbar vor ihrer letzten gegeben haben, würde sie sehr zögern, gegen ihre Tochter auszusagen. Würde sie zögern, sie eine Lügnerin zu nennen?«

»Ja.«

»Würde sich das auch auf eine zehnjährige Tochter beziehen, die gegen sie aussagte?«

»Tatsache ist, daß ich das mit ihr am Sonntag diskutiert habe, und ich sagte ›Sie werden sich dazu durchringen müssen. Wenn Sie nicht glauben, daß sie die Wahrheit sagt, sagen Sie es‹ und sie sagte ›Trotzdem ist es mir sehr zuwider‹. Ich sagte, ›Mrs. Baniszewski, das müssen Sie unbedingt tun, wenn Sie sich selbst helfen wollen‹.«

»Haben Sie sie darin unterstützt, sich selbst zu helfen?«

»Ja.«[26]

Die Zehnjährige, gegen die Gertrude »sich selbst helfen« soll, ist Shirley. Wie Marie, die jetzt ihre letzte Hoffnung ist, stand Shirley nicht unter Anklage und war deshalb selbst nicht gefährdet, doch sie sagte im Sinne der Anklage aus, machte Aussagen, die ähnlich zerstörerisch waren wie jene der anderen Kinder, die Gertrude beschuldigen.

25 Ibid., S. 2609.
26 Ibid., S. 2609–10.

Jetzt bleibt nur noch Marie über. Gertrudes letzte Chance, die wichtigste Hoffnung ihrer Verteidigung. Sie wird vorschriftsmäßig vereidigt und gibt ihr Alter an, elf Jahre, sie besucht die fünfte statt der sechsten Klasse und ist deshalb wahrscheinlich in der Schule eine Klasse zurück. Das trifft auf die meisten dieser Kinder zu. Erbecker läßt Marie mit ihrem neuen Pastor, Mr. Stevens von ihrer neuen Religionsschule, Bethel Tabernacle, den Eid aufsagen und beginnt mit ihr die Vorstellungen von Rechtschaffenheit zu proben. »Und du weißt, was mit kleinen Mädchen passiert, die die Unwahrheit sagen?« »Sie werden wohin geschickt, wo es ihnen nicht gefallen wird«, antwortet sie artig. »Sie werden bestraft werden?« fährt er fort. Sie muß im Zeugenstand die Wahrheit sagen. Sie steht unter Eid. »Wie oft habe ich mit dir gesprochen?« fragt Erbecker, legt alle Karten offen auf den Tisch. »Zwei Mal.« »Wann war das?« »Gestern und heute.« »Und ich habe nie mit dir alleine gesprochen, nicht wahr?« »Nein.« »Und heute war ein Anwalt dabei, als ich mit dir sprach, nicht wahr?« »Ja.«[27]

»Wie hieß er?«

»Mr. John Hammond.«

»Ist er dein Anwalt?«

»Ja.«

»Und ich sagte ihm, wie ich es dir jetzt sage, daß wir dich auffordern werden, die Wahrheit zu sagen, nicht wahr?«

»Ja, Sir.«

»Und ich habe dir gesagt, daß du dort oben nichts aussagen sollst, was dich belasten könnte, dir Schwierigkeiten bereiten könnte, stimmt das?«

»Ja, Sir.«

»Ich habe dir außerdem gesagt, daß der Richter darauf achten wird, daß deine Rechte gewahrt bleiben, nicht wahr?«

»Ja, Sir.«

»Ich habe gesagt, daß Mr. Hammond da sein wird, um dir zu helfen, wenn du in Schwierigkeiten kommst, wenn deine Rechte verletzt werden, das habe ich dir gesagt, nicht wahr?«

»Ja, Sir.«

27 Ibid., S. 2670–71.

»Weißt du, warum du heute hier aussagen mußt?«

»Ich muß aussagen, um zu sehen, ob meine Mami Sylvia Likens umgebracht hat.«[28]

Und so soll Marie ihre Mutter entlasten, ist aber verpflichtet, die Wahrheit zu sagen, »egal, wie weh es tut«.[29] Das erste, was festgestellt werden soll, ist, daß Sylvia im Oktober regelmäßige Mahlzeiten mit der Familie einnahm. Das macht es unwahrscheinlich, daß sie im Basement schlafen mußte oder während der Mahlzeiten hungrig blieb. Marie nimmt die Hürden einiger dieser Fragen, und dann beginnt sie zu wackeln:

»Hast du gesehen, wie deine Mutter sie schlug?«

»Nur, wenn sie schlimm war.«

»Wann war das.«

»Wenn sie etwas im Park machte, wo Mama fand, daß wir Kinder es nicht wissen sollen.«[30]

Aber dann weicht Marie wieder aus und sagt, daß solche Dinge nur »einmal in einer echt langen Zeit« passierten.[31]

»Hast du jemals gesehen, wie deine Mutter sie mit einem Brett oder etwas ähnlichem schlug?«

»Nein.«

»Hast du gesehen, wie sie sie mit einem Paddel schlug?«

»Ja, Sir.«

»Wann?«

»Nur ein paar Mal, wenn Mama sie auspeitschte.«

»Wenn deine Mama sie was?«

»Sie auspeitschte.«[32]

Auspeitschen ist auch Gertrudes Wort, es muß das Lieblingswort der Familie gewesen sein, unter vielen anderen, so viele Prügel, Haue, Dresche, Hiebe, Denkzettel und so weiter. »Wen auspeitschte?« insistiert Erbecker. »Sylvia«, antwortet Marie. »Warum«, fragt er. Das war vorher gewesen. Aber der Druck auf Marie wird größer. »Wann war das?« macht er mühsam weiter. Sie antwortet mit einem ausweichenden »Wie bitte?« »Bist du zu

28 Ibid., S. 2671.
29 Ibid., S. 2671a.
30 Ibid., S. 2675.
31 Ibid., S. 2676.
32 Ibid.

nervös, um fortzufahren?« »Ja.« »Willst du, daß ich das Gericht bitte, sich bis morgen früh zu vertagen?« »Ja.« »Wirst du bereit sein, morgen früh auszusagen?« »Ja, Sir.«[33]

Erbecker bittet das Gericht respektvoll um eine Vertagung auf den nächsten Tag. Seine Zeugin, ein bloßes Kind von elf Jahren, hat ihn irgendwie an einem wesentlichen Punkt in einem Mordprozeß »im Stich gelassen«, und es steht sehr viel auf dem Spiel. Es ist eine akzeptable Forderung, sie hätte erfüllt werden müssen. Es hätte sich vielleicht sogar alles anders ergeben. Statt dessen wirft ihm Richter Rabb »Versuchen wir es noch ein bißchen. Es ist noch früh« hinunter. Er muß zur Arbeit zurück:

»Kannst du die Frage beantworten?«

»Ich habe Ihre Frage nicht verstanden.«

»Also, wir sprachen gerade davon, daß deine Mutter Sylvia mit dem Brett verprügelte, erinnerst du dich, daß ich dir diese Frage gestellt habe?«

»Es war damals – Mama kann das nie leiden, wenn jemand ißt, wenn es nicht genug für alle gibt, das erlaubte uns Mama nicht. Sylvia ging hinunter zum Park und sagte uns Kindern nichts davon, und sie aß ein Sandwich, und ich kam heim und sagte es Mama, und Mama peitschte sie aus.«[35]

Das war das berühmte betrügerische Sandwich, das Diana ihr kaufte, und da Marie diejenige war, die es ausplauderte, konnte sie sich daran erinnern. Zeitlich macht sie es im Sommer fest – Juli oder August. Aber sie behauptet steif und fest, daß Sylvia den ganzen September oder Oktober nicht ausgepeitscht wurde. »Hast du gesehen, wie deine Mutti Sylvia mit etwas verbrannte?« »Nicht, daß ich mich jetzt gleich daran erinnern könnte.«[36] Marie weicht geschickt aus. »Hast du gesehen, wie deine Mutter Sylvia irgendwie mißhandelte?« »Nein, Sir.« »Warst du anwesend, als – streichen Sie das – hast du gesehen, wie deine Mutti Zeichen auf Sylvias Bauch machte?« »Nein.«

33 Ibid.
34 Ibid., S. 2677.
35 Ibid.
36 Ibid.

»Warst du anwesend, als die Zeichen auf Sylvias Bauch gemacht wurden?«

»Nur ein kleines bißchen.«

»Hatte deine Mutter etwas damit zu tun?«

»Nein, Sir.«

»Wo war deine Mutter?«

»Im Bett.«

»Wieso weißt du, daß sie im Bett war?«

»Weil ich sah – Shirley war dort, um ihr einen Kuß zu geben.«[37]

Das ist Gertrudes Version des Sachverhalts, Marie bestätigt sie überall, das Krankenzimmer, der Asthmaanfall. Alles am Samstagnachmittag, als die Worte, Ich bin eine Prostituierte und stolz darauf, in Sylvias noch lebendes Fleisch geritzt wurden. Aber das schrecklichste Detail ist der Lebewohlkuß. Man hat sich nie vorgestellt, daß in dieser Familie geküßt wird. Eine frühere Geschichte, daß Gertrude häkelte, als Sylvia entstellt wurde, erscheint ein passendes, wenn auch einigermaßen übertriebenes Detail, aber Küsse sind anders. Das sind andere Berührungen. Da gibt es auch das Fernsehprogramm und die Erdnußbutter, während die Schattengestalt im Keller Urin trinken und Scheiße aus Dennys Windeln essen muß. Aber Maries Fassung ihres Familienlebens ist makellos: »Hast du deine Mutter im Haus irgendwelche derben Worte oder Flüche verwenden hören?«[38] – Das ist scheinbar ein wesentlicher Punkt, Erbecker hat vier Wärterinnen als Zeuginnen bestellt, von denen alle unangenehme Dinge bestätigten, wie daß Gertrude bei ihrer Verhaftung tatsächlich das blaue Auge hatte, dessen Existenz sie jetzt abstreitet – aber wahrscheinlich ist der eigentliche Grund, warum Erbecker sie überhaupt vorlud, die Tatsache, daß drei von ihnen aussagten, Gertrude hätte keine unanständigen Worte verwendet. »Hast du sie eine schmutzige, eine unanständige Sprache verwenden hören?«[39] wiederholt Erbecker, und wieder wird dies von Marie verneint. Viel scheint davon abzuhängen, ob eine Frau Schimpfworte gebraucht, wenn

37 Ibid., S. 2678.
38 Ibid., S. 2679.
39 Ibid.

im Jahre 1965 in Indiana über einen Mordfall zu Gericht gesessen wird.

Marie schwelgt in ihren Schilderungen darüber, was die Nachbarskinder Sylvia alles angetan haben. Sie wird gesprächig und aufgeregt: »Ann Siscoe schlug sie ordentlich zusammen... packte sie an den Haaren und warf sie nieder und stieg auf ihr Gesicht und trat ihr in den Bauch, machte ihr eine blutige Nase und einen blutigen Mund.«[40] Ann Siscoe ist erst dreizehn, Sylvia sechzehn Jahre alt, aber sie ist »ein ordentlicher Brocken«. Sie und Sylvia hatten Anfang Juli einen gigantischen Streit. Anns Angriff war der erste aus der Nachbarschaft und mochte viel von dem, was dann folgte, ausgelöst haben. Marie sagt aus, daß Gertrude dazu beitrug, den Angriff zu provozieren, sich weigerte einzugreifen, darauf bestand, daß es sich um ihren Streit handelte, daß sie ihn unter sich beilegen sollten.

Marie leugnet das Basement und sagt aus, daß Sylvia vor ihrem Tod oben schlief, auf der Matratze auf dem Boden, die sie mit Jenny teilte – und, so scheint es nun, auch mit Shirley und Marie. »Wir hatten nicht genug Betten«, erklärte das Kind mit schmerzhafter Einfachheit.[41] Getreu Gertrudes Geschichte (die sie – zumindest bei Gericht – nicht gehört haben konnte, da die Zeugen in diesem Prozeß voneinander getrennt wurden und weder beim Prozeß dabeisein noch miteinander Kontakt aufnehmen durften), macht Marie die älteren Kinder für die Vorgänge verantwortlich, da Gertrude ständig krank und unfähig war, sich anzustrengen, »... jedes Mal wenn sie aufstand, mußte sie sich schnell wieder hinsetzen, damit sie nicht umfällt.«[42] So waren es also Paula und Stephanie und Johnny, die alles in der Hand hatten.

»Was machten sie?«

»Wenn ihnen nichts einfiel, was Sylvia tun könnte, dann peitschten sie sie aus.«

»Wen peitschten sie aus?«

»Sylvia.«

»Weshalb?«

40 Ibid., S. 2680.
41 Ibid., S. 2683.
42 Ibid., S. 2679.

»Sie war schlimm.«[43]

Wo hielt sich Gertrude auf, fragt Erbecker. Im Bett. »Wie weißt du, daß sie im Bett war?« »Weil ich bei ihr war.«[44] Marie ist zuversichtlich, wiegt sich in Sicherheit. Da gibt es auch Details. »Und war deine Mutter am Samstag im Bett, als Sylvia starb?«, an dem Samstag, als man auf ihren Bauch schrieb. Ja, freilich. »Wieso weißt du, daß sie im Bett war?« fragt Erbecker, oder redet ihr vielleicht zu. »Weil ich dort unten war und ihr die ganze Zeit den Rücken oder die Beine massierte.«[45] Und ein weiteres Detail, an das sie sich erinnert; gerade als Sylvia verstümmelt wurde, weiß Marie ganz genau, daß ihre Mutter in ihrem Bett im Speisezimmer liegt, »Weil ich dort drinnen war und ihr einen Kuß geben wollte, bevor wir hinausgingen.«[46] Und Gertrude hatte damit nichts zu tun, das kann Marie bezeugen. »Hast du jemals, zu irgendeiner Zeit, gesehen, wie deine Mutti das Mädchen auf den Boden stieß, sie schlug?« »Nicht, daß ich mich erinnern könnte.«[47] Aber Marie kann einem erzählen, daß Randy Leper Sylvia häufig schlug, und Gertrude bat ihn immer, Sylvia in Frieden zu lassen. Und Darlene MacGuire, eine Vierzehnjährige, kam manchmal herüber und rauchte und machte ihre Zigarette an Sylvia aus. Und Gertrude war dort und versuchte, sie davon abzuhalten, sie dazu zu bringen, die Zigarette im Aschenbecher auszudrücken. »Wie oft hat das McGuire-Mädchen so etwas getan?« »Ein paar Mal.«[48] Da war auch der zwölfjährige Mike Monroe, der Sylvia gerne puffte. Und Gertrude forderte ihn auf, aufzuhören und sich aus dem Haus zu scheren. Gertrude, die Sylvias Wunden »hübsch ein paar Mal« mit Jod und Watte versorgte.[49] »Hast du gehört, daß das Mädchen deiner Mutter etwas sagte?« »Sie hat sie beschimpft.«[50]

Gertrude eilt zu Hilfe, Sylvia schmäht. »Was hat deine Mutter da getan?« »Sie geschlagen.« Aber das war nur einmal. Sonst waren sie freundlich miteinander, aßen gemeinsam zu Abend.

43 Ibid., S. 2684.
44 Ibid., S. 2685.
45 Ibid.
46 Ibid., S. 2686.
47 Ibid.
48 Ibid., S. 2688.
49 Ibid., S. 2689.
50 Ibid.

»Bekam Sylvia dasselbe Essen wie ihr Kinder?« »Ja, Sir.« »Wurde ihr jemals Essen vorenthalten?« »Nein, Sir.«[51] »Hast du gesehen, wie deine Mutter Sylvia irgendwie weh tat?«

»Nein, Sir.«

Mr. Erbecker: »Keine weiteren Fragen.«[52] Marie hat es geschafft, hat durchgehalten, hat einen großen Beitrag zur Rettung ihrer Mutter geleistet. Der Richter vertagt das Schwurgericht bis zum nächsten Tag.

51 Ibid., S. 2690.
52 Ibid., S. 2690–91.

Aber am Morgen des 12. Mai war alles anders. Erbecker ist von der ersten Minute an in Aktion. Er hatte um die Erlaubnis gebeten, mit seiner Zeugin Marie Baniszewski zu sprechen, und sie war ihm nicht erteilt worden. Gertrude unterstützt ihn. Wer hat sie ihm nicht erteilt? will der Richter wissen. »Mr. Hammond.« »Was heißt das, er hat die Erlaubnis nicht erteilt?« Rabb ist erstaunt. Mittlerweile wird ein anderer Zeuge vorgezogen, eine weniger wichtige Figur. »Ich möchte, wenn nötig, die Ermächtigung des Gerichtes bekommen, später, bevor sie aussagt, in Anwesenheit ihres Anwalts mit Marie Baniszewski zu reden«, Erbecker ist wütend. »Sie hat bereits ausgesagt«, brummte der Richter. »Wir haben Fragen ausgelassen.« Erbecker kann nicht überzeugen.[1] Es gibt auch das Kreuzverhör, die Falle. Und so wird Marie in den Zeugenstand zurückgeholt; Erbecker darf erst dann mit ihr reden, bis der Staatsanwalt sie über denselben Boden zurückgeführt hat, auf dem sie gestern so gut spielte.

Sie beginnt recht mutig, ihr Alter, die Identifizierung der anderen Zeugen, eine hypnotisierte Beschreibung von Coy Hubbards Anzug ». . . er ist grau und hat so Streifen hinauf und hinunter und kreuzweise.« »Also, Marie, kannst du mir sagen, warum du weinst?« fragt der Staatsanwalt. »Ich bin nervös.« Er bestärkt sie. »Nimm dir nur Zeit, Marie, und versuche dich so gut du kannst an alles zu erinnern, was geschehen ist.«[2] – es wäre eine himmelschreiende Brutalität, diese Zeugin unter Druck zu setzen; es ist sowieso grausam genug, sie überhaupt in den Zeugenstand gebracht zu haben. Sie sammelt sich und will erzählen, wie die Jungen Sylvia fertigmachten, wie sie über sie herfielen »wie beim Fußball – und Sylvia stand an der Wand und Johnny an der anderen, und sie sagten – ich weiß das Wort nicht mehr – aber Coy

1 Indiana gegen Gertrude Baniszewski, S. 2693–94.
2 Ibid., S. 2715.

lief in sie hinein, bis sie schrie«.[3] Das waren die Spiele, die oben im Schlafzimmer abgehalten wurden. Sylvia hielt ihren Bauch und schrie. Marie und Jenny halfen ihr aufstehen. Ein anderes Mal legte Coy seine Hände um Sylvias Hals, als ob er sie erwürgen wollte. »Weißt du, warum er das tat?« »Nein, das weiß ich nicht.«[4] Die Antwort ebenso rein wie exakt. Wer wußte es schon? Johnny gefiel sich darin, Sylvia so fest er konnte in den Arm zu boxen. Aber Gertrude mischte sich ein: »Sie sagte Johnny – Mama sagte Johnny, er soll sich besser zusammennehmen, sonst wird sie Vati anrufen.«[5] John war so unerziehbar gewesen, daß er den Sommer beim Vati verbracht hatte. Vatis Methode war der Polizeigürtel.

Maries Antworten über Johnny waren beschützend und unstet, als ob es besser wäre, die Kinder zu belasten als Gertrude, aber unter den Kindern eher die fremden Kinder. Als der Staatsanwalt zum Basement vordringt, scheint Marie Widerstand zu leisten. »Ich kann mich nicht erinnern«[6], und sie schleppt sich dem Tag der Schrift entgegen. An jenem Tag wurde Sylvia von John geschlagen. War Stephanie dabei, und du? fragt der Staatsanwalt. »Ich war nur dort, um einen Rechen zu holen«, protestiert Marie, und plötzlich ist es der Tag, der Tag des Brandmarkens. Denn damals ging Marie hinaus, um Laub zu rechen, genauso wie am Tag, als Sylvia starb. Dann ist es plötzlich wieder ein gewöhnlicher Tag, Sylvia säubert den Keller, Paula faltet Kleidungsstücke, und Johnny versetzt Sylvia einen Tritt. »Könntest du dich bitte zu den Geschworenen wenden und ihnen sagen, warum er sie getreten hat?« »Wahrscheinlich weil er sie nicht mochte.«[7] Aber Marie weiß nicht, warum er Sylvia nicht mag. Er hatte so lange mit seiner Schuhsohle an Sylvias Fuß geschabt, bis er offen und entzündet war, aber Gertrude gab Jod drauf, und Marie leugnet, daß Johnny Sylvia das Brandmal aufgedrückt hat, und die Anzahl von Sylvias Prügel mit dem Paddel übersteigt nicht die Zahl drei. Paula

3 Ibid., S. 2716.
4 Ibid., S. 2718.
5 Ibid., S. 2720.
6 Ibid., S. 2721.
7 Ibid., S. 2723.

hingegen schlug Sylvia drei oder vier Mal wöchentlich mit dem Paddel, jedes Mal fünfzehn Schläge. Das sagt Marie immer wieder und voller Zuversicht aus. Die Stelle der Schläge war »genau dort, wo man sich hinsetzt«.[8] Und wiederum holt sich Marie Darlene McGuire als eine von Sylvias Peinigerin heraus – auch sie erteilte Sylvia Schläge mit dem Paddel. »Sie machte es jedes Mal, wenn sie herüberkam.« Darlene ist im Gerichtssaal, und der Staatsanwalt fordert Marie auf, ihr das ins Gesicht zu sagen. »Wie oft war das?« »Jeden Tag.« »Wie lange?« »Bis zum Tag, als sie starb, bis zum Tag, bevor sie starb.«[9]

Aber der Staatsanwalt hat Marie in einen Hinterhalt gelockt. »Marie, es stimmt doch, daß Darlene McGuire seit der zweiten Septemberwoche nicht mehr bei euch im Haus war?« Sie antwortet sofort: »Sie war jeden Tag bei uns.« Hat er recht oder sie? »Bist du dir da ganz sicher, Marie?« »Ja, Sir.«[10]

Unentschieden. Aber eine Kerbe wurde bereits geschlagen, und der Staatsanwalt schlägt weiter in sie ein, bis er das allerexplosivste Material erreicht, das Marie mit Erbecker berührt hat – der Tag des Einritzens, des Brandmals. Marie verlegt ihn eine Woche vor Sylvias Tod, an einen Wochentag, aber irgendwie war es kein Schultag, sie waren alle zu Hause, und es gab keine Schule. Sonst war es immer ein Samstag, der Höhepunkt einer Woche von Mißhandlungen, die am Dienstagabend mit Sylvias Tod endeten. Gertrude war im Speisezimmer im Bett. Hobbs hatte Sylvia in der Küche. Marie möchte sich selbst so weit wie möglich davon entfernen – »Ich war nur im ersten Moment dabei.«[11] Sie war gerade vom Basement heraufgekommen – »Ich sah wie Richard Hobbs den Buchstaben ›I‹ in sie zu kratzen begann.«[12] Sylvia trug keine Kleider. Hobbs mit der Nadel in der Hand, die Nadel heiß, »Weil Shirley ein Streichholz anzündete, und er schaffte Shirley an, ein Streichholz anzuzünden, um die Nadel heiß zu machen.«[13]

8 Ibid., S. 2726–27.
9 Ibid., S. 2728.
10 Ibid., S. 2728–29.
11 Ibid., S. 2730.
12 Ibid.
13 Ibid., S. 2731.

Nachdem sie gesehen hatte, wie der erste Buchstabe geschrieben wurde, ging Marie mit Jenny nach draußen. Nachdem sie sich mit einem Kuß von ihrer Mutter verabschiedet hatte. Der Staatsanwalt hat eine Frage gefunden, die ihm helfen würde, die Wand zu durchstoßen; wußte Gertrude Bescheid: »Hast du ihr gesagt, daß jemand in ihrer Küche den Buchstaben I auf Sylvias Bauch ritzte?« »Ja, Sir.« »Was tat sie dann?« »Nichts.« »Was sagte sie?« »Nichts.« »Marie, sei jetzt ehrlich, du sagst doch nicht die Wahrheit, oder?« »Ich sage die Wahrheit.« »Nein, die Wahrheit ist, daß du die Streichhölzer angezündet und die Nadel heiß gemacht hast.« Marie leugnet. »Ist es wahr, daß du dann hinuntergegangen bist, als Randy Leper kam, und du hast ein Stück Papier angezündet und ein Bügeleisen heiß gemacht?«[14] Wieder nein.

Die Fotografie der Spüle im Keller wird vorgelegt, das verbrannte Papier, das verwendet wurde, um das Brandeisen zu erhitzen. »Bist du dort hinuntergegangen und hast es angezündet?« »Nein.« »Wer dann?« »Es war Paula.«[15] Aber auch das Eisen wird ihr gezeigt. Marie hat es nur auf seinem Haken hängen sehen. Sie hat es nie in jemandes Händen gesehen. Sie hat nie gesehen, wie es erhitzt wurde. Aber sie hat gesehen, wie Paula das Zeitungspapier anzündete. »Warum hat sie in der Spüle Papier angezündet?« »Weil sie das Ding heiß machen wollten und es auf Sylvias Bauch geben wollten.«[16] Und dieses Geständnis scheint den Damm durchbrochen zu haben. Jetzt gibt Marie zu, daß sie gesehen hat, wie Paula das Eisen in das brennende Papier legte. Johnny war auch dabei – »Er wollte Sylvia festhalten.«[17] Johnny hatte Sylvia auch mit einem Stück Stoff geknebelt. »Damit sie nicht schreien kann.«[18] Noch immer will Marie den Schauplatz verlassen haben, sobald die Handlung beginnt. »Ich war nicht dort, als sie es einbrannten. Ich war nur dort unten, um den Rechen zu holen.«[19]

»Hast du jemandem erzählt, daß Paula unten mit Johnny war

14 Ibid., S. 2733.
15 Ibid., S. 2734.
16 Ibid., S. 2735.
17 Ibid.
18 Ibid., S. 2736.
19 Ibid., S. 2736–37.

und daß sie Sylvias Bauch mit einem heißen Eisen verbrannten?« »Nein, Sir.« »Du bist einfach hinausgegangen und hast Laub gerecht?« »Ja, Sir.«[20] Maries Aussage wird nun neben jene ihrer kleinen Schwester Shirley Baniszewski gestellt. »Also, Marie, wenn Shirley sagt, du warst es, die das Papier anzündete, das Feuer machte, um das Eisen zu erhitzen, und dabeistand, als ihr das Zeichen eingebrannt wurde, stimmt das?« »Das habe ich nicht getan.« »Shirley sagt also nicht die Wahrheit? War es also Shirley, die gelogen hat, oder bist du es, die lügt?« »O Gott, hilf mir!«[21]

Und Marie bricht auf. »Richard Hobbs schaffte mir an, das erste Streichholz anzuzünden, und ich wußte nicht, was sie tun wollten, bis er die Nadel an Sylvia anlegte.«[22] Sie hat ihre Szene in die Küche zurückverlegt, konzentriert sich auf Richard, der sich immer dazu bekannt hat, aber kurz darauf gerät sie schon durcheinander und erzählt, daß Richard nicht ins Basement hinunterkam, weil er in der Schule war. Ich dachte, du hast gesagt, daß an diesem Tag keine Schule war? fährt er sie an; sie gibt ihren Fehler zu, aber jetzt verschiebt sie auch den Tag des Brandmarkens, verlegt ihn auf einen Montag, den Tag vor Sylvias Tod. Es war ein Schultag, aber die Ereignisse fanden nach der Schule statt. Hobbs war nicht dabei. Er war zu Hause. Er kam an dem Tag nicht vorbei. Sie erinnert sich, weil sie an jenem Montag zu ihrer Tante ging, um einige gebrauchte Kleider abzuholen, und kam dann heim und kann sich dann nicht mehr erinnern, »was alles geschah«.[23] Erst kam sie von der Schule heim und Gertrude schickte sie hinunter, um den Rechen zu holen; sie ging, Hobbs war nicht dort.

»Ich ging hinunter und holte den Rechen und kam dann wieder hinauf, und Mama sagte mir, ich soll den Rechen wieder zurücktragen.«

»War das, als du das brennende Papier gesehen hast?«

»Ja, Sir.«

»Du hast Paula gesehen mit dem Brenneisen in der Hand?«

20 Ibid., S. 2737.
21 Ibid.
22 Ibid., S. 2738.
23 Ibid., S. 2740.

»Ja.«

»Du hast Johnny gesehen, der sie festhielt, mit einem Knebel im Mund, damit sie nicht schreit?«[24]

Und dann ging Marie direkt zu ihrer Tante, ohne einer Menschenseele davon zu erzählen.

Der Staatsanwalt bringt Marie mit ihren beiden Anwälten, Erbecker und Hammond, und mit Gertrude zu ihrer Verhandlung zurück, gestern vor ihrer Aussage – worüber hatten sie gesprochen? »Wir haben darüber gesprochen, ob Mama etwas Böses getan hat.«[25] Erbecker hatte Marie gefragt, ob sie gesehen hatte, wie ihre Mutter Sylvia auf irgendeine Art mißhandelte. Sie antwortete mit Nein. Jetzt fragt sie der Staatsanwalt wieder. »Nur wenn sie schlimm war«, entgegnete Marie. »Nur wenn sie schlimm war. Hast du gesehen, ob sie sie einmal verbrannt hat?« »Ja«[26], antwortete Marie, und dann erzählt sie eine Geschichte. Endlich gibt es etwas Wirkliches. Es war im vorderen Zimmer. Sylvia saß auf dem Boden. »Wo hat deine Mutter sie mit dem Streichholz verbrannt?« »Auf ihrem Rock, und als Mama den Rock anzündete, ist sie schnell gekommen, hat es wieder ausgemacht und dann machte sie es wieder und wieder und dann noch einmal.«[27] Das klingt nach Kindesmißhandlung, Sadismus, die Wahnsinnstat durchgeführt, gestoppt, wieder durchgeführt. Weil der Anfang, das Hochschießen der Angst die eigentliche Spannung ausmacht; nicht die Vollendung, sondern die ständige Wiederholung des Spaßes. »Was hat Sylvia getan?« »Geschrien.«[28]

Noch immer versucht Marie verzweifelt, ihre Mutter zu decken. Leugnet die Zigarettenstummel. Gibt den Gürtel zu, aber nur einmal. Dann wird aus einmal zweimal. »Weißt du, was Sylvia getan hat, daß sie sie mit dem Gürtel geschlagen hat?« »Nein, Sir.« »Warum wurde Sylvia – wo war Sylvia, als sie geschlagen wurde?« »Oben, sie lag auf dem Bett.« »Welcher von Sylvias Körperteilen

24 Ibid., S. 2742.
25 Ibid., S. 2743.
26 Ibid., S. 2744.
27 Ibid.
28 Ibid., S. 2745.

wurde mit dem Gürtel geschlagen?« »Genau dort, wo man sich hinsetzt.«[29]

»Marie, kehren wir zu dem Zeitpunkt zurück, als der Buchstabe I eingeritzt wurde.« Marie hatte ein Streichholz angezündet und eine Nadel erhitzt, wußte aber nicht, was Rickie damit machen wollte. »Von wo hattest du das Sreichholz?« »Von Mama«[30], sagt Marie, glückselig unbewußt, in der Überzeugung, daß ihre Mutter in Sicherheit ist, solange sie sie im Bett beläßt. Egal, daß sie gesagt, und wahrscheinlich schon vergessen hat, daß sie ihrer Mutter über die Gravierung von Sylvias Bauch erzählt hatte, der Mutter, die ihr die Streichhölzer gab, um die Nadel für die Ausführung des Werkes zu erhitzen. Rickie verlangte die Streichhölzer, Gertrude tat ihm den Gefallen, Marie holte sie. Und so zündet Marie das Streichholz an, um die Nadel für das zu erhitzen, was Gertrude so nebenhin als Tätowierung bezeichnete. »Ich hielt einen Korb und einen Rechen in der anderen Hand«[31], erzählt uns Marie, die Wahrheit und die Unwahrheit hier in diesem Bild vereinigt.

»Wo war Sylvia?«

»Sie stand da.«

»Ohne Kleider an?«

»Ohne Kleider an.«

»Wo in der Küche?«

»In der Ecke bei der Tür zum Basement.«

»Wer war sonst noch dabei?«

»Paula saß dort ...«

»Was machte sie?«

»Sie lachte und kicherte.«[32]

Marie fährt fort, sie hat einen Augenblick geschaffen, sich an alles erinnert: Richard »schnitzte den ersten oberen Teil des I.« »Und du sagst, daß Paula dabei kicherte und lachte?« »Ja, Sir.« »Was hat Sylvia getan?« »Vor Schmerzen geschrien.«[33] Marie ist durchgebrochen, hat etwas zum Leben erweckt, das schon allein

29 Ibid., S. 2746–47.

30 Ibid., S. 2747–48.

31 Ibid., S. 2749.

32 Ibid., S. 2750.

33 Ibid.

wird sie mitreißen. Aber vieles zerrt sie in die andere Richtung. »Was hat deine Mutter nachher getan?« stellt der Staatsanwalt die logische Frage. »Nichts«, antwortet Marie geheimnisvoll. »Ist sie überhaupt nicht in die Küche gekommen?« »Nein, Sir.« »Also, Marie, jetzt versuchst du mit deinen Aussagen deine Mutter zu decken.« »Ich habe die Wahrheit gesagt. Nur die Wahrheit.«[34] Das Kind wiederholt wie ein Gnom, der einen Talisman aufsagt. »Deine Mutter hat den Buchstaben I begonnen und ist dann hinausgegangen, war es nicht so?« verfolgt sie der Staatsanwalt, die Version aller anderen Zeugen. »Nein, Sir, sie war überhaupt nicht dort drinnen«[35], beharrt das Kind. Er dringt in sie – hat ihr Erbecker aufgetragen, es so zu erzählen? Oder Gertrude? Sie leugnet alles. Warum ist Gertrude nicht in die Küche gekommen, als Sylvia vor Schmerz schrie? »Sie war so schwach, sie mußte im Bett bleiben«, erklärt Marie.[36]

Und auch Jenny war dabei. »In der Küchentür.«[37] Aber Jenny war auch eine Zeugin, und der Staatsanwalt wiederholt ihre Darstellung. »Jenny hat erzählt, daß du die ganze Zeit Streichhölzer angezündet hast, um die Nadel zu erhitzen.« »Ich habe nur das eine angezündet.«[38] Hobbs entließ sie und machte den Rest, ohne die Nadel zu erhitzen. Marie weicht aus, zuerst sah sie nur, wie der Buchstabe I geschrieben wurde, dann blieb sie bis zum zweiten Wort und dem Wort Prostituierte, und sah das Ganze erst am nächsten Tag. »Er hat sie hinaufgebracht und ihr gesagt, sie soll es mir zeigen.«[39] Und wo war Gertrude? Im Vorzimmer. »Sie saß da und häkelte.«

»Hat sie die Wörter gesehen?«

»Ja, Sir.«

»Was hat sie getan oder gesagt?«

»Sie sagte, daß es eine gute Arbeit ist.«[40]

Das ist es. Jetzt wird es Marie wirklich erzählen. Der Staatsan-

34 Ibid., S. 2751.
35 Ibid.
36 Ibid.
37 Ibid., S. 2752.
38 Ibid.
39 Ibid., S. 2753.
40 Ibid., S. 2754.

walt lenkt sie zum Brenneisen im Basement. »Paula nahm einen ganzen Haufen Zeitungen und steckte sie in die Spüle?« unterstützt er sie mit einem Enthusiasmus, den sie aufgreift. »Was geschah dann?« »Dann zündete sie sie an.« »Das war wohl ein schönes Feuer?«[41] Paula erhitzte das Eisen gute fünf Minuten. Shirley hielt Sylvia an den Füßen. Aber dann ist Marie verwirrt. Vorher hatte sie gesagt, daß Shirley nicht dabei war. Aber jetzt ist sie es, oder vielleicht wird es ihr »heimgezahlt«, daß sie Marie überhaupt in das hineingezogen hat, denn das wollte sie unbedingt vermeiden, seit Tagen hat sie alles außer einem kurzen Augenblick am Ort der Handlung geleugnet. Aber jetzt steckt sie mitten drin. Die Darsteller nehmen ihre Plätze ein. Shirley hält die Füße, John hält Sylvias Schultern. John hat sie geknebelt. Ihre Hände waren am Rücken gefesselt. Auch ihre Füße waren mit einem Strick zusammengebunden. Johnnys Erfindung, der Spezialist.[42]

»Okay. Paula erhitzte das Eisen und hielt es dort hinein, bis es heiß war?«

»Ja.«

»Was hat sie dann damit getan?«

»Auf Sylvia gelegt.«

»Wohin?«

»Ich glaube vorne auf die Brust.«

»Was hat Sylvia getan?«

»Geschrien.«

»Hat sich Sylvia bewegt?«

»Ja, Sir.«

»Wie hat sie sich bewegt, als das heiße Eisen ihre Brust berührte?«

»Sie versuchte, sich wegzudrehen, aber sie konnte nicht ...«

»Wer hinderte sie daran, sich wegzudrehen?«

»Johnny.«

»Wie hat er das getan?«

»Er hielt ihre Schultern fest.«[43]

Sylvia lag auf dem Boden des Basement, nicht auf dem Beton,

41 Ibid.

42 Ibid., S. 2754–55.

43 Ibid., S. 2756–57.

sondern auf einem »Haufen Kleider«, auf den Lumpen, mit denen ihre Hundehütte eingerichtet war. Fotografien vom Basement werden ihr hingehalten, aber Marie ist schon darüber hinaus.

Der Richter hält es für angebracht, die Verhandlung zu unterbrechen. Anwalt Bowman möchte einen Antrag stellen. Es sind schon scharfe Worte zwischen Erbecker und Hammond und Staatsanwalt New gefallen, die Vermutung, daß die Zeugin präpariert worden ist. Hammond schwört, daß er so etwas bei seiner Klientin nie zulassen würde, Erbecker und Gertrude nicht erlaubt hat, vor dem Kreuzverhör mit Marie zu sprechen. Jetzt ist es zu spät. »Ich möchte jetzt kein Anwalt von irgendeinem der Angeklagten sein...« beginnt Bowman, wird aber vom Richter unterbrochen: »Sie unterliegt den Weisungen von John Hammond. Er ist ihr Anwalt.«[44] So weit zu Marie, und jetzt zur Mutter, für deren Rettung sie sich so eingesetzt hat, elf Jahre alt und die Schwerarbeit, geschickten Anwälten, einem erfahrenen Richter, wütenden Zuschauern etwas vorzutäuschen, wie ihre naiven Antworten – daß Gertrude nichts getan hat, daß sie den Kindern die Streichhölzer gegeben hat – das muß sie zur Weißglut gereizt haben – sie müssen einen verheerenden Effekt auch auf Gertrude selbst gehabt haben, denn der Richter fährt fort, »Herr Doktor, das ist Gertrude Baniszewski. Sie sagt, daß sie sich nicht wohl fühlt. Führen Sie sie mit dem Deputy-Sheriff zurück in das Zimmer des zweiten Schriftführers. Untersuchen Sie sie, und erstatten Sie dem Gericht Bericht. Das Gericht ist aufgehoben.«[45]

Als Marie wieder den Zeugenstand betritt, ist ein bestimmter Punkt erreicht, ist eine Grenze überschritten worden. Während der Pause. Aber der Staatsanwalt arbeitet nach Erreichung dieser Spannung bewußt auf eine Abschwächung hin. Er kann es sich leisten. Er beginnt mit etwas Leichtem. Ein Foto von Sylvia in voller Blüte und Jugend, fröhlich auf dem Heimweg an einem Ostersonntagmorgen mit zwei Schulkameraden und ihrer kleinen Schwester Jenny. Ganz herausgeputzt. Oder ihr sommersprossiges Proträtfoto, das Lächeln, die Stupsnase. Ein glückliches Kind.

44 Ibid., S. 2761.
45 Ibid., S. 2761.

Die vollen Lippen, die schönen Augen. Wenn man es sieht, ist es auch ein Gesicht der Armen. Diese Lippen, diese Nase. Einen Augenblick lang kommt die Klasse dazwischen, und man empfindet es als sinnlich, ignorant, eine Spur vulgär. Dann vergeht es wieder, dieses Miasma, das Gesichter immer noch verunstaltet, und es ist ein *sehr* gutes Kindergesicht, Tom Sawyer auf weiblich, frech wie ein Junge; aber trotz ihrer Lebensfreude, hat sie sich wahrscheinlich für diesen Augenblick sogar »das Haar hochgesteckt«. War ihr Haar damals länger? Ja. Weil Paula es in der letzten Septemberwoche abgeschnitten hat. »Kannst du dich erinnern, was geschah, als sie es abschnitt?« »Paula hat es gerade geschnitten und Sylvia hat gefragt ›Kann ich ein Stück von meinem Haar haben?‹ und Paula hat es ihr nicht gegeben.« Vielleicht sind die Entbehrungen durch diese kleinen Verweigerungen noch schwerer zu ertragen. »Sylvia begann zu weinen.«[46] Das Haarabschneiden ist symbolisch, es war auch ein Zwang: »Wollte Sylvia nicht, daß ihr das Haar geschnitten wird?« »Nein, Sir.«[47]

Marie wird ein Zettel vorgelegt, Beweisstück Nr. 5, Sylvias Notiz über die Bande von Jungs. »Das war während des Sommers, und Mama hat ihr befohlen, sich hinzusetzen und das da zu schreiben.«[48] Während des Schreibens saß Gertrude neben Sylvia auf einem Stuhl. Aber Marie leugnet, daß Gertrude den Brief diktiert hat. »Wer hat ihr gesagt, was sie schreiben soll?« »Niemand.« »Hat sie es einfach selber geschrieben?« »Ja, Sir.«[49] Marie war selbst die ganze Zeit dabei, aber der Staatsanwalt kann sie nicht hören, fordert sie zweimal auf, lauter zu sprechen. Der Zettel wird erledigt und auf das Tablett zurückgelegt, Marie ist sich der Jahreszeit sicher, sicher, daß es Sommer war, kann sich daran erinnern, weil damals Darlene Sylvia das erste Mal ins Haus brachte. Aber dann verändert sich die Geschichte, der Zettel wurde nicht am ersten Tag geschrieben, sondern drei oder vier Wochen später. Jetzt verlegt Marie den Anlaß auf den Schulbeginn, eine Woche vor Schulbeginn. Ein weiterer Zettel wird ihr

46 Ibid., S. 2764.
47 Ibid., S. 2765.
48 Ibid., S. 2766.
49 Ibid.

vorgelegt, Beweisstück Nr. 17. Marie behauptet, ihn noch nie gesehen zu haben. Marie berichtet, daß die Briefe zum Wegschikken gefaltet wurden, Gertrude sagte allen, daß sie sie Sylvias Vater schicken würde. Beim letzten Zettel deutet der Staatsanwalt auf eine Stelle: »Hier ungefähr in der Mitte der Seite heißt es, ›Und sie schrieben auch auf meinen Bauch, ich bin eine Prostituierte und stolz darauf‹. Hier, genau in der Mitte der Seite, lies das mal, Marie.« »Ich habe nicht gewußt, daß sie das hier geschrieben hat«, wunderte sich Marie, wahrscheinlich verwechselt sie jetzt diesen Zettel, den sie vielleicht nie gesehen hat, mit einer früheren, ganz anderen Komposition, bei der sie vielleicht dabei war, etwas, was Beweisstück Nr. 17 ähnelt, den »Liebe Mutti, lieber Vati«-Brief, mit dem Geständnis von trivialen Sünden gegen Gertrude und dem Geschlechtsverkehr mit Ronnie und Donnie Simpson. Vielleicht hat ihr Gertrude diese Art von Übung am Anfang häufig abverlangt; als Sylvia noch ans Überleben glaubte, in der ersten Zeit, der Zeit, als alles fast noch normal war, und Sylvia bloß ein Pflegekind war, das ihren Eltern schrieb. »Sie hat drei oder vier solche Briefe geschrieben«[50], berichtet Marie sichtlich verwirrt, aber man fragt sich, wie diese Briefe hätten abgeschickt werden sollen, da Sylvia und Jenny nie eine Adresse gehabt zu haben schienen. Vielleicht war Gertrude auch hier allmächtig.

Dann zeigt der Staatsanwalt Marie Richard Hobbs' Aussage bei der Polizei, in der er zugibt, mit dem heißen Brenneisen den oberen Teil des Buchstaben S auf Sylvias Brustkorb gebrannt zu haben. Marie hatte das Paula alleine zugeschrieben und hartnäckig darauf bestanden, daß Richard Hobbs nicht im Basement war, sich damals bei sich zu Hause in Sicherheit befand. »Wahrscheinlich habe ich mich geirrt«, gesteht sie. »Möchtest du eine Minute darüber nachdenken und dann den Geschworenen sagen, was tatsächlich geschehen ist?« »Es war Richard Hobbs«, platzt sie heraus.[51] »Ich dachte, daß es Paula war. Ich habe mich geirrt.«[52] Es scheint, als ob sie tatsächlich gesehen hat, wie Paula das Eisen heiß

50 Ibid., S. 2679.
51 Ibid., S. 2769.
52 Ibid.

machte. »Es war Paula, die es über das Feuer hielt«[53], aber in ihrer früheren Aussage bewahrte sie Hobbs vor etwas, das er selbst schon zugegeben hatte. Vielleicht hat sie es wirklich vergessen, oder sie ist tatsächlich verwirrt – aber Marie hat jetzt einen Punkt erreicht, wo sie nur mehr das erzählen kann, woran sie sich erinnert, sie kann nichts mehr erfinden oder weglassen oder filtern oder leugnen, denn jetzt ist es wirklich kompliziert geworden, die verschiedenen Fassungen auch nur voneinander getrennt zu halten – sie hat es schon versucht –, nur die Wahrheit hält jetzt mehr stand. Und so wird das Brandmarken wieder erzählt, jede Einzelheit, der Knebel, Johnny an den Schultern, Paula erhitzt das Eisen, Richard führt es aus. Die Szene, die Marie vielleicht wirklich dann verlassen hat, als der obere Teil des S in dem hausgemachten Brenneisen durch die Unfähigkeit der Gruppe zu einer Drei wurde. Sie versuchten, Jenny dazu zu bringen, das Brandmal zu beenden; sie weigerte sich. Shirley tat es. Und machte es verkehrt.

Jetzt ist Marie für die wichtigsten Punkte bereit: die Frage, ob Gertrude noch vor Sylvias Tod geplant hatte, Sylvia loszuwerden. Hobbs hatte in seiner Aussage erklärt, »Gerty sagte mir am Abend vor Sylvias Tod, daß sie sie loswerden wird«[54], sagte, daß er sogar erstaunt war, Sylvia am sechsundzwanzigsten noch anzutreffen. »Kannst du dich daran erinnern?« fragt der Staatsanwalt Marie. »Ja, Sir.«[55] Es scheint unheilvoll, sie hat ihre Mutter ausgeliefert. Aber nicht ganz. »Was hat Gerty oder deine Mutter gesagt?« »Sie hat gesagt, ›Sylvia, ich werde dich fortschicken‹.«[56] Aber dabei handelte es sich nur ums Erziehungsheim, und diese Drohung wurde Wochen davor ausgesprochen – das ist ganz und gar nicht dasselbe wie Jimmys' Wood in der Finsternis, und Marie weiß das … Noch immer klammert sie sich an eine gewisse Loyalität, achtet darauf, in ihrer Erzählung Gertrude und Sylvia genau zu plazieren, Sylvia »saß direkt vor ihr« im Wohnzimmer.[57] Sie gibt

53 Ibid., S. 2770.
54 Ibid., S. 2771.
55 Ibid., S. 2771–72.
56 Ibid., S. 2772.
57 Ibid.

zu, daß Sylvia Wunden im Gesicht hatte, daß Paula sie schlug, nicht aber daß Paula sie verbrühte. Marie wird angespannt. Verschließt sich. Dann gibt sie nach. »Ich erinnere mich, daß jemand eine Zigarette auf ihrem Hals ausmachte. Ich konnte ihr Gesicht nicht sehen.«[58] Das ist nicht viel, ein anonymer Missetäter, wo es so viele im Raum gibt, wieder das Vorderzimmer, und Hobbs, Randy Leper, Ann Siscoe, Mike Monroe, Paula, Johnny, Jenny, Stephanie und Shirley, sogar Jimmy Baniszewski, erst acht Jahre alt und einer, der kaum aufscheint, sie alle helfen mit. »Ich hielt den kleinen Denny«[59], stellt sich Marie zur Verfügung, nachdem sie dieses Familienbildnis komponiert hat.

Als sie fortfährt, ist Marie unsicher. Sylvia beschwerte sich über ihre Wunden. Gertrude schnappte. »Da kann ich nichts machen«[60], doch dann brachte sie so viel Gefühl auf, Alkohol draufzugeben. Hier tut sich Marie leicht. Sylvia »schrie, weil es weh tat«[61]. Etwas muß man zugeben, aber nicht alles, nicht wenn es nicht notwendig ist. Am Tag vor ihrem Tod wird Sylvia mit Wunden übersät vom Basement heraufgebracht. »Wir hatten eine Decke dort unten und wickelten Sylvia halb ein und schickten die Jungen hinaus, und Jimmy spazierte zufällig herein, und wir mußten uns beeilen und sie zudecken, ihren Rücken zudecken, damit Jimmy sie nicht sehen konnte.«[62] Die Wunden auf Sylvias Rücken, hatte Marie sie gesehen? »Ich habe ganz schön viele gesehen.« »Wie sahen sie aus?« »Schrecklich.«[63] Sie waren so groß wie ihr Daumen, man denkt an die Größe einer Zigarettenverbrennung. »Hast du gesehen, daß Haut abgeschürft oder abgebrüht war?« Davon hat Marie eine Menge gesehen. »Die Haut war am ganzen Bein abgeschält.« Wie kam Sylvia zu diesem Zustand? »Ich glaube, weil sie in die heiße Badewanne geworfen wurde.« Richard Hobbs und Paula taten das oft. »Bist du sicher, daß Paula und deine Mutter es nicht auch getan haben?« »Sie war auch dabei.«[64]

58 Ibid., S. 2773.
59 Ibid.
60 Ibid., S. 2774.
61 Ibid.
62 Ibid., S. 2775.
63 Ibid.
64 Ibid., S. 2776.

Jetzt gibt Marie Gertrude frei. Es hat keinen Sinn mehr, sie festzuhalten. Es ist zu spät. Gertrude war es, die das Waschpulver auf Sylvia sprenkelte. »Deine Mutter hat Seife auf Sylvia geschüttet?« »Ja.« »Wo befand sich Sylvia?« »In der heißen Badewanne.« »Sie verwendete Waschpulver, stimmt das?« »Ja.«[65] Jetzt wird es Zeit. Die tatsächliche Begebenheit läßt nicht mehr länger auf sich warten, die Qual des Bades.

»Ihre Arme waren hinten gefesselt und ihre Beine waren zusammengebunden.«

»Wer hob sie in die Badewanne?«

»Paula und Richard.«

»Was tat deine Mutter?«

»Sie holte die Seife.«

»Stand sie im Badezimmer?«

»Ja, Sir.«

»Okay, was tat Sylvia, als sie in das heiße Bad gesteckt wurde?«

»Sie versuchte zu schreien, aber sie hatten ihr ein Stück Stoff in den Mund gesteckt.«[66]

Das war im September.

»Gestern hast du gesagt, Marie, daß Sylvia nie im Basement geschlafen hat. Das stimmt nicht, oder?« »Sie schlief oben und war untertags unten im Basement.« »Sie blieb auch über Nacht dort unten, nicht wahr?« »Ja, Sir.«[67] Alle Chancen der Verteidigung sind nun vorbei, die letzte Festung, die Punkte, wo sie auf keinen Fall hätte nachgeben dürfen; die Festung ist aufgegeben, jetzt kommen die Mauern und Tore dran. Marie ist jetzt seine Zeugin, die Zeugin der Anklage. Marie, die einzige tragbare Zeugin von Gertrudes Verteidigung, ist jetzt die stärkste Zeugin der Anklage, die Anklage, die sowieso schon so viele Zeugen hat, hat in ihr die allerüberzeugendste gefunden. »Weißt du, wer sie dazu zwang, im Basement zu bleiben?« »Mama.« »Hast du sie gehört?« »Ja.« »Was hat sie zur ihr gesagt?« »Sie sagte, ›Sylvia, geh hinunter ins Basement. Du darfst nicht im selben Zimmer sein, wo meine

65 Ibid., S. 2777.
66 Ibid., S. 2777–78.
67 Ibid., S. 2779.

Töchter sind‹.«[68] Eine großartige Feststellung, an sich schmeichelhaft, wenn man eine Tochter ist, eine, die man nicht vergißt. Auch die böse Stiefmutter aus dem Märchen klingt da mit.

»Wußtest du, warum sie auf Sylvia böse war?« »Nein.« »Hat sie dir gesagt, warum sie auf Sylvia böse war?« »Nein.« »Hat sie Sylvia gesagt, warum sie böse war?« »Nein.«[69] Marie versucht sich an Sylvias Fehltritte zu erinnern. Einmal stieß sie Jimmy auf den Rücken, und Jimmy hat ein Nierenleiden. Einmal schlug sie Marie ins Gesicht. Stephanie sagte aus, daß Sylvia sie einmal geschlagen hatte, also schlug Stephanie zurück. Nicht viel mehr. »Alles, an was ich mich erinnere, ist, daß Sylvia meine Mutter mit einem ganz schlimmen Wort beschimpfte, und Paula wurde wütend und schlug sie und brach sich das Handgelenk.«[70] Auch Johnny schien das gerächt zu haben, als er sie zusammenschlug. Stephanie sagte aus, daß Sylvia sie in der Schule eine Hure genannt hatte, und ein Junge war deswegen zu ihr frech geworden. Es wurde unterstellt, daß Sylvia in der Schule herumerzählte, daß Paula schwanger sei, eine Tatsache, die dort allgemein bekannt war. Aber viel davon ist schwer überprüfbar. Marie hat nie gehört, wie Sylvia Gertrude beschimpfte, denn es war Paula, die das behauptete. Und Paula brach sich das Handgelenk, als sie das Wort an Sylvias Kiefer rächte. »Ich war dabei, als Paula sie schlug«, bietet sich Marie an. »Was hat Sylvia getan?« »Sie schrie und weinte.«[71]

Samstag, den dreiundzwanzigsten Oktober, der Tag des Brandmarkens (den Marie versucht hatte, eine Woche vorzuverlegen, eine Ausflucht, die sie jetzt aufzugeben beginnt), noch immer ein Tag, an dem sie lieber nicht anwesend sein möchte, und sie besteht darauf, daß sie zu Dr. Lindenborg ging, um für Gertrude ein Rezept zu holen. Marie zeichnet ein sanftes Bild von jenem Samstag: »Denn sobald ich heimkam, aß ich zu Abend, schaute fern und ging schlafen, und Mama sagte, der nächste Tag ist Sonntag, und du sollst deine Sachen für die Religionsstunde

68 Ibid.
69 Ibid., S. 2780.
70 Ibid.
71 Ibid., S. 2781.

vorbereiten.«[72] Aber der Doktor kann beweisen, daß sie kein Rezept bekam. »Ich habe mich geirrt. Das war zwei Wochen bevor sie gestorben ist«[73], verlegt Marie die Szene.

Und am Tag, als Sylvia starb, war Marie draußen und rechte Laub mit Jenny. »... nur ich und Jenny, wir gingen die Straße hinunter und sahen das Polizeiauto vor dem Haus. Jenny sagte, ›Lauf und schau, was geschehen ist‹.«[74] Sie hatten Sylvia gesehen, bevor sie hinausgingen, als sie von der Schule kamen, sich umzogen, die Rechen und Körbe aus dem Keller holten.

»Sie lag einfach da.«

»Auf dem Boden?«

»Ja, sie lebte noch, atmete.«

»Bist du sicher?«

»Ja, Sir.«

»Wie weißt du das so genau?«

»Weil ich hinüberging und ›Hallo‹ sagte.«[75]

Das Basement »sah schrecklich aus«[76]. Der Rechen lag auf dem Boden. »Ich ging hinüber, um den Rechen aufzuheben, und ich sagte ›Hallo‹ zu Sylvia, und sie versuchte zu mir ›Hallo‹ zu sagen.« »Und hat sie es gesagt?« »Sie war nicht mehr stark genug.«[77] Diese beiden, Marie und Jenny, sind vielleicht die letzten, die Sylvia lebend, wenn auch schon im Koma, zu Gesicht bekamen: »Sie mußte ihren Kopf hinlegen. Ihr Kopf war noch am Boden.«[78] Wie schaffen es Kinder, so wenig Neugierde füreinander aufzubringen, fragt man sich bei dem Versuch, alles, was dem voranging, zu rekonstruieren. »Sie stöhnte«, sagt Marie bereitwillig. »War das eine Art ständiges Stöhnen oder nur gelegentlich?« »Ständig.« »Hast du deiner Mutter etwas darüber erzählt, daß Sylvia im Basement lag und stöhnte?« »Ich sagte ›Mama, sie sieht schrecklich aus‹.« »Was hat sie gesagt?« »Sie hat gesagt ›Da kann man nichts machen‹.«[79]

72 Ibid., S. 2783.
73 Ibid.
74 Ibid., S. 2784.
75 Ibid., S. 2785.
76 Ibid.
77 Ibid.
78 Ibid., S. 2786.
79 Ibid., S. 2786–87.

Und war Sylvia verletzt? Ja. Wunden. »Am ganzen Körper.« Und Blut auf dem Bein. »Kam es aus einer Wunde?« »Es war eingetrocknet.«[80]

Jetzt ist Marie bereit, alles zu erzählen: wie Paula Salz in Sylvias Wunden rieb und ihr verbot, die Toilette zu benutzen, »Paula sagte, sie darf nicht«[81], und dann, wie sie sie auf Gertrudes Befehl auspeitschte, als sie ins Bett machte. Paulas Haß auf Sylvia, »Paula war sehr eifersüchtig auf Sylvia«. »Hat sie das gesagt?« fragt der Staatsanwalt. »Man konnte es in ihren Augen sehen.«[82] »Wenn sie sie anschaute, sahen ihre Augen so aus, wie wenn sie Sylvia ganz arg hassen würde!« Marie kann es sich nicht erklären, »vielleicht weil Sylvia dachte, daß sie so viel wichtiger ist als Paula«[83].

Wie Marie es beschreibt, hatte Sylvias Leben etwas Aschenputtelhaftes an sich, zeitweise durfte sie nicht einmal zur Kirche. »Wenn Mama wollte, daß das Haus geputzt wird, weil jemand auf Besuch kam.«[84] Auf die Aufforderung, Sylvia zu beschreiben, erinnert sich Marie an sie, wie sie am Ende aussah: »Sie sah schrecklich aus, das letzte Mal, als ich sie sah.«[85] »Was für eine Sorte Mädchen war sie, bevor sie zusammengeschlagen wurde?« »Echt nett.« Nett zu Marie, zu den anderen, zu Gertrude. »Sie kam immer vor uns Kindern heim und machte Ordnung in unseren Schlafzimmern und unten.«[86] Immer wieder mißlingt es Marie, Motive für die Dinge anzugeben, die sie beschreibt, aber trotzdem beschreibt sie sie: das Spiel, bei dem Sylvia die Stufen hinuntergestoßen wird. Paula und Johnny und Richard Hobbs. Und wie sie sie »oben auf der Treppe packten und ihr einen Riesenstoß gaben, und sie rollte hinunter, und sie hoben sie wieder auf.«[87] Und sie sagten ihr »Geh hinauf und tu es wieder«[88]. Wie sie Sylvia fesselten, so daß sie an der Schlafzimmerwand hing: »und

80 Ibid., S. 2787.
81 Ibid., S. 2793.
82 Ibid., S. 2822–23.
83 Ibid., S. 2854.
84 Ibid., S. 2797.
85 Ibid., S. 2822.
86 Ibid.
87 Ibid., S. 2802.
88 Ibid., S. 2803.

Johnny nahm Sylvia und fesselte ihre Hände hinten am Rücken und hob die Arme hoch, bis er sie an einem Nagel an der Wand aufhängen konnte«[89]. Sylvia wurde sogar gefesselt, wenn sie schlief, Paula und Johnny banden ihr für die ganze Nacht die Hände und Füße fest.[90] Gertrudes blaues Auge, als sie nach Sylvia ausholte und sie verfehlte, was Gertrude leugnet, ist auch da. Und der Wasserhahn über Sylvias Schnittwunde an der Schläfe: »Mama ließ brühend heißes Wasser laufen, und sie sagte Sylvia, sie soll aus dem Keller raufkommen, und Mama steckte ihr den Kopf unter das heiße Wasser.«[91]

Etwas später, als sie Hobbs' Anwalt, Mr. Nedeff, zum Kreuzverhör übergeben wird, beschwört Marie die Szene herauf, wo Sylvia die Worte ins Fleisch geritzt werden. »Ich bin eine Prostituierte und stolz darauf.« Man hatte über die Gerüchte geredet, die Sylvia in Umlauf gesetzt hatte. Darüber, daß sie Leute als Hure bezeichnet hätte, wütende Gespräche den ganzen Vormittag. Hobbs traf ein. Sylvia wurde aus dem Keller geholt. »Ich glaube, Mama sagte zu Sylvia ›Weißt du, was eine Tätowierung ist?‹, und sie sagte, ›Ich glaube schon. Das ist, wenn sie Löcher in einer bestimmten Form machen und eine Farbe hineinschütten‹.«[92] In ihrem letzten Versuch, Gertrude zu verteidigen, leugnet Marie zuerst, daß es Gertrude war, die den Befehl gab, Sylvia zu entkleiden, und ihr die Kleider dann herunterriß, als sie nicht schnell genug war. »War das nicht sie?« stochert Nedeff. »Doch, wahrscheinlich schon.« »Hat jetzt deine Mutter zu Sylvia gesagt, ›Du hast meine Mädchen gebrandmarkt, und ich werde dich brandmarken›?« »Nein, Sylvia hat uns nichts getan«, beharrt Marie und schützt Gertrude, indem sie Sylvias Unschuld beteuert. Die Frage wird für sie wiederholt: »Hat deine Mutter gesagt ›Du hast Stephanie und Paula gebrandmarkt, und ich werde dich brandmarken.‹ Hat deine Mutter das in der Küche gesagt?« »Wahrscheinlich hat Mama gemeint, daß Sylvia Paula und Stephanie beschimpft hat.« Marie weicht nicht wirklich aus – sie ist sich

89 Ibid., S. 2793.
90 Ibid., S. 2817.
91 Ibid., S. 2821.
92 Ibid., S. 2877.

nur des schrecklichen Unterschieds zwischen Realität und Metapher bewußt. Noch einmal danach gefragt, sagt Marie, daß sie sich nicht erinnern kann. Nedeff, der in Richards Namen handelt – und es ist für ihn wichtig, daß Gertrude einen Teil der Verantwortung für die Verstümmelung übernimmt – und weiß, daß Marie umfallen kann, daß es Leroy New, dem Staatsanwalt, gelungen war, ununterbrochen gelungen war, versucht sein Glück noch einmal: »Also, du erinnerst dich doch, Marie, heute morgen, Mr. New sprach mit dir und du sagtest ›O Gott, hilf mir‹?« »Ja, Sir.« »Also, damals hast du dich entschieden, die Wahrheit zu sagen?« »Ich möchte dich noch einmal fragen, stimmt es, daß deine Mutter in der Küche zu Sylvia gesagt hat ›Du hast meine Kinder gebrandmarkt, und ich werde dich brandmarken‹?« »Ja, Sir.«[93]

Danach ist es sinnlos, noch etwas zurückzuhalten, Marie erzählt, daß sie um die Streichhölzer geschickt wird. Von Gertrude. Und um die Nadeln in der Plastikschachtel. Jede Einzelheit, jedes Werkzeug kommt an die Oberfläche. Es liegt alles offen, vollständig, glaubhaft. Das Gericht zieht sich zurück, und endlich, viel zu spät, wird Gertrude und Mr. Erbecker »Gelegenheit geboten, mit der Zeugin Marie Baniszewski zu sprechen«, weshalb der Richter ihnen auch eine extralange Pause zugesteht.[94] Als das Gericht wieder zusammentritt, wird Sylvias Verstümmelung fortgesetzt. Stimmt es, daß sie Gertrude nach der richtigen Schreibung des Wortes »Prostituierte« fragen mußten? Nedeff fragt nach, und man zuckt bei der Frage zusammen, aber es stimmt wirklich. »Sie kam heraus und schrieb es in der Küche selbst auf ein Stück Papier, nicht wahr?« »Ja, Sir.«[95] Marie besiegelt es mit einem Wort.

»Sie blieb drinnen, bis es fertig war, glaube ich. Ich war nur dabei, bis er ›Ich bin eine Prostituierte‹ geschrieben hat, und das war alles. Das ist alles, was ich gesehen habe.«[96] Später wird ihr das Kunstwerk gezeigt. »Und deine Mutter sagte zu Sylvia, ›Jetzt kannst du nicht heiraten, du kannst dich nicht vor einem Mann

93 Ibid., S. 2880–81.
94 Ibid., S. 2883.
95 Ibid., S. 2886.
96 Ibid., S. 2886–87.

ausziehen oder sonst wem, weil das auf deinem Bauch steht‹?« »Das stimmt.« Noch etwas muß zu Gertrude festgehalten werden: »Sie lachte dazu?« »Ja.«[97]

Aber noch bevor Nedeff und die anderen Anwälte mit ihren Fragen begannen, hatte Staatsanwalt New alles beisammen, was er für eine Verurteilung brauchte. Manches davon ist bloß eine Frage von Gefühl oder Liebe fürs Detail, die Tatsache, daß Marie in voller Unschuld so nebenbei erzählt, daß, während Coy Hubbard Sylvia durch das Untergeschoß Judo-flippte, Gertrude dabeisaß und nichts tat – obwohl das Nichts, was sie sich zu tun entschloß, beim Kind völlig unbewußt ist, erschreckend, aber unbewußt: »Was tat sie, wenn überhaupt etwas?« »Sie saß einfach da und häkelte.«[98] So war es wirklich, die Leute essen ihr Mittagmahl, sie küssen einander lebewohl, sitzen vor dem Fernsehapparat, Gertrude »aß immer im Vorderzimmer, wo sie fernsehen konnte«[99]. Am Tag, als Sylvia starb, klebte Gertrude an der Röhre, als Marie nach dem Mittagessen zur Schule zurückkehrte. Es war Nachmittag, irgendwann vor sechs Uhr, als Sylvias Zustand Paula, Hobbs und Stephanie so sehr erschreckte, daß sie zum Heilmittel des Bades und der Beatmung griffen, während Gertrude sie als eine Simulantin beschimpfte, und dann wurde allmählich alles so schlimm, daß sie die Polizei riefen. Aber um ein Uhr saß Gertrude im Wohnzimmer und sah fern. »Wo war Sylvia?« »Im Basement, weil dorthin schickte sie Mama immer nach dem Essen.«[100] Während ein Kind stirbt, gibt es Mittagessen, und Suppe und Fernsehen, während im Keller jemand ermordet wird, gönnt man sich oben einige TV-Programme.

Marie schaffte auch die letzten Beweisstücke herbei. Zuerst, zur Frage des vorsätzlichen Mordes: »Hat deine Mutter jemals gesagt, daß sie Sylvia in Jimmys Wald aussetzen würde, und hast du es hören können?« »Ja.« »Wann hat sie das gesagt?« »Sie sagte es in der letzten Septemberwoche.«[101] Marie setzt es wahrscheinlich zu

97 Ibid., S. 2887.
98 Ibid., S. 2792.
99 Ibid., S. 2806.
100 Ibid., S. 2807.
101 Ibid., S. 2819.

früh an, aber vorher gab sie überhaupt nichts davon zu. Und endlich wird das Alibi völlig zerstört: »Hast du gehört, wie deine Mutter jemandem sagte, was man der Polizei sagen soll, wenn sie kommt?« »Ja.« »Was hat sie gesagt?« »Sie sagte, man soll ihnen sagen, daß wir sie auf den Stufen an der Eingangstür gefunden haben – daß zwei oder drei Jungs vorbeigekommen sind und sie dort hingelegt haben, und zuerst schlugen sie sie zusammen und legten sie dorthin.« »Wem sagte sie, daß er das der Polizei erzählen solle?« »Jedem von uns.«[102]

102 Ibid., S. 2818.

VERDAMMTE IDIOTISCHE BÜGLEREI! Wie die Hände trocken werden, wie die Handfläche austrocknet, wenn sie den Plastikgriff hält. Das kommt wahrscheinlich von der Hitze des Eisens. Ja, das Gewicht von dem Zeug. Trotzdem ist es irgendwie komisch, daß die Haut so trocken wird, nicht nur müde und ausgezehrt durch die Hitze, das zusammen mit dem verdammten Gewicht – vier, fünf Stunden, und ein Bügeleisen wiegt vielleicht zehn Pfund dort unten am Ende des Armes – aber das Seltsame ist diese gewisse blasige Trockenheit auf der Handfläche. Bügeln ist so anstrengend. Die Kreuzschmerzen, wenn man sich übers Bügelbrett beugt. Wie öd, dieses Gestell aufstellen und dann wieder abbauen. Wie dieses große, unförmige Ding den ganzen Raum ausfüllt, so daß es unmöglich ist, dort was anderes zu tun, weder wohnen noch einfach ausruhen. Das Gefühl von Freiheit und Freizeit, wenn das doofe Ding zusammengeklappt und weggeräumt ist. Wie man sich da sogar reich fühlt, und das Zimmer fast piekfein. Klingt komisch, das Wort, wenn man darüber nachdenkt. Und der Geruch vom Bügeln, verschiedene Gerüche, der gute Geruch des Bügeleisens auf dem Stoff, der fertige Geruch, wenn das frische Hemd zum Schluß auf dem Kleiderbügel über der Tür hängt. Obwohl das auch lästig ist, nimmt Platz ein und was, wenn eines der Kinder ins Zimmer gestürmt kommt und es herunterfällt, und man muß wieder von vorne anfangen, weil das Zeug noch feucht ist und zerknittern wird. Oder wenn man eine Falte hineinbügelt, wenn wir schon davon reden. Das kann einem passieren, bis sie vollkommen trocken sind. Und die verschiedenen Stoffsorten. Jeansstoff ist am ärgsten. Blue Jeans, um Himmels willen keine Jeans mehr. Auch Gefälteltes habe ich immer gehaßt. Aber ein Baumwollstoff, wenn er schön besprenkelt wird. Ich muß die Sprühflasche wieder füllen. Wenn es etwas gibt, was ich nicht ausstehen kann, dann ist es der Geruch, den die Sachen kriegen, wenn sie zu lange zusammengerollt aufs Bügeln warten. Fast wie Moder, so ganz zusammengerollt. Besonders bei diesem Wetter.

Die Idee, bei dieser Hitze bügeln zu müssen. Man muß sich das nur einmal vorstellen. Niemand sonst in ganz Indianapolis ist so pleite oder verrückt, ein Bügeleisen anzustecken, wenn es jetzt schon acht Tage lang hintereinander so verdammt heiß ist. Wahrscheinlich bin ich deshalb so total eingedeckt mit dem Scheiß. Ein Korb nach dem anderen, man kann sich hier drinnen kaum mehr bewegen, das ganze Wohnzimmer. Fertig. Noch nicht fertig. Das alte Lied. Ich habe aufgehört, sehr systematisch zu sein, schon vor zwei Wochen. Jetzt stochere ich nur mehr herum, und wenn ich etwas sehe, das leicht aussieht oder wo mir die Farbe gefällt oder was hübsch ist, dann ziehe ich es raus und bügle es. Und schicke den Rest zum Teufel. Spaziere ein bißchen herum, setze mich hin und gönne mir eine Zigarette. Oder die Kinder stören mich, was alle fünf Minuten der Fall ist, und wenn ich dann wieder rangehe, dann nehme ich etwas aus einem ganz anderen Korb. So ist es natürlich ganz falsch, man muß einen Korb vom Anfang bis zum Ende fertigmachen, das Gute mit dem Schlechten nehmen, wie in der Ehe oder so, bis man unten angelangt ist, und Mrs. Klutz oder wer immer sie ist, kommt herüber, und man richtet es fix und fertig für sie her. So wie ich es mache – jeweils ein Stück ganz durcheinander –, werde ich nie damit fertig, wahrscheinlich bringe ich auch die Kleider durcheinander, verwechsle Mrs. Klutz mit Mrs. Wieheißtsienur ich weiß es nicht mehr, und ich hänge die gebügelten Sachen auf, und wie soll ich dann noch wissen, aus welchem Korb ich sie genommen habe? Tatsache ist, daß es mir egal geworden ist. Es ist zu heiß, und ich bin zu müde, und diese Weibsbilder werden daherkommen, und es wird einfach nicht fertig sein. Und sie werden einen Haufen zahlen. Nein, anders rum, überhaupt nichts werde ich kriegen, weil sie hundertprozentig nicht zahlen werden. Ich sollte ihnen was berechnen, daß sie überhaupt ihren Mist hier herumstehen lassen. Lagerkosten. Ein Lösegeld, wenn sie es wiederhaben wollen. Warum nicht? Würde den Ludern eine Stange Geld kosten, das alles zu ersetzen. Manchmal muß ich meine Mädchen davon abhalten, daß sie keine Blusen stehlen – nur ausborgen, sagen sie mir immer. Wie die pfirsichfarbene Leinenbluse, die sich Paula einmal ausgeborgt hat, und dann kam sie mit einem Riß im Rücken nach Hause, weil sie zu dick ist, und ich mußte der Frau sagen, wie es beim Waschen zerrissen ist, und sie wußte genausogut wie ich, daß das eine Lüge war – aber was soll sie denn tun?

Warten. Das werden sie diesen Monat müssen. Ich bin zu krank, ich bin viel zu verdammt krank und müde. Fliegen, das ganze Haus ist voll davon. Und der Geruch von saurer Milch, und Dennys Windeln. O Gott, wie ich den Geruch von Kinderscheiße hasse. Achtzehn Jahre nur das. Versuch mal drei Windeln am Tag mal sieben Tage in der Woche zu nehmen, und das achtzehn Jahre lang. Mindestens muß man sie nicht bügeln. Aber der Gestank, wenn man das klebrige braungelbe Zeug im Klo runterspült. Und sie dann ausspülen müssen, ohne zu kotzen. Und sie dann waschen müssen. Ich weiß nicht, was von beiden schlimmer ist. Aber nichts schlägt Bügeln an Langeweile, da bin ich mir verdammt sicher. Ich dachte, es war schon schwer das letzte Mal, als ich um den vierten herum meine Schwester hier hatte, aber der August kommt erst und das Asthma. Und in dieser Julihitze bügeln müssen.

Und was kriegt man fürs Bügeln eines Männerhemdes, was zwanzig Minuten dauert – weniger als ein Fünfcentstück. Wenn ich drei oder vier in einer Stunde hinkriege, dann sind das zwanzig Cents. Maximal. Und da muß ich schon zusehen. Besonders wie ich mich jetzt fühle und in dieser Hitze. Zwanzig Cents die Stunde. Meine Kinder verdienen mehr als das. Wenn man Colaflaschen einsammelt, verdient man mehr. Und wenn ich Sylvia noch einmal dabei erwische, wie sie ihr eigenes Geld verdient, dann bringe ich sie um, verpasse ihr das Brett eine geschlagene Stunde lang. Und dieses Arschloch John, mit dem ich verheiratet war, verdient einen Haufen Geld beim Polizistspielen drüben bei der RCA. Trouble Shooter. Was für ein Name für einen Job. Wie ein Radioprogramm oder so. Ein erwachsener Mann, der sich so nennt. Hält sich für einen Supermann. Dabei ist er nichts anderes als ein Fabriksbulle. Werkschutz nennt man das. Tausend Dollar jährlich. Das muß drei, vier Dollar die Stunde sein. Und ich stehe da über dem heißen Bügeleisen und kriege zwanzig Cents die Stunde. Wie ein Teenager, wie ein verfluchter jugendlicher Babysitter. Wenn Paula diesen Job bei Hook kriegt, dann werden die ihr über einen Dollar die Stunde zahlen müssen. Mindestlohn. Sogar auf der Rennbahn kam mehr heraus, viel mehr sogar. Sechzehn wunderbare Stunden in der Sonne und diese Idioten, die sich heiser schreien, und ich schleppe diese vollen Sodakisten und fühle mich wirklich beschissen gleich nach der Fehlgeburt. Aber trotzdem war da Leben und draußen in der Welt, und das Geld war gut. Obwohl die Kinder irgendwie durchdrehten. Johnny, mit dem konnte ich nichts mehr anfangen. Also soll mal der große dumme John ran. Auch die Mädchen, Paula so wild und Stephanie so frech. Und jetzt noch dazu diese zwei neue Fratzen, und schon gibt es Ärger, und das Geld trudelt nicht ein. Und so bin ich jetzt hier zu Hause festgenagelt, muß mich um alles kümmern und mich halbtot bügeln und für eine Arbeitsstunde in dieser mörderischen Hitze und mein Rücken, der mich jede Minute sticht, weil ich mich nie geschont habe nach der Fehlgeburt, und Hammond, der Dennis mit seiner Vaterschaftsklage nie festnageln konnte – das wäre schon der zweite Bastard von Dennis gewesen, und er zahlt nicht einmal für den ersten – hier stehe ich also und verbrenne mir die Finger an Hemdkragen und mache perfekte Ärmel, und dafür kriege ich zwanzig Cents die Stunde.

Und dieser Idiot John, der die Moneten zweimal monatlich statt einmal die Woche schickt. Wie lebt man mit fünfundzwanzig Dollar die Woche, wenn das die Monatsmiete ist und man sieben, nein, neun Mäuler zu füttern hat, und mich selbst noch dazu. Und diese beiden Strolche – es war ein Schwachsinn, sie überhaupt aufzunehmen, aber wie kann ich auf das Geld verzichten? – hätten zwanzig Scheine die Woche einbringen sollen, das macht fünfundsiebzig die Woche, und das ist nichts. Also bügle ich fünf Stunden lang, um einen beschissenen Dollar zu verdienen, und am Ende habe ich eine solche Wut im Bauch, daß wenn ihn mir eine der Damen geben würde, würde ich ihn vor ihren Augen zerreißen. Ohne Spaß, im Ernst – man stelle sich nur ihren Gesichtsausdruck vor, im Ernst, hier ist ihr Dollarschein, Sie können ihn gleich wieder mitnehmen – in kleinen Stücken. Weil Sie sich zu gut sind, Ihre eigenen Sachen selbst zu bügeln. Helen Flinter oder Mrs. Novak oder diese Person Mary Jean Sweeney, die kann es sich überhaupt nicht leisten, ihre Bügelwäsche außer Haus zu geben, das ist nichts als reine fettarschige Faulheit. Und jetzt Frau XY, wissen Sie, was Sie tun können, Sie können diese Geldfetzen nehmen und sie sich direkt in Ihr süßes Geheimnis stopfen. Ich weiß, wie Sie sich Ihren Unterhalt verdienen. Und ich weiß, wie ich es tue. Aber seit einiger Zeit habe ich begonnen, mich während der Arbeit auch ein wenig zu unterhalten. Hier ist also Ihre Wäsche. Fünf Wochen zu spät, aber immerhin. In Lumpen. Man kann sich ihre Gesichter vorstellen. Herrlich. Ich werde jedes lausige Hemd zerreißen, die Ärmel, die Hemdenschöße, die Kragen. Dann die Blusen, ihre eigenen niedlichen Blüschen, nette rüschige Lumpen. Für Baby das Beste, jedes Stück schön gestärktes Trägerkleidchen fein mit der Schere zurechtgemacht, zurechtgeschnitten, weißt du, so fünfzehn Zentimeter rundherum. Man stelle sich ihre Gesichter vor. Ich sehe sie vor mir. Wie dieses Nelson-Biest mit den Augen glotzt. Sie wird sich gleich in die Hosen machen. Ich werde vor Lachen umkommen.

Da träume ich vor mich hin und mache mich ganz verrückt, und dabei bin ich fast am Umfallen, jedes Mal, wenn ich das Eisen hinstelle. Wenn ich ins Denken komme, dann halte ich mich so fest am Eisen an, daß ich Angst habe, es zu zerbrechen. Und diese scheußlichen Fliegen überall. Komisch, wie beim Bügeln die Handflächen jucken, werden irgendwie versengt. Man würde meinen, daß sie von der Hitze schwitzen. Nicht direkte Hitze, indirekte Hitze. Der Stoff ist weiß Gott heiß genug, wenn man hingreift und einen Ärmel oder einen Kragen umdreht. Und das andere Komische ist das pochende Geräusch. Das Pochen, wenn man das Bügeleisen hinstellt. Und es hochhebt und dann wieder dasselbe Geräusch. Mein ganze Leben schon habe ich das im Ohr. Meine Mutter, sie hat auch gebügelt. Unsere Wäsche wenigstens, wenn sie nichts von auswärts übernahm. Und diese Sylvia auch und ihre Mutter, Sylvia hat schon mit zwölf oder dreizehn damit begonnen. Ein regelrechtes Geschäft. Hat das Geld ihren Leuten gegeben. Ich sollte mehr Arbeit aus ihr rausholen. Aber es gibt hier nur ein Bügeleisen. Vielleicht kann ich sie dazu kriegen, etwas zu übernehmen. Oder Paula. Nein, Paula hat sowieso schon genug zu tun. Es ist komisch mit diesem Geräusch. Wenn du ein Kind bist, das bügelt oder jemand, der es erst lernt, kann man es immer gleich am Pochen erkennen. Dann ist es zu hart. Sie stellen das Eisen nicht sanft genug hin. Gut bügeln ist nicht leicht. Schau dir einmal die meisten Leute an – die können einen komplizierten Ärmel überhaupt nicht wenden, machen sich erst an das Inneres des Kragens und zerknittern ihn dann, wenn sie zum Außenteil kommen. Und das Vorderteil, wo die Knopflöcher sind, und das Gegenüber, der Teil um die Knöpfe herum, da muß man schon sehr geschickt sein. Fliegen. Gott, wie ich diese Fliegen hasse.

Ich sollte mein Bett hier herunter ins Speisezimmer verlegen und den kleinen Denny hier bei mir halten. Wir brauchen kein Speisezimmer, wir haben nicht viel zu essen in diesem Haus, dazu braucht man kein Speisezimmer. So müßte ich auch nicht die Treppen steigen. Dann wäre ich weiter weg von den streitenden Kindern. Mit diesen Likens-Bälgern ist es oben sowieso schon viel zu überfüllt. Ich muß den Hausherrn dazu bringen, das Schloß an der Hintertür zu reparieren. Das ist nicht sicher. Eine Frau mit so vielen Kindern müßte in der Nacht sicher sein. Und mein Gott, wenn ich nur an etwas Medizin rankönnte, etwas von dem Phenobarbitol, das ich hatte, fürs Asthma. Lindenborg würde mir schon was davon geben, wenn ich mich dazu bringen könnte, hinüberzugehen. Aber dann müßte ich ihm zahlen. Er sitzt einfach dort und weiß, wie pleite ich bin, aber trotzdem erwartet er von mir, daß ich ihm zahle, die Raufereien, in die die Kinder geraten und sich weh tun, alles. Wie kann ich mir also das Phenobarbital leisten, wenn man das nur gegen Bargeld in der Apotheke kriegt, auch wenn er mir das Rezept gibt, und er weiß, daß ich das weiß. Auf der Rennbahn im letzten Juni ging mir das überhaupt nicht ab. Freilich ist das noch keine Asthmazeit, aber immerhin, obwohl ich dort so schwer gearbeitet habe, habe ich trotzdem nie daran gedacht. Ich fühlte mich einfach weich und verträumt. Da wird man ganz schön abgelenkt und denkt nicht mehr dran.

Komisch, wie die beiden so etwas Gewisses draufhaben, immer wieder. Aber die eine ist so süß und leicht, so weich. Wie im Bett. Und die andere nur eintönig und müde, und man kann nicht aufhören, sonst verdient man nicht einmal diese zwanzig Cents in der Stunde, weshalb von mir erwartet wird, daß ich bei dreiunddreißig Grad Hitze im Stehen sterbe, ein Hemd nach dem anderen. Blusen und Servietten, und früher stand ich sehr auf Servietten und Gedecke, weil sie immer so schön werden, aber mittlerweile glaube ich, daß ich dieses da von oben bis unten ankotzen könnte, obwohl mir die Farbe gefällt.

GERTRUDE war, als die Gefängnisärzte sie erstmals zu Gesicht bekamen, »eine ängstliche Person, deren persönliche Reinlichkeit sich in einem Zustand der Vernachlässigung befand«.[1] Nach Dr. William Schuck, dem Arzt, der sie als erster untersuchte, waren die Entzündungen im Gesicht »ekzematös«. Jetzt bei Gericht erinnert er sich, daß sie »viel dünner war, als sie jetzt ist« und nimmt an, daß sie seit ihrer Verhaftung zehn bis fünfzehn Pfund zugenommen hat.[2] Erbecker hat Schuck als Zeugen der Verteidigung beantragt, und der Arzt bestätigt Gertrudes Asthmabeschwerden, er kann dies auf Grund seiner ärztlichen Untersuchung bezeugen: er fand ein Rasseln über beiden Lungenfeldern und schrieb Gertrudes Krankengeschichte von akuten Anfällen nieder. Er verschrieb ihr schleimlösende Mittel und Antihistamine. Schuck untersuchte Gertrude ein zweites Mal einen Monat darauf, im November. Aber erst im Dezember verschrieb er ihr selbst nervenberuhigende Medikamente: Thorazin.[3] »Ich schlug vor, die medikamentöse Behandlung, die sie im General Hospital erhalten hatte, fortzusetzen«, ein Mittel, von dem er milde bemerkt, daß es »Angstzustände löst«.[4] Der Arzt legt großen Wert darauf, daß niemand Thorazin allzu ernst nimmt: »Es ist nur ein Mittel, das bei Patienten verwendet wird, die Angstzustände haben sowie manchmal bei psychotischen Patienten.«[5] Er wider-

1 Indiana gegen Gertrude Baniszewski, S. 2539.

2 Ibid., S. 2540–41.

3 Ibid., S. 2546. Nach der Aussage von Sergeant Jack Churchill, Schucks Assistenten, fünfundzwanzig Milligramm viermal täglich (ibid., S. 2699). Gegen Ende des Monats erhielt Gertrude ein Beruhigungsmittel, Librium (ibid., S. 2700), dann Equinol, ebenfalls ein Beruhigungsmittel (ibid., S. 2701). Schließlich wurde diese Behandlung unterbrochen, und im Februar verschrieb ihr Schuck 30 Milligramm Phenobarbital viermal täglich (ibid.). Gertrude wurde im Gefängnis nicht nur auf Drogen gesetzt, sie kam sogar wieder zu ihrem Phenobarbital zurück.

4 Ibid., S. 2546.

5 Ibid., S. 2547.

setzt sich allen Bemühungen, Gertrude zu einer Psychotikerin zu machen. Sie hatte keine Wahnvorstellungen, sie antwortete zusammenhängend auf alle Fragen, sie war keineswegs orientierungslos in bezug auf Zeit, Ort und Personen, aber sie hatte auch »starke Angstzustände«[6]. »Und drückte sie auch die Angst in bezug auf sich selbst aus?« fragte Erbecker und bezog sich dabei auf die Monate, in denen Gertrude auf den Prozeß wartete. »Nichts außer die ständige Angst vor ihrer Lungenkrankheit.«[7]

Von ihrer Verhaftung bis zu ihrem Prozeß im Mai sah Dr. Schuck Gertrude einmal in der Woche. »Ich würde sagen, daß sie die Hälfte der Zeit nicht wirklich einen Arzt brauchte, wenn sie zu mir kam, um mit mir zu reden.« Gibt es dafür eine Erklärung, fragt Erbecker. »Nichts außer Einsamkeit, das Bedürfnis, mit jemandem zu reden.«[8]

Gertrudes Beschwerden waren sehr wohl echt, obwohl die Entzündungen auf ihrem Gesicht, »ekzematöse Wunden, nässende Stellen mit kleinen Pusteln von Sekundärinfektionen«[9], innerhalb von zwei Wochen abheilten. Es ist möglich, wenngleich nicht sehr wahrscheinlich, daß diese von ihr selbst zugefügt wurden, sicherlich traten jedoch Komplikationen durch Kratzen auf.[10] Sie klagte ziemlich viel über Juckreiz. Aber ihre größten Beschwerden scheinen ihre chronische Bronchitis und die Perioden von Angstzuständen gewesen zu sein, die die Asthmaanfälle beschleunigten. Der Ausschlag ist bloß ein weiteres Symptom dieser Angst.

Deputy Sheriff Mildred Lynch, ebenfalls vom Gefängnis, berichtete, daß Gertrude die ganze Zeit redete, ein nervöses zwanghaftes Reden, auch wenn niemand sie fragte. »Sie hat einfach mit jedem geredet.«[11] Unmittelbar nach ihrer Verhaftung sah Gertrude »verkommen« aus, mit einem blauen Auge, und ihr Gesicht »war irgendwie rauh und gerötet«[12]. Lynch spürte Gertru-

6 Ibid., S. 2553.
7 Ibid., S. 2547.
8 Ibid., S. 2550.
9 Ibid., S. 2552.
10 Ibid.
11 Ibid., S. 2642.
12 Ibid., S. 2623.

des Nervosität. Bei der Aufnahme ihrer Personalien redete Gertrude immerzu – »Über den Fall. Wir sprachen nicht mit ihr. Sie spach mit uns.«[13] Lynch ist fast jeden Tag mit Gertrude nach ihrer Verhaftung zusammengewesen. Lynch hat Nachtdienst, läßt Gertrude jeden Morgen heraus, damit sie Wasser zum Waschen holen kann, und hat die ganze Zeit mit ihr geredet, auch an jenem Morgen. »Und dann redete sie freiwillig mit Ihnen?« spornt sie Erbecker an … »Ja, sie redete.«[14] Aber der Richter verbietet ihr streng, irgend etwas von den Gesprächen zu wiederholen, obwohl Erbecker sie und die anderen Wärterinnen als Zeuginnen der Verteidigung geladen hatte, und sie schienen alle begierig zu sein, das zu berichten, was Gertrude so begierig war, ihnen zu erklären. »Sie redete einfach mit jedem.« Aber Lynch muß den Zeugenstand verlassen, ist zum Schweigen verurteilt.

Ella May Staples, Wärterin in der städtischen Haftanstalt, wird fast überhaupt an ihrer Aussage gehindert, da sie den Prozeß mitverfolgt hat und er so geführt wird, daß ein Zeuge die Aussage des anderen Zeugen nicht hören darf. Die Wärterin Staples soll bei Gericht nur über Gertrudes Erscheinung zum Zeitpunkt ihrer Verhaftung berichten, ein Sympathieangebot von seiten Erbekkers, und schließlich erlaubt ihr Richter Rabb doch, in den Zeugenstand zu treten. Man fragt sich, warum vier Wärterinnen zu Gertrudes Gunsten aussagen sollten (sogar dann, wenn sie, wie Staples erwähnt, unter Strafandrohung vorgeladen wurden) – haben sie Mitleid mit ihr? Spricht ihre Angst sie an, ihr gutes Benehmen, ihr hysterisches Redebedürfnis? Ist es, weil Gertrudes Lage so hoffnungslos ist, ihr Verbrechen so monströs? Was halten diese Frauen wirklich von ihr? Mitleid mit den Verirrten? den Verdammten?

Sie haben alle ihren verwahrlosten Zustand vermerkt, als sie eingeliefert wurde, in ihrem Vorhaben unterbrochen – Gertrude sah aus wie ein Skelett[15], sagt die Wärterin Staples. »Sie war schmutzig, und ihr Haar war strähnig, und ich fragte sie, warum

13 Ibid., S. 2624.
14 Ibid., S. 2643.
15 Ibid., S. 2651.

sie ein blaues Auge hat.«[16] Gertrudes Gesicht war »schuppig« als sie in die Untersuchungshaft kam. »Im Vergleich zu damals sieht sie jetzt gut aus«, sagt Staples gedehnt.[17] Dahinter steht eine gewisse Befriedigung, die seltsame Befriedigung öffentlicher Stellen, die Lage selbst ihrer Gefangenen verbessert zu haben, im Laufe der Zeit werden sie freundlich und besitzergreifend mit ihnen, gewöhnen sich daran, sie »um sich zu haben«. Staples gab Gertrude auf Wunsch Wasser zu trinken und schickte sie auf ihren Weg zur Abteilung des Sheriffs, wo sich fortan Mildred Lynch und Myra Ford um sie kümmerten, sie jeden Tag sahen, fast sieben Monate lang eine fixe Einrichtung in beider Leben.

Myra Ford bestätigt das blaue Auge, das Gertrude geleugnet hatte. Warum stellt ihnen Erbecker diese Frage, zerstört Gertrudes Aussage immer wieder von neuem – was können ihm solche Zeugen bringen? Myra Ford bestätigt fröhlich, daß Gertrude schimpft, flucht und sich einer vulgären Sprache bedient. Sie hat Gertrudes Fall nicht mit Gertrude besprochen, sagt sie, und kann deshalb auch kein sympathisches Licht darauf werfen, ja nicht einmal auf Gertrudes Angstzustände. Erbecker gibt sie auf: »Was empfinden Sie für diese Angeklagte, haben Sie Vorurteile?«[18] Hat sie über den Fall mit den anderen Wärterinnen gesprochen? »Das hat wohl jeder«[19], erwidert sie scharf. »Das habe ich Sie nicht gefragt.« Erbecker wahrscheinlich verärgert, sicherlich aber nervös. Der Staatsanwalt erhebt Einwand, wird vom Gericht bestätigt, und Richter Rabb ermahnt Erbecker, »Sie fechten ja Ihre eigene Zeugin an«[20].

Erbecker kann sich nirgends hinwenden. Seine Klientin kann sich jetzt nur mehr als geistig abnorm bekennen, etwas, was schon mehrfach abgelehnt wurde. Doch es bleibt für sie nichts mehr über, nachdem Maries Aussage ihre Verurteilung besiegelt hat, eine Zeugin der Verteidigung, die vor den Augen des Gerichts zur Zeugin der Anklage wird. Es gibt noch eine Wärterin, Deputy

16 Ibid.
17 Ibid.
18 Ibid., S. 2656.
19 Ibid.
20 Ibid.

Sheriff Judith Graston. Sie sagt aus, daß Gertrude ein blaues Auge hatte, dürr war und nicht gut aussah. Ihr Gesicht sah aus, »als ob es sich schälte«[21]. Sie hat Gertrude nie fluchen und schimpfen hören; ja, sie »ist ein idealer Häftling gewesen«[22]. Gertrude hat privat mit ihr über das Verbrechen gesprochen, aber wir werden daran gehindert, den Inhalt des Gesprochenen zu erfahren. Graston kann wieder gehen, aber dann erkundigt sich der Richter angesichts der Anwesenheit der Geschworenen, ob Deputy Graston während des Prozesses im Gerichtssaal gewesen ist. Es stellt sich heraus, daß sie es war. Es wird gesagt, daß Erbecker seine Zeugen wahllos aussucht, unfähig ist, sich an das Prinzip der Zeugentrennung zu halten, jetzt wahrscheinlich Zeugen vorlädt, die er früher nie vorzuladen die Absicht hatte, denn sonst hätte er sie rechtzeitig vom Gerichtssaal ferngehalten und so den Wert ihrer Aussage erhalten. Was immer er von ihnen erwartet haben mochte.

Von jetzt an scheint die Verteidigung kein bestimmtes Ziel mehr zu verfolgen. Nach ihrem Zusammenbruch mit Marie sind ihre Zeugenvorladungen, ihre Versuche, Beweise zu liefern, trivial, unvernünftig, hohl. Wir erfahren die Summe Geldes, die John Baniszewski sen. an Alimentezahlungen im Rückstand ist – 4,490.00 Dollar.[23] Die Höhe der Summe bietet Einblick in die schrecklichen wirtschaftlichen Entbehrungen der Angeklagten, Gertrudes und auch ihrer Kinder. Hätten sie das Geld erhalten, besonders wenn es in einer Summe ausbezahlt worden wäre, hätte sich das alles vielleicht nicht ereignet. Aber meistens schindet Erbecker einfach Zeit: unwesentliche Figuren werden eingebracht, zwei Versicherungsagenten, die monatlich von Gertrude Geld eintrieben, solange die Police auf Dennis Wright noch Wirksamkeit hatte, bevor Gertrude mit den Zahlungen aufhörte – es ist fast, als wollte Erbecker beweisen, daß Gertrude existiert, daß es eine solche Person an dieser Adresse wirklich gegeben hat – so ohne Freunde ist sie, so gänzlich ohne Zeugen mit Charakter, erwachsene

21 Ibid., S. 2663.

22 Ibid., S. 2664.

23 Ibid., S. 2970. Aufgrund der Aussage des Chief Deputy Clerk des Marion Kreisgerichts (wo Unterlagen über Scheidungsfälle aufliegen).

Bekannte, aus gutem sozialem Milieu. Nur ihre Ärzte erinnern sich an sie, und das recht bruchstückhaft. Ärzte, die sie bis zurück in die fünfziger Jahre behandelt haben, werden auf den Plan gerufen.

Dr. Hiram Sexson hat Gertrude seit acht Jahren nicht mehr behandelt, kann sich auch kaum an sie erinnern, aber er hat eine Karteikarte für sie. Nach fünf Jahren wirft er üblicherweise einen Teil der Kartei weg; der Teil, der übrigblieb, sagt aus, daß sie vor acht oder neun Jahren von einem Baby entbunden wurde, und daß Gertrude einen Ausschlag auf Rücken, Bauch und Gesicht hatte, »der nichts war, möglicherweise eine Allergie«[24]. In demselben Sommer vor langer Zeit behandelte er sie gegen Vaginalausfluß, Asthma und Bronchitis, »weil sie erklärte, in letzter Zeit sehr zittrig gewesen zu sein«[25]. Die Behandlung bestand aus einem Beruhigungsmittel, Miltown, ein hundertstel Gramm täglich. Seine letzte Eintragung handelt von asthmatischen Beschwerden im Oktober 1957. Der nächste Arzt, Chester C. Conway, liegt genauso weit zurück. »Meine Kartei sagt mir, daß ich sie behandelt habe. Ich kann mich nicht an sie erinnern.«[26] Sein Kontakt mit Gertrude dauerte von 1951 bis 1953. Das ist lange her ... »damals kam sie zu mir wegen Magenverstimmung, Schlaflosigkeit, nervösen Kopfschmerzen und Antriebslosigkeit, Müdigkeit«[27]. Dr. Robert M. Hansell ist ein etwas jüngerer Kontakt; er behandelte Gertrude im Jahre 1958. »Ich glaube, sie kam zu mir, weil sie nervös war und Angstzustände hatte und wegen einer Art nervöser Magenverstimmung.«[28] Beim Zuhören wundert man sich, wie unwichtig weibliche Krankheiten sind, das Leben der Armen. Bis sie ausbrechen. Später, glaubt er, hatte sie Bronchitis. »Meine Erinnerung reicht nicht so weit zurück. Ich habe mir nur sehr wenig aufgeschrieben.«[29] Er behandelte Gertrude und ihre Kinder achtzehnmal zwischen 1958 und 1960. Bei Gertrude handelte es

24 Ibid., S. 2628.
25 Ibid.
26 Ibid., S. 2631.
27 Ibid., S. 2632.
28 Ibid., S. 2634.
29 Ibid., S. 2635.

sich um Bronchitis, und er verschrieb ihr ein Beruhigungsmittel, eines mit dem Namen Quiactin. Dann später eines mit dem Namen Penalba.[30]

Dann, im Februar 1960, kam Gertrude wegen eines Knotens in der Brust zu ihm. Hansell untersuchte sie und verschaffte ihr ein Bett im St. Francis Hospital. »Sie verschob es und ging zum vereinbarten Termin nicht hin. Sie sagte, sie hätte Angst. Ich sah sie am 18. Februar und gab ihr ein anderes Nervenmittel und versuchte sie zu beruhigen, und am 11. April 1960 kam sie wegen einer Niereninfektion. Schließlich vereinbarten wir am 26. April, daß sie am 3. Mai ins St. Francis Hospital gehen sollte.«[31] Gertrude ging, Hansell behandelte sie. »Ich sah sie, aber sie hatte solche Angst und wurde fast hysterisch und weigerte sich, sich der Operation zu unterziehen.«[32] Früher hätte Hansell Gertrude einfach als eine nervöse Person eingestuft – »Bis zur Episode im Krankenhaus hätte ich sie als eine durchschnittliche, ängstliche, angespannte Person bezeichnet.«[33] Danach revidierte Hansell seine Meinung: »Danach dachte ich, daß sie äußerst angespannt und ängstlich war, was wir Angstzustände nennen.«[34]

Da gibt es noch ein anderes Stück medizinischer Information, der nicht genug Aufmerksamkeit gewidmet wurde: Erbecker hatte die Aufzeichnungen von St. Francis und vom Marion County Hospital vermutlich deshalb unter Strafandrohung angefordert, weil Gertrude fünfzehn Jahre davor, nach der Geburt ihres zweiten Kindes, Stephanie, einen Nervenzusammenbruch erlitten hatte und im Krankenhaus wegen Postpartumdepressionen behandelt wurde. Diese Aufzeichnungen wurden als Beweismittel nicht zugelassen.

Aber sogar das anerkannte medizinische Beweismaterial kann Gertrude helfen; kann Sympathie erwecken, kann Zweifel auslösen und ist auch darauf ausgerichtet, die Frage aufzuwerfen, wie eine derart von Asthma geschüttelte Person zu körperlicher Bruta-

30 Ibid., S. 2637.
31 Ibid., S. 2638.
32 Ibid.
33 Ibid., S. 2639.
34 Ibid.

lität fähig sein kann, ob eine so nervöse, kaputte, frenetisch ängstliche Person auch nur die entsprechende Konzentration, die hinreichende Aufmerksamkeit für ein solches Verbrechen aufbringen kann.

Doch die Aussage von Dr. Paul Lindenborg, des Arztes, den Gertrude am häufigsten konsultierte, ist für ihren Fall äußerst nachteilig. Lindenborg hatte Gertrude mehr als fünfzehn Jahre lang behandelt, seit der Zeit, bevor er seinen Militärdienst absolvierte, und dann die ganze Zeit seit seiner Rückkehr in die Praxis. Er schätzt, daß ihre chronische asthmatische Bronchitis bis auf damals zurückreicht und noch weiter. Seit 1963, als ihre Aufzeichnungen bei anderen Ärzten aufhören, scheint Lindenborg fast ihr einziger Arzt gewesen zu sein. Er hat sie vom kleinen Dennis entbunden. Er behandelte Gertrude bei Verletzungen, berichtete über einen Sturz auf dem Dachboden – aber da Relkin ausgesagt hatte, daß Dennis Gertrude schlug, mag es sich um etwas anderes gehandelt haben.

Doch Lindenborg sah Gertrude zwischen dem 6. März und dem 25. Oktober 1965 – dem Tag bevor Sylvia starb – kein einziges Mal in seiner Praxis. Jetzt behauptet aber Gertrude, daß sie während der Folterwochen im Basement Phenobarbital nahm. Woher hatte sie es? Lindenborg, sagte sie. Aber auch im Zeugenstand erwähnte sie keine Konsultationen bei Lindenborg in den Monaten Juli, August oder September. Sie behauptete allerdings, ihn am 23. Oktober aufgesucht zu haben, einem Samstag, dem Tag der Schrift auf Sylvias Körper. Aber auch das wird nichts mehr nützen – es ist zu spät für Getrude, erst jetzt mit den Medikamenten zu beginnen. Sylvia war am sechsundzwanzigsten tot. Marie hilft und behauptet, am dreiundzwanzigsten mit dem Fahrrad das Medikament abgeholt zu haben. Später verlagerte sie diesen Weg auf zwei Wochen davor. Bei Lindenborg scheint ein solcher Besuch nicht auf.[35] Gertrude jedoch behauptete, acht bis zehn von Dr. Lindenborgs Phenobarbitals mehrmals täglich geschluckt zu haben, und

35 Obwohl Lindenborg Gertrudes Erscheinen am 23. Oktober nicht in seiner Kartei finden konnte, legte ihr Anwalt Taxiaufzeichnungen von Fahrten in die Umgebung der Praxis ihres Arztes am 23., und am 25. Oktober vor. Aber beide Daten wären zu spät.

das mehrere Wochen lang vor Sylvias Tod, als sie die ganze Zeit unter Medikamenteneinfluß im Dämmerzustand verbrachte und deshalb nicht bemerken konnte, was sich um sie herum abspielte. Wo sollte sie die Medizin herbekommen haben? Lindenborg, behauptete sie.

Am fünfundzwanzigsten verschrieb ihr Lindenborg freilich ein »Antibiotikum«, nämlich »Penicillin, Ephedrin und Phenobarbital«[36], aber das wäre zu spät, um noch von Bedeutung zu sein; das war bloß einen Tag vor Sylvias Tod. Noch dazu ist es in Anbetracht der Tatsache, daß Gertrude eine erfahrene Phenobarbital-Schluckerin ist – »Ich würde sagen, daß sie es schon mindestens sechs Jahre nimmt«[37] – unwahrscheinlich, daß sie eine Überdosis nehmen würde: »Sie nimmt das Medikament schon viele Jahre ein, und ich bin sicher, daß sie die gleichen Mengen zu sich nahm wie immer.«[38] Es ist auch wichtig festzuhalten, daß das Phenobarbital nur in Verbindung mit Ephedrinsulphat genommen wird, das Heilmittel für Asthma: »Wenn man Ephedrin oder Adrenalin verabreicht, stimuliert das das Nervensystem und macht einem zittrig. Phenobarbital wirkt dagegen.«[39] Der Zweck des Phenobarbital ist es, den Patienten zu beruhigen, da manchmal »nervöse Spannungs- und Angstzustände das Asthma verschlimmern«[40]. Ephedrin mit Phenobarbital zusammengenommen »gleichen einander mehr oder weniger aus«[41]. Phenobarbital für sich alleine würde freilich schläfrig machen und in großen Dosen auch in Schlaf versetzen, aber was seine anderen Wirkungen auf das Gehirn betrifft, so ist Lindenborg skeptisch: »Ich glaube nicht, daß es Denkprozesse beeinträchtigen würde. Höchstens verlangsamen.«[42] Die Dosis, die Lindenborg Gertrude für ihr Asthma verschrieb, war 214 hundertstel Gramm Ephdrinsulphat und 3,2 hundertstel Gramm Phenobarbital, wenn aufgrund der durch das

36 Ibid., S. 2615.
37 Ibid.
38 Ibid., S. 2618.
39 Ibid., S. 2615.
40 Ibid., S. 2616.
41 Ibid., S. 2618.
42 Ibid., S. 2619.

Ephedrin hervorgerufenen Spannung und Nervosität erforderlich. Er verschreibt es als eine Routinedosis. Das ist die Dosierung, die Gertrude in den letzten zwei Jahren verschrieben wurde. Für das Phenobarbital gab es kein Rezept. »Wir geben ihr das direkt«[43], und die übergebene Menge war – Lindenborg hat es aufgezeichnet – hundert Tabletten. Am fünfundzwanzigsten Oktober.

Hätte Gertrude die Tabletten von früheren Arztbesuchen oder vom letzten Besuch von vor sieben Monaten, im März, gehortet, so hätte ihr Vorrat trotzdem nicht gereicht, um sie während der Wochen im Basement bei einer Rate von zehn Tabletten täglich total eingelullt zu halten. Außer, Gertrude hatte eine andere Quelle (und warum wird sie nicht genannt, wenn bei diesem Prozeß ihr Leben auf dem Spiel steht?), muß man schließen, daß es keine Möglichkeit für sie gab, sich das Medikament vor ihrem Besuch bei Lindenborg zu beschaffen – ob nun am dreiundzwanzigsten oder am fünfundzwanzigsten – es ist auf jeden Fall zu spät. Und nichts außer Abneigung und Kosten standen ihr im Weg, da Lindenborg keinerlei Skrupel zu haben scheint, ihr das Medikament mit der Begründung zu verschreiben, daß es sich um ein notwendiges und ausgezeichnetes Gegenmittel zum Ephedrin handelt, das wichtigste Heilmittel gegen Bronchialbeschwerden. Es besteht guter Grund zur Annahme, daß es sich bei Gertrudes Sucht um einen Schwindel handelt. Es gibt keine Beweise dafür, daß sie genügend Phenobarbital in ihrem Besitz hatte, um jenen Zustand auszulösen, in dem sie die Ereignisse, die zu Sylvias Tod führten, nicht bemerkte und folglich nicht dafür zur Verantwortung gezogen werden konnte. Die Beweislast läßt einen zur Überzeugung kommen, daß Gertrude die Folterung von Sylvia Likens beaufsichtigte.

Und als sie am 25. Oktober zu Lindenborg kam, suchte Gertrude nicht den Arzt auf, um sich mit Medikamenten einzudecken, sondern weil sie an Asthma litt. Ihr Zustand war an jenem Tag nur mittelmäßig schlimm: »Ich habe sie schon mit viel schwereren Anfällen erlebt, aber auch, wenn es ihr viel besser ging.«[44] Ihre

43 Ibid., S. 2618.
44 Ibid., S. 2618.

gespenstische Erscheinung allerdings beeindruckte ihn schon: »Ich erinnere mich, daß meine Arzthelferin damals feststellte, daß sie elend aussah, und wie ich mich entsinne, sah sie in der Tat bedauernswert und gestreßt aus und schien nicht ganz sie selbst zu sein.«[45]

45 Ibid., S. 2616.

Ich werde alt. Ausgebrannt. Kein Mann wird mich mehr ansehen, wenn das so weitergeht. Siebenunddreißig ist ziemlich nah an vierzig. Und dann ist alles vorbei. Die müssen damit nicht fertig werden, wir schon. Man braucht sich nur die alten Mummelgreise anzuschauen, sogar in der Kirche. Und auf der Straße sieht man genug von ihnen mit blutjungen Dingern. Oder der Versicherungsmann. Nichts hindert sie daran, sobald sie zwei Groschen in der Tasche haben, die sie gegeneinander reiben können, dann kriegen sie es schon hin. Wer erfährt es ohnehin? Nach außen sind sie Herr und Frau Anständig. Wer weiß schon, was sich in den Schlafzimmern der Leute abspielt. Ich habe dreizehn Schwangerschaften und sechs Fehlgeburten gehabt, und ich trau' mich wetten, daß ich vieles noch nicht weiß. Viele Sachen, die ich nicht gemacht habe, aber andere Leute schon. Es würde mich interessieren, was. Sogar die ganz Frommen drüben bei Grace Memorial. Der alte Roy selber, der Seelentröster. Man schaut ihn an und fragt sich, ob er je im Leben Spaß gehabt hat. Wen kümmert's. Das wichtigste ist nicht der Sex, sondern am Ende doch nur die Sicherheit. Und Dennis hat mir nur den Sex gegeben und ein blaues Auge und dann ist er auf und davon. Jetzt blicke ich zurück, und John ist auch fort und hat sich wieder verheiratet. Jetzt bin ich alleine, mit den ganzen Kindern. Jedes Mal, wenn ich anfange, darüber nachzudenken, schaffe ich es nicht. Es sind einfach zu viele zu füttern, ganz zu schweigen von den Kleidern oder der Disziplin oder der Erziehung. Und ich bin müde. Schon seit April und der Fehlgeburt bin ich krank, und der Schwachkopf von einem Arzt sagte mir, ich würde gleich wieder auf den Beinen sein. Jetzt ist es schon Monate her, und auf den Beinen bin ich schon lange, aber ich werde einfach immer schwächer. Und das Asthma ist im Anrollen. Dieser August wird mich umbringen. Warum können diese Kinder einfach nicht lernen, hinter sich aufzuräumen, das ist schon die dritte Socke, die ich heute vormittag hier unten finde. Jetzt sind sie im Park, die ganze Bande, was für ein Segen, eine Weile ohne ihr Geschrei. Zu nah an die vierzig für einen Mann, und wer würde doof genug sein, sich sieben Kinder aufzuhalsen. Das muß man Dennis lassen, jung wie er war, wollte sogar eine Versicherung abschließen. Vergiß es. Ich werde diese Police auslaufen lassen müssen. Du steckst hier fest, ganz alleine. Okay, aber egal, wie ich es auch angehe, ob ich sie hasse oder liebe, es ist mir alles zuviel, die Arbeit, das Geld, diese verdammte Büglerei. Und bei den Likens-Mädchen kenne ich mich einfach nicht aus, besonders diese Sylvia. Ich habe ein komisches Gefühl, als ob sie stehlen würde oder so was. An dem Kind stimmt irgend etwas nicht. Böse. Etwas, was ich nicht leiden kann. Obwohl ich bis jetzt gar nicht weiß, was es ist. Ich muß mich in acht nehmen. Sie könnte meine eigenen irgendwie vom rechten Weg abbringen. Ich muß die ganze Zeit aufpassen, warten, bis es auftaucht – aber sicher geht es da nicht mit rechten Dingen zu. Die furchtlose Art, mit der sie mit einem redet, einem direkt in die Augen schaut. Sie senkt sie nicht oder so. Wie wenn die noch nie eine Verkehrte gekriegt hätte. Aber ich weiß, daß Lester sie geschlagen hat, er hat es mir erzählt. Diese Mädchen sind nicht zu halten, sagte er immer, ihre Mutter läßt ihnen alles durchgehen. In letzter Zeit ist alles viel zu sehr nach ihrem Willen gegangen, sagt er, sie müssen zurechtgebogen werden. Brauchen eine feste Hand. Sie werden die Mädchen hart nehmen müssen. Das werde ich, so wahr mir Gott helfe. Vielleicht sogar eine Verkehrte, wenn Sylvia weiter so frech schaut und einem ins Gesicht starrt, und sie wird schon lernen, wie man die Augen richtig senkt. Sie macht den Mund nicht auf, um ihre Zahnlücke zu verstecken oder wo ihr Bruder den Zahn ausgebrochen hat, als er mit einem Sack voller Lebensmittel mit ihr zusammenstieß, oder so sagt sie. Aber ihre Augen schauen dich geradeaus an, als ob sie lachen würden, und ihr Mund ist geschlossen und die Sommersprossen, unverschämt sieht sie aus, wie ein kleiner Teufel. Der Blick gefällt mir nicht. Er ist einfach zu selbstbewußt. Verwöhnt, das Gesicht eines kleinen Luders, so sehen sie aus, Unfug und schlimmer als Unfug. Schamlos – das ist es. Daß sie keine Scham kennt. Nicht ein Gramm. Das hätte ich gleich sehen müssen. Es ist, daß sie nicht ein einziges

Gramm Scham in ihrem Körper hat. Wieso bin ich da nicht gleich draufgekommen? So sonnenklar wie die Nase in ihrem Gesicht. Oder ihr Gesicht überhaupt – kleine irische Himmelfahrtsnase. Keck, würde meine Mutter das nennen, und keck ist sie beileibe. »Ein keckes kleines Ding bist du«, sagte meine Mutter immer, wenn wir uns aufspielten oder frech waren. Besonders wenn wir frech waren. Himmel, wie sie das haßte. Und dieses Kind rennt die Hälfte der Zeit so rum. Außer damals in der ersten Woche, als Ann Siscoe ihr die Hölle heiß machte und sie weinte. Komisch, aber es war mir ein Genuß, sie weinen zu sehen, einfach ein Genuß. Zu sehen, wie das zufriedene kleine Gesicht sich mit Rotz und Wasser verschmiert. Jetzt, meine junge Dame, lernst du deine Lektion, sagte ich mir. Verdammtes kleines Zigeunerding mit ihrer freien Art wie ein wildes Tier. Es gefiel mir – es erstaunte mich auch ein wenig, aber es gefiel mir trotzdem, wie diese überhebliche Göre zum Schnüffeln gebracht wurde. Ann Siscoe ist vielleicht nicht das intelligenteste Mädchen der Umgebung, und jeder weiß, daß sie brutal ist und so groß wie ein Mann, aber sie bringt einem schon die Tatsachen des Lebens bei. Ich habe einfach alles liegen- und stehenlassen und zugesehen. Habe nicht einmal eingegriffen. Die Kinder haben mir gesagt, was vor sich ging, und ich habe es einfach zugelassen. Bin hinausgegangen und habe zugesehen. Es ist ihr Kampf, habe ich gesagt, den sollen sie selber ausmachen. Geschieht ihr schon recht, sie hat es provoziert. Es ist nicht meine Angelegenheit, die Streitigkeiten der Kinder aus der Umgebung zu schlichten, sonst würde ich überhaupt zu nichts mehr kommen. Es ist ja nicht so, als wäre sie eine von meinen. Das habe ich Phillis Vermillion am nächsten Tag gesagt, als sie mit mir über die beiden redete. Das Kind hat danach verlangt, habe ich ihr gesagt. Und verdammt noch mal, sie hat es bekommen. Jetzt wird sie etwas leiser treten und weniger aufbegehren. Sich bremsen, ihre hochnäsige Art, alle diese großmäuligen Witzchen und Grimassen. Ja, und schlag ihr dieses bösartige kleine Grinsen aus der Fresse, wenn du schon dabei bist. Und diese forschen kleinen grünen Blitze in den Augen, die dir mitten ins Gesicht schauen und dir sagen, daß sie für dieses Haus zu gut ist, zu unabhängig, zu klug, um auf dein Schimpfen zu achten. Aber ich werde ihr dieses

Grinsen schon noch austreiben. Ich werde sie schon Mores lehren. Ich sehe schon, wie sich ihre Augen verändern. Sie werden rot werden und keine schmunzelnden Schlitze mehr, bei Gott. Lach mir nur einmal ins Gesicht, und ich hau' dir die Fresse ein. Dann wirst du heulen und die Augen rasch senken. Ich werde zusehen, wie sie sich mit Wasser und Schmerz füllen. Dann wird nach einer anderen Musik getanzt, kleine Dreckspuren ihre Wangen hinunter und über diese verdammten Sommersprossen. Dann ist es aus mit dem hübschen kleinen Fräulein, dann wirst du um Gnade betteln, Schnüffeln und Rotz, Wimmern und Schluckauf und Atemnot und Schreien oder was der Teufel, aber sie wird etwas lernen, was sie noch nicht weiß. Wie es Ann Siscoe gemacht hat, werde ich sie dazu bringen, die Augen zu senken, ich werde sie zum Betteln bringen. Mein Leben ist immer nur Betteln gewesen. Das kann ich ihr gewiß beibringen. Und wenn sie gebrochen werden muß, so kann ich's ihr ja besorgen.

»Bring sie mir runter, ich möchte mir dieses kleine Flittchen mal von der Nähe ansehen. Du willst reich werden? Möchtest dir aus dem Gras und der Gosse eine Million verdienen? Groß in das Colaflaschen-Geschäft einsteigen? Schau mich nicht so an, Mädchen. Wage nicht, mich mit diesem starken Blick so anzuschauen. Richte deine Augen auf den Boden, Kind, sonst wirst du ziemlich rasch meine Hand zu spüren kriegen. Beweg dich nicht, hab' ich gesagt. Rühr dich nicht vom Fleck, und antworte mir. Zuerst möchte ich, daß du deine Augen senkst, und zwar richtig. Ganz zu den Schuhen runter. Ich möchte, daß sie direkt auf den Boden gerichtet sind. Drei Zentimeter vor deiner Schuhspitze. Genau drei Zentimeter.«

Gertrude macht Spaß. Genau drei Zentimeter. Wie dumm. Aber sie ist so verrückt. Zittert wie Espenlaub. Ich auch allerdings. Wenn man ihr zuhört, beginnt man hineinzufallen, glaubt ihr den Unsinn. Denn eines ist gewiß, sie wird mich schlagen. Jetzt beginnt es, daß ich in das Ganze verwickelt werde. Wie das letzte Mal, als sie uns beide zum Prügeln aufs Bett legte. Schämte mich so vor ihr mit meinem Höschen unten. Es überhaupt unten zu haben. Das tat mehr weh als das Paddel. Fühlte mich so doof, so dumm, so beschämt und nackt. Gibt einem ein komisches

Gefühl, aber damals war es nicht komisch. Man kann sie auch nicht wieder herauslocken, meistens kann man grinsen, und dann hören die Leute auf, so wie in der Schule, da schneidet man nur eine kleine Grimasse, und dann halten sie es nicht durch und lächeln. Wenn man sich nett verhält. Sie lächeln, und beide können aus der ganzen blöden Ernsthaftigkeit raus, aber schau dir bloß Gerty an, sie ist –

»Wehe, du lachst. Wenn du dich auch nur ein einziges Mal bewegst, kriegst du es mit mir zu tun.« Kleines Luder mit ihrem doofen Grinsen. Glaubt, daß sie so die Welt am Schwanz packen kann. Jeden, der ihr über den Weg läuft, einfach keck angrinsen. Ich werde sie schon keck angrinsen, bei Gott, wenn ich durch bin, wird sie ihr freches Grinsen an ihrem Hosenboden abwischen, um es abzukühlen. Glaubt, daß sie so toll aussieht in ihrer Hose. Schöner flacher kleiner Bauch. Perfekte kleine Figur. Man braucht sich nur ihre Beine von hinten ansehen ganz bis hinauf. Wie Butter zum Essen für die ganze Welt. Ich werde was davon abkriegen, ich werde es auf dem ganzen Bett haben. »Gerade gestanden, mein Früchtchen. Drei Zentimeter vor deine Zehen. Zuerst die linke, dann die rechte. Und jetzt die Augen genau in die Mitte. Tu, was ich dir sage, oder ich werde sie dir aus dem Kopf stechen und sie dort auf den Boden werfen, wo ich sie haben möchte. Wie Murmeln, hörst du mich, Fräulein Göre?«

Gertrude merkt nicht einmal, wie sie zittert. Nervös. Sie wird mich gleich anspringen, und ich kann sie nicht einmal beobachten. Gib acht, daß sie dich nicht schlägt, sie soll kühl bleiben, vermeide so etwas wie das letzte Mal. Nachher schäme ich mich, daß ich geweint habe. Daß ich gebettelt habe. Hätte nie gedacht, daß ich so etwas tun würde, hätte nie gedacht, daß sie mich so weit bringen würde. Aber Himmel, es hat so weh getan, sogar in meinen Ohren und im Kopf. Nachher war ich erschöpft bloß vom Schreien. Die Art, wie wirklich lautes Schreien einen auf Stunden fertig und traurig macht. Das Ganze innen genauso wie außen. Die Hilflosigkeit. Tun, was ich nicht tun wollte. Sicher, wenn sie mich schlägt, tut es weh, aber daß ich so feig war und schrie. Bettelte. Ich dachte, ich könnte es schaffen, aber ich beginne zu verlieren. So bin ich geschlagen worden, von welcher Seite man es betrachtet. Ich gab nach, und das hätte ich nicht erwartet. So hat sie schließlich gewonnen. Alles, verdammt.

»Du wirst jetzt tun, was ich sage und nur was ich sage, kleines Fräulein Wunderbar. Du wirst mir über die Colaflaschen erzählen. Keine Bewegung. Kein Muskel. Okay. So ist's besser, also, wie viele hast du gekriegt? Wo hast du sie eingelöst, wieviel haben sie dir dafür gegeben? Nein, ich habe gesagt sofort, ich möchte die Wahrheit hören.«

»Ach, Gerty, wir haben keine Flaschen gekriegt.«

»Eine Lüge, eine glatte Lüge. Ich werde dir schon noch die Wahrheit einbleuen.«

»Nur einen Viertel Dollar oder so.«

»Erzähl mir nichts von einem Viertel Dollar, du Flittchen. Das sind nur zwölf Flaschen. Und was hast du getan, um sie zu kriegen? Mit wem hast du geflirtet? Was für schmutzige Sachen. Mit was für Männern hast du es getrieben? Wen hast du in dein Höschen gelassen?«

»Niemanden, Gertrude, sie liegen nur so im Park rum, um Himmels willen.«

»Kein um Himmels willen, Kind. Hier in diesem Haus wird nicht gelästert. Auch keine Huren. Und ich weiß, daß du es dort draußen verkaufst. Oder stiehlst. Oder es verschenkst. Schau dich nur an. Du siehst so aus, als wärst du in deinem Höschen heiß genug, um es auch zu verschenken. Wir werden dir jetzt das Höschen ausziehen, das ist, was wir tun werden. Wir werden es ganz herunterziehen. Wir werden dir den Schwanz von hinten herum aufwärmen. Vielleicht auch abkühlen. Wenn du nach dieser Behandlung jemals auskühlst, wirst du im Bett ein Eiswürfel sein, Schätzchen. Na komm schon, ausziehen, zeig uns was.«

»Nein. Gerty, nein bitte nicht. Bitte, Gerty.«

»Nein, was fällt dir ein, komm her, mir kommst du nicht aus. Nicht eine einzige Minute lang. Du wirst hier bleiben und uns was vorführen. Paula, wo ist das Paddel?«

»Nein, Gertrude, nein, bitte nicht. Mrs. Baniszewski, ich schwöre.«

»Komm schon. Runter mit der Hose. Ganz runter mit ihr.«

»Gerty, ich versprech' es dir. Nein, nein, ich versprech' es dir, daß ich sie nie mehr einsammeln werde. Ich hab' nicht einmal gewußt, daß das was Falsches ist. Vati hat es uns immer machen lassen.«

»Komm schon. Runter mit ihr. Aber dalli.«

»Er hat uns auch gesagt, daß wir es tun können, wenn wir hier ein Taschengeld brauchen, so brauchen wir niemand zur Last fallen.«

»Na, komm schon. Auf der Stelle. Ich will dieses Höschen unten sehen. Herunter damit oder ich reiß es dir vom Leib.«

»Aber das hat er wirklich gesagt. Ich habe die Erlaubnis dazu.«

»Ich habe auch die Erlaubnis. Dieser Mann hat mir gesagt, ihr beide seid außer Kontrolle geraten und müßt zurechtgebogen werden.«

»Gertrude, bitte. Ich werde es nie mehr tun.«

»Jetzt hör schon endlich auf mit dem Gezeter, kleines Biest. Zieh diese Hose aus und laß uns anfangen. Paula, wo, zum Teufel, bist du?«

»Gertrude.«

»Halt's Maul.«

»Wirklich, ehrlich.«

»Paula, komm endlich runter.«

»Gertrude, du kannst nicht.«

»Wer zum Teufel sagt, ich kann nicht.«

»Gertrude, du kannst nicht. Wirklich, du kannst es nicht tun.«

»Ich werde dir zeigen, was ich kann. Mach jetzt endlich die Spange und den Reißverschluß auf. Aber schnell. Ja, so ist's recht, und jetzt der Reißverschluß. Weitermachen, keine Müdigkeit vortäuschen, du kriegst es sowieso, also sieh zu, daß du es hinter dich kriegst. So ist's gut. Nette kleine Hüften hast du. Dreh dich um, laß uns sehen. Sehr schön, darauf habe ich gewartet. Und jetzt marsch hinauf und rauf aufs Bett. Weinen wird dir nichts nützen. O nein, das wirst du nicht tun, kleines Ungeheuer, du wirst Gertrude nicht entwischen. Marsch die Treppen rauf. Dafür kriegst du fünf Schläge mehr. Noch einer deiner Schliche, und wir werden dir deinen kleinen Hintern blutig hauen. Nein, meine Liebe, du gehst direkt in das Zimmer. Ich bin gleich hinter dir. Jetzt leg dich aufs Bett, bevor ich dich eigenhändig umbringe. Paula, bring das Paddel her. Nein, noch besser, bleib dort liegen und warte eine Minute drauf.«

»Vorwärts Sylvia, erzähl uns von deinem Freund. Schau sie nur an, Paula. Komm schon, schüttle nicht so deinen Kopf, Kind. Wir wissen doch, daß du welche hast, nicht wahr? Da ist ja nichts dabei. Stephanie hat Coy. Warum sollte unsere kleine Sylvia keinen Freund haben? Darlene hat erzählt, daß es in unserer Nachbarschaft ein Mädchen gibt, das herumgeht und erzählt, wie du mit ihrem Mann auf und davon bist. Irgendwo mußt du es ja herschenken.«

»Nein, ich habe noch keinen richtigen Freund in der Nachbarschaft. Aber Mike von Long Beach, der geht mir schon ab. Wir hatten eine ganz tolle Zeit in Kalifornien im letzten Frühjahr. Erinnerst du dich an Long Beach, Jenny?«

»Klar. Kalifornien war Spitze.«

»Hat dir Mike nicht auch gefallen, Jenny?«

»Ja, der war okay. Sylvia war ganz verrückt nach dem, redete von nichts anderem.«

»Na ja, er war irrsinnig süß, das wäre toll, wenn er diesen Herbst an unsere Schule käme. Er würde dir gefallen, Stephanie.«

»Was habt ihr dort draußen getrieben?« Gertrude an der Spüle, ihr Rücken den Jungen zugekehrt, die am Küchentisch sitzen, Paula, Stephanie, Sylvia, Jenny. Und sie in Führung. Alles Frauen – eine Kaffeerunde. Jetzt ist es Zeit, das Kind zu examinieren, ihr die Fehler zu entlocken. Ihre Sünden. Nicht bloß der Drang zum Stehlen, den sie schon erkannt hat, was sie Gertrudes eigenen Kindern beibringen könnte, sondern die schmutzigen Sachen.

»Ooch, ich weiß nicht, nur so herumgeblödelt, zum Strand gegangen, am Telefon geschwätzt und so.«

»Hör zu, Sylvia, hast du schon was mit einem Jungen *getan*, hm, Sylvia?«

»Ja, schon. Ich bin oft mit Jungen eislaufen gegangen. Ich und Mike sind oft zum Strand gegangen. Seit ich zurück bin und auch noch als wir in der North Euclid Street wohnten, bevor meine Leute weggefahren sind, da war ich oft im Park mit den Jungs.«

Gertrudes Lachen. Das Gelächter der anderen gleich danach. Grausam, dann dumm grausam.

Man darf nie so dreinschauen, als ob man nicht Bescheid wüßte. Schon verhöhnen sie einen. Mit Sachen über Jungs oder Babies oder verheirateten Leuten, immer soll man verstehen. Obwohl man es nicht tun soll. Aber dann manchmal soll man wirklich etwas tun oder mindestens ist es okay. Und wenn sie so reden, wie wenn es klar wäre, daß man Sachen getan hat, und es ist okay, es mir zu sagen, dann muß man auch was haben zum Erzählen.

»Also, als Mama und Papa über das ganze Wochenende nach Las Vegas fuhren, da hat Sylvia ganz schön mit Mike geschäkert, wir waren allein und haben eine Party gemacht. Wir Kinder.«

Die Betroffenheit weicht aus Sylvias Gesicht, und sie packt zu – »Ja diese Party, das war was. Stellt euch das nur vor, Leute, wir hatten das ganze Haus für uns allein, wir konnten alles tun.« Paula und Gertrude glotzen. »Ich meine wir konnten alle unsere Freunde einladen und so.« Stephanies Gesicht lächelt. Das wäre ein Spaß, wie ein Traum. Oder im Kino. Freiheit.

»Also was hast du mit dem Jungen getan, Sylvia, was habt ihr, du und Mike, getrieben?«

»Ooch nicht viel, na hör schon auf zu lachen, Jenny, wir haben nichts getan. Nur herumgeblödelt. Danny und Bennys Freunde waren auch dort.«

»Was hast du getan, Sylvia. Komm schon, erzähl.«

»Wir haben uns ein bißchen geküßt.«

Paulas großes gemeines Gesicht. Sie werden mich bei was ertappen. Jenny sollte jetzt besser achtgeben. Mutti und Vati haben nie etwas über diese Party erfahren. Sie haben es uns nicht erlaubt.

»Hast du mit dem Jungen geschlafen, Sylvia?«

»Natürlich nicht, es war keine Schlafparty oder so, es war eine ganz normale Party, eher die Party meiner Brüder. Am Ende sind alle ziemlich spät nach Hause gegangen.«

»Aber du hast ihn schmusen lassen, Sylvia.« Jenny glaubt, daß es toll ist, das zu erzählen. Gertrude interessiert sich dafür. Bei ihr können die Kinder alles sagen. Rickie Hobbs sagt alles. Sogar darüber wie Gerty tanzt, wie ihre Titten wackelten, als sie für ihn tanzte, obwohl sie gar keine hat.»Als er fortwollte, hast du ihn in dein Bett gelassen, und er hat dich geküßt und mit dir geschmust, Sylvia. Du hast gelacht und so.«

»Hast du den Jungen unter deine Bettdecke gelassen, Sylvia?«

»Ja, hab' ich.«

»Schau mich jetzt an; hat es dir gefallen? Hat es sich gut angefühlt?«

»Na ja, wir haben herumgespielt und gelacht, wir haben nur geblödelt, Gerty.« Sephanie beginnt auf ihrem Stuhl herumzuwetzen. Paula glotzt weiter mit ihrem dicken großen Kopf. Aber Gerty lächelt, sie ist heute unheimlich gut gelaunt, vielleicht ist es also okay. Sie scheint es für sehr wichtig zu halten.

»Ich weiß nicht, ob ihr Mädchen versteht, aber wenn man einen Jungen unter die Bettdecke läßt, dann kriegt man ein Kind.«

Jetzt ist die Spannung da.

»Und Sylvia wird schon dick.« Paula dreht sich herum, ihr ganzer Körper dreht sich, als sie ihre Mutter das sagen hört.

Ein plötzlicher Stich von Scham. Sie war dick, als sie klein war. Paula ist dick. Kann es sein, daß sie dick wird? »Dann muß ich wohl mit einer Diät anfangen, Gerty.« Niemand lächelt zurück. Stephanie blickt zu Boden. Paula glotzt immer stärker. Sogar Jenny schaut weg, zu Gertrude hinüber.

»Warum hast du den Jungen in dein Bett und unter deine Decke gelassen, Sylvia?«

»Ich weiß nicht. Wir haben nur so rumgespielt.«

»O ja. Wie war es? Hat es dir gefallen?«

»Es war nichts. Wie bei jedem anderen Kind, wir haben gespielt.«

»Hat es weh getan das erste Mal?«

»Aber nein. Warum denn?« Gertrude starrt sie an. »Was soll denn da weh tun?«

»Das solltest du wissen, junge Dame. Und du wirst es ziemlich bald herausfinden.«

Diese Darlene McGuire. Mußte sie Sylvia mitbringen? Darlene war es, die sie das erste Mal hier herüberbrachte. So viele Bälger im Haus und jetzt noch diese beiden dazu. Und das für lumpige zwanzig Dollar. Darlene, denn nachdem sie mit Sylvia und Jenny hier war, ein Herz und eine Seele, Paula auch, und die ganze Bande steckte zusammen, als ob sie verliebt wären, sie hatte sich einfach in dieses neue Mädchen verknallt, wie das bei Teenagern so vorkommt, kann mich selbst noch daran erinnern – und gleich die nächste Woche prügelt Darlene auf Sylvia ein. Vielleicht war das das erste Mal. Ann Siscoe war die nächste. Und ich habe Ann dabei zugesehen. Und Sylvia. Das Zusehen, das war es wahrscheinlich. Und Darlene. Da hat es irgendwo geknackst. Weiß noch immer nicht genau, warum. Und wenn ich mich nicht zusammennehme, dann arbeitet es weiter, am Vormittag zum Beispiel, wenn die Kinder draußen im Park sind und ich habe etwas Frieden und Ruhe. Oder wenn jemand vorbeikommt, ein Erwachsener, und ich mir eine Tasse Kaffee gönne. Phyllis Vermillion oder sogar einer von diesen Versicherungsleuten, die mir das Geld aus der Tasche ziehen oder es wenigstens versuchen. Denn jetzt muß ich diese Police verfallen lassen, Dennis ist weg, und John schuldet mir die Alimente schon so lange und keine Hoffnung, Dennis aufzustöbern – zwei Vaterschaftsklagen, und alles was ich bis jetzt davon habe, sind Anwälte, die glauben, daß ich ihnen Geld schulde. Aber auch Sachen wie das hier. Wenn man es so betrachtet, mit den Augen von Erwachsenen und von draußen, dann sieht alles ganz anders aus. Das Ganze mit Sylvia wird dann winzig klein, eine Nebensache, etwas das ein paar Wochen so weitergeht, und dann ist es vorbei, ihre Leute kommen zurück, und irgendwann einmal kann man sich nicht mal mehr erinnern, welcher Sommer es war, als die Likens-Mädchen hier wohnten – so wie es schon vorbei ist, daß meine Schwägerin Rose mit ihren beiden Kindern im Juli hier hereinschneite, und jetzt habe ich so ziemlich alles vergessen, obwohl es bei Gott ein Wahnsinn war, die vielen Kinder hier, und die Likens-Mädchen dazu, die waren gerade gekommen. Das war ungefähr dieselbe Woche. Ich noch ganz krank von der Fehlgeburt und versuche bei der Hitze zu bügeln. Als Rose wegfuhr, hatte man das Gefühl, daß alles besser ist, drei Leute weniger. Und dann wieder von vorne anfangen und zusehen, wie es sich Jenny und Sylvia hier häuslich einrichten, ihren kleinen Willen durchsetzen, ihre feinen Manieren rauskehren, sich immer weniger aus mir was machen und frech zurückreden. Bei meinen Kindern mag es ja noch angehen, aber bei denen nicht. So wurde es also ganz wie vorher, denn Rose war nur auf Besuch, und die beiden wollten ja bleiben und mußten zurechtgestutzt werden. Bei Jenny war's ja nicht so schlimm. Die fürchtet sich vor Schlägen. Aber Sylvia nicht. Die zeigt einem drei Minuten nachher gleich die Zunge, nennt einen sogar Grobian. Diese Stupsnase von ihr. Zeichen von Widerstand. Und ihr ganzes freches Benehmen. Hält sich für hübsch, das kommt davon, ihre eingebildete Art. Sogar als sie damals in der Kirche nach vorn ging. Ich war ja nicht dabei, aber Paula hat es mir erzählt. Sylvia ließ sich erlösen. Wie sie an diesem Abend die Allertollste war, schleuderte ihr Haar um sich und lachte und brachte Reverend Julian dazu, sie nach Hause zu fahren. Die Kirche ist gleich das erste. Beim ersten Picknick benimmt sie sich schon wie eine Sau. Paula hat sie sich vorgenommen. Gleich hinter der Kirche, erwischte sie in einer Seitengasse. Gut, daß Shirley es mir erzählt hat, aber Paula hat sie sich in der Seitengasse vorgenommen und ihr eine runtergehauen. Noch vor der Tracht Prügel. Als ich davon hörte, habe ich sie gleich nach oben geschickt. Habe sie aufs Bett legen lassen, wie immer, aber diesmal nicht nur das Höschen runter, sondern überhaupt keine Kleider. So geht's besser, und es macht mir so viel Spaß zuzusehen, die Bäckchen werden immer röter, ich spüre es selbst auf meinem Hintern, auch in der Muschi. Denn das Zusehen macht mich ganz geil. Auch, wenn ich Paula dabei zusehe, weil ich zu schwach dazu bin und ausgelaugt und die Hitze. Diese ganze Büglerei und die Kinder. Und das Schreien dazu, das könnte alles verpatzen, ich meine das Zusehen, wie sie rot werden und sich bewegen, aber nach einiger Zeit nicht mehr, dann kann man das Schreien verbinden mit den Bewegungen und dem Rot auf ihrem Hintern und Rücken. Auch das Bitten und Jammern, das ist gut, echt gut. Und immer das Rot auf ihren kleinen rosa Hintern, das stärker und stärker wird. Die Hintern sind hübsch, nette kleine Hälften, und sie haben beide gute Figuren. Paula würde nicht so gut aussehen. Aber sie genießt ihre Arbeit richtig. Es ist wunderbar, wie sie diese Sylvia haßt. Zählen. Jetzt zählen wir immer, das erhöht die Spannung, weil sie nie wissen, wie viele. Und jetzt schreien sie nur mehr wild drauflos, ihre Stimmen kommen von tief unten in der Brust, sie ersticken fast und sie weinen und betteln und reden, und jetzt sind wir schon bei zehn, und ich kann es in meinem Höschen spüren. Sogar mein Magen ist erregt, wie wenn man sich beeilt oder Angst hat. Heiß in der Möse. Fast wie wenn ich komme. Wenn ich nicht zusehen würde, wenn ich nicht sehen würde, würde ich nur das Schreien hören und würde wollen, daß sie 's Maul halten. Vielleicht würden sie mir sogar leid tun. Aber zusehen. Wenn ich diese kleinen roten Hintern sehe, wie sie sich auf dem Bett hin und her werfen – wahrscheinlich wird man genauso erregt, wenn man sie berührt, sie küßt, den Finger oder sonst was hineinsteckt. Aber das ist böse. Teufelswerk. Daran dürfte man nicht einmal denken. Zusehen ist anders. Zusehen, wie ihnen Disziplin beigebracht wird, wie sie lernen, sich in der Öffentlichkeit nicht wie Schweine zu benehmen. Gier, das ist es, das steht auch auf der Liste vom Religionsunterricht. Also kann ich zusehen. Solange ich mich nicht berühre und sie nicht. Solange es das Paddel ist. Jetzt kriegt ihr das Brett, sage ich ihnen. Jedes Mal, wenn ich das sage, bin ich schon erregt. Überall. Auch im Bauch. Auch mein Kopf und meine Stirn werden heiß, und mein Kopf summt – fast als wäre drinnen ein Geräusch. Dann kann ich nicht warten. Hole sie nach oben. Die meisten Leute würden erst später schlagen, die ganze Warterei, ich nicht. Ich kann nicht warten. Ich muß es gleich haben. Ich muß es sehen. Ich muß zusehen. Muß zusehen, schauen, diese Hintern ansehen, diese kleinen Ärsche flach auf dem Bett, ich lasse sie gleich hinlegen. Auf ihre Bäuche. Schwänzchen in die Höh. Die kleinen Bäckchen werden rosa. Werden rot. Hüpfen währenddessen herum. Fester und schneller. Jetzt springen sie. Jetzt sind wir schon über zehn, und ich spüre, wie es zwischen meinen Beinen anfängt. Ich muß gar nichts dabei tun. Nur zusehen. Es kommt alles durch meine Augen rein. Auch durch die Ohren, aber es sind die Augen. Obwohl es nicht das Richtige wäre, wenn sie nicht auch Lärm machen, würde es nicht funktionieren. Man würde wissen, daß sie nicht richtig drankommen. So braucht man auch die Ohren und die Bewegungen. Die Bewegung ist echt wichtig. Wie sie hüpfen. Wie bumsen. Denn so viel beim Bumsen liegt in der Bewegung und im Schwitzen, sogar das Grunzen ist wichtig, die Bewegung wird schneller und schneller und kommt außer Kontrolle, bis ... So um die vierzehn herum kann ich es jetzt kommen spüren, kann es nicht mehr zurückhalten, auch wenn ich wollte, und wie froh ich bin, daß Paula das Schlagen besorgt und das Brett auf diese Hintern niederprasseln läßt, denn alles, was ich tun will, ist zusehen. Denn jetzt kommt es ganz sicher. Ich bin so heiß wie sie. Sie geben es mir. Die einzige Art, wie sie es können. Die einzige Art, wie ich es bekomme seit Dennis. Oder mit der Hand. Aber sie sind besser. Sie sind wer anderer. Nicht bloß mit sich selbst sündigen. Zusehen, wie sie sich bewegen, sich aufbäumen. So rot. Schreien so laut, daß ich mir manchmal Sorgen mache, freilich jeder hat das Recht, ein Kind zu schlagen, aber trotzdem. Macht nichts. Zuschauen, Paulas Arm auf und nieder und ihr Schluchzen. Röter und röter bewegen sie sich. Da ist es, da da. Ja. Schau dir nur Sylvias roten Hintern an, noch ein paar, und es gibt Blut. Ja. Ja. Noch einen, und ich bin soweit. Da. Oh mein Gott, da.

Und dann hört es auf. Ihre kleinen Hintern beruhigen sich. Paula weiß immer, wann, vielleicht ist es nur der Unterschied in meiner Atmung, in meinem Hirn, das ihren Arm bewegt. Manchmal da spüre ich, daß ich ihr die Kraft und den Antrieb gebe, obwohl ich die Schwache bin und sie die Starke, fünfzig oder sechzig Pfund schwerer als ich, trotzdem kriegt sie die Energie von mir, von meinem Willen. Sie wird von mir angesteckt wie von einer Bakterie, und ihr Arm bewegt sich, weil ich sie dazu bringe. Genauso, als ob sie Befehlen gehorchen würde, ja, aber ohne Worte, nur Gefühl, klar und einfach. Aber sie weiß genau, wann ich mich anspanne und wann ich mich entspanne. Wer weiß, was sie empfindet – ob sie auch geil ist oder nur voller Haß. Das würde schon reichen, Gott im Himmel, sie verabscheut Sylvias schickes Ärschchen. Soll sie nur dafür bezahlen jetzt. Schluchzen noch immer, beide. Komisch, wie man sie schlägt, weil man sie nicht küssen kann; das passiert oft im Leben. Wenn ich zusehe, wie die kleinen Hintern auf und ab hüpfen, möchte ich Paula sagen aufhören und hinübergehen und eine weiche Hand auf ihre Backen legen, sie mit der Zunge abkühlen, die Form küssen oder den

Schmerz. Auch sie zwicken, sie auseinanderspreizen und hineinschauen. Was, wenn ich meinen Finger hineinstecke, aber freilich Paula sieht zu und nicht direkt vor ihrer Nase, um Gottes willen, wo ich ihr gesagt habe, daß sie böse sind und bestraft werden müssen, und sie haßt beide so sehr. Ich auch, aber da ist mehr dran, viele andere Sachen, wie daß ich irgendwie fasziniert davon bin, ihnen die ganze Zeit zuzusehen. Sylvia. Diese besonders hätte mein Lieblingskind werden können oder ich könnte sie umbringen. Wie sie Widerstand leistet. Wenn ich sie brechen könnte und sie mir ganz unterwerfen könnte, keine großspurigen Manieren mehr, sondern einfach alles, was ich sage, wie ein nettes kleines Hündchen, wie der liebe kleine Köter, den wir haben. So sanft. Aber was nützt es, sie hätten noch immer das Schlauer-als-du-Ding in ihrer Seele, wenigstens ein Stück davon. Vielleicht nicht. Aber was würde es nützen, wozu kann es überhaupt gut sein, diesen kleinen Hintern auch noch so zart zu berühren, auch wenn Paula nicht zusieht? Sie würde mich eine Sünderin nennen. Sylvia. Oder Jenny. Eine von ihnen. Oder sie würde lachen oder schlechte Sachen denken oder wegrücken. Und ich würde dastehen wie eine Idiotin. Das hier kann ich aber tun, das ist okay. Sie prügeln. Sie verdreschen. Ihnen das Brett geben. Das ist okay und legal und keine Sünde. Und auch wenn sie mich lassen, was ist das für eine Beziehung zu einem Kind? Kinder sind Kinder. Sie sind kein Mann. Kein Erwachsener. Man kann nicht mit ihnen reden. Sie wissen nicht, wie. Worauf es schließlich ankommt. Und daß man alleine ist, wenn man mit Kindern ist. Daß sie kichern würden, wenn man sie in die Arme nimmt. Oder es ihrem Lehrer sagen. Daß man schließlich gar niemanden im Arm halten würde. Sie haben sich damit nie einverstanden erklärt, haben es sich nie ausgedacht, es war nie ihre Idee. Und was würden sie nachher sagen? Wie wäre unsere Beziehung am nächsten Tag, an jedem Tag danach? Verändert? Dieselbe? So tun, als wäre es nie geschehen. Ich tu' so? Sie tun so? Oder so tun als ob, aber unter der Oberfläche ist es da, um irgendwann nach dem Abendessen wie etwas Niedliches, Kleines wiederaufzutauchen. Aber was, wenn sie es verraten? Die Schule oder Julian oder auch die anderen Kinder. Einem Kind den Hintern tätscheln mit acht Kindern und einem Kleinkind im Haus? Und was soll das überhaupt? Dort lasse ich einen Mann nie ran. Nur an die richtige Stelle, und der Herrgott weiß, daß der Hintern nicht die richtige Stelle ist, obwohl der letzte von den dreien es versucht hat, stocherte herum, stieß nicht zu, das nicht, befühlte mich dort nur, als ob es ihm mächtig Spaß machte. Ich sagte, daß das Teufelswerk sei. Nicht aber ein Kind prügeln. Was bedeutet das schon? Das ist nicht Sex. Nur sexy. Da ist kein Fleisch dabei. Kein Schwanz wie beim guten alten Dennis. Auch bei John. Oder sogar bei Guthrie, das war zumindst ein anderer Erwachsener in deinem Bett, jemand wie du. Nicht wilde Tiere, wie Kinder sind. Sie können sich jeden Augenblick gegen dich wenden, und man weiß nie, was sie denken. Habe immer das Gefühl gehabt, daß wir andere Gattungen sind, wenn es drauf ankommt. So traut man sich nicht, ihnen nahe zu kommen oder intim zu werden, nie Sex riskieren und nichts. Sie wissen ohnehin nicht, wie. Aber wenn man sie schlägt, dann weiß man, daß sie mit einem sind, sie können sich nicht widersetzen. Es kommt alles von dir, und es ist nicht notwendig, daß sie einverstanden sind. Denn sie sind es vielleicht nicht, wenn man sanft mit ihnen umgeht. Es mag passieren, daß sie eigene Wege einschlagen. Aber wenn es das Paddel ist, auch auf ihren nackten kleinen Hinterbacken, auch wenn ihr Arsch wie Feuer brennt – sie gehören dir. Und niemand kann dir was vorwerfen.

Gertrude. Der Abend kommt näher. Es gibt immer so viel zu bedauern um diese Tageszeit. Daß alles mit Guthrie schiefging, obwohl mir Kalifornien wirklich gefiel. Daß ich überhaupt Baniszewski wegen Guthrie weggelaufen bin. Daß ich dann zu Baniszewski zurückgekehrt bin. Scheiße. Nichts bedauere ich so sehr, als zehn Jahre an einen Mann verschwendet zu haben. Daß ich Dennis nicht halten konnte? Ihn und seine Launen. Wenn ich es mir überlege, dann ist das einzige, was ich nicht mag, das Alleinsein. Und manchmal macht mir nicht einmal das so viel aus. Habe ja die Kinder. Aber die Kinder können mich nicht mit ins Kino nehmen. Mit mir essen gehen. Wetten, daß ich nicht einmal mehr tanzen kann. Bin schon so lange nicht mehr ausgewesen, daß ich mich überhaupt nicht mehr erinnern kann. Samstagabend, wenn er Zahltag hatte. Man kann am Abend nirgends hingehen, wenn man keinen Mann dazu hat. Einen Mann. Größer und stärker, und sie haben Geld in der Hose zusammen mit anderen Sachen, sie kennen sich aus. Sollen sie nur zahlen. Sollen sie sich den Kopf zerbrechen. Ein Rohrbruch, und man lehnt sich einfach zurück. Denn wenn er es nicht schafft, dann kann er jemand anderen dafür bezahlen. Dumm, wie sie in manchen Sachen sind, so wissen sie doch viel über anderes. Nicht über Leute vielleicht, aber über Sachen. Woraus Sachen gemacht sind. Werkzeug. Metall und Eisen und Holz und Autos und wie man ein Dach auf ein Haus macht. So Sachen eben. Alle diese Sachen hier, die mich verrückt machen. Ein Mann hätte diese Tür schon längst repariert, einige Betten gebaut, das Fenster verglast, als es gebrochen ist, den Ofen angeheizt. Wie kann ich mich auf einen Haufen Kinder verlassen, um diesen Winter den Ofen in Betrieb zu halten? Man kann sich zurücklehnen und kochen, das ist leicht. Wenn man natürlich einen Herd hat. Eine kaputte Elektrobratpfanne und eine elektrische Platte. Ich habe ein Haus, wo man einfach nicht leben kann, sieben Kinder zum Füttern – neun jetzt mit den Likens-Bälgern – und keinen verdammten Herd. Wir haben kaum Geschirr. Drei Löffel waren über in diesem verdammten Loch, das letzte Mal als ich nachsah. Die Unterhaltszahlungen sind nicht regelmäßig, und wenn sie kommen, dann reichen sie nicht. Und Paula arbeitet nicht und bringt keinen Groschen ins Haus. So werde ich nicht mehr lange durchhalten, muß an zu viele Sachen denken und fühle mich so elend. In gut zwei Monaten beginnt die Asthmasaison, wenn ich es jemals schaffen sollte, mich von diesem abgegangenen Kind im letzten April zu erholen.

Und jetzt sieht es so aus, als ob ich auch noch kriminell werden würde. Weil ich diesen doofen Zeitungsjungen nicht bezahlt habe. Was als gesetzwidrig gilt, und in Indianapolis glauben sie sogar, daß es ein Verbrechen ist. Einen Zeitungsjungen betrügen, nennen sie das – ich konnte es einfach nicht glauben, als dieser Schwachkopf mit seinem Haftbefehl auftauchte und ganz geil drauf, mich echt zu verhaften. Wegen einem Dollar und fünfundzwanzig Cents. Also sage ich ihm selbstverständlich, daß er verrückt ist.

Da wird er ganz aufgeregt, sagt, daß er ein Polizist ist, schnattert was über einen abwegigen Paragraphen oder so und macht sich doch tatsächlich daran, mich in die Stadt zu nehmen und einzulochen, ein Prozeß mit Richter und allem. Dann habe ich mich gefürchtet. Die Likens-Kinder könnten mir große Schwierigkeiten machen, wenn sie wollten. Also nehme ich den Mund voll und sage ihm, daß ich einen Haufen Rechtsanwälte habe und so. Wenn man sich das Haus da ansieht, dann würde man nie annehmen, daß ich so viele Anwälte habe. Nichts als Scheidungen und diese Vaterschaftsklagen gegen Dennis, aber dieser Polizistenbüffel braucht das ja nicht zu wissen. Quakt weiter über diesen Zeitungsjungen und daß es in dieser Stadt ein Verbrechen ist, man vergißt einfach dem Kind zu zahlen oder man hat gerade kein Kleingeld dabei. Und bei Gott, er meint es. Kann heute im ganzen Haus keine Zigaretten finden. Und da bin ich jetzt, mit sieben eigenen Kindern, über die ich mir den Kopf zerbrechen muß, plus zwei weiteren, die hier wohnen, und nicht genug Geld, um sie zu füttern, und der Idiot mit der Knarre in der Hose will mich einlochen, weil ich den Zeitungsjungen nicht zahlen kann, was ein Vergehen oder so was ist. Das sind die Gelegenheiten, wo man einen Mann im Haus gebrauchen könnte. Dieser Polizist, wie heißt er nur, würde mich sicher nicht so behandeln, wenn der große John ihm die Tür geöffnet hätte. Nicht einmal bei Dennis. Sie würden aufgeben, weil John ein Bulle ist, oder Dennis ist auch ein Mann, oder er könnte es gleich zahlen oder sich rausreden oder so, oder sie würden es einfach unter Männern ausmachen. Gott sei Dank sind da einige Mentholzigaretten in meiner Tasche. Aber sie können doch nicht eine unbescholtene Frau in den Knast stecken, die sieben Kinder daheim hat. Ich muß mir mehr Zigaretten besorgen, ein Kind in den Laden schicken, wenn ich noch irgendwo Kleingeld auftreiben kann. Die Crackers sind auch schon alle. Eigentlich war diese ganze Zeitungsgeschichte irgendwie aufregend – ein bißchen Dramatik könnte man hier schon brauchen. Nichts als diese Kinder um mich den ganzen Tag. Und diese Sylvia. Ich muß sie zurechtstutzen, das ist klar. Ihr den Kopf waschen. Das wird eine Menge heißes Wasser kosten, bei Gott. Gut daß dieser Typ nicht aufgetaucht ist, wenn sie gerade ein schönes heißes Bad nimmt oder so. Das ganze Geschrei. Und man fragt sich, was Phyllis Vermillion denkt, ob ihr das überhaupt auffällt. Auf jeden Fall ist es anständig von ihr, daß sie sich da raushält. Aber stell dir nur vor, dieser Schwachkopf von einem Polizeiinspektor kommt hier vorbei, wenn wir alle Sylvia gerade in der Badewanne haben. Rickie und Johnny und Stephanie und Paula und die kleinen Kinder, die zuschauen – freilich man kann sich immer eine blöde Ausrede einfallen lassen. Ich wette, daß sogar Sylvia den Mund halten würde, wenn sie weiß, daß es ein Bulle ist, ein Fremder von draußen, der uns alle in Schwierigkeiten bringen könnte. Soweit ich sie kenne, hätte Sylvia da genug Loyalität. Hatte nicht einmal Schwierigkeiten, als gestern ihre Leute hier waren. Lester zahlt, und die beiden Mädchen halten ordentlich die Klappe, und als sie das letzte Mal kamen, um die Monatsmitte herum, brachte keine von ihnen ein Wort der Klage heraus, außer daß sie hungrig sind und hinauswollen, für eine Automatencola und einen Hamburger. Bei Kindern kann man sogar mit einem Mord davonkommen. Und vielleicht wird es auch noch so weit kommen. Ich weiß nicht, was ich noch mit diesem Kind tun muß, aber ich habe es dem Herrgott geschworen und auch ihren Leuten versprochen, daß ich sie zurechtbiegen werde, und wenn das bedeutet, ihr das Genick zu brechen, dann werde ich es tun. Das wäre dann ihre eigene Schuld. Und ich habe immer noch die Briefe, wenn etwas schiefgehen sollte. Sie werden ihr Verhalten erklären und ihre Bestrafung rechtfertigen. Ich sollte sie wieder mal dazu bringen. Sie diesmal heißer machen, daß sie mehr Sachen angestellt hat, für die sie geprügelt werden muß. Es so machen, daß ich auf keinen Fall Scherereien kriege, was immer geschieht, ich habe meine Erklärung parat, Beweise, alles, ihr eigenes Geständnis, alles fertig verpackt. Man braucht bloß ein Kind, das petzt. Freilich mache ich nichts Unrechtes – aber wenn die Leute anfangen, sich einzumischen, dann kommt alles schief raus, sie können es so drehen, daß alles schlecht aussieht. Vielleicht verstehen sie es nicht, kann sein. Vielleicht wollen sie es nicht verstehen. Vielleicht sehen sie es von ihrer Seite – mit dem ganzen Armes-kleines-Kind-Quatsch. Sentimental, das ist es, denken immer, das Kind hat recht, gegen die Erwachsenen. Die Art von Leuten, die selber nie Kinder gehabt haben, kennen sich überhaupt nicht aus. Man muß sie bei der Stange halten, sonst trampeln sie auf einem herum. Johnny ist da ein gutes Beispiel. Der ganze Grund, warum ich ihn heuer im Sommer bei John wohnen ließ. Es kam so weit, daß ich mit ihm überhaupt nicht mehr umgehen konnte. Da soll einmal der Vater sein Glück versuchen, habe ich mir gesagt. Und jetzt ist er ein bißchen braver, seit er jeden Tag den Polizeigürtel gekostet hat. Sylvia wird ein ganzes Stück braver sein. Ein Mädchen schließlich, und Mädchen lernen sich sechsmal schneller zu fügen als Jungen. Aber das Problem bei ihr ist, daß sie es nicht lernt. Ich beginne mich zu fragen, ob ich sie jemals so weit kriegen werde. Manchmal kommen mir echte Zweifel. Zweifel meine ich, ob es mir überhaupt guttut, zu versuchen, sie zu ändern. So deprimiert fühle ich mich, die Arbeit ist zu schwer, auch wenn Paula mir dabei hilft. An manchen Tagen habe ich kaum die Kraft, dieses Kind zu schlagen. Ich kriege ein komisches Gefühl, wenn ich es tue. Als ob ich mir nicht mehr sicher wäre. Eine gewisse Versuchung ist da schon dabei. Wie ich ganz erregt werde, wenn ich beim Paddeln ihren kleinen Hintern ansehe. Das ist ein echt komisches Gefühl. Geil wie beim Sex, wie damals mit Dennis. Aber das kann es doch nicht sein, ich bestrafe ja nur ein Kind, warum kommt dann immer dieses Gefühl hoch? Wenn jemand das rausfindet, bin ich geliefert. Dieser stumpfsinnige Lester könnte sich sogar beschweren, obwohl er so faul ist, und Betty ist so weggetreten, und beide sind so dumm und die Hälfte der Zeit betrunken, daß man es sich kaum vorstellen kann. Aber angenommen, sie tun es. Was dann? Oder die Kinder reden, jetzt wo die Schule wieder beginnt. Auch wenn es nicht Sylvia ist. Jenny könnte zum Beispiel. Obwohl ich glaube, daß ich sie genügend verschreckt habe, um ihr den Mund endgültig zu stopfen. Aber ganz sicher kann man ja nie sein. Also angenommen, sie reden? Und dann kommen die Bullen und diese Typen von der Fürsorge und die Lehrer. Oder Reverend Julian. Die ganze Kirche würde es wissen. Wie ein böser Traum, der weitergeht, obwohl man hellwach ist. Manchmal glaube ich, daß da etwas ist zwischen mir und Sylvia. Daß ich sie überhaupt hier hereingenommen habe – das war dumm von mir – wo ich doch sowieso alle Hände voll zu tun habe. Aber dann mußte ich sie bei der Stange halten. Ihr das steife kleine Genick brechen, mit diesem starken Willen. Und ich drücke und drücke immer fester zu, aber man kommt überhaupt nicht weiter, und es wird immer schlimmer hier, darüber denke ich jetzt die meiste Zeit nach. Sogar wenn ich bügle, auch wenn sie außer Haus ist. Denke die ganze Zeit an sie, wie eine Art Verliebtheit oder Besessenheit oder so was. An die anderen Kinder denke ich meistens überhaupt nicht, Sylvia kriegt meine ganze Aufmerksamkeit. Das ist nicht recht. Und vielleicht ist es nicht einmal recht, ihr Gottesfurcht einpeitschen zu wollen. Vielleicht bin ich da schon zu weit gegangen. Sollte aufhören damit. Aber wenn ich sie jetzt so stehenlasse? Wenn ich sie durch Mord entkommen lasse? Was ich auch tu', ich frage mich, ob es recht ist.

»Also, Sylvia. Das werden wir jetzt gleich haben. Ich möchte, daß ihr Kinder euch alle hinsetzt und mir zuhört. Hör auf mit der Büglerei, Sylvia. Es kann nicht warten, kann einfach nicht, ich habe lange genug gewartet. Ich habe gebetet und um Hilfe gefleht, und ich habe den rechten Weg gefunden. Das handelt alles von dir, Sylvia. Steh auf. Mädchen, zeig dich.«

Was ist das nun wieder? Was geht in ihrem Kopf vor? Man weiß nie, bis es zu spät ist. Paula gleich neben ihr wie ein Hund, der auf den Befehl »Faß sie« wartet. Aber Jenny und Stephanie sehen auch nicht so aus, als würden sie mitkommen. Aber man weiß ja nie, was los ist. Alles eine Falle. Wenn sie nett sind, ist es ein falsches Spiel, und wenn Gertrude mit dieser ernsten Stimme anfängt, dann gibt es Prügel. Die Überraschung kommt, während man wartet, wofür es diesmal wieder ist.

»Seht euch ihren Bauch an, alle.«

O mein Gott, damit hat sie schon unlängst angefangen. Redet mir ein, daß ich dick bin. Sie schauen mich an, jeder einzelne von ihnen. Ich könnte sterben, wenn sie mich so ansehen. Stimmt wirklich etwas nicht mit mir?

»Dein Bauch wird schon ganz schön dick. Nicht wahr, Mädchen? Sieht Sylvias Bauch nicht schon aus wie ein Luftballon?«

Okay, es ist ein Witz. Sie lacht. Sie lachen alle mit diesem grausamen kleinen Lachen. Sogar Jenny. Bis sie mich gesehen hat, und dann hört sie auf. Wenn Leute dich auslachen, muß man mitlachen und so tun, als wäre es wirklich komisch. Denn wenn man ernst ist, dann werden sie wütend und gemein, und wenn man weint, weil man ausgelacht wird, dann werden sie noch gemeiner. Also muß man mitlachen. Das ist gar nicht leicht für mich, weil ich immer irgendwie überrascht bin über ihr Lachen und ein bißchen wütend, und die Überraschung sieht man, und so lachen sie noch mehr über mein erstauntes Gesicht, und dann fühle ich mich noch schlechter. Nicht wirklich böse, nur traurig. Ich werde nie böse bis später, viel später. Zu spät. Also lachen sie sich alle krumm, und ich muß lachen und etwas Komisches sagen. Wie daß ich eben unbedingt eine Diät machen muß, obwohl es hier kaum genug zu essen gibt, um auch nur das Hündchen zu ernähren.

»Na ja, also von nun an gibt's nur Diät für mich, Gertrude.«

»Eine Diät wird da nichts nützen, Mädchen. Zu spät für eine Diät für dich jetzt. Was meinst du, Paula?«

»Klar, Mama.« Paula, ihre Zeit kommt, wo sie Sylvia sehen kann, ihren Körper und alles, diesen Körper, den sie so selbstbewußt zur Schau trägt, diesen gefangenen Körper. Diesen Körper, den Paula beobachtet und geliebt hat, wenn sie ihn kriegen könnte, gehaßt, da sie es nicht kann – dieser Körper, der sie zu jeder Tages- und Nachtzeit verfolgt, auch wenn Sylvia gar nicht da ist, ein Vorwurf wie ein Stich, jedes Mal, wenn sie ihren eigenen Körper im Spiegel erblickt oder über ihre Körperschwellungen hinuntersieht. Sehen, wie dieser andere Körper auf seinem Weg in die Zerstörung vor ihr dargeboten wird. Nicht bloß das Paddel, sondern zu Hackfleisch geprügelt. Offengelegt. Dieses kleine Biest steht da aufrecht und stellt ihre Figur zur Schau. Mama hat Neues für sie auf Lager. Keine Diät wird dir da mehr helfen, kleine Landstreicherin. Du bist voll vom Baby, und mit einer Diät kriegst du das nicht mehr weg. Nein, meine Liebe. Das ist es. Sylvia macht da drinnen ein Baby. Einen neuen Mike oder sonst wen, mit dem sie da in Kalifornien im Bett war.

»Ich möchte, daß ihr alle davon was lernen könnt. So ist es, so wird es sein, wenn ihr einen Jungen in euer Bett laßt. Der Rest von euch sollte das besser kapieren. Denn so werden Babies gemacht. Ich habe Gott um eine hilfreiche Hand gebeten, und ich bin für euch verantwortlich, und jetzt werde ich es euch ein für alle Male beibringen. Wenn ihr seht, wie Sylvia ihre Prügel kriegt, dann tut ihr gut daran, gleich mitzulernen.«

Paula beobachtet, wie Gertrudes Faust auf den Tisch niedersaust. Die Kraft, die Gewißheit, die Macht dieser Geste. Wie Gott, und Gertrudes Gebete waren an Gott gerichtet. Jetzt gibt es Hilfe. Paula, die Zeit rückt näher, wo sie nicht mehr alleine sein wird. Wenn alles, was sie trägt, von einer anderen getragen wird. Sylvia wird ihre Schwangerschaft übernehmen. Wenn Gertrude Sylvia schwanger machen kann, dann kann sie Paula unschwanger machen.

»Denn ich werde es euch allen jetzt ein für alle Male erklären. Und ich werde es euch auch zeigen. Das ist, was passiert, wenn ihr einen Jungen in euer Bett laßt. Das ist, was ihr außer einem Kind noch kriegt.«

Gertrude, ihr Fußtritt wie eine Vergewaltigung zwischen Sylvias Beinen, das zarte Fleisch, der Knochen, der Schock wie ein elektrischer Schlag direkt durch den Körper ins Gehirn. Die allerärgste Verletzung des Ichs. »Ein guter schneller Tritt zwischen die Beine« wird einer von Gertrudes Lieblingssätzen. Die Autopsie wird die Häufigkeit und Wucht dieser Fußtritte unter Beweis stellen. Von nun an werden andere lernen zu zielen und zu treten. Aber Gertrude hat den perfekt asexuellen Angriff auf Sylvias Sexualität gefunden. Indem sie statt mit der Hand mit dem Fuß das Verbotene anfaßt, indem sie tritt, statt zu berühren, indem sie zuschlägt, statt zu streicheln und zu liebkosen – so braucht man die verbotene Stelle überhaupt nicht zu berühren. Außer um die Heimsuchung zu bekämpfen.

»Setz dich jetzt hin und koste deine Scham, bis die Prügel auf deinen Hintern kommen. Dann wirst du es spüren. Baby oder keines.«

Der Zorn ist bei Paula plötzlich und schrecklich. Das war alles Betrug. Sylvia ist gar nicht schwanger, Gertrudes Worte können ihr kein Kind in den Bauch stopfen. Alles, was man mit einem Jungen macht, macht einen schwanger – Sylvia hat nichts davon getan was Mama meint. Eislaufen macht einem keinen dicken Bauch. Sylvia ist noch ein Kind, sie weiß überhaupt nichts darüber. Stephanie und Jenny sitzen da und nicken vor sich hin, aber sie haben genausowenig Ahnung wie Sylvia, worüber Mama eigentlich redet. Sie haben auch nichts getan. Sie tun nur so, als ob sie verstehen, weil sie nicht blöd dastehen wollen. Sylvia ist genauso. Sie ist nicht zusammengefickt. Nicht einmal Mama kann das aus ihr machen. Es stimmte nur eine Minute lang, alles Lüge. Und das heißt, daß ich noch immer die einzige bin. Dieses Luder. Dieses grinsende kleine Luder.

»Schau, Mama, ich schmeiß' sie gleich vom Stuhl runter. Seht her, Leute. Herunter mit ihr. Mit dem Arsch auf den Boden. Sie ist eine Hure. Seht sie nur alle an. Herunter mit dir und mit dem Arsch auf den Boden. Diese Person, die ihr da seht, ist eine Hure.«

Danach beschimpfte Sylvia sie als Huren, und es nahm seinen Anfang.

TEIL DREI

»ICH KANN ES RIECHEN. Lüg mich nicht an, ich riech' es doch.« Gertrude, ihre Augen packen die Angeklagte wie eine Hand. »Lüg mich nicht an, Mädchen, ich kann den Senf mitten auf deinen Lippen sehen. Schaut her, Kinder, seht ihr es nicht?« Die jüngeren schauen, aber sehen nichts. Jimmy. Shirley. Marie. Ihre Augen strengen sich an, aber sie können es nicht sehen. »Paula, ja siehst du es denn nicht, dort rechts auf ihrem Mund? O nein, meine Liebe, wehe, du schleckst es ab. Da, Paula, das sieht man doch auf Kilometer.« Paula sieht es nicht, aber das macht nichts. Jetzt wird's wunderbar mit Sylvia. Jetzt kann alles passieren. Sylvia kriegt Schläge. Sie wird weinen und betteln und entzweigebrochen werden. Sie werden sie kleinkriegen, ganz klein, aus wird es sein mit dem hochnasigen eingebildeten Getue. Jetzt wird sie kriechen. Bald wird's losgehen, es baut sich schon auf, wenn Mama diese Stimme hat, dann passiert's. Wenn diese Stimme kommt, dann kriegt es jeder, den sie aussucht, dann ist er binnen fünf Minuten ein Wurm, plärrt wie ein Baby, ist ganz plötzlich kein großes Kind mehr oder wichtig, sondern nur mehr ein winziger Schreihals. Und ist es nicht einfach toll, daß es Sylvia sein wird – diese Sau, diese schmutzige kleine Ratte, dieses freche Luder. Und Mama wird sie, Paula, ersuchen, es zu tun, ihr den Hintern zu versohlen. Erregung durchläuft ihren Körper. Schon schwerfällig durch die Schwangerschaft, durch die Trägheit ihres eigenen Gewichts, mit der natürlichen Ablehnung ihrer eigenen Fettleibigkeit gezwungen, diese Schlanke, Perfekte, Schöne zu betrachten und mit sich selbst zu vergleichen – jeden Tag, hier und in der Schule – jedes Mal ein Vorwurf, ein Ideal, dem man nacheifert mit all dem Zorn, den man gegen das so greifbar nahe Unerreichbare, Hoffnungslose, Peinigende aufbaut. Und die andere fast wie Sylvia, eineinhalb Meter entfernt auf einem Küchenstuhl. Jetzt kommt es, der Augenblick der Verlockung, die freie Bahn, das Versprechen. Na klar roch sie den White Castle Senf in Sylvias Atem. Klar roch sie ihn. Konnte sogar den Senf auf den Lippen sehen –

»Überall verschmiert, kannst nicht mal essen, was?«

»Dein Bruder Danny hat dir einen Hamburger gekauft, stimmt's? Lüg uns nicht an.«

»Nein.«

»Also nicht?«

»Nein.«

»Du bist mit ihm durch den Park gegangen, und er hat dir einen White Castle Hamburger gekauft.«

»Nein, hat er nicht.«

»Eines der Kinder hat dich gesehen. Shirley sagt, er hat sich hier herumgetrieben, sie hat ihn heute morgen gesehen. Er ist wieder in der Stadt, bevor sie zum nächsten Jahrmarkt fahren. Lüg mich nicht an, Mädchen. Zwischen den Mahlzeiten gibt's nichts zu essen, und das weißt du genau. Du sollst auch nicht mit ihm reden, auch das solltest du mittlerweile schon wissen.«

»Er hat mir nichts gekauft.«

Gertrude, ihre Wut auf das Mädchen, ihr Gesicht, ihre Augen, ihren Körper, wie er dasitzt, voller Trotz. Und das kleine Luder hat heute nachmittag einen Hamburger gegessen. Einen White Castle. Der kleine dünne Brotteil, bei den White Castles ist er immer genauso, wie es Gertrude schmeckt. Der Geruch des Fleisches und der Zwiebel umgibt sie noch, schwebt in der Luft; Gertrudes Hunger, ihre Lust auf diesen besonderen Geschmack und Geruch, was für eine Abwechslung, sich so was zu kaufen, das Zeug so unerreichbar, so besonders, so schwer zu kriegen, sogar der Weg zum Stand – nicht wie das kalte Essen im Lebensmittelladen auf der anderen Straßenseite, die ewigen Soda Crakkers, die Erdnußbutter-Sandwiches, heute abend die auf der elektrischen Platte aufgewärmte Dosensuppe. Ein White Castle wird *für* einen zubereitet, jemand anderer tut die ganze Arbeit, du wartest nur und zahlst. Und dann der köstliche erste Biß. Dieses Biest, dieses kleine Biest stinkt noch davon. Traut sich hierher zurückzukommen mit diesem Geruch überall, trägt ihn vor sich her, um mich zu reizen.

»Trau dich nur, mich anzulügen, tu das nie mehr mit mir. Er hat dir einen gekauft.«

»Nein, Gertrude, ich schwöre.«

Ich schwöre auf eine Lüge. Denn Danny hat ihn mir schon gekauft. Aber ich muß lügen, weil sie mich sonst schlagen wird. Ich muß auch auf Danny achtgeben, oder vielleicht wird es Gerty sonst Vati sagen, und dann kriegt er auch noch eine Tracht Prügel, nur weil er mir nach der Schule einen Hamburger gekauft hat – mein eigener Bruder – was ist schlecht daran, fragt man sich, aber bei Gertrude braucht man sich über nichts zu wundern. Sie ist zu verrückt, aus ihr wird man nicht klug, besonders wenn es ums Essen geht. Sie denkt die ganze Zeit daran, und zu essen gibt es hier ja nicht gerade viel. Also frage ich Danny oder die Alten, wenn sie auf Besuch kommen, oder Diana, wenn ich sie treffe, oder sonstwen, der mir einen Hamburger kauft oder eine Cola oder ein Sandwich – ein Stück Schokolade – irgendwas. Und er hatte das Geld, hat Geld zum Ausgeben, weil er einen Job hat. Glückspilz. Gertrude erlaubt uns jetzt nicht mehr, unser eigenes Geld zu verdienen, seit sie das mit den Flaschen herausgefunden hat, und jetzt, scheint es, dürfen wir uns auch nichts mehr kaufen lassen. »Nein, Gerty! Wirklich nicht.«

Gertrude packt ihren Arm, die Schulter, schüttelt sie, ihr Zorn plötzlich und schrecklich.

»Nein.«

»Ich habe gesagt, ja. Gib's zu.«

»Nein. Nie, ich habe es nicht getan.«

Der Arm, Gertrudes Arm, hager, die Venen blau an den blassen Innenseiten, die Haut schon müde, ein wenig schlaff und locker trotz ihrer Dürre, die strengen Jahre harter Arbeit, Hausarbeit, Kinder, Bügeln und Alltagstrott, Gertrudes Arm arbeitet sich vor und zurück, als er Sylvias Augen boxt, jetzt ein Schrei. »Nein, Gertrude, ich hab' es nicht getan.« Der Arm bewegt sich, die Faust schlägt zu. »Nein, nein, bitte, Gerty, bitte.« Fast mechanisch, der Arm, die Faust dringt in das zarte Fleisch der Augenhöhle, verfärbt es. Das empfindliche Auge im Reflex hinter seinem Lid verborgen, aber schmerzhaft, die Tränen quellen hervor wie eilige Boten, während sich das Lid immer wieder schließt, weiser als das Bewußtsein, das noch immer versucht, den Angriff und den Angreifer zu sehen, ihn mit Worten abzuwehren, mit Bitten.

Gertrude. Sie macht weiter, nähert sich der Grenze. Langsam und schrittweise wird der Strich überschritten, der Halt gelockert. Die Qual dieses Kindes erfüllt immer mehr und mehr und dann alles. Augenblicke, an denen sie zurückkehrt, Augenblicke, besonders am Morgen, wenn die Perspektive sich wieder durchzusetzen droht, die erwachsene Welt von Kaufleuten und Funktionären, von zufälligen Begegnungen. Denn es gibt keine Freunde. Ihr nahestehende Erwachsene gehören der Vergangenheit an. Und Männer, ihre eigenen, jetzt verhaßten Männer sind fort. Ihre eigene Familie, auch die Schwägerin, scheint ganz von der Bildfläche verschwunden zu sein. Es gibt keine Besuche. Es gibt keine Freunde, keine Vertrauten, keine weiblichen Lauscher und Berater, die schwesterliche Vertrautheit von Kaffeetassen, Telefongesprächen, Schimpftiraden, ohne die die meisten Frauen die Sklaverei von Armut und einer Kinderschar nicht überstehen könnten.

Gertrude ertrinkt in der ausschließlichen Gesellschaft von Kindern: ihre eigenen, Kinder anderer Leute, die Jugendlichen aus der Nachbarschaft – besonders die Jungs –, die die Gesellschaft der Erwachsenen vollständig ersetzt haben. Coy Hubbard. Richard Hobbs. Randy Leper. Vom frühen Morgen an Randy, von 9 Uhr morgens an. Es gibt so viele Tage, an denen die Schule geschlossen ist, an Samstagen und Sonntagen und Feiertagen, an Sprechtagen, an Schwänz- und Krankheitstagen. Es kommt selten vor, daß es während und außerhalb der Schulstunden keine Kinder im Haus gibt. Und der kleine Dennis ist selbstverständlich immer da. Ein ewig anwesender Stein, eine Verpflichtung, eine Notwendigkeit. Kein Augenblick, an dem sie alleine ist. Nur wenn sie tagsüber in weiblicher Depression einnickt. Und auch dann ist Dennis da. Und drei Uhr kommt so bald, und dann kommen sie alle. Nicht nur ihre eigenen. Die anderen. Coy, Hobbs, Mike Monroe, Randy. Sie sind ihre »Freunde« geworden, ihre Gefährten, die Männer in ihrem Leben. Das ist freilich eine wankelmütige Sache – ihre Aufmerksamkeit verlagert sich so schnell, ihre Teilzeitjobs, der Sport, die Treffs nach der Schule, die Hausarbeiten, ihre eigenen Familien. Rickies Heidenangst vor seinem Vater läßt ihn um Punkt sechs Uhr einige Türen weiter die Straße hinunterflitzen. Und Freundinnen, Coy gehört einen aufmerksamen Augenblick lang ihr, und dann ist er wieder bei Stephanie; sogar Paula, die dicke häßliche Paula, lockt sie – sie ist in ihrem Alter. Also hat man sie nur vorübergehend, eine halbe Stunde lang oder weniger spürt man ihre Beachtung, ihre Energie, ihre Mithilfe. Dann machen sie, was man von ihnen will, folgen den Vorschlägen, nehmen sogar Befehle entgegen. Dann machen sie beim Spiel voll mit. Denn man muß ein Spiel daraus machen, muß sie anleiten, Gelächter und ein Prickeln provozieren – ein Prickeln, das man ihnen zugesteht, ihnen erlaubt – der Sex ist für die größeren älteren Jungen da, etwas, was man ihnen schenkt, ein Entgegenkommen, etwas Süßes. Man teilt aus, tut ihnen einen Gefallen. Und der Spaß, daß es Spaß macht, eine Komplizenschaft, die man ihnen als Vergünstigung verschafft. Theaterspielen. Daß es ein Spiel ist. Daß es nur für den Augenblick ist, neu und flüchtig wie ein plötzlicher Einfall. Daß es nirgends hingeht, aber doch schon so lange fortdauert, daß es vertraut ist, mittlerweile ein gemeinsames Unterfangen, gemeinsam das Geheimnis und auch die Schuld.

Oder die Verantwortung, wenn man uns erwischt. Denn das wissen sie verdammt gut. Unter ihrer hinterhältigen Kinderunschuld wissen die meisten von ihnen verdammt gut Bescheid, ich habe es oft genug in ihren Augen gesehen. Der süße kleine Coy. Das lockige Haar und die hübschen Augen, die Art von gutem Aussehen, auf das wir in meiner Schulzeit geflogen sind. Schön und gut gekleidet, sieht auf dem Klassenfoto fast wie ein Filmstar aus, mit Krawatte und so. Und Rickie. So höflich, wenn er will. Rickie, auch hinter diesen großen Gläsern. Ein netter Junge auf alle Fälle. Sieht nicht einmal so schlecht aus ohne diese Dinger im Gesicht. Wie diese Haarsträhne ihm über die Augen fällt, ein echter Junge, man muß ihn einfach gern haben. So ernst. Spricht so vorsichtig. Der muß sich alles immer überlegen, bevor er was sagt. Echt gut in der Schule, seine Leute müssen irrsinnig stolz sein auf diese ernste Art, die er hat. Auch sein Vater kann sich nicht beschweren – auf die Minute genau daheim, wenn er daheim sein muß. Und besucht seine Mutter, schrecklich für einen Jungen, Krebs, das mußte so kommen, wenn man mich fragt. So männlich, wie er es durchsteht. Komisch, wie sie schon wie Männer sind. Aber nur ein kleines bißchen weicher. Machen aber trotzdem, was man will. Der Körper ist wie bei Männern, nur hübscher. Man muß sich manchmal fragen, wie ihre Mütter es schaffen, die Hände von ihnen zu lassen. Sehen sie an ihnen nur die Cordsamthosen und die abgetretenen Schuhe? Riechen sie nicht ihren Schweiß, und sehen sie nicht die netten glatten Brüste, spüren sie nicht wie das Ding hinter ihrem Reißverschluß wächst? Ob ich das bei Johnny auch so spüren würde? Aber die Mädchen freilich auch, manchmal sehen sie schon wie richtige Frauen aus, der Sex läuft ihnen schon die Beine rauf und runter. Sylvia. Das ist es natürlich. Es ist Sylvia. Sie braucht nur aufzutauchen und schon haben wir einen Tiergarten und ein Hurenhaus im Gang, jeder Junge aus der ganzen Nachbarschaft hier im Haus. Ich schwöre, daß es voriges Jahr nicht so viele waren. Wahrscheinlich fing alles an, als sie diese Kämpfe mit Darlene hatte und mit dieser riesigen Ann Siscoe, da fing alles an, das war etwas zum Zusehen. So wie ich es sehe, ist das Kind einfach unverträglich. Paula hat sich mit ihr angelegt und dann Johnny, als sie anfing, mich und meine Mädchen dort in der Schule zu beschimpfen. Und jetzt ist die ganze Bande gegen sie. Sollen sie nur. Warum nicht, sie erledigen meine Arbeit, wenn sie das Mädchen brechen. Es ist auch an der Zeit, sie ist eigensinnig wie ein wildes Tier. Jetzt, wo alle mitmachen und mich unterstützen, kann ich sie zurechtbiegen und ihnen zur Abwechslung nach der Schule etwas Nützliches bieten, und in Wahrheit lieben sie mich dafür.

Sie treiben sie in die Enge, und ich rege mich so auf, daß mein Asthma kommt, aber ich habe mich seit Jahren nicht mehr so wohl gefühlt, als wäre ich wieder jung oder warte darauf, daß ein Mann sein Ding in mich reinsteckt, nicht daß wir so was tun, aber das Gefühl der Anspannung. Ihre Gesichter. Ihre Stimmen. Hören, wie sie schreit. Die Kinder kommen und gehen, und wie sie daraus ein Spiel machen mit Namen und besonderen Worten und Sachen in einer bestimmten Reihenfolge, bis wem was Neues einfällt, was man probieren könnte. Und dann lehne ich mich zurück und sehe zu, und alle lachen. Und sie schreit, und wir fangen von vorne an. Manchmal fragt man sich, ob das Ganze nicht irgendwie unkontrollierbar wird und dieser Spaß nicht vielleicht Sünde ist, aber alles, was man denken muß, ist, daß es für sie nur gut ist und daß sie darum gebeten hat. Freche Göre, stellt sich da gegen uns alle. Gott sei Dank gibt es die Jungs, die werden ihr das schon austreiben.

Als ob ich ihr Experiment bin. Wie Gerty sie gegen mich aufhetzt. Als ob es plötzlich keine Regeln mehr gibt und man einfach alles tun kann. Auch mit einem anderen Menschen. Das ist verrückt. Es muß doch Regeln geben, sonst bricht alles zusammen. Sonst könnte man auch das Baby kaputtschlagen und den Hund in Stücke schneiden und zum Essen servieren. Wo sie jetzt sind, das ist ein Ort ganz für sie allein, wo sie nicht wissen, was sie tun. Aber sie tun es. Mir tun sie es an. Mein Gott. Warum muß ich mir das alles gefallen lassen? Was bringt mich dazu? Ich meine in mir drinnen. Ja, sie sind viele, und ich habe nirgends hinzugehen – aber trotzdem machen sie was mit meinem Kopf, mit meinem Inneren. Ich wohne hier. Ich lebe mit ihnen. Sie sind alle. Auch Jenny, die gar nichts tut. Nicht kann. Steif vor Angst. Wenn sie nur einen Finger rührt, wird sie Es sein, und das weiß sie.

Aber ich bin die Ältere, und ich muß auf sie achten, bis sie zurückkommen und wir von hier rauskönnen. Kann mich nicht einmal erinnern, wie lange das jetzt schon so geht. Wochen. Im Juli sind wir hierhergekommen, um den vierten herum, und jetzt ist es schon September. Es hat so langsam begonnen, daß man es kaum bemerkt hat, wie ein Zufall oder so, oder bloß vorübergehend oder nur einmal und so, damals als Gerty uns geschlagen hat, weil das Geld nicht gekommen ist. Lester, der Schwachkopf. Hat es wahrscheinlich vergessen. Hat es für sich behalten, oder Mutti hat es versoffen, oder sie sind einfach wohin gefahren. Der Donnerstag kommt, und es ist noch immer nicht da, sie hat uns beide verprügelt, irgendwie waren wir schuld. Er ist unser Vater, es sollte das Geld der ganzen Familie sein. Und er hat uns im Stich gelassen. Also hat sie uns geschlagen. Das war ein einsamer Nachmittag, als ich und Jenny niemanden mehr auf der Welt hatten. Damals fingen wir an zu lernen. Und diese unmögliche Paula, die uns nachher so satt und zufrieden angrinste. Wahrscheinlich hat sich Jenny damals entschieden, sich auf ihre Seite zu schlagen. Ja, damals hat sie sich wahrscheinlich entschlossen.

Ist auch besser so. Ich könnte sie nicht abhalten, wenn sie mit ihr anfangen würden. Keine Chance, sie vor dieser Bande zu schützen. Aber so schon. Eine große Schwester muß so was tun, dazu ist sie da. War schon immer so. Und mit dem Bein, dem verkrüppelten, besonders. Was, wenn sie ihr nachlaufen würden, sie einkreisen? Einen von einem Ende des Zimmers ins andere jagen, bevor sie einen erwischen, das Spiel, so nennen sie es. Sie kann nicht einmal laufen. Das Gebrüll, das Jagen, das Lachen, wenn man hinfällt – das würde ihr alles noch mehr weh tun, weil sie jünger ist. Jedes Mal, wenn ich sie weinen hörte, als Lester oder Gerty sie schlugen, hat es mich fast wahnsinnig gemacht. Daß ich nichts machen konnte, daß ich das schreckliche Geräusch ihres Weinens nicht abschalten konnte, ihre Tränen trocknen, sie trösten. Schrecklich, wie man eine kleine Schwester liebt. Wenn es nur andere Kinder wären, würde ich sie umbringen, sie total zusammenschlagen, wie ich es gemacht habe, wo wir früher wohnten, als die Naronne-Kinder oder diese beiden Scanlon-Schwestern über ihr Bein lachten und ihren Gang verspotteten, sie nachäfften und hinter ihrem Rücken kicherten. Oder als der Whitley-Junge sie niederstieß, am Heimweg von der Schule. Sag es mir nur, Jenny, und ich nehm' ihn mir vor. Wenn er so was noch einmal macht. Und ich hab' ihn mir vorgenommen.

»Es gefällt ihr. Wetten, es gefällt ihr?« Rickie verständigt sich brüllend mit Paula über dieses verdammt gemeine Spiel von ihnen. Nicht wie es dir gefällt, du Schweinehund. »Es gefällt ihr, sonst würde sie es sich nicht gefallen lassen.« Das habe ich ihn zu Paula auf der Treppe sagen hören. Was weiß der schon. Was für eine Wahl habe ich? Er selber würde es sich nicht gefallen lassen, er ist ein Junge, niemand tut so was mit ihm, und er ist stärker als alle anderen hier in der Gegend. Aber Jungen werden sowieso nicht so behandelt. Nein, das stimmt nicht, nicht ganz mindestens. Da ist dieser Birkeby-Junge, den sie im Arsenal-Technikum ziemlich fertigmachen. Und die kleinen Jungen in der Grundschule, ich hab' gesehen, wie sie sich zusammenrotteten und ein Kind, das ganz allein war, fertigmachten. Aber es war schrecklich für ihn, jeder Augenblick davon war schrecklich. Niemand hat ihm gesagt, daß er es mag. Sie verprügeln ihn, aber es ist sein Körper, nicht sein Inneres. Das berühren sie nicht, sie zwingen ihn nicht, Sachen zu machen. Sie vermischen es nicht mit Sex oder nennen ihn eine Hure oder ziehen ihn aus, um ihn anzuglotzen. Er muß vielleicht Onkel sagen, aber da gibt es doch noch Sachen, die er nicht aufgeben muß. Es ist nur etwas, das mit ihm geschieht, nicht etwas, in dem er drinsteckt, das so groß ist, daß es mich zudeckt wie ein Dach ein Haus.

Denn so ist es für mich. Das ist etwas, wo ich drinstecke. Es ist ein Kreis. Daß es einen Kreis bildet. Und man kann nicht heraus. Das ist das Schwierige dran, das, was ich zu verstehen versuche. Wie es von denen da kommt und das, was sie ausströmen, diese Macht, jeder einzelne von ihnen. Gertrude, Johnny, Rickie, Paula, Randy. Und daß sie einen manchmal mögen, und dann mag man sie auch. Man muß. Weil sie einem so weh getan haben, daß man ihnen auf eine schreckliche Art ganz nahe ist, und wenn sie sich umdrehen würden und nett wären und lächeln, dann wäre das wunderbar, weil sie schon so nahe sind. Und sie schlagen dich. Aber wenn sie aufhören würden. Wenn sich der Kreis plötzlich verändern würde und nur mehr Spaß und Grinsen und Freunde. Ich wäre so dankbar, so glücklich. Tausendmal mehr, wie wenn ganz normale Leute nett sind, wie zum Beispiel die Dairy-Queen-Frau, wenn man sein Geld bringt. Alle diese normalen Leute, die ich auf der Straße sehe. Aber ich kenne sie nicht. Sie sind so weit weg. Leute in Geschäften, Lehrer, Kinder in der Schule. Die Schule ist so kompliziert. So lange her. Kein Wunder, daß mich Gerty nicht mehr hingehen läßt, egal welchen Mist sie dann Lester erzählt.

Es beginnt, wenn einer von ihnen sagt. »Nehmen wir uns Sylvia vor. Wo ist sie?« Das kann jeden Augenblick sein. Die anderen schauen dann sogar einen Augenblick lang verdutzt drein, weil sie gerade nicht daran dachten, beim Fernsehen waren oder so, und dann erinnern sie sich an das Spiel. »Wo ist Sylvia?« und mein Herz steht still, sie wollen mich, sie rufen meinen Namen, sie sind auf mich aufmerksam geworden. Und in der nächsten Sekunde bin ich steif vor Angst. Jetzt haben sie wieder damit begonnen. Sie fangen mit mir an. Ich erinnere mich an das letzte Mal und was sie mit mir getan haben. Sie suchen mich. Vielleicht schaffe ich es bis zur Tür. Sie bewachen die Türen – ich weiß, daß es passieren wird. Ich gebe eine Minute lang auf. Vielleicht werden sie mich diesmal schonen. Und dann beginnen sie. Und sie sind schrecklich. Jeder von ihnen macht die gleichen Bewegungen, Gertrude oder John oder Paula oder Rickie, sie kreisen um das Zimmer, ein Kreis, sie umzingeln mich, dieselben Bewegungen wie das letzte Mal, oder wenn es diesmal Gerty ist, dann ist es dasselbe wie bei Rickie das letzte Mal, ihre Leiber, ihre Beine, ihre Schultern ändern nur die Stelle, Paulas dickes Gesicht schaut ganz böse und bewegt sich auf mich zu, sie in ihren Bewegungen, ich in meinen. Es ist leicht, halt zu sagen, nicht daß sie es tun würden, aber einfach das Wort aussprechen, wird immer schwerer, schwerer, es auch nur zu denken. Es ist ihr Spiel, und ich bin ein Teil davon, aber von Mal zu Mal stecke ich tiefer drin. Sie bewegen sich, und ich bewege mich. Sie schlagen, und ich weine. »Es gefällt ihr«, brüllt Rickie. Sie tun es, und ich tue es, und so sagte er, es gefällt mir. In Wirklichkeit kann ich nichts tun außer laufen, bis sie mich haben. Denn sie sind alle Jäger, und ich bin die einzige Beute. Das ist der Kreis. Teil des Spiels, man ist umzingelt, man kann nicht aus. Sie bewegen sich auf mich zu, ich muß mich rühren. Ich bin das Tier, das sie töten werden. Ich bin Es, ich bin die, die sie suchen, ihr könnt alles mit mir tun, ich bin der Spaß, das Ding, das Experiment. Es ist ein Alptraum, der abrollt, während man hellwach ist, der Kreis, sie kreisen mich ein. Wach auf, aber du bist schon wach, und du weißt schon, was als nächstes geschieht, weil es immer wieder passiert, jeden Tag, jetzt schon so viele Tage, daß ich mich nicht mehr erinnern kann.

»Wetten, es gefällt ihr«, brüllt er immer wieder. Warum, zum Teufel, sollte mir so was gefallen? Hände kommen näher, um mich zu schlagen, mich zu stoßen. Das war nicht meine Idee. Ich gebe keine Befehle. Ich tue ihnen nichts. Ich bin bloß die, die alles abkriegt. Das kann einem nicht »gefallen«, das gibt es ja gar nicht. Mich fertigmachen und dann sagen, es gefällt mir – mir vorwerfen, daß ich es mag – als ob sie sagen, ich verdiene, was ich kriege, oder ich kriege, was ich verlangt habe, und sie tun mir einen Gefallen, wenn sie mich zusammenschlagen. Das ist wirklich das allergemeinste. Diese Ratte, mein Gott, was für eine Wut ich habe, hören, wie seine Stimme das immer wieder sagt, so zufrieden mit sich selbst. Der kleine Scheißer.

Ich beobachte sie die ganze Zeit. Manchmal viele Stunden lang. Und ich weiß immer genau, wo sie gerade ist. Noch besser als Mama. Ich kann sie auf der Stelle in ein Zimmer des Hauses holen, brauche sie nur dorthin denken. »Sylvia« – ich kann ihren Namen im Geist aussprechen, und in wenigen Minuten steht sie in der Tür. Sie ist in ihrem Körper, so wie ich die ganze Zeit in meinem stecke, Paulas Körper. Obwohl sie ganz konfus ist und herumerzählt, daß sie ein Kind haben wird – als Judy Duke sie in den Magen stieß, da grinste sie und sagte, paß auf, mein Baby – nur weil Mama ihr gesagt hat, daß das, was sie mit dem Mike in Kalifornien getrieben hat, schlecht war, und so macht man Babies, und vielleicht glaubt Mama sogar selber dran, daß Sylvia da drinnen ein Kind hat – ich weiß nur zu gut, daß das nicht stimmt. Ich schon, aber sie nicht. Und weil Gott mich dazu geschaffen hat, ein Kind zu kriegen, hat er mich auch über dieses Flittchen gestellt. Denn das ist genau, was sie ist. Spielt mit dem Feuer und verbrennt sich nicht. Kommt in unsere Kirche, ungefähr das fünfte Mal war sie dort und nicht mehr und geht gleich vor zum Altar. Läßt sich erlösen. Nicht daß ich da nicht auch was zu sagen hatte. Wenn ich bedenke, daß ich ihr mit meinem Gips über den Mund gedroschen habe – mitten auf den Mund, gleich am selben Abend, am selben Abend, an dem sie im Haus überall herumerzählt, wie sie heute in der Kirche nach vorn gegangen ist und sie ist erlöst, und Mama schüttelt den Kopf und weiß es besser. Vielleicht wenn Mama an diesem Tag mit uns gekommen wäre, hätte sich Sylvia nicht getraut zum Altar vorzugehen. Mit Mama daneben wäre sie auf ihrer Bank winzig wie eine Maus gewesen und hätte sich um ihren eigenen Kram gekümmert. Statt anzugeben. Also habe ich ihr für diese Erlösung das Maul gestopft. Es ist nicht fair, daß sie erlöst wird und auch nicht schwanger sein muß. Wie an mir alles hängenbleibt. Und noch dazu der gebrochene Arm, als ich ihr damals Anfang August eine hineinboxte, aber wer kann wissen, daß ihr Kiefer hart wie Stein ist, so habe ich ihr kaum weh getan, mir selber das verdammte Handgelenk gebrochen. Und da trug ich noch immer den Gips, und das war ideal. So habe ich ihr damit gleich eine versetzt. Und hätte man erwarten können, daß ihre Lippe ganz auseinanderreißt? Klarerweise hat sie sich die Augen ausgeweint. Und das ist genau das, was ich sehen möchte.

»Stephanie, hast du Sylvia gesehen? Jenny, du? Also, sagt ihr, daß sie auf der Stelle nach unten kommen soll und das Geschirr spülen und daß Paula etwas für sie hat. Das wird sie begeistern.«

Freilich macht es mehr Spaß, wenn alle dabei sind, wie ein Fest und so – aber auch wenn die anderen dabei sind, spüre ich, daß sie nur für mich schreit. Damit ich zusehen kann.Es wird irgendwie persönlich, und ich fühle mich sogar irgendwie ganz eng mit ihr verbunden. Eine Sekunde lang hasse ich sie nicht einmal – so lange sie schreit, und der Rotz und die Tränen rinnen ihr übers ganze Gesicht – deswegen ist es so gut, wenn Johnny sie fesselt, weil sie sich dann das Gesicht nicht abwischen kann und dann schnüffelt und so, und es rinnt einfach runter, und sie kann nichts tun, und ich fühle mich ihr gegenüber ganz friedlich. Bis zum nächsten Paddelhieb oder jemand haut ihr eine runter oder so, und dann werde ich wieder ganz erregt und muß es wieder haben und muß weitermachen. Ich kann ewig so weitermachen, so geil bin ich und erregt. Immer denke ich zuerst, ich könnte mit dem Paddel immer weitermachen oder mit dem Gürtel auf ewig und immer. Nie aufhören. Nie müde werden. Aber dann wird man es doch. So viel Kraft braucht man, nicht nur der Gürtel, sondern auch das Schreien und dem Schreien zuhören und die ganzen Sachen, die sich in uns beiden abspielen. So wird man also dann doch müde, man kriegt genug. Denn am Anfang denkt man, man kann einfach nicht genug kriegen, aber dann doch. Es ist vorbei, und man läßt sie in Frieden. Und dann erinnere ich mich, wie ich dachte, ich kann ewig weitermachen, und dann weiß ich nicht einmal, was ich denken soll. Dann wird mir fast schlecht davon. Einige Minuten lang bin ich mir nicht einmal sicher, warum sie mich das eigentlich tun ließ – Mama nämlich. Als ob ich von dem ganzen nichts mehr weiß. Ob ich es tun will oder nicht. Aber dann sehe ich mir Sylvia an, und der Zorn kommt wieder hoch. Und ich will es immer mehr. Ich möchte sie fertigmachen, bis nichts mehr von ihr übrig ist. Jetzt kann ich mit ihr alles tun – gestern haben wir alle mit Sachen nach ihr geschmissen, stundenlang. Was immer wir erwischt haben. Haarsprays, leere Shampoonflaschen – seit kurzem werfe ich alles nach ihr, was mir in die Hände kommt, ziele direkt auf den Kopf, bevor sie mich noch sehen kann – es wird immer besser. Das macht teuflischen Spaß. Es ist wie eine Art Fernsehkomödie, wo sie mit Sachen rumwerfen, oder die Comics, die bei den Filmen dabei sind, wie Tom und Jerry. Oder wie ein Traum; den man sich am hellichten Tag ausdenkt, wo man nicht einmal schlafen muß.

»Da komm her, Sylvia. Wo bist du gewesen? Du weißt, daß wir dich in der Nähe haben wollen, wenn wir von der Schule kommen. Das weißt du doch, oder?«

Paulas Blick. Reiner Haß. Es macht einen fast schwindlig, daß jemand einen so anschauen kann. Es lähmt einen total. Wie Jennys Bein wegen der Krankheit steif ist und sie es wirklich nicht bewegen kann. Paula tut das mit mir überall. Daß ich meinen Körper nicht kontrollieren kann. Ich kann mich nicht einfach umdrehen und davongehen, auch wenn sie mich lassen würden. Und jetzt werden sie anfangen, den Kreis um mich zu schließen. Rickie und Stephanie und Coy und Johnny und Paula. Und Gertrude, denn Gerty ist auch da, auch wenn sie sich gerade im Speisezimmer im Bett aufsetzt und horcht, sie ist dabei und kontrolliert und teilt Befehle aus.

»Was macht ihr Kinder da drinnen?«

»Wir plaudern nur mit Sylvia, Mama.«

»Gut, aber erzählt ihr was Rechtes, stopft ein bißchen Vernunft in diesen dummen kleinen Schädel von ihr. Vielleicht werdet ihr ein wenig nachhelfen müssen, damit ihr sicher seid, daß es auch klingelt.«

»Klar, Gerty, machen wir.« Rickie mit einem kleinen Schmunzeln auf dem Gesicht.

Paula zielt. Eine Sekunde lang hat Sylvia vergessen, sie zu beobachten, weil sie auf die anderen achtete. Der Ausdruck idiotischer Überraschung auf Sylvias Gesicht, als ihr die Colaflasche entgegenfliegt. Trifft sie an der Schläfe. Und fällt geräuschvoll zu Boden. Wo sie davonrollt und nicht zerbricht.

»Was macht ihr Kinder da drinnen? Paula?«

»Wir spielen, Mama. Wir spielen, wie man es Sylvia beibringen kann.« Paula deutet auf die Flasche: »Okay, Jungs, wollt ihr jetzt ran?«

Root-Bier. Cola. Auch Pepsi, aber das ist sowieso nur Regenwasser. Aber Dr. Pepper, Mensch, das ist eigen. Zuerst irgendwie interessant, ganz anders als die anderen. Aber irgendwie komisch am Ende. Nicht der Mühe wert. Soda. Schon das Wort allein bedeutet Sommer. Die Jahrmärkte. Schweiß, die verschiedenen Sorten von Schweiß, denn es gibt nicht nur einen Geruch, sondern viele. Auch der Geruch davon auf dem Arm, wenn man gerade draußen in der Sonne war, salzig, angenehm. Menschenmassen, alle strecken ihre Hände aus und wollen bedient werden, und die Plage, ihr Geld nehmen, das Wechselgeld zwischen den Fingern glitschig, ihre Ausdünstungen ganz naß auf den Geldstücken, ein Kind kratzt sich vorne am T-Shirt, während man genügend Münzen zusammenzählt, um auf einen Silberdollar rauszugeben. Soda Pop ist teuer, wird heuer noch mehr im Preis steigen, sagt er. Lester und seine Magenschmerzen. Sein Mund fest zusammengekniffen, so ist er. Die ganze Zeit halte ich die Daumen, murmle Beschwörungsformeln, daß es ihm bessergeht, damit er wieder pfeift, herumgeht und sich auf den Bauch schlägt und darüber Witze reißt in seinen Hosenträgern und dem offenen Hemd. Damit das Geschäft geht.

Nach Hause kommen spät in der Nacht und die leeren Flaschen, eine Kiste nach der anderen, rein- und rausschleppen, und er jammert über die Preise, nächstes Jahr ausbauen, es anders machen. Manchmal ist es mir ganz egal. Nicht die Arbeit, nicht daß ich für ihn arbeiten muß. Denn die späten Abende am Jahrmarkt sind einmalig. Wenn der große Andrang vorbei ist und es kühler wird. Dann kann alles passieren. Alle fühlen sich wohl, nach dem Bier und den Karussellfahrten und den Shows, die Freaks und die Preissammler, die Backwettbewerbe und die Stikkereien, die großen Preisstiere mit ihren blauen Bändern noch drauf, sie schwimmen förmlich in ihrem Fett, wie so 'n großer Wagen ganz mit Haar bedeckt. Und weiter draußen außerhalb unseres Stands und der kleinen Reihe von Glühbirnen, da ist ein großes dunkles Geheimnis. Die Welt, alles, was ich einmal erfahren werde, wenn ich erwachsen bin, oder wenn ich viel Geld hätte, das zu tun, was mir Spaß macht. Man steht da, möchte so gern leben, herumfahren, Sachen machen. Aufregung liegt in der Luft, als ob alles jetzt gleich passieren würde. Man sieht es den Leuten an, die vorübergehen, wohin gehen, wo es aufregender ist. Denn alles, was man nicht mehr sehen kann, ist aufregender dort draußen. Wie ein Auto. Wenn ich ein Auto hätte. Irgendwohin fahren. Weg von hier, mein Gott. Karneval bei Nacht erinnert einen an ein Auto, ein Abenteuer, das dich lockt, wenn du über diese Glühbirnen hinausschaust und dort draußen die große Nacht. Man sieht es in der Finsternis, wenn die Leute vorüber sind, die Finsternis dort draußen, die gleich wieder da ist, wenn sie vorbei sind und den Raum wieder unberührt zurücklassen, das Schwarz, das alles in sich trägt, und man muß sich beeilen und leben, muß die Gelegenheit beim Schopf packen, denn direkt dort draußen in der Leere wartet es auf dich.

Vielleicht ein echt netter Junge. Einer wie Mike aus Kalifornien, aber anders, wer neuer, ich könnte ihn mir erfinden, wenn ich in die Leere starre, wie auf eine Filmleinwand, bevor der Film anfängt. Vielleicht eine neue Freundin. Ich meine sie könnte meine Freundin werden. Sie könnte zurückkommen. Sie hat am Nachmittag Pop gekauft und war echt nett, und jetzt kommt sie zurück. Ich könnte Papa dazu überreden, daß er mich mit ihr ein wenig herumflanieren läßt, würde ihr die schönsten Sachen zeigen. Einen Jahrmarkt lernt man erst nach ein paar Wochen richtig kennen, was echt ist, was gefälscht, welche Fahrten am längsten dauern. Der Hermaphrodit zum Beispiel. Nur Spiegel. Es muß so sein, wenn man es sich überlegt. Ich habe es Gerty erzählt, sie hat mir nicht geglaubt und hat gesagt, daß man über solche Sachen nicht reden darf, machte eine Grimasse, aber stellte mir immer wieder Fragen darüber. Freilich kann ihnen niemand was nachweisen wegen der verschiedenen Eingänge, Männer gehen auf einer Seite hinein, Frauen auf der anderen. Niemand sieht den ganzen Freak, da es sowieso keinen gibt. Aber trotzdem war es lustig, sich auf der Frauenseite anstellen, wie um etwas Verbotenes zu sehen.

Hab' es Gerty erzählt. Die Art von Sachen, nach denen sie ohnehin immer fragt, will immer über solche Sachen reden. Das hätte ich mir nie gedacht. Ich war ganz erregt, damals in der Schlange, auch nur darüber reden, irgendwie schämte ich mich, andererseits war ich irgendwie aufgeregt. Ganz verdreht. Hatte Angst, aber trotzdem wollte ich mehr wissen. Wieso das wohl so ist? Aber trotzdem hätte ich mir das nie gedacht.

Die sind verrückt. Das ist es wahrscheinlich, daß sie verrückt sind. Aber sie sind viele, und ich bin allein. Ich und Jenny. Und sie kann nicht helfen, weiß nicht, wohin sie schauen soll, lacht, wenn sie lachen, keine Ahnung worüber sie lacht. Hat einfach Angst. Und was hätten wir das letzte Mal tun können? Sie sind zu viele. Ihr gemeines Lachen, dieser blöde Rickie schlägt sich auf die Schenkel, lacht sich krumm. »Tu es«, sagt Gerty, »tu es«, schreit sie mich an, als ich nicht wollte.

Nein. Aufhören. Nicht mehr dran denken. Schluß mit dem Denken. Du darfst einfach nicht mehr dran denken. Aber ich kann meine Gedanken nicht festhalten. Daß sie das tun würden. Daß sie dastehen und mich dazu zwingen würden. Mit Rickie und Johnny, die zusehen. Eine Colaflasche. Cola ist nicht so. Schon ihr Anblick verschafft einem ein wohliges Gefühl, die grüne Flasche und der braune Sirup. Man macht eine Pause und gönnt sich eine Cola. Mach mal Pause, sagen sie immer und echt, das ist das allerbeste an einem heißen Tag. Daß daraus so etwas werden kann. Daß aus einer Colaflasche so was werden kann. Etwas werden kann, das wie eine Waffe ist, etwas, das dir weh tut. Sie hineinstecken müssen. Hinunterschauen auf den Boden der Flasche und zustoßen müssen. Gerty brüllt, du kommst noch weiter, du kannst es besser. Gemeines Aas, ein verrücktes Aas, das ist sie.

Aus, denk an was anderes. Der Boden, wenn man auf den Flaschenboden schaut, sieht man den Namen der Stadt, wo sie erzeugt werden, wo sie abgefüllt werden. Sie kommen von überall her, weil sie sie immer wieder verwenden. St. Paul, Atlanta, Cleveland. Einmal haben wir eine aus Hawaii gefunden. Wir haben sie auch gesammelt, die ausgefallenen. Ich und Jenny haben eine eigene Kiste gehabt, haben sie verkehrt reingestellt, jede Flasche von einem anderen Ort. Sogar alphabetisch geordnet. So weit sind wir aber eigentlich nie gekommen, weil Vati sie dann wieder zurückgegeben hat. Aber wenn man sie, wenn sie leer sind, mit dem Boden nach oben in die Kiste stellt – ein Mädchen hat mir einmal erzählt, daß sie in einer einen Mäusekopf gefunden hat und die Coca-Cola-Gesellschaft verklagen wollte und ganz reich werden wollte – Millionäre sind die sicher. Ist das wirklich geschehen? Mein Gott, haben sie das wirklich mit mir getan?

Eine Colaflasche. Man sollte sie Gerty hineinstecken. Mal sehen, wie ihr das gefällt. Sie ihr direkt in den Schlund stopfen. Oder ins Ohr. Sie damit schlagen, wie es Paula mit mir gemacht hat. Sie hat sie direkt nach mir geworfen. Mitten auf den Kopf. Wie sich das angehört hat, ich habe es in meinem Kopf gehört, ein ganz großer Schmerz, dann gleich nachher ihr Gelächter. Es war wie eine ganz große Hitze in meinem Kopf, das Blut dort oben. Die Scham macht den Kopf ganz heiß. Was tut mehr weh, das Schlagen oder das Ausgelachtwerden? Was von beiden habe ich überhaupt gespürt? Wie es ganz durcheinander kommt, wenn mich Lester schlägt, die Angst davor, bevor es anfängt, daß man den Gürtel das erste Mal gar nicht spürt, dann sind beide so vermischt, daß man nicht mehr sagen kann, was. Und dann noch eine andere Sache, daß sie einem das überhaupt antun. Einen so behandeln. Das tut weh. Das tut vielleicht mehr weh als alles andere, daß man in ihr Gesicht guckt, und noch eine Stunde vorher waren wir Freunde, und jetzt tun sie dir weh, und es ist ihnen scheißegal. Tun es mit Fleiß. Haben ihren Spaß dran. Grinsen sich eins. Lachen ganz laut alle zusammen. Jeder einzelne stützt den anderen wie ein Gerüst an einem Haus. Sie passen sogar zusammen. Einer sagt es, und der andere tut es, und der dritte lacht. Wie ein Spiel. Wie etwas ausforschen, etwas erfinden. Es geschieht alles im Lauf der Handlung, am Anfang wissen sie nicht einmal, was sie tun werden.

Und Rickie schaut zu, und dieser dicke Brocken von Paula gibt die Befehle. Aber warum Gerty? Warum hat sie es ihnen erlaubt? Man starrt in ihre Gesichter, Gesichter, die sich eines nach dem anderen seit dem Frühstück am Samstag oder seit Schulschluß verändern, zu dem jetzt hier werden. Alle zusammen gegen dich, man kann nicht mit ihnen reden, man kann ihnen nichts sagen, es ist, als ob das verboten wäre, weil wir jetzt auf verschiedenen Seiten stehen. Und die Seiten reden nicht miteinander wie noch vor einer Stunde, denn jetzt hat alles begonnen, das ist wie Krieg für mich, aber für sie nur wie ein Spiel, ein Spiel, in dem sie mich umbringen werden. Was immer man sagt, sie lachen. Jedes Mal, wenn man den Mund öffnet, auch wenn man weint, für sie ist es komisch. Wie in der Hölle, vielleicht ist das wirklich die Hölle. Sie drehen durch und nichts kann sie mehr einbremsen. Nicht einmal Betteln. Lester hört manchmal auf mit dem Gürtel, wenn ich bettle. Wenn man weint. Aber andererseits tut das Betteln noch mehr weh als das Schlagen, macht einen ganz verkrampft im Bauch, während man die ganze Zeit weinen muß und sagen »bitte nicht, bitte nicht, Vati, bitte nicht, bitte.« Da kann man sich selber nicht leiden. Möchte selber zuschlagen. Man haßt, was man selber wird, dieses schnüffelnde Häufchen Elend, dieser Hasenfuß.

Aber bei ihnen ist es tausendmal ärger. Dieses Lachen, diese Gemeinheit. Lester ist nicht besonders gemein, nur normal gemein. Wenn er eine Wut hat, dann kriegt er einen roten Kopf, und das Blut beginnt zu sieden, und er muß diese Prügel austeilen, die er versprochen hat. Das entschädigt ihn für alles, die Steuererklärung, die Regentage, die Leute, die vorbeigehen und mit einem Blick erkennen, daß sie weißes Gesindel vor sich haben. Aber damals bei Lester, da gab es nur einen von dieser Sorte – mit Mutti als Gegengewicht, verkorkst wie sie manchmal auch ist. Und hier ist niemand.

Gottverdammte Colaflasche. Okay, du kannst jetzt hier dasitzen und fluchen, aber du hast nichts getan, als sie dich dazu gezwungen haben. Bin ich jetzt eine Hure? Ob ich noch Jungfrau bin, was ist denn das eigentlich? Das Ding, über das ich überhaupt nichts weiß und es auch nicht sehen kann, auch nicht angreifen soll, mit dem man aber trotzdem in alle möglichen Schwierigkeiten kommen kann. Wenn man schwanger ist, ist man in Schwierigkeiten. Das sagen sie in der Schule, er brachte sie in Schwierigkeiten, sagen sie. Paula ist ganz gewiß in Schwierigkeiten. Wird immer dicker. Also hängt sie es mir an. Gertrude auch. Ich habe sie doch nicht in Schwierigkeiten gebracht. Scheiße. Es kommt mir vor, als wäre ich die ganze Nacht wach gewesen. Immer wieder läuft es von neuem in meinem Kopf ab, wie sie alle auf dem Sofa sitzen und mir zusehen, mich zwingen, es zu tun. Es ist fast Morgen, und Jenny hat die ganze Zeit neben mir geschlafen, macht sich überhaupt keine Sorgen, und ich wälze diese Geschichte mit der verdammten Flasche noch immer in meinem Kopf herum. Ausgerechnet eine gottverdammte Colaflasche mußte es sein. So dumm ist das. Kann man sich etwas Perverseres vorstellen? Dieses blöde peinliche Glasding in meiner Hand, sie alle schreien mich an, geben Befehle, werden mich schlagen. Wenn du es nicht tust, bist du im Unrecht. Wenn du es tust, wenn du dich fürchtest und es tust, bist du für sie eine Närrin, mit der sie spielen und die sie auslachen können. Und du hast auch etwas Unrechtes getan, etwas Schmutziges und irgendwie verboten, das ist das schlimmste für ein Mädchen, und später wird es noch schlimmer kommen. Sie haben dich dazu gezwungen, aber es wird trotzdem deine Schuld sein, und du wirst dafür bestraft werden, sie werden dich noch mehr schlagen, weil es schlecht ist, und sie haben dich schlecht gemacht, indem sie dich gezwungen haben, was gemein ist, aber niemand draußen hat es gesehen, wenn sie dich also jetzt schlagen, weil du schlecht warst, dann haben sie recht, und so kann man es nicht mehr erklären, wenn es kein Richtig und Falsch mehr gibt. Schlimmer noch, jetzt bist du nicht nur schmutzig, weil du es gemacht hast, sondern sie haben dich noch dazu gezwungen, es wie ein Idiot zu machen, und sie haben gelacht, und jetzt bist du also auch ein Idiot und haßt dich dafür. Gar nicht viel anders als bei ihnen.

War es, weil sie lachten? Was bedeutet das schon, daß sie sich alle zusammenrotten und mich schlagen, was bedeutet das schon, das tun sie ja die ganze Zeit. Vielleicht ist es, daß man weiß, daß man geschlagen wird. Das Warten darauf. »Warte, bis der Vater heimkommt«, sagte sie immer. Und ich wartete. Kotzte beim Warten. Aber ihr gebt das Lachen als Dreingabe. Lester hat nicht gelacht, er hat nur zugeschlagen. Also ist es vielleicht nicht nur die Angst. Sondern daß sie einen auslachen. Demütigung. Das Gefühl, eine blöde Strohpuppe zu sein. Denk nur darüber nach, versuch mit dem allen klarzukommen, du hast sowieso nichts anderes zu tun, als die ganze Nacht damit zu verbringen, darüber nachzudenken und zu versuchen, Jenny nicht aufzuwecken, weil sie ihren Schlaf für die Schule braucht. Du nicht, denn für dich gibt es keine Schule mehr. Und was, wenn sie in der Schule davon hören? Was würden sie denken? Rickie und die anderen Jungen werden es sicher herumerzählen. Kann mich dort nie mehr blicken lassen. Dein Ruf ist völlig kaputt. Wenn man einen schlechten Ruf kriegt, dann ist es meistens aus für dich. Wenn man ein Mädchen ist. Der Karneval ist der einzige Ort, wo es ihnen egal ist, was du getan hast. Sie haben es oft getan, alle. Das ist, warum ich sie vielleicht mag.

Okay, hör zu, du bist hier, und der Karneval ist dort, du mußt dich konzentrieren, versuchen herauszubekommen, wie es sein kann, daß so etwas dir passiert, wie es möglich ist, daß sie dir das antun. Was passiert, wenn es losgeht? Warum lachen sie so laut, warum macht mich das so fertig, daß ich nichts mehr dagegen unternehmen kann? Es ist, als ob dieses Geräusch mehr weh tun würde als die Schläge. Wie wenn die Beleidigung deiner Seele weh tut, deiner Willenskraft? Und das Gelächter macht alles um so unheimlicher, weil du nie weißt, was dann kommt, denn wenn sie lachen, dann wird alles, was sie dir antun, eine Überraschung, auch für sie. Sie soll sich die Colaflasche hineinstecken, vorwärts, das wollen wir sehen. Das ist Gerty eingefallen. Jeder will es ausprobieren. Denn es soll ja ein Spiel sein, da alle schreien und lachen, und sie wissen nicht einmal, wie es ausgehen soll – wird sie es tun?

Und sie tut es, aber warum tut sie es? Weil sie wirklich so dumm ist, wie sie von ihr behaupten. Sie ist ein Schwachkopf mit einer grünen Flasche direkt zwischen ihren Beinen, denkt nicht mehr daran, schiebt sie sich hinein, während sie brüllen und sich am Boden wälzen, ich muß daran denken, kriegen hysterische Anfälle, weil sie so ein Schwächling ist, so ein Tölpel. Wieso eigentlich? Wie kommt es, daß ich es mir gefallen lasse? Das schreckliche Gefühl zuerst wie Knoten und dann irgendwie wie Wasser im Bauch, wie knapp vor einem Durchfall oder vorm Kotzen, denn es stimmt doch, das muß man zugeben, am Ende graust einem vor dem, zu dem sie dich zwingen. Für sie bin ich Scheiße – warum nicht.

»Komm her, Mädchen, ich habe was für dich zu tun. Für uns alle. Siehst du diese Colaflasche? Also, weißt du, was du mit ihr tun sollst? Hör auf zu lachen, Rickie, und schau zu. Ja. Ja. Siehst du sie? Okay, ich möchte daß du sie jetzt zu mir rüber bringst. Ich schwöre zu Gott, Rickie, wenn du jetzt nicht zusiehst, wirst du dein Grinsen schlucken und daran ersticken. Schaut euch nur Paula an, sie wird gleich ganz naß werden, mitten auf den Diwan. Und die anderen, paßt gut auf und wartet auf den Fleck. Ist das nicht nett, ist das nicht irgendwie sexy, daß wir hier alle warten, bis Paulas kleiner Fleck durchkommt. Für dich, Sylvia, habe ich auch einen Fleck. Direkt zwischen deinen Beinen, Süßes. Ja, du hast richtig gehört. Direkt zwischen deinen Beinen. Ich muß selber so viel lachen, daß ich bald einen Asthmaanfall kriegen werde. Schaut euch nur Sylvia an, Kinder, schaut sie nicht doof aus? Wie sie dasteht mit der Flasche in der Hand. Siehst du diese Colaflasche, komm schon, schau sie dir genau an, Sylvia, versuch's mal, sei so nett, schau sie dir genau an. Also, ich möchte, daß du die richtige Stelle triffst. Ja, stimmt. Ist das nicht die Aufgabe von Colaflaschen? Oder nur mit Pepsi? Ruhe jetzt, ihr Bengel, ihr schaut jetzt zu. Ich muß erst nur wieder nach Luft schnappen. Diese Sylvia wird mich noch ins Grab bringen. Jemand sollte ihr statt mir eine übers Maul hauen, ich glaube, sie versucht mich zu erwürgen, indem sie mich zum Lachen bringt. Oh, oh. Das ist besser. Schhhh, Paula, wenn du weiter so herumwackelst, wirst du dein Baby auf dem Sofa verlieren, nicht nur ein bißchen Pipi. Jetzt schau her, Rickie, ich will, daß du dir das jetzt ansiehst. Zuerst werden wir ein kleines Striptease veranstalten. Nein, Jenny, du gehst nirgends hin. Deine Hausarbeiten können warten. Ich möchte, daß du dabei bist. Ich möchte, daß du alles über deine Schwester erfährst. Rickie, reich mir eine Zigarette. Johnny, Süßer, wirf mir die Streichhölzer rüber. Also, jetzt werden wir eine richtige Show sehen. Zuerst einmal ein kleines Striptease. Dann werden wir die Flasche in dem Loch da verschwinden sehen, und dann kann vielleicht Johnny oder sonst wer das Ganze mit einer Flipperei abrunden. Das ist besser als jedes Fox Theatre in der Stadt. Viel besser. Erinnert ihr euch unlängst, als ich für euch Jungs getanzt habe und euch gezeigt habe, wie sie wackeln, und meine Bluse aufgemacht habe und so? Aber das war nur Spiel. Also setzt euch alle zurecht. Setzt euch alle bequem zurecht, denn Sylvia wird uns jetzt eine Show vorführen.

»O doch, mein Früchtchen. Du wirst dieses Zimmer nicht verlassen. Wir werden uns das alle ansehen. Und Rotwerden und mit der Nase schniefen und mehr von diesen verdammt langweiligen Tränen werden dir auch nichts nützen. Also, fang an mit deinem Striptease. Hast du gehört, was ich gesagt habe? Fang endlich an. Das oder das Brett, und die Jungs werden sich wieder deinen Hintern ansehen dürfen. Komm schon, mach schnell mit der Bluse. Hast du mich gehört? Oder muß ich Paula bitten, das Paddel zu holen und hinübergehen und dir den Hintern versohlen und dir wieder die Kleider vom Leib reißen? Du wirst bald keine Kleider mehr haben, hübsches Fräulein. So ist's recht, mach nur weiter. Endlich hast du es begriffen. Heb deine Füße vom Boden, etwas Rhythmus, wenn ich bitten darf. Rickie, möchtest du noch ein Soda? Okay, dann bleibt ruhig sitzen, alle miteinander. Ist sie nicht ein Anblick für Götter? Mach nur weiter, jetzt kommst du auf den Geschmack, Puppe, wie wär's jetzt mit einem kleinen Tänzchen. Schaut sie euch nur an. Ist sie nicht umwerfend? Nur Ruhe bewahren, Paula, du bekommst sonst noch einen hysterischen Anfall, wenn du so weitermachst. Weitermachen, Sylvia, jetzt sind wir schon ganz gespannt. Jetzt ein bißchen mehr wakkeln. Du weißt, wie man es macht, ich habe es euch vor ein paar Tagen vorgeführt, ich weiß, daß du zugesehen hast, ich habe dich mit meinen Augen am Hinterkopf gesehen. Willst du, daß Paula aufsteht und es dir zeigt? Sie wird dich ordentlich stoßen, Süße, da kannst du sicher sein. Okay, das ist schon besser. Seht euch nur ihre Titten an, Jungs. Ich meine, wenn ihr sie finden könnt. Das hier ist eine Anatomiestunde. Schaut euch nur an, wie sie versucht, mit ihren kleinen Titten zu schlenkern. Sylvia, du bist ein Zirkus.

»Okay, jetzt kommt der untere Teil dran. Wir müssen uns jetzt allmählich nach unten arbeiten. Jenny, hast du mich gehört. Ich habe auch gesagt, daß ihr den Mund halten sollt! Oder, hast du das nicht gehört? Dein ›ach Gerty‹ kannst du dir sparen. Oder wir werden eben *dich* vornehmen. Laß uns nur in Frieden, wir unterhalten uns prächtig. Und auch du könntest lernen, über komische

Sachen zu lachen. Deine Schwester ist komisch. Hast du mich gehört, lache. Ihr anderen könntet auch ein bißchen lebhafter dreinschauen. Tu etwas, damit wir lachen können, Sylvia. Mach uns locker. Mach, daß wir alle in die Hosen machen. Wie du es tust. Sie werden naß so oder so. Wenn du weißt, was ich meine, und ich bin sicher, die ganze Bande von euch weiß das sehr gut. Heiße Hosen jeder einzelne von euch, auch die Jungens, ich meine nicht nur die Mädchen hier. Auch ihr Jungs, da trau' ich mich wetten. Wird es schon steif in deiner Hose, Rickie? Auch beim kleinen Johnny, dafür leg' ich meine Hand ins Feuer. Wie steht's, Rickie? Und was macht der kleine Teufel, Randy? Wie man nur so heißen kann. Stehen eure Hosen manchmal vorne etwas ab? Seht mal hin, ist das Stehaufmännchen drinnen, oder hat es sich herausgewagt? Bei Rickie sieht es dort noch recht flach aus, aber vielleicht ist er mit seiner Hand in der Hosentasche gerade dabei. Schon seit Jahren haben wir nicht mehr so gelacht, ist es nicht amüsant bei uns, Jungs? Ich muß erst wieder Luft holen. Also, erzählt mir, ihr könnt eurer Gerty alles sagen, das wißt ihr doch, erzählt mir, macht ihr das in der Schule auch, ihr Jungs – in der Stunde dasitzen und so tun, als würdet ihr ein Buch lesen und dem alten Schulmeister zuhören, und dabei habt ihr die ganze Zeit die Hände in den Hosentaschen und spielt mit einem Freund? Ich hätte schwören können, daß die Jungs zu meiner Zeit das ständig gemacht haben. Der Jammer war, daß ich ihnen die ganze Zeit so gerne beim Spielen geholfen hätte. Rickie lacht, stimmt's, Rickie? Ihr Jungs wißt, daß ich bloß Spaß mache, oder? Die alte Gerty, der beste Kumpel in der ganzen Umgebung, hört sich eure Sorgen an, gibt euch Zigaretten, hört sich alles an, ihr seid immer willkommen. Und es ist hier bei uns auch immer was los. Das ist der Grund, warum ihr alle immer wiederkommt, bei Tag und bei Nacht. Bei Gertrude ist immer was los. Gerty ist immer zum Spaßmachen aufgelegt. Immer was los. Und dann haben wir noch Sylvia hier. Um mit ihr zu spielen, ihr wißt schon, wann immer wir wollen. Jetzt wollen wir mal sehen, ob wir Sylvias Hose runterkriegen. Wenn wir ihr kleines Höschen über ihren Hintern kriegen, dann haben wir das schönste Spielzeug seit letzten Weihnachten.

»Hast du gehört, Mädchen, rühr dich. Du kannst dabei auch ein bißchen tanzen, aber es steht nicht dafür, deshalb den Plattenspieler anzustellen. Heb die Beine, bleib immer in Bewegung, aber glaub nicht, daß die ganze Tanzerei dir das Höschen auf dem Arsch behalten wird. Komm schon, jetzt die Hände an den Gummizug, so ist's recht. Nur Mut, es ist gar nicht so schwer, diese Jungen sind noch nicht einmal steif. Stimmt's, Rickie? Ist das nicht lieb, wie er rot wird? He, Johnny, ist das nicht süß? Das ist was, ich muß schon sagen. Man fragt sich, ob es auf der ganzen Welt eine Macht gibt, die den Reißverschluß von diesen weiten Blue jeans öffnen könnte. Man kann nicht einmal sehen, ob er überhaupt was drinnen hat, wenn man ihn so ansieht. Nur mit der Ruhe und keine Aufregung, Johnny. Mein kleines Baby. Komm schon, Mama macht nur Spaß, bleib ruhig sitzen und schau zu, das ist nur Spiel, Kleiner, reg dich nicht auf. Sylvia macht für uns alle den Narren. Echt großzügig von ihr. Aber für nicht mehr als zwanzig die Woche sollte sie es öfter tun, sie könnte sich ihren Unterhalt verdienen, wär' doch nicht schlecht? Komm schon, etwas mehr Unterhaltung, wenn ich bitten darf. Jenny soll auch was davon haben, warum nicht? Was meinst du, Paula? Meinst du nicht, daß Sylvia jetzt endlich ihre Hose runterlassen soll, weil sie uns das schuldet? Alles, was wir zu Gesicht bekommen, ist immer ihr Hintern, der das Brett küßt. Heute ist also ein besonderer Festtag, wir werden ihr Vorderteil sehen. Komm schon, verdammt noch mal, ich habe gesagt, daß du deine Unterhose runterziehen sollst, aber dalli. Los jetzt! Weil ich es so will, darum. Du bist bloß ein Pflegekind und eine Fremde, die auf unsere Kosten lebt, und du mußt Sachen machen *einfach weil ich es will* und aus sonst keinem Grund, oder ich hau' dir eine in die Fresse, oder Paula bringt das Brett. Denn das ist mein Haus. Runter mit der Hose, sonst mache ich die Zigarette auf dir aus. Und weinen nützt nichts. Okay, jetzt, Jungs, seht her, was sie für euch hat. Und das macht euch keinen Steifen? Dehnt das nicht eure Hosen? Na ja, genauer betrachtet ist das alles eher traurig. Wer würde da schon seinen hineinstecken wollen. Stinkt auch, ich trau' mich wetten.

»Hört zu, ich habe eine herrliche Idee. Sylvia wird ihr Soda Pop heiraten. Sie wird uns zeigen, wie man mit Pepsi genau an die richtige Stelle kommt. Wir werden dich einreiten, Kind. Wenn dein stinkendes kleines Loch nicht luftdicht ist, dann wirst du deine Jungfräulichkeit an die Coca-Cola-Gesellschaft verlieren. Wir werden jetzt sehen, wie weit man dich in Kalifornien gedehnt hat und werden dazurechnen, wie oft du dich in den Gängen der Schule verschleudert hast. Für wieviel hat sie es dort getrieben, Jungs – fünf Dollar, drei Dollar, zehn Cents? Einen Penny pro Stück ist alles, was du im Park für Colaflaschen kriegst, nicht wahr? Wenn ich dich noch einmal dabei erwische, dann gibt es das nächste Mal den Gürtel und nicht das Paddel. Seht euch Sylvia nur an mit der Colaflasche in der Hand. Oder Pepsi, egal. Soda-Pop-Mädchen. Das könnte eine Werbung sein. Wäre sie nicht eine herrliche Werbung, Kinder? Splitternackt. ›Ich hab' alles gehabt‹ oder sowas als Text. Sylvia Soda Pop. Soda Pop dein Leben lang, nicht wahr, Mädchen? Dein Alter auch ein Soda Pop. Fährt in der Weltgeschichte rum – du weißt nicht einmal, wohin, zum Teufel, du ihm schreiben sollst, oder? Nein, das meine ich wirklich, Rickie, ihr Papa hat einen von diesen Ständen auf den Jahrmärkten, Bier und Soda. Eine Karnevalhure, das ist sie. Eine Zelt- und Wohnwagenvagabundin. Nächstes Jahr wirst du dann in der Mädchenshow auftreten? Wenn diese Titten noch wachsen? Mach dich bereit, Sylvia, denn heute werde ich dir den ersten Trick beibringen. Das Flaschenschlucken. Du kannst deine eigene Freakshow aufziehen, da wirst du beliebter sein als der Typ, der Schwerter in seinen Schlund steckt oder lebendige Hühner verschluckt, denn du wirst die erste Flaschenschluckerin sein, die den unteren Mund verwendet. Das würde einem Typen nie einfallen. Aber das sollte *dich* nicht davon abhalten, nicht wenn ich mir nur annähernd vorstelle, wie du es diesen Sommer getrieben hast und seit der Zeit, als du mit dem Jungen in Kalifornien unter eine Decke gekrochen bist. Mike, das war doch sein Name? Und ihr Jungs regt euch jetzt lieber ab – denn das hier ist die Sorte von Schund, die *jeder* haben kann. Wenn ihr sie berührt, dann wird es euch leid tun. Denn sie ist nicht sicher. Nicht nur, daß es Sünde ist, es ist auch nicht sicher. Habt ihr schon von Geschlechtskrankheiten gehört? Also, da seht ihr eine. Kein Arzt kann das heilen, wenn ihr mit so was angesteckt werdet, dann wird euer kleines Ding schrecklich schwarz werden und eine Woche später abfallen. Wie Krebs, Rickie, und das reicht dir dann auf Lebenszeit.

»Also mach schon, zeig uns was zum Lachen, du kleines Miststück. Steck dir das Ding da hinein. Na wird's schon. Wird's schon, hab' ich gesagt – wenn ich aufstehen muß und dich schlagen, dann werde ich stundenlang nicht mehr aufhören können. Ja, das ist schon ganz gut, aber weiter. Das kannst du doch? Weiter, wir geben acht. Paula ist vor lauter Lachen schon halb aus dem Stuhl gefallen, und du hast die Jungs sicher für dich gewonnen. Mach schon, weiter. Das kannst du doch sicher. Mach weiter, nein es tut *nicht* weh. Es macht nur Spaß. Mich beginnt es auch schon zu jucken. Hör auf mit dem verdammten Jammern. Sei ein braves Mädchen und tu, was man dir anschafft. Das ist einfach unglaublich, habt ihr jemals schon etwas so Verrücktes gesehen? Sag mir. Mensch. Paula, sag mir bitte, ist ihr Gesicht genauso rot wie ihr Arsch, nachdem wir ihn bearbeitet haben? Du bist die Expertin. Und wie war Hazard, war er so groß wie diese Flasche? Oder war er besser? Mach nicht so 'n Gesicht, du weißt, daß es komisch ist. Schau sie nur an. Komm schon, weitermachen, habe ich gesagt. Komm schon, weiter – höher, höher. Ist das nicht wunderbar, jetzt möchte ich, daß du dich auf den Boden hockst und dir dabei zusiehst, Sylvia, wie du sie hineinschiebst. Na komm, hock dich hin. Was für 'n Anblick, nich? Komm schon, jetzt hocken wir uns alle hin und sehen zu. Seht euch das nur an – häßlich nich? Schaut komisch aus. Komm schon, stoß fester, du kleine Idiotin. Du kriegst sie schon noch weiter rein. Ganz sicher. Will jemand ihr beim Stoßen helfen. Okay. Kinder, ran mit euch. Solange ihr nur die Flasche angreift.«

Es STIMMTE, daß Jenny mit den anderen mitlachte. Sogar bei der Colaflasche, der Anblick des Gegenstandes zwischen den Beinen ihrer Schwester, das Gelächter der anderen im Ohr, sie hat auch gelacht. Ein Lachen, das zwar anderen Ursprungs war, im Effekt aber ähnlich, das Lachen allein schon Verrat.

Ein Reflexlachen. Man fragt sich, was das eigentlich ist, wir begegnen ihm so oft im Leben, diese letzte ärgerliche Beleidigung, die uns inmitten unserer Sorgen trifft – dieser Beweis, daß andere es scheinbar komisch finden. Manchmal auch unser eigenes Lachen, das unerbeten aus der Kehle dringt, ungeplant, schockierend, bösartig. Das »verlegene« Lachen, das Lachen, das Böses gutheißt, das der Grausamkeit ins Antlitz blickt, schon allein sein Klang eine Art Komplizenschaft. Es geschieht fast noch bevor du es getan hast. Und wem ist das nicht schon passiert? Wenigstens das Lachen, wenn jemand stolpert oder hinfällt, das Ereignis unerwartet, das Lachen halb Überraschung, rasch zurückgenommen oder unterdrückt. Ist da irgendwo ein Zug von Selbsterhaltung dabei, von Erleichterung? Und selbstverständlich gibt es das Lachen über das Tortenwerfen, ein Lachen, das fast genauso harmlos ist wie die Situation irreal. Aber in Augenblicken von Schmerz kann Belustigung die allerletzte Bosheit bedeuten. Das Lachen selbst, besonders in Verbindung mit gezielter Grausamkeit, ist eine Art Zustimmung und unterstellt, daß wir verzeihen, ja sogar begrüßen, in den Bereich jenseits von Gut und Böse eingetreten sind, der reinen Ästhetik. Als ob wir behaupten wollten – oder besser als bloß behaupten – *beweisen*, daß Leid nichts ausmacht, daß moralische oder auch humanitäre Erwägungen unwichtig sind. Weil es komisch ist. Belustigt. Spaß macht.

Wieviel dieses zweifelhaften Lachens ist einfach Angst oder Verwirrung über den Sadismus von jenen, die das Lachen auslösen? Jenny lacht, denn wenn sie es nicht tut, dann werden sie sich ihr zuwenden, sie dazu zwingen, sich an Sylvias Stelle zu setzen, ihr die Flasche hineinrammen lassen. Oder noch Schlimmeres. Und das knapp entkommene Ich verliert in seiner so unsteten Sicherheit jedes Mitleid mit der anderen, knapp entkommen umarmt es sich selbst und frohlockt beim Anblick des Beispiels über das eigene Schicksal, dem es entgangen ist, wenngleich es durch die andere noch immer vorgelebt wird, jene, die nicht entkommen ist und jetzt hilflos in der Falle zappelt. Jene, die noch einmal davongekommen ist, sieht zu.

Und lacht? Wie sehr wird Jenny in aller Zukunft an diesem Lachen leiden, welche Richtung hat ihre Seele eingeschlagen, als sie eins wurde mit den Peinigern, während ihre Schwester, die auch sie selbst ist – jetzt aber nicht sie selbst, entdeckt die Überlebende glückselig, während das Opfer, früher einmal so vertraut, so verwandt, durch ein Stück grünes Glas gedemütigt wird, verachtet und sich selbst verachtend. Jenny kann sich dem nicht entziehen, wird, wie die anderen, in dem Augenblick eins mit ihnen, teilt ihre Verachtung, wiegt sich in ihrer Sicherheit, erkennt nicht, daß die Nerven ihrer Urteilsfähigkeit zerstört werden.

Denn das Urteilsvermögen besteht aus solchen Anlässen. Die Vernunft. Auch die geistige Normalität, die Integrität des Wertsystems, sein Einschätzungsvermögen, seine Loyalitäten und Normen. Nicht die geistige Normalität im psychiatrischen Sinn, denn keiner der vielen Ärzte, die zu ihrer Untersuchung aufgeboten wurden, konnten Gertrude oder Richard oder John auch nur ein einziges Mal für geistig abnorm erklären; sie waren normal, gewöhnlich. Und gewissermaßen waren sie es wirklich. Und bei dieser Seite ihres Wesens war Jennys Lachen jetzt angelangt. So daß von Tag zu Tag die Hoffnung schwand, daß sie es noch nach außen tragen würde, Verwandte oder Lehrer aufsuchen würde, oder auch am Ende die Polizei.

Jenny lacht, wenn sie lachen, hat keine Ahnung, worüber sie lacht. Hat einfach Angst. Sylvia macht es sich so einfach, um die Verbindung zwischen ihnen zu schützen, von der sie bereits weiß, daß sie am Zerbrechen ist, spürt das Ausfransen der Fäden zwischen ihnen, entschuldigt es aber als bloße Furcht. Es ist mehr als das, es ist Bewegung, Fortschritt hinüber zu jener Stelle, an der sich die anderen befinden, jener entlegenen Stelle, von wo aus die beobachtete Gestalt nicht mehr gefühlt oder als ein Mitmensch erkannt wird, sondern fremd ist. Anders.

Das Lachen, trivial, unkontrollierbar, fatal in seinem Ergebnis – das Lachen kommt auch aus Jennys Mund. Nicht Belustigung, denn dazu ist Jenny allzusehr mit Panik erfüllt. Wie immer laut und blechern dieses Gelächter, es hat bewirkt, daß Jenny sich selbst lossagt. Wenn Sylvia wegen ihrer Leiden zu bemitleiden ist, dann ist Jenny deshalb zu bemitleiden, weil sie ihnen nur durch ihre komplizenhafte Tatenlosigkeit entkommen konnte. Sie stand dabei, sie hat nichts unternommen um zu helfen, sie hat es niemandem gesagt. Statt dessen lachte sie mit den anderen, über jemanden, den sie liebte. Dieser Betrug wird sie davon abhalten, zur Polizei zu gehen, zu den Lehrern, Sozialarbeitern, zu allen erdenklichen Außenstehenden – ihre Großmutter oder sonst ein Verwandter. Denn Sylvia war ihre Schwester. Und weil sie mit den Vergewaltigern über die Vergewaltigung lachte, wird sie so lange schweigen, bis daraus Mord wird.

Ich beobachte sie und weiß nicht, was ich denken soll. Wundere mich nur. Was geht in ihrem Kopf, in ihrem Bauch, dort hinter ihrer Bluse vor? Wer bin ich dort drinnen? Wenn einem eine Frau so was antut, ist es anders. Vor Männern habe ich mich immer schon gefürchtet, seit ich mich erinnern kann. Aber nicht vor einer anderen Frau. Einer Mama. Das ist es, warum mich Gertrude so weit gebracht hat, daß ich jetzt nichts mehr machen kann. Weil ich es immer noch versuche. Wenn ich sie nur umstimmen könnte, wenn sie mich vielleicht unter ihrer Gemeinheit doch auch echt gern hat, und das Blatt könnte sich einfach wenden, und ich könnte sie so weit kriegen, mich gern zu haben. Manchmal hat sie mich angelächelt, oft hab' ich ihre Müdigkeit gespürt, dort in den Schultern, vom Bügeln, kenne das Gefühl selber zu gut und wie es sich anfühlt, wenn jemand dann deine Schultern massiert. Wenn sie nicht Paula gefragt hat, dann hat sie Jenny gebeten, es ihr zu machen. Und ich stand da, vielleicht die einzige, die es an ihren Augen ablesen konnte, wie sehr es weh tut, den ganzen Tag über dem Bügelbrett zu stehen, in diesen besonders heißen Tagen im Juli.

Aber ich habe nichts gesagt, denn ich wollte nicht hineinplatzen, sondern abwarten und sehen. Im Laufe der Zeit würde sie mich vielleicht lieber haben. Und ich grinste sie an. Blöd von mir. Das allerdümmste. Das allerschlimmste. Aber wenn man nicht weiß, was man machen soll – man traut sich nichts zu sagen, weil es falsch herauskommen könnte, und dann würde sie mir gleich an die Gurgel springen. Wie sie brüllt – lachst du mich aus, Mädchen? Alles kommt so verkehrt raus. »Hast du diesen Turnanzug gestohlen? Woher hast du das Geld – erzähl mir nicht wieder so 'ne Geschichte über Colaflaschen einsammeln.« Gertrude schreit durch das ganze Haus – »wie kommen diese zehn Dollar aus meiner Börse?« – das einzige was man da machen kann, ist ruhig bleiben und das Maul halten. Sogar den Atem anhalten. So lange bis man sie schließlich sagen hört »Paula, geh und hol das Brett.« Aber wenn man den Atem lang genug anhalten könnte, wenn man es richtig macht, das Richtige sagt, aufhört, ihr auf die Zehen zu steigen, bei diesen geheimnisvollen Gelegenheiten, wo sie bei der kleinsten Kleinigkeit immer wütender und wütender wird – dann vielleicht würde man die Worte über das Brett nicht hören. Sie würde es einem ersparen. Sie würde sich beruhigen. Aber nicht, wenn man frech ist. Oder ein Lächeln rausläßt.

Und wie eine Idiotin mußte ich grinsen. Wie man sich windet, wenn man verlegen ist. Reine Blödheit. Immer tut man genau das Verkehrte. Und vielleicht auch noch was anderes – Einbildung. Früher bildete ich mir so viel darauf ein, daß ich die Leute immer zum Lachen bringen konnte, oder daß sie mich zumindest auch angrinsten oder anlächelten, auch wenn es nur ein winziges Lächeln war, wie ein Nicken oder ein Augenzwinkern. Und dann geben sie nach, und wenn sie weiterschreien, dann wird es irgendwie komisch, bis fast jeder lacht und Spaß macht. Tatsache ist, daß ich das unheimlich genieße. Also habe ich es immer wieder versucht. Ich hatte es einfach gern, so was mit Leuten machen zu können. Ich war stolz darauf. Das war meine Einbildung, sie haben immer gesagt, daß ich eingebildet bin. Wie eine Sünde, irgendeine Art von Sünde, die nicht ganz klar ist. Wie Stehlen klar ist, aber knausrig sein, ist nicht so klar. Und die Sünde des Stolzes ist echt verschwommen. Wie geistiger Stolz, wenn man geistreich ist und sich was einbildet drauf.

Aber bei mir war es so, daß ich alles verändern wollte. Das ganze Haus. Angefangen von Gertrude, die das Haus ist. Ich wollte einen Spaß draus machen. Wo es so was nicht gab und nicht gibt und auch nie geben wird. Wir sind zu viele, und es ist zu wenig da von allem. Es gibt nicht genug Essen oder Geld und zu viel Arbeit und Büglerei. Und alles, was ich getan habe, hat es nur noch schlimmer gemacht. Lauter und verrückter und mehr Streit. Bis es jetzt diese Hölle geworden ist und ich im Mittelpunkt, und jetzt hause ich wie der Teufel im Keller. Gertrude geht es jetzt schlechter als zu der Zeit, wo ich sie kennengelernt habe. Und wahrscheinlich war es das allerletzte, was ich mit meinem Grinsen erreicht habe, daß es mich vor dem Brett gerettet hat. Ich habe es nur um so ärger gekriegt. Denn Gerty dachte immer, daß ich mich mit dem Grinsen über sie lustig mache. Und irgendwo stimmt das vielleicht auch. Daß sie sich so aufführen kann, wenn sie wütend wird. Eine Erwachsene. Und dabei so brutal. Was kann man mit einem Grobian sonst tun, als ihn auslachen? Okay, aber vergiß nie, daß du ihnen nicht ins Gesicht lachen darfst.

Nein, das habe ich nie getan. Ich wollte viel zu sehr, daß sie mich gern hat. Mich am liebsten hat. Wenn ich es mir überlege, habe ich sogar davon geträumt. Ich habe hier taggeträumt und auch im Park im Sommer – daß ich ihr Lieblingskind sein kann. Ihr Kätzchen. So würden mir die Grobheiten nichts machen, solange sie mich nur gern hat. Wie leicht könnte ich ihr dann verzeihen. So ungefähr alles außer dem Paddel. Das war gemein. Und zum Teil hat sie das nur getan, um mich zu beschämen. Mir die Hose runterziehen. Ich bin erwachsen, das kann man mit mir nicht machen, ich bin schon eine Frau, mit den Intimstellen einer Frau. Und sie hat mir die Kleider einfach vom Leib gerissen. Vor allen. Das hat mir viel mehr weh getan als die Schläge.

Das war damals. Wenn ich jetzt ans Verzeihen denke, ist es leicht. Komisch – aber je ärger sie zu einem sind, desto leichter ist es zu verzeihen. Weil es einem egal wird. Nachdem die Leute gewisse Sachen machen, einen bestimmten Punkt überschreiten, dann bedeutet es überhaupt nichts mehr zu sagen, daß man verzeiht. Solange man sie so von einem fernhalten kann. Man sie dazu bringt, dich nicht mehr zu schlagen. Aber vergessen werde ich es nie. Was macht es also aus, wenn du sagst, daß du ihnen vergibst. Verzeihen ist eigentlich nur für Leute, die man liebt – wie Jenny, wenn sie etwas getan hat, dann tat es mir im Herzen weh, weil sie in mir drinnen lebt, und es ist warm, schon der Klang ihres Namens ist warm. Aber ich habe sie auch beobachtet ... nicht wenn sie versuchen, sie dazu zu bringen, mich zu schlagen. Dann ist sie verlegen und muß es tun, und sie tut es nie wirklich fest, und sie werden wütend mit ihr und brüllen sie an. Aber zu anderen Zeiten ... wenn sie einfach im Winkel steht, mich anstarrt, nichts tut, weil sie nichts tun kann und sich zu sehr fürchtet, um was zu sagen. Aber manchmal, wenn sie herumsteht, in der Finsternis hier unten und auch oben am Gang beim Badezimmer, wenn sie es tun, und ihr Gesicht hat diesen komischen Ausdruck. Als ob sie mich auch verachtet. Ich habe geschrien und geweint, Rotz auf dem ganzen Gesicht und Tränen, und ich komme mir immer ganz blöd vor dabei. Und sie sieht mich an. Wie wenn ich es vielleicht wirklich bin.

An das werde ich vielleicht eines Tages denken müssen, wenn ich verzeihe. Wenn es jemals dazu kommt. Die anderen – ich weiß nicht, die sind weit weg. Nicht wenn sie mich einkreisen. Dann ist jedes ihrer Gesichter so groß wie ein Zimmer, wenn sie sich über mich beugen. Und man ist sich auf eine ganz gräßliche Art nahe. Ich schwöre, daß ich Johnnys Seele besser kenne als er selbst, wenn er diese Zigarette in der Hand hält. Und Paula auch. Aber Paula ist auf eine ganz verdrehte Art wie ich, wie wenn ich in einem bösen Traum in den Spiegel schaue und dann Paula bin, wie wenn ich im Traum Paula geworden wäre. Ich auch, für sie ist es genauso. Wie wenn wir für einander unser Pech und unser Alptraum wären, oder so ähnlich, aber was kann man verzeihen, wenn man sich nie geliebt hat?

Freilich, da liegt auch irgendwo die Schwierigkeit. Ich habe sie geliebt. Ich wollte sie lieben. Auf jeden Fall wollte ich, daß mich alle gern haben.Um mich einen Kreis bilden und mich wärmen. Und sie würden denken, daß ich komisch bin, ich würde sie zum Lachen bringen können, ich wäre Cookie, ihr Nesthäkchen. Sie alle. Die Jungs und Stephanie und Paula. Auch die kleinen Kinder, Jimmy und Marie und Shirley. Und Gertrude, besonders Gertrude, vor allem Gertrude. Gertrude würde es ihnen beibringen. Sie würde zu mir hinüberstrahlen und ihren Arm vor den anderen um meine Schulter legen und ihnen sagen, Nesthäkchen ist die beste, »Cookie ist lustiger als ein Picknick, Cookie ist das glücklichste Kind, das ich kenne, sie ist wie Sonnenschein in einer Flasche mitten im Küchenkasten.« Tagträume, ich träume davon, daß Gertrude in der Küche herumschwirrt und singt und mit den Fingern schnalzt und tanzt ... »Ich bin verrückt nach Cookie.«

Gertrude. Statt dessen höre ich deine Füße in den Schuhen, wie du über mir herumgehst. Seit gestern abend haben sie mich hier unten eingesperrt. Seit ich ins Bett gemacht habe. Gertrude geht den ganzen Tag hin und her, wartet auf die Heimkehr der anderen, wartet jetzt auf jemanden anderen, denn sie sind alle in der Schule. Aber in ungefähr einer Stunde, so sieht das Licht aus dort oben in den Fenstern des Basements, in etwa einer Stunde sind sie von der Schule zu Hause. Holen mich. Sie tun alles, was man ihnen befiehlt, sie spielen das Spiel, das du aus mir gemacht hast. Ich werde schreien, und es wird weh tun, und ich werde müde sein, und dann werden sie mich alleine lassen. Um mich auszuruhen und auf meinen Weg in den Schlaf euren Haß zu verzehren. Deine Schritte durch die Zimmer. Ich weiß den ganzen Tag lang genau, wo du bist. Drüben im Speisezimmer läßt du dich aufs Bett fallen. Dann in die Küche, für ein Glas Wasser oder ein Stück Toast oder ein Glas Soda, ins Wohnzimmer, zum Fernseher oder um in einer Zeitschrift zu blättern, hinauf, um Denny schlafen zu legen, zurück zur Küche für etwas Suppe. Jeder Schritt direkt über meinem Kopf. Im Basement kann ich jedes einzelne Wort hören, das gesprochen wird, jede Bewegung irgendwo im Haus. Besonders direkt über mir. Wie wenn das Basement der Mittelpunkt von allem ist, was oben vor sich geht, wie wenn es Ohren hat. Jeder Schritt, fast jeder Gedanke. Sie sind um mich herum. Und es ist alles verkehrt. So bin ich also doch euer Mittelpunkt geworden, aber verkehrt rum, es ist alles genau das Gegenteil von dem, was ich dachte, was ich wollte. Etwas hat begonnen wie ein großer Lastwagen, der einen Hügel hinunterrollt – sobald er zu rollen beginnt, ist er nicht mehr aufzuhalten. Wie deine Schritte über mir. Dann ihre. Dann öffnet sich die Tür. Ziemlich bald stürmen sie herunter. Die Stimmen und die Gesichter. Und ich kann es nicht ändern. Nicht mehr.

»Sie hat alles vollgepinkelt. Na klar hat sie. Riecht man ja. Die ganze Matratze stinkt. Jetzt kriegst du es aber.«

»Ich muß geschlafen haben.«

»Das ist mir scheißegal, kommt her Kinder, ich möchte, daß ihr das seht, diesmal wird sie wirklich *lernen.*«

»Gertrude, wenn ich aufs Klo gehen könnte.«

»O nein. Gerade deswegen habe ich Coy gebeten, dich zu fesseln. Damit du lernst, deine Blase zu kontrollieren, Klo oder kein Klo. Du bist es nicht wert, ein Klo zu benützen. Schmutzige dreckige Sau. Schau dir das nur an, Paula. Die hat die ganze Matratze kaputtgemacht. Jetzt steh aber schnell auf, Jenny, du bist ja fast genauso naß wie sie. Warum hast du uns nicht gerufen, als das passiert ist, ha? Scher dich fort von hier, auf der Stelle, sonst kriegst du auch noch was von derselben Medizin ab. Warum, zum Teufel, konntest du nicht aufwachen? Komm schon, na wird's bald, verdammt noch mal. Und glotz nicht so blöd. Wieso kümmerst du dich so wenig drum, daß du nicht einmal aufwachst? Hast du es nicht gespürt, um Himmels willen? Hat es sich nicht schön warm angefühlt – antworte, sonst werde ich dich wachtreten.«

Heiß und dann kalt, Jenny registriert die Empfindungen eines nassen Bettes genauso wie Sylvia. Aber es ist nicht ihre Sünde. Einmal, aber nicht jetzt. Jetzt ist es einzig und allein Sylvias Verbrechen. Jedes Gesicht in dem überfüllten Zimmer ist eine einzige Anklage. Auch Jennys. Sie ist in Sicherheit.

»Nie würde ich erwarten, daß diese dreckige verkommene Sylvia aufwacht. Die merkt ja rein gar nichts, von Montag bis Freitag. Aber du hättest es mir sagen sollen, Jenny. Denn wenn du es mir in Zukunft nicht sagst, dann wird es genauso deine Schuld sein.«

»Es tut mir leid, Gerty, ich bin einfach nicht aufgewacht.« Jenny wieder angespannt, alle sehen sie an. »Es tut mir wirklich leid, Gerty, das nächste Mal, verspreche ich, werde ich es gleich sagen.«

»Ein nächstes Mal wird es nicht geben. Von jetzt an werden wir dieses Luder im Basement halten, bis sie stubenrein ist. Jetzt hilf Stephanie diese Matratze auf den Gang tragen. Und setz ein anderes Gesicht auf und hör mit dem Schnüffeln auf, oder ich versohle dir auch gleich den Hintern. Komm her, Paula, halt sie fest, wir werden Sylvia jetzt was geben, was sie nie vergißt. Halt die Klappe, das wird dir gar nichts nützen. Und wenn du dich wehrst, wirst du Sterne vor den Augen sehen, das schwöre ich dir.«

Der Drache geht vorbei. Jenny läßt beim Hochheben die Matratze dreimal fallen, ihre Hände zittern so stark, daß sie schließlich die Nägel einsetzen muß, um sich am Stoff festzukrallen, der braun-gelb verfärbte Drillich. Er hinterläßt eine Wasserspur auf dem Boden. Wasser, alles wegen des Wassers. Nachdem sie sie gestern nacht fesselten, Gerty beauftragte damit Coy und Stephanie, sie selbst erteilte die Befehle, Gertrudes Gesetz – du darfst das Klo so lange nicht benutzen, bis du gelernt hast, nicht ins Bett zu machen. Und als sie alleine waren, hat Sylvia Jenny flüsternd um ein Glas Wasser gebeten, um irgend etwas. Johnny hat ihr gestern abend befohlen, die Suppe mit den Fingern zu essen. Die kleine Schüssel Suppe, die sie ihr genehmigten. Ich wollte ihr mein Abendessen geben, aber sie ließen mich nicht. Gertrude hat herausgefunden, daß Diana ihr letzten Monat im Park ein Sandwich gegeben hat. Paula hat es erfahren und hat Sylvia an der Gurgel gepackt – »Warum hast du uns das nicht erzählt?« »Ich hatte Angst, daß du mich verprügelst«, sagte Sylvia. Aber jetzt ist es noch schlimmer, wenn Gerty erst später draufkommt, denn da wurde sie noch wütender und gab Sylvia sechs Mal das Brett. Dann, als sie kein Abendessen bekam und sie ihr auch nicht erlaubten, meines zu essen, hatte Johnny eine Idee. Er gab Sylvia eine kleine Schüssel Suppe und sagte, fang an zu essen. Mit deinen Fingern. Die anderen von uns teilen sich den Löffel, und wenn wir fertig waren, spülten wir ihn ab und gaben ihn dem nächsten weiter. Aber Sylvia durfte nur ihre Finger benutzen. Sylvia hat es sogar versucht, aber er hat sie ihr weggenommen, weil er ihr nur drei Minuten Zeit ließ, und die waren um. Also das Wasser. Wenn man etwas trinkt, dann tut der Magen nicht so weh. Und sie wollte es. Das war außerdem etwas, was ich ihr geben konnte. Und jetzt rinnt es über den Boden. Das war also ein Fehler, für den ich sie jetzt schon schreien höre. Es ist zu gefährlich. Gertrude hat mir gesagt, daß wir Kinder sie echt krank machen, und wenn sie ins Krankenhaus muß, dann werde ich genauso in Schwierigkeiten sein wie Sylvia, denn es ist alles unsere Schuld.

»Dieses Mal, Sylvia, wirst du nur knapp mit dem Leben davonkommen. Und aufs Klo gehst du nicht, auch wenn du platzt. Komm her, Johnny, bring sie die Treppe runter. Wenn sie nicht kommen will, dann stoß sie hinunter. Hol den Knebel.«

Ich weiß, wo du bist. Die ganze Zeit. Genau in welchem Raum. Wenn du über den Küchenboden gehst. Wenn du hinaufgehst, um etwas zu holen. Wenn du zurückkommst. Gestern bist du sogar zum Laden gegangen und zurückgekommen. Es muß Standard auf der anderen Straßenseite gewesen sein, denn ungefähr so lange hast du gebraucht. Und du bist gleich in die Küche gegangen und hast das Zeug weggeräumt. Ich höre, wie du aufstehst und dich hinsetzt. Das Knarren des Betts im Speisezimmer, wo du am Tag schläfst. Denn du schläfst viel, untertags. Genau wie ich. Jeder von uns dort, wo wir hingehören, auf verschiedenen Stockwerken, wir schlafen und wachen wieder auf, den ganzen Tag lang. Wir warten, wir warten beide auf die Zeit. Jedes Mal, wenn du auf der Bettkante sitzt, wenn sich deine Füße vom Boden abheben und du dich hinlegst. Zuerst langweilt dich das Warten, und dann wirst du schläfrig. Mal benommen, dann wieder wach, und dein Rücken schiebt sich über die Bettkante und rutscht jetzt hinein und kommt auf der Matratze zum Liegen. Dann kommt eine Periode, eine Zeit in der ich mehr alleine sein kann, ganz allein, sicher, daß du nicht herunterkommen wirst, befreit von dir ein oder zwei Stunden lang, nicht einmal von deinen Füßen über mir hypnotisiert, deine Bewegungen vor und zurück oder das schreckliche Geräusch von jetzt – ich werde wieder Cookie, mache, daß es damals wird, mache es Sommer, schaffe mir die Zeit vor hier, Jenny und Danny und Benny und der Stand, und dann ein Knarren, kaum hörbar zuerst, aber das zweite Mal ist es sicher, und deine Füße kommen aus dem Bett und zurück auf den Boden, ich höre sie so gut, als ob ich sie sehe, deine Hausschuhe mit den silbernen Lamériemen, deine Pantoffeln nennst du sie, und auch deine Füße in den Pantoffeln, die Haut oberhalb der Riemen um das Fußgelenk, die genaue Farbe der Haut, so weiß mit kleinen blauen Linien, die Haut bewegt sich langsam und dann ein wenig schneller, denn jetzt bist du wacher. Zur Toilette. Du Glückliche. Ich darf schon seit Tagen nicht pinkeln. Das letzte Mal. Als ich ins Bett machte. Damals durfte ich eineinhalb Tage nicht gehen. Und gefesselt war ich obendrein. Also habe ich ins Bett gemacht. Es ist mir passiert. Im Schlaf, und ich konnte es nicht mehr halten. Das war das zweite Mal. Sie hat mich gewarnt. Aber die Muskeln waren so müde in meinen Beinen, in meinem Bauch und dort unten, dort wo es mir jetzt so schlecht geht. Diese Colaflasche. Und es ist auch ziemlich geschwollen. Vielleicht muß ich deshalb dringender gehen. Es macht mich fast verrückt jetzt, ich muß so dringend, verdrehe meine Beine, klemme einen Schenkel über den anderen bis mein Bauch zu schreien anfängt. Gerty, ich kann dich sogar pinkeln hören. Wie ein ganz besonderer Luxus, sich einfach auf die Muschel setzen und es loslassen. Wenn ich den Schwall höre, erinnere ich mich wieder, dann ist es noch schwerer, es zurückzuhalten, erinnert mich an die Dinge, die ich früher die ganze Zeit hatte und wo mir nie einfiel, daß sie so wertvoll waren. Jetzt kann ich also nicht pinkeln. Du läßt mich nicht pinkeln. Du läßt mich nicht essen. Ich werde bestraft, mir wird eine Lektion erteilt. Ich sage mir das vor, und dann sage ich, ja, klar, weil ich doch ein böses Mädchen bin. Die Colaflasche und wie sie alle zusahen. Ich bin eine Hure. Gertrude sagt es, sie sagen es alle. Ich bin Dreck. Ich bin nur eine dreckige kleine Schlampe voller Pipi. Dann vergehen ein paar Minuten, und ich sage mir, das ist Mist, einfach Mist. Und ich werde wieder ganz zornig. Immer noch werde ich zornig. Dann warte ich ein bißchen, werde hungriger, muß noch dringender gehen und fange an zu weinen, irgendwie zu wimmern. So wie das Hündchen dort unten. Oder ein kleines Kind, das man immer wieder mit etwas neckt. Es beginnt ganz langsam wie ein schwaches Geräusch und das Gefühl wird immer stärker, ich Arme, sag' ich mir, und dann, wie werde ich jemals hier rauskommen? Irgendwie, zum Teufel, irgendwie, wie du kannst.

Also sage ich. »Bitte, Gerty, bitte laß mich pinkeln, bitte laß mich heute abend etwas essen, bitte verbrenne mich nicht mehr. Ich werde brav sein.« »Du bist eine Hure«, sagt sie. »Nein, Gerty, ich werde keine Hure mehr sein, ich werde ganz brav sein.« »Du bist eine Hure, nichts als eine Hure.« Sie dreht sich weg. »Auch wenn ich eine Hure bin, werde ich trotzdem brav sein. Verzeih mir. Hilf mir. Zeig es mir.« »Wir zeigen es dir schon«, sagt sie.

Und dann könnte ich mich einfach auskotzen, so wütend bin ich auf mich selbst, daß ich gebettelt hab', niedergekniet bin und um Gnade gefleht. Dieses Luder. Ich hatte recht, als ich es das erste Mal sagte. Sie war übrigens die erste, die uns beschimpfte; als die Geldüberweisung nicht kam, zerrte sie uns beide nach oben und sagte, »ich habe mich jetzt zwei Wochen lang umsonst um euch zwei Luder gekümmert«. Und dann das Brett. Das war das erste Mal. Aber als sie immer wieder an mir herummeckerte, da nannte ich sie Luder, und Johnny sagte es ihr, und sie hörte es, weil Johnny sagte, ich hätte es in der Nachbarschaft herumerzählt. Und sie fragte mich, ob ich es gesagt habe, und ich sagte natürlich nein. Aber verprügelt hat sie mich so und so. Also wenn man ohnehin dafür zahlt, dachte ich mir, dann kann ich es auch gleich sagen, und ich sagte ja, klar ist sie ein Luder und schlimmer noch, ein Grobian, ein riesengroßer fetter Grobian. Dann kam wieder das Brett, aber es hat sich ausgezahlt, ihr das ins Gesicht zu sagen.

Aber das Komische ist, daß ich dich, Gerty, gern haben könnte – ja, wenn du anders wärst. Ich habe es mir sogar sehr gewünscht, daß du mich gern hast. Wenn du dich verändern könntest und anders wärst. Ist es, weil ich dich kenne? Weil du so nahe an mich herankommst, auch wenn du gemein bist? Weil diese ganze Geschichte, alle diese Szenen uns zu einer schrecklichen Familie oder Bande oder so zusammengeschweißt haben? Teil von etwas sein. Dazugehören. Etwas, was man miteinander tut, auch wenn es böse oder geheim oder privat ist und niemand davon erfahren darf. Auch dein Haß gegen mich ist so stark. Wann habe ich jemals etwas erlebt oder gekannt, das so stark war, daß es mein Leben derartig verändert hat? Dann könnte ich mich wegen dem allen hinten hineintreten. Wie ich die ganze Bande von euch treten könnte. Und das Problem dabei ist, daß ich es nicht kann. Nicht nur weil ihr mir das nie erlauben und mich fertigmachen würdet und ich nicht stark genug bin, um mich gegen euch alle zu wehren. Aber auch, daß ich es wahrscheinlich nicht tun würde, auch wenn ich könnte. Erinnere dich, Gerty, als du gesagt hast »Komm her, zeig, was du kannst«? »Mach 'ne Faust und wehr dich.« Als ob du es wirklich meinen würdest. Alles Scheißdreck. Ein Trick, sonst gar nichts. Aber okay, angenommen, du hast es ernst gemeint, angenommen, du würdest es mir erlauben, angenommen, du läßt mich sogar einmal zuschlagen. Ich könnte nicht. Das ist es. Auch wenn ich dazu die Erlaubnis hätte. Ich könnte einfach nicht. Ich sah dich an, und ich konnte einfach nicht ... so ist es schon seit Jahren. Ich kann nicht kämpfen. Nein, das stimmt nicht. Für Jenny habe ich schon gekämpft. Und natürlich kämpfe ich, was das Zeug hält, wenn ihr mich alle umzingelt, und ich trete euch und beiße, und dann muß ich mich umdrehen und betteln. Jetzt nur mehr betteln, aber früher habe ich schon gebissen und um mich geschlagen. Das hat Rickie verrückt gemacht. Er hat es geliebt. Er hat es genossen, mich in die Enge zu treiben und umzuwerfen und sich auf mich draufzusetzen. Da wurden sie ganz aufgeregt. Er war so geil darauf, daß ich aufgab. Er wird mich so und so kriegen, denke ich, so nehme ich ihm wenigstens den Spaß, und dann werde ich vielleicht nicht so stark geschlagen, als wenn er es sich erst erkämpfen muß. Vielleicht tut er mir ein winziges bißchen weniger weh. Aber nein, das hat ihn nur noch angefeuert in seinen langsamen Gemeinheiten – mich ganz langsam ohrfeigen und dann reden und dann wieder hinhauen. Oder das Zigarettenspiel. Aber an mir liegt's nicht, daß ich nicht mehr kämpfen kann – es ist, daß ich niemandem weh tun kann. Was bedeutet das dann? Daß man es statt dessen selbst kriegt? Daß man das eine oder das andere sein muß. Entweder ich oder Rickie? Ich oder Gertrude?

Ich glaube nicht, daß ich Gertrude sein könnte. Wenn ich mir alles verkehrt rum vorstelle, würde ich das tun? Auf Rickie wäre es leichter loszugehen, weil er ein Kind ist, wie ich. Ein gemeines Kind, aber ich bin auch schon gemein gewesen, einmal war ich mit Jimmy gemein und habe ihn auf den Rücken geworfen, obwohl er's mit den Nieren zu tun hat. Und Jenny auch, als wir ganz klein waren – es ist schrecklich leicht, kleine Kinder fertigzumachen.

Rickie freilich ist gemein, weil er ein Junge ist und ich ein Mädchen. Wenn man Jungen zusieht, weiß man, was sie über Mädchen denken, man denkt bald selber so, wenn man nicht aufpaßt, so wie die größeren Kinder über die kleineren denken, daß sie irgendwie nicht so gut sind wie sie. Und Mädchen lernen das sehr schnell von den Jungen. Manchmal kann man in seinem Kopf ein Junge sein, wenn man den Mädchen zusieht und irgendwie die Nase rümpft. Besonders wenn sie sich blöd aufführen und kichern und über Kleider quasseln oder so. Komisch, daß man von den Sachen, die die Jungs tun, nie annimmt, daß sie doof sind.

Auf alle Fälle ist es ganz anders, Rickie und Gertrude. Sie ist eine Erwachsene. Gertrude ist eine Frau. Ich glaube nicht, daß ich eine sein möchte. Ich sollte eine Frau wie Gertrude werden. Ich soll bluten und Kinder haben und ein Haus. Plärrende Fratzen und bügeln und krank sein und müde, und schau dir nur Paula an, die schon ein Baby macht, bevor sie noch aus der High School draußen ist, und wer wird sich darum kümmern, wenn sie bei Hook zu arbeiten anfängt? Gertrude hat aus Paula schon die nächste Gertrude gemacht, trotz ihrem Gebrüll, daß sie sich nie mit Jungs einlassen soll, wie wenn sie Jungs wie Gift hassen würde, wie wenn sie irgendeine ansteckende Krankheit sind, und trotzdem ist Gertrude ganz verrückt nach Rickie und Johnny und Coy und Randy, und sie hält sich diese Jungs die ganze Zeit im Haus, auch wenn ich das Spiel bin, das sie ihnen zum Fraß vorwirft.

Jetzt geht sie vom Klo wieder ins Zimmer. So wird man also am Ende? Auch wenn ich eine Hure bin, bin ich vielleicht auf dem besten Weg, wie sie zu werden. Nein, nie im Leben. Nein danke, ich verzichte. Da weigere ich mich ganz einfach. Ich will nicht so sein wie du. Auch wenn es geschehen muß und du mich deshalb so kaputtmachst, damit ich es werde. Wenn du mir den Kopf unter den Wasserhahn in der Küche steckst, wie Kinder einen im Schwimmbad untertauchen, und es wird einem ganz schwindlig, und man kriegt es echt mit der Angst zu tun und denkt, jetzt wird man ertrinken, wenn sie einen nicht hinauflassen. Und Gertrude wird mich nur dann hochlassen, wenn ich so werde wie sie. Und das werde ich nicht.

Zeig *ihr*, wer der Herr im Haus ist. Glaubt, sie kann die Nase hochtragen, ihre Prügel einstecken und glauben, daß sie trotzdem denken kann, was sie will. Biegen und nicht brechen. Mich austricksen. In der Privatheit ihres eigenen kleinen Kopfes alles, was ich sage, widerlegen und weitergrinsen, egal was kommt. Ihr verdammtes kleines Grinsen dort unten im Finstern weitergrinsen. Das ist kein Mädchen, das ist ein Monster, die dort. Mädchen lernen – egal wie lang es dauert, aber sie lernen. Das Leben lehrt sie, wenn sie keinen Lehrer haben. Und Sylvia ist eine, die Glück hat. Alle Vorteile. Die Kirche hat ihr nichts beigebracht. Das sieht man an der Art, wie sie den Mittelgang hinauftänzelt und angibt, daß sie nach fünf mickrigen Kirchgängen erlöst sein wird. So funktioniert der Herr nicht – und ich auch nicht. Jetzt wird sie es eben auf die harte Tour lernen müssen.

Jetzt wird nicht mehr gebogen. Wir machen weiter, bis sie bricht. Es gibt immer noch Jimmy's Wood, wenn das Ganze außer Kontrolle kommt. Wir sagen dann einfach, daß sie abgehauen ist. Das denken die sowieso alle jetzt schon. Diese wichtigtuerische Krankenschwester. Dieser Esel Roy Julian. So einen weichen Mann habe ich noch nie gesehen. Wie Erdnußbutter, die auf dem Sofa zerrinnt. Durch ihn wirkt der Herr nicht, das ist klar. Er würde es einfach zulassen, daß ihre heiße kleine Möse seine Kirchenbänke jederzeit wärmt, sie hat sich auch selbst zur Sau gemacht beim Kirchenessen, während meine eigenen sich zurückgehalten haben; sie lächelt und lächelt und schaut putzig drein, und wen kümmert's dann noch? Daß sie der leibhaftige Satan ist, was schert's ihn? Ein Loch für den Teufel, ich hab' lange gebraucht, bis es mir klar wurde. Ich hab' sie ordentlich getestet. Wirft sich Männern in die Arme und kommt mit Geld heim und Lügengeschichten über das Verkaufen von Colaflaschen. Mit der Colaflasche habe ich es ihr aber gegeben. Jedes andere Mädchen wäre vor Scham gestorben, sie nicht. Bloß jammern und weinen und am nächsten Tag wieder dasselbe Grinsen, als ob nichts geschehen wäre.Als ob sie einfach nicht weiß, was Scham ist. Oder Bescheidenheit. Ein Mädchen in ihrem Alter, das kein Gefühl dafür hat, was schmutzig ist, sie sollte sich einen Stein suchen und drunterkriechen, wie jedes andere Mädchen das tun würde. Nichts als Lächeln. Dann hab' ich endlich kapiert. Sie ist einfach schamlos. Ein sechzehnjähriges Mädchen und hat noch nie was von Bescheidenheit gehört. Was anständig ist, was richtig ist und was falsch, was man vor Jungen nicht tut. Was man sie nicht sehen läßt. Was man nicht sagt oder denkt. Wann man rot wird und wann man die Klappe hält. Wie man sich anständig benimmt. Nichts davon. Ganz einfach nichts da. Lose. Und scheißt sich um nichts. Um rein gar nichts. Sie würde es an die ganze Welt verschleudern und nicht einmal mit der Wimper zucken. Und dem muß ein Ende gesetzt werden. Das ist das Werk Gottes und heilig.

Diese kleine Schlampe, die hat ein Loch zwischen den Beinen und wird es noch begreifen. Wahrscheinlich glaubt sie, es ist ein Spielzeug. Spielt sicher damit, wenn wir sie alleine lassen. Wenn wir sie nur dabei erwischen könnten! Das Teufelswerk direkt auf ihren Fingern. Ihr eigener schmutziger kleiner Geruch. Das ist der Grund, warum ich das mit dem Bettnässen begonnen habe. Dasselbe Loch. Und ich traue mich wetten, sie tut es aus Spaß, aus reinem Vergnügen, wegen des angenehmen Gefühls, es laufen zu lassen. Zur Übung. Wie diese Huren, über die John und Dennis erzählt haben, denen es so viel Spaß macht, daß sie ins Bett pinkeln. Pinkeln einfach überall hin, so liederlich sind sie. Lassen alles kommen, geben sich irgendwie auf. Kugeln durch die Gegend, springen auf und nieder, ich kann es mir lebhaft vorstellen. Schreien und jauchzen und machen alles naß. Das ist sie. So wie sie einmal sein wird. Eine große blutrote Hure. Mit einem Loch, groß genug, um die russische Armee aufzunehmen. Und heiß genug, um sie wie Würstchen zu kochen, wenn sie einmal drinstecken. So wird sie eines Tages sein. Das ist das Ei des Kükens in meiner Obhut. Wenn ich sie nicht hier und jetzt daran hindere. Wenn ich nicht diese Kinder um mich schare und sie gegen sie aufhetze. Sie können helfen. Warum auch nicht. Ich habe nicht genug Kraft, um dieses Werk allein zu vollenden. Und es ist auch gut so, daß sie vom Zusehen lernen. Besonders die Jungs.

Paula weiß es schon. Aber die Jungs müssen durch Beispiele lernen – nichts da mit Herumtollen im Heu. Nicht nur mein Johnny, sondern auch die anderen, die nicht mir gehören, sie sind mir zum Unterrichten anvertraut. Um den wirklich tiefen Ernst kennenzulernen. Denn das ist es, worum es eigentlich geht. Sylvia weigert sich einfach, das Leben ernst zu nehmen, seine Härten und Geheimnisse, den Willen Gottes, die Last. Ihre Aufgabe, die vor ihr liegt, ist, eine Frau zu sein. Es sieht so aus, als hätte sie nicht einmal den leisesten Schimmer, was das eigentlich bedeutet. Mein Unterricht führt zu nichts, weil sie einfach grinst und nicht zuhört. Weil sie Widerstand leistet. Das ist es. Ganz sicher. Sie weigert sich, erwachsen zu werden, wirklich erwachsen. Sie möchte dem entkommen. Eine Ausnahme sein. Und genauso leichtlebig wie ein Junge. Ein Wildfang, das ist sie, möchte überhaupt keine Frau werden.

Also muß ich sie zwingen. Und wenn sie an mir nicht vorbeikommt, dann haben wir eben Pech gehabt. Viel zu schade, weil die Lektion wichtiger ist als diese Schülerin da. Die Welt wird auseinanderbrechen, wenn das da so weitergeht, wenn kleine Rotznasen wie sie es schaffen, das, was ihnen bevorsteht, zu ignorieren. Entweder du lernst oder du erstickst daran. Ich habe es getan. Sie kann es auch. Die Erkenntnis, daß es keine Freiheit gibt, hat mein Herz gebrochen, soll es auch ihres brechen, ich habe resigniert und meinen Platz eingenommen und sieben Kinder geboren und Männerprügel eingesteckt und habe den Abgrund erreicht und gesehen, daß es da nichts mehr gibt. Soll sie nur rechtzeitig hinunterschauen. Geht herum und tut so, als wäre die Welt ein Spielplatz. Es ist an der Zeit, daß sie Demut lernt, an der Zeit, ihre Schuld auf sich zu nehmen. Das Kind hat mir meine Aufgabe beigebracht. Der Herr bewahre meine Seele, ich beschreite Seinen Weg und bin Seine Zeugin.

Gertrude hat ihr gesagt, was sie sagen soll. Immer und immer wieder. Ihre Hände in Jennys Schulter verkrallt. Aber als es an der Zeit war, wußte sie es noch immer nicht genau. Konnte sich nicht erinnern. »Sie lügt.« Das klang ziemlich gut. Und das war auch nichts besonders Schlimmes, was man über Sylvia sagen konnte. Jeder lügt ab und zu. Es kommt nur darauf an, wie man es sieht. Du hast ja nicht gesagt, daß sie immer lügt. Auf jeden Fall war das alles, was kam. Gertrude auf der Lauer. Reverend Julian war da.

Es muß schnell kommen. Wenn du es noch länger zurückhältst, wird es komisch aussehen, wenn es dann doch kommt. Der ganze Effekt wäre dahin, egal, was du dann noch sagst. Gertrude wird sagen, du hast alles verdorben, und sie wird recht haben. Das Brett. »Also, in der Nacht, wenn wir alle schlafen, schleicht sie hinunter und plündert den Kühlschrank.«

Das ist in Wirklichkeit die Stimme eines anderen Menschen. Jemand anderer hat das gesagt. Gertrude fällt gleich darauf ein: »Einmal hat sie die Babymilch gestohlen.« Reverend Julian seufzt und wiederholt »lasset uns beten«, und sie beten beide, und ich kann nicht beten, weil mein Gehirn rast, als ginge es um mein Leben. Wie er Sylvia nicht sehen wird. Gerade vorher hat er sich die Knie gerieben und sagt in der Stimme, wie beim Arzt in der Praxis oder so. »Jetzt gehe ich zu Sylvia.« Dann dreht sich Gerty zu mir, und ich muß es tun. Als ich damit fertig bin, will er Sylvia nicht mehr sehen. Er wird nur noch mal beten und dann gehen. Wenn er sie gesehen hätte, hätte sie es ihm vielleicht gesagt. Vielleicht hätte er sogar bemerkt, in welchem Zustand sie ist. Nicht Gertys Geschichten, wie Sylvia den Männern das Geld aus der Tasche zieht, und sie muß wie ein Adler auf sie aufpassen und muß sie nachts ins Schlafzimmer sperren. Schwänzt die Schule und läuft hinter erwachsenen Männern her. Reverend kennt Gerty schon lange und Paula und Stephanie, sie alle gingen in seine Kirche schon lange bevor wir angekommen sind. Das letzte Mal, als er hier war, erzählte Gertrude, daß Sylvia bei den Leuten herumerzählte, daß Paula ein Baby kriegt. »Ich kenne mein Kind«, schrie Gerty ihn an, und »wenn jemand hier schwanger ist, dann ist es Sylvia.« Also sagt Reverend Julian, Paula soll weiter in die Kirche kommen, und das wird die Gerüchte schon zum Schweigen bringen. Und Gerty fängt wieder damit an, daß sie kein Geld hat, weil unser Papa die Zahlungen nicht schickt, was erlogen ist, und ihre Krankheit und dann, daß Sylvia sich herumtreibt, also muß sie sie im Schlafzimmer einsperren, sonst läuft sie hinter Männern her. »Wie eine kleine Dirne, Reverend«, sagt Gerty, seufzt und blickt zu Boden. Als sie mich dann benutzen will, um zu bestätigen, daß Sylvia böse ist, da versuche ich sie wieder auf Kindersachen zurückzubringen, Lügen und den Kühlschrank plündern und solche Sachen. Wahrscheinlich haben wir nie gewußt, daß es die Babymilch war, aber wir sind am Anfang wirklich einmal hinuntergeschlichen. Einfach hungrig, und das haben wir zu Hause auch immer gemacht. Blieben lang auf und plauderten, und dann sagte die eine oder die andere – »Hast du keinen Hunger?« Eine kleine Pause in unserem Geflüster und in der Ruhe, egal wer es sagt – »Eine Cola könnt' ich schon brauchen.« »Wie wär's mit einem Toast?« »Und etwas Erdnußbutter.« Und wir lachen beide. Und man fühlt sich ein wenig schlimm und heimelig in der Finsternis, da wir im ganzen Haus die einzigen sind, die noch wach sind. Und man fühlt sich auch ein wenig erwachsen. Denn eigentlich sollten wir ja schlafen, und da halten wir Mitternachtspicknicks ab wie die reichen Kinder, die zum College gehen oder so.

Und natürlich wußten wir wahrscheinlich irgendwo, daß Gertrudes Haus nicht wie unser eigenes war, und vielleicht würde es ihr was ausmachen, aber schließlich hatte sie Papa ja gesagt »wie wenn sie meine eigenen wären, machen Sie sich überhaupt keine Sorgen, es wird ihnen toll gehen bei mir.« Und er zahlte ja Geld. Ein Glas Milch zum Frühstück oder nach dem Schlafengehen, wo ist da der Unterschied? Freilich wußten wir, daß es vielleicht schon einen gab. Aber nicht, daß Gerty uns in der Finternis nachschleichen würde und uns an den Haaren packte und so lange daran riß, bis wir laut schrien und alle aufweckten. Danach redeten wir nur mehr darüber. Wir malten uns Geschichten aus. Wie damals, als wir vor dem Haus saßen und unsere Brüder rauchten, und wir alle erfanden eine lange Geschichte, wie wir ein Auto stehlen würden. Denn es war Diebstahl, sagte Gerty. Benny spuckte aus und sagte, er würde nur ein Flugzeug stehlen, denn ein Auto hat unser Alter schon. Und Danny machte sich darüber lustig, was für ein harter Mann unser kleiner Bruder war, und Sylvia und ich grinsten alle an. Besonders Sylvia, denn sie war ein richtiger Teufel und hatte genausoviel Grips wie ein Junge. Benny und Danny, die schämten sich nie für sie. Und ich, auf mich paßten alle auf. Also mußte ich nicht mutig sein und nichts.

Bis zu Vorfällen wie heute. Mußte mir sogar was erfinden, weil ich mich an nichts mehr aus der Liste erinnern konnte, die Gertrude mir gab. Und als es dann soweit war, fiel mir überhaupt nichts ein. Weil ich doch Sylvia nicht schlecht machen will und besonders nicht vor Mr. Julian, er ist so nett, und ich mag ihn, und Sylvia mag ihn, und sie würde sich sehr kränken, wenn sie weiß, daß er sie nicht mehr mögen wird, nachdem sie gerechtfertigt worden ist. Und Reverend Julian glaubt alles, was Gertrude sagt. Sylvia direkt unter ihm im Basement, und Gerty sagt, sie ist oben, denn Gerty sagt, sie muß sie über Nacht einsperren, damit sie nicht mit Männern abhaut.

»Sie ist ein richtig loses Ding, wissen Sie. Der ganze Haufen ist schwer zu bändigen, und jetzt ist die Asthmazeit, und ich kriege so schlecht Luft, aber diese Sylvia ist am ärgsten, und jetzt machen wir uns noch dazu Sorgen, daß Stephanies Ohnmachtsanfälle ein Gehirntumor sein könnten. Das würde mir das Herz brechen, Reverend.« Und er nickt und vergißt ganz die Zeit, als Sylvia in der Kirche war. Sitzt einfach da wie ein großer Haufen auf dem Sofa, reibt sich die Knie und legt die Hände zusammen, lasset uns beten, und Gertrude redet und redet über ihre Krankheit, wie krank sie ist und diese ganzen Kinder und Sylvia am schlimmsten. Und plötzlich dreht sie sich zu mir – »Da ist ihre Schwester, sie kann es bezeugen.«

Ich war schon fast eingeschlafen, irgendwie angenehm, sie immer dasselbe reden zu hören, und sie sind es und nicht ich, die reden müssen, Erwachsene, und wie sie miteinander reden, irgendwie interessant anzuhören, auch wenn es andererseits langweilig ist. Man lehnt sich zurück wie beim Radio. Ich vergesse alles über Gertrude, die mich vorher festnagelte und mir sagte, was ich alles sagen muß, wenn er kommt. Angst hatte ich natürlich schon, aber dann reden sie die ganze Zeit, und ich bin so erleichtert, daß ich fast einschlafe, so angenehm, ihnen zuzuhören und mich sicher zu fühlen.

Ich weiß, daß ich den Mund halten muß und nicht sagen darf, wo sie ist. Das darf er nicht wissen. Ein Teil von mir will es ihm sagen, aber wie kann ich es ihm sagen, wenn Gerty mir voll ins Gesicht schaut, sie würde mich umbringen. Und was würde er tun? Reverend Julian ist nett, echt nett, ja, das schon, aber irgendwie weichlich. Gerty würde ihm einfach sagen, daß ich lüge und Geschichten erfinde, weil das Kind eben so ist, und er würde es dabei lassen. Er wird mir das über sie nicht glauben, wo er sie doch besuchen gekommen ist, weil sie so viele Schwierigkeiten hat. Und sie treten nie gegeneinander auf wegen etwas, was ein Kind gesagt hat. Einem Kind glauben sie so und so nie, wenn eine Mutter von einem ganzen Haufen Kindern sagt, so ist es nicht. Natürlich glauben sie nur einander und halten zusammen, und wenn sie das Kind nicht gleich auf der Stelle schlagen, dann lächeln sie einander nur zu und sagen, ach ja, wie interessant, ist das nicht originell, oder kleiner Frechdachs oder komisch, was sich Kinder manchmal einreden oder so was und decken die Verlegenheit zu, und nachher kriegst du es ganz gewiß. Ich habe das schon mal probiert, und ich weiß, wie es ist.

Also, auch wenn ich was sagen wollte, wenn sie zum Beispiel aus dem Zimmer geht oder so, aber sie sitzt da, als ob sie an das Sofa geklebt wäre, gleich neben ihm, und wenn der kleine Denny schreit, dann schickt sie mich hinauf, um nachzusehen. Also ist es hoffnungslos, auch nur davon zu träumen, mich hier an ihn ranzuschleichen oder zur Kirche zu gehen und es ihm zu sagen, denn das allererste was er tun würde, wäre hierher zu rennen und ihr zu sagen, was ich gesagt habe, und ich würde es kriegen. Sylvia auch, aber sie kriegt es ohnehin die ganze Zeit. Und für mich ist es jetzt am schlimmsten, Lügen über sie zu sagen, wie jetzt. Und auch wenn es die Wahrheit wäre. Was ja irgendwie stimmt. Ich meine das mit dem Kühlschrank. Trotzdem ist es schrecklich. Wie Sylvias Augen mich ansehen würden, wenn sie es wüßte. Ich kann sie ohnehin nicht mehr ertragen. Aber wenn sie es wüßte, wenn sie zum Beispiel auch hier wäre und zusehen würde und ihre Ohren hören meine Stimme – vielleicht ist es besser, daß sie dort unten ist.

Man sitzt hier und wartet darauf. So wie Rickie gestern abend war, sein Blick. Daß sie mich ganz einfach hassen – daran gewöhne ich mich sogar schon langsam. Ich bin verhaßt, das ist alles, was ich bin. Das ist leichter. Sogar wenn ich alleine bin, dann sind sie bei mir hier unten. Der Ausdruck in seinen Augen, wie er mich verbrannt hat. Sie werden ärger, jeder einzelne. Früher einmal, da wurden sie manchmal wieder einfach Rickie oder Gerty, manchmal. Gertrude Baniszewski. Richard Hobbs. Normale Leute. Aber das war lange her. Jetzt kann ich es nicht mehr machen wie früher. Wie im vergangenen Sommer, bevor ich hierherkam. Worte erreichen sie nicht, überhaupt nicht, reden, sich anstrengen, die Worte kommen aus meinem Mund, die einzelnen Wörter fallen alle hinunter auf den Boden und erreichen ihre Körper nie. Jetzt gibt es nur mehr ihre Körper und mich. Und ihre Gesichter und der Ausdruck ihrer Gesichter. Ihre Augen, Rickies Augen hinter den dicken Gläsern, die sind wirklich am grausamsten. Ihre Stimmen, ihr Lachen und ihre Körper in ihren Kleidern. Wie sicher sind sie in ihnen, welches Glück, Kleider zu haben. Jetzt lassen sie mir nur mehr die Unterhose. Man würde nie glauben, daß Kleider so warm sein können und einem vor Sachen schützen können. Aber wer hätte sich früher Leute vorgestellt, die Zigaretten auf einem ausmachen, so wie es früher war. Vor hier.

Ich sage dieselben Worte immer und immer wieder. »Bitte. Nein, bitte nicht. Bitte, ich verspreche. Es tut mir leid. Nein, bitte, bitte nicht.« Und Hure, ich sage Hure für sie. Immer wieder, sie wollen es die ganze Zeit hören. Und sie sagen es. Wenn sie überhaupt was sagen, manchmal reden sie überhaupt nicht mehr. Sie schauen einfach. Machen alles mit den Augen, reden miteinander nur mit den Augen. Sie verstehen einander genau. Gertrude zu Paula zu Rickie zu Johnny, der das Streichholz anzündet. Alle Augen beobachten ihn. Sie beobachten meine Augen und sehen, wie das Feuer näher kommt. Manchmal flitzen Paulas Augen rasch zu Gertys Augen hinüber, wie eine Frage, aber viel schneller.

Seit ich ein ganz kleines Kind war, erfand ich Theaterstücke. Im Garten mit den anderen Kindern organisierte ich riesige Schlachten, große Kriege zwischen den Städten, in den Bäumen und so weiter. Und einer mußte den ganzen Tag lang ein Gefangener sein, und manchmal machten wir sehr grausame Sachen mit ihm, wie daß wir ihn vor seinen Eltern versteckten, unsichtbar, unauffindbar, machten Wirklichkeit daraus, stiegen dann in den Keller hinunter, unternahmen allerhand unterirdische Bewegungen und Aktivitäten. Es war alles sehr wild, irgendwie sehr theatralisch.

Der Redner, Andrei Serban, Direktor eines Experimentaltheaters. Wie kommt es, daß Spiel so oft mit Theater und Krieg gleichgesetzt wird? Selbstverständlich ist Krieg echtes Theater, Grausamkeit ist wahrgewordene Fantasie, ausgeführt – tatsächlich ausgeführt – das Schreckliche in unserem Geist jetzt wahrgemacht und vor uns in dem Blut, das unsere geheimen Gedanken heraufbeschworen hatten – unser Grauen nicht nur darüber, was uns zugefügt würde – sondern auch darüber, was wir einander antun würden, wenn wir unseren Trieben folgen könnten, wenn die ganze Schulter dem Zittern und Beben des Unterarms folgen würde, die Faust bescheiden und unsichtbar in der Hosentasche geballt, unter dem Tisch, hinter dem Rücken. In unseren Gedanken sind wir alles, sind wir zu allem fähig, sind wir alles, was wir tun können. Jedes Verbrechen, ob in der Masse oder als einzelner, jede langsame und fachmännische Grausamkeit, jedes Schweigen, jede Liebkosung, jeder flüchtige Gedanke.

Und im Spiel leben wir das alles aus. Im Theater inszenieren wir das alles. Müssen wir es dann in Wirklichkeit nicht mehr tun? Wird so der Teufel befriedet und nicht bloß unterdrückt? Wenn wir im Spiel Tamerlane oder Goebbels geworden sind, können wir dann zumindest obrigkeitsgläubig, wenn schon nicht human werden; friedliebend, wenn schon nicht pazifistisch. Mehr noch, wir anerkennen das Mögliche und geben zu, es nicht zu brauchen, wir erleben es stellvertretend, da dies die einzige Erfahrung ist – die nicht nur gesetzlich erlaubt und praktikabel ist – sondern auch wünschenswert. Für die meisten von uns meistens.

Denn normalerweise müssen wir emotional nicht tatsächlich, nicht wirklich Sadisten sein, kriminell werden. Nicht nur, daß wir das Gefängnis fürchten, durch Hemmungen davon abgehalten werden, durch Religion und Aberglauben, durch heuchlerische moralische Skrupel, und der ganze Rest der sozialen Maschinerie, der uns daran hindert – Tatsache ist, daß auch abgesehen davon die Mehrheit von uns kein echtes Bedürfnis nach Grausamkeit hat.

Dem Liebhaber oder seinem Kind in einem Augenblick des Zorns, in plötzlicher aufwallender Wut den Schädel einschlagen – ja, das schon – diese gefürchtete Möglichkeit beseht immer. Aber ein Kind im Keller fesseln und es langsam durch Folter vernichten, das ist etwas anderes. Dieses gezielte Vorgehen, das Repetitive daran, wie das Opfer Tag für Tag bettelt und fleht, das Vorsätzliche daran, wie der Folterknecht angesichts des wehrlosen, hilflosen und verzweifelten Geschöpfes allmächtig wird.

Was immer dafür vorhanden sein muß, die meisten von uns tragen es nicht in sich. Den Groll hegen, das Böse herausfordern durch das vorsätzliche Zufügen von so viel gezielt eingesetztem Leid, das Böse, das bei vollem Bewußtsein den Zigarettenstummel auf menschlichem Fleisch ausmacht. Und die Augen, die ungehemmt zusehen, das Entsetzen in den Augen des Wesens, das man gerade verstümmelt hat, abwägen und einschätzen.

So daß trotz all unserer Schliche und Winkelzüge, der Mißgunst und den boshaften Blicken und Worten, der psychischen Mißhandlung von Kindern, den bösartigen Fantasien, kaum einer von uns Gertrudes Rolle übernimmt, ihre Handlungen ausagiert, das tut, was sie tat – in Zeiten des Friedens. Im Krieg erleben wir das Spektakel der organisierten und erlaubten Grausamkeit, empfohlen, unterstützt, sogar vom Staat gefordert. Bürokratisiert, legitimiert, ausgestattet mit Ordnern und Telephonen und geregelter Arbeitszeit. Die ganze Maske von Vernunft, Zivilisation, Normalität, Ordnung. Es ist wichtig zu wissen, daß die Wärter in den Vernichtungslagern Kammermusikabende veranstalteten. In Auschwitz, Bergen-Belsen, der Klang des Cellos, die Melodien von Beethoven. Aber auch der chilenische Geheimdienst und die iranischen Verhörbeamten verfügen über eine organisierte Freizeitgestaltung. Die Polizeistaaten und Diktaturen haben den Zustand des Krieges in eine große Anzahl von Nationen getragen, von denen behauptet wird, sie lebten in Frieden. Unter solchen gesellschaftlichen Vorzeichen ist es nicht so schwer, böse zu sein. Jemand zeichnet den Weg vor. Jemand Berufener. Der Staat selbst. Unser zeitgemäßer Ersatz für ein göttliches Wesen. Wenn man folgen kann. Wenn man sich führen läßt und der Weg einem vorgegeben wird. So daß man nicht zögern muß und ihn nicht verfehlt.

Mit Gertrude in Führung – müssen Coy, Paula, Rickie, Johnny und Randy in dieselbe schwindelerregende Freizügigkeit eingetreten sein, die den Verhörer erfaßt, wenn er erstmals einem Gefangenen zugeteilt wird. Alles was früher einmal im Leben verboten war, ist jetzt vorstellbar, möglich, wird einem sogar abverlangt. Jede Macht, jedes Zucken und jede Nuance des Muskels. Heute verfügt man bei der Folter auch über Maschinen. Wenige von uns haben je über einen Sklaven verfügt. Folgen ist leicht. Bei bezahltem Urlaub und Überstunden und bürgerlicher Anstellung finden sich die Folterknechte leicht. Solange es offiziell erlaubt ist.

Doch es ist höchst unwahrscheinlich, daß Rickie und Coy und Paula und Johnny und Randy die ganze Grausamkeit, die sie schließlich routinemäßig täglich ausführten, auch selbst erfunden hätten. Einen Teil davon schon, die gewöhnliche, fast zufällige Grausamkeit der Kindheit, nichts Außergewöhnliches, nichts, was so lange hätte anhalten können, um zu diesem Ergebnis zu führen. Denn sie brauchten Anleitung. Sie brauchten erst die Erlaubnis dazu. Unter normalen Lebensbedingungen werden die oft abscheulichen Grausamkeiten von Kindern durch die Einmischung von Erwachsenen unterbunden. Welche Gründe sie auch dafür haben mögen, Erwachsene hindern einen einfach daran, seine Spielgefährten über Nacht gefesselt im Keller zu halten. Oder daran, etwas auf ihre Haut zu schreiben, sie mit einem heißen Eisen zu brandmarken. Aber wenn es ein Erwachsener zuläßt – wenn der einzige für einen Haushalt verantwortliche Erwachsene alles gegen einen Sündenbock zuläßt, wirklich alles, wie bizarr auch immer, eine neue Form der Freizügigkeit, bei der die Mehrheit auf ein ausgewähltes Schaf losgelassen wird – was dann? Dann kommt der Ansturm, das schwindelerregende heiße Gefühl von Gertrudes Vollstreckern, das Abenteuer, die Herausforderung, das erhebende Gefühl. Sie haben Gott und dem Schicksal getrotzt. Und sie dürfen es. Durch Gertrude, die alle anderen Autoritäten ersetzt hat – Eltern, Religion, das Recht oder die Regierung – sie hat sie ungültig gemacht. »Gerty hat es mir angeschafft«, sagte Rickie in seinem Geständnis, eine Feststellung, die vor Gericht immerzu wiederholt wird. Das genügte als Erklärung. Wir sind den Anordnungen eines Erwachsenen gefolgt, sagten sie alle und hielten sich für schuldlos. So wie die Wärter von Dachau ihren Vorgesetzten gehorchten. Ihre Regierung. Ihren »Erwachsenen«. Ihren Vollmachten und ihrer besseren Übersicht.

Ist es für uns irgendwie leichter, das Massensakrileg als das individuelle zu akzeptieren, die organisierte moralische Unordnung einer gesamten Gesellschaft, eher die Nazis als die Baniszewskis? Denn ersteres erscheint so komplex, so allgemein, so durchzogen von Büros und diffuser Verantwortlichkeit, oder so leicht erklärbar durch vereinzelte böse Diktatoren oder ihrem Chauvinismus, die Massen, die Paraden, die Propagandamaschinerie, die Armeen – die Unterstellung, daß in einer absolut verkommenen Gesellschaft alle irgendwie mitbeteiligt sind. Alle oder niemand. Oder nur der Verrückte, der diese Kräfte in Gang gesetzt hat. Und Gertrude? Wieviel kleiner. Der individualisierte Bürger. Verstört. Am leichtesten ist es, die arme Frau für verrückt zu erklären. Und wir sagen es auch. Das Tröstliche dieser Erklärung. Daß wir es hier nur mit einer Geisteskranken zu tun haben. Verschärft durch Armut, Verzweiflung, die Entbehrungen von Krankheit und die unerwünschte Verantwortung für neun aufsässige Kinder. Und völlig mittellos. Mehr mildernde Umstände sicherlich, als man für jegliche politische Analogie aufbringen könnte. Kein Diktator trägt ihre Last, erduldet die Ungerechtigkeiten, die ihr widerfahren sind. Selten vollstreckt er seine Taten eigenhändig. Rein ist er, organisiert, distanziert und durch komplexe Strukturen von seiner Beute entfernt. Funktionäre vollziehen es für ihn. »Personal« gehorcht seinen Anordnungen.

Gertrude allerdings hat eigenständig – für sich ganz allein – ein Körnchen der Allmacht der großen Macht erkannt, ihre Loslösung vom Zwang. Auch sie hat ihre Funktionäre, auch sie setzt sich selbst ab, auch sie gibt ein Muster vor und entfernt sich dann, während die von ihr Angeführten in ihrem Namen agieren, ihren Willen ausführen. Vom Bett im Speisezimmer aus übt sie ihren Einfluß aus und überblickt, inspiriert und dirigiert, verleiht den Schergen die psychische Energie und sogar die erwünschte Gestik und Form. Etwas war da in Gertrude, das die Mauer durchbrach, den Weg in das undenkbare Gebiet freimachte. Das bloß Mögliche möglich machte. Und war erst einmal diese Grenze überschritten, konnte alles stattfinden.

Und während wohl wenige Gertrude werden, wie viele könnten Rickie werden? Coy? Paula und Johnny und der Rest von ihnen? Wie viele mehr noch könnten Stephanie werden; nebensächlich, zufällig in ihrer Beteiligung und im Widerspruch, manchmal beteiligt an der Befreiung des Häftlings, manchmal einer seiner Peiniger. Oder Jenny, die schwache Schwester, die schweigenden und hilflosen Augen – manchmal ehrlich und voller Leid, aber mit wachsender Häufigkeit bei einer versteckten Komplizenschaft mit den anderen ertappt, mit der Mehrheit, den Machthabern? Auch über sie haben sie Macht. Und mit der plausiblen Ausrede, ihr eigenes Leben retten zu müssen, verschüttet sie das eines anderen, vereitelt sie die Rettung, geht selbst in die Falle. Und erst als ihr Ersatz tot ist, setzt sie sich in Bewegung, blickt dem Bullen ins Auge. »Wenn Sie mich hier rausholen, dann sage ich alles.« Ausgesprochen direkt unter Paulas Nase. Paula, die sich gerade in einen Bibeltext vertieft, der sie trösten, ihre Aufmerksamkeit von Sylvias Tod ablenken soll. Es muß wohl ihre Absicht gewesen sein, auch die Polizei, die Leichenbeschauer, die Fotografen und die Kriminalpolizisten, die allmählich das Haus füllten, zu beeindrucken. Officer Dixon, der als erster auftauchte, wußte sofort, sobald er die Leiche sah, daß es sich hier um einen Mordfall handelte, aber er war außerstande sich vorzustellen, wer der Täter sein könnte.

Und Jenny, die Hilfe endlich vor ihr in der Gestalt von Sergeant Kaiser, die Gefahr jetzt in der Leiche ihrer Schwester weit sichtbarer, der Puffer, der immer zwischen ihr und Gertrudes Methoden stand, nun plötzlich abgefallen, beseitigt. Jenny wagte den Sprung. Zu spät. Und nur aus eigenem Antrieb. In letzter Minute.

Aufreizend wie sie ist, wie oft möchte man sie packen und anschreien – hol Hilfe, hol die Bullen, sag es jemandem, du elender Feigling – ist Jenny trotzdem der gemeinsame Nenner schlechthin, den wir uns am allerwenigsten eingestehen wollen. Die gewöhnliche Seele unter außergewöhnlichen Umständen, die das Heroische nicht schafft, die immer wieder Anlauf nimmt, aber die Nerven dazu nicht hat. Uns allen näher, als wir es uns einzugestehen wagen. Und wie wir Feigheit bei anderen verabscheuen, da wir uns selbst so sehr davon durchdrungen fühlen. Wie Übelkeit, das schwache verzweifelte Wissen in der Magengrube. Das uneingestandene Wissen, daß der Feind in uns selbst steckt, daß wir uns selbst bekämpfen, daß wir am Grunde unseres Wesens verabscheuenswert sind. Und deshalb können wir nicht handeln – weil wir nicht gehandelt haben.

»Ich bin hier, Gerty. Hier. Nein, ich habe die Lumpen nicht angepinkelt. Kann ich jetzt aufs Klo gehen?«

»Wo du hingehst, du Schlampe, da gibt es keine Klos. Es würde das Feuer ausmachen. Das ist gut, nicht wahr, Paula? Aber zuerst gehst du in Jimmy's Wood und wirst dich ganz schön verlaufen. Hast du dich schon einmal verlaufen, Sylvia? Ha? Ich wette, daß du seit dem Tag deiner Geburt herumirrst und es nur nicht weißt. Ha? Stimmt's? Hast es nie bemerkt, oder? Schau dich nur an, wie du daliegst, wie angesoffen. Wie eine Drogensüchtige. Was machst du denn den ganzen Tag, Kind? Träumen. Träumst dein Leben fort. Aber wir sind jetzt gekommen, um dich ein bißchen aufzuwecken. Nicht wahr, Kinder? Wir sind gekommen, um sie aufzuhellen und ihr ein bißchen Leben einzuspritzen. Ein- und ausatmen. Johnny, wenn du diesen Rauch einatmest, wird dir schlecht werden. Schau, wie Rickie es macht. Wo ist Paula, wir werden bald mehr Streichhölzer brauchen. Schicke Shirley und Marie hinauf um mehr. Und sage Jenny, ich will sie jetzt gleich hier unten haben, sie muß zusehen.«

»Gerty, laß mich nur aufs Klo gehen. Ich habe meine Lektion schon gelernt. Ehrlich. Ich muß wirklich dringend.«

»Wir werden jetzt etwas für dich tun, was das Töpfchen nicht kann. Und es wird dir ganz ordentlich guttun. Jetzt kriegst du den Stiefel zu spüren. Direkt zwischen den Beinen. Genau dort, wo die Schwierigkeiten herkommen. Das werden wir alle gemeinsam machen. Zuerst möchte ich, daß Rickie es probiert. Aber vorher werde ich es dir zeigen, Rickie. Du mußt echt gut zielen und sie mitten drin erwischen. Für Paula wäre das kein Problem, aber ihr Jungen müßt euch konzentrieren. Immer wieder probieren. Bis du sie dort erwischt, wo es wirklich weh tut. Mitten in ihr Cookie. Du hast echt den richten Namen, Sylvia. Alles Cookie. Cookie Schnucki. Was lachst du denn, Shirley, du verstehst ja nicht einmal, worüber wir reden. Jetzt schau her, Rickie, tu genau was ich tue und tu es schön fest mit dem schweren Schuh, den du anhast, und dann sehen wir mal, ob wir sie herauslocken können. Schau her, was ich jetzt tun werde, schaut alle her. So, so. Seht ihr? Hört, wie sie schreit. Mein Gott, man würde meinen, sie erlebt gerade die geilste Zeit ihres Lebens. Das wird Phyllis Vermillion garantiert zu uns rüberholen. Gib ihr den Knebel, Johnny. Sie hat noch immer Pfeffer über, stimmts, Sylvia? Du hast es dir in deiner Hose aufgehoben, oder? Dachte, es wäre Gepinkeltes, aber in Wirklichkeit war es Essig. Okay, Rickie, jetzt bist du dran, aber Paula muß sie festhalten. Paula, komm hier runter mit Jenny, und haltet uns diese Dirne fest. Okay. Wir werden sie aufschlitzen, Kinder, nachsehen, was drinnen ist. Du kommst auch noch dran, Paula, aber ich möchte, daß die Jungs die ersten sind. Sie müssen dem Teufel direkt ins Auge schauen. Das ist Sünde, Rickie, mein Junge, stoß nur fest zu. So fest du kannst. Tritt es richtig aus deinem Weg. Gut. Noch einmal. Tritt nur los auf den Satan. Braver Junge. Jetzt Johnny. Fester. Fester, kleiner Mann. Noch ein paar Mal. Kurz und süß, ja, so ist's recht, mein kleiner Junge. Jetzt reicht's, und jetzt denkt daran, das ist schmutzig. Denkt daran und vergeßt das nie, keiner von euch beiden. Das ist das allerdreckigste, was ihr jemals in eurem ganzen Leben sehen werdet. Deshalb ist sie hier unten. Deshalb darf sie nicht oben mit meinen Mädchen wohnen oder in einem Bett schlafen oder ein Klo benutzen. Es steht ihr überall auf dem Leib geschrieben. Man kann es sogar riechen. Dreck. Dreck. Und das ist das Loch, wo alles rauskommt, dieser Höllenmund. Jetzt hat sie wieder den ganzen Boden vollgepinkelt. Sylvia, schon wieder. Jetzt kriegst du es aber. Verpaß ihr das Brett, Paula. Wenn du müde bist, laß die Jungs weitermachen. Mein Asthma wird immer ärger.«

Wußte nicht einmal, was es war, bis ich es spürte. Und das Pipi zuerst so warm, und dann wird es kalt, und dann stinkt es, und es brennt und juckt. Ganz geschwollen. Ob es blutet? Es tut so weh, daß ich es sogar im Kopf spüre, gleich hinter den Augen. Auch in der Stirn. Auch nachdem sie schon fort sind, es passiert immer wieder, sie über mir, wie sie ihnen erklärt, wie. Nein, ich schiebe es weg. Die Fußtritte waren es. Daß Gertrude einfach über mir stand und mein Gesicht beobachtete und dort hintritt, wo ich eine Frau sein werde. Und Rickie und Johnny sehen zu, damit sie es auch lernen, und diese große, fette Paula kniet auf meinem Bauch und drückt mich runter. Das ist es. Irgendwie muß ich von hier weg, jetzt gleich, heute nacht. Wie? Wie? Ich krieg schon Angst, wenn ich nur dran denke. Sie werden mich erwischen. Gertrude wird mich im Hof fangen. Gertrude hinter mir die Denny Street hinunter. Gertrude mit den Bullen, die ihr beim Suchen helfen. Nirgends hinzugehen. Kann mich nicht erinnern, wo Diana in der Tuxedo Avenue wohnt. Und dann habe ich gehört, daß sie in die Sherman Drive übersiedelt ist. Weiß nicht einmal, ob sie noch da ist. Wie weit kann ich laufen? Rickie. Sie werden mir Rickie nachschicken. Johnny. Johnny auf diesem Weg, und ich bin ihm nach Hause gefolgt. Ich könnte kotzen, wenn ich nur dran denke, kotzen, daß ich so doof sein kann, und was mit Jenny, hatte so große Angst, daß ich nirgends hinzugehen hatte, daß ich gleich wieder hierher zurückkam, denn hier war es besser als nichts. Jetzt natürlich nicht. Jetzt ist alles nur mehr Scheiße.

Und wenn ich weglaufe, dann bin ich nicht mehr Dreck. Wenn ich hier rauskomme, dann bin ich nicht mehr schmutzig. Vielleicht bin ich dann sogar wieder ich, Cookie. Was wenn nicht? Ich muß. Ich muß es versuchen. Ich muß ganz ruhig warten, aufhören zu zittern. Spät. In der Nacht, wenn sie schlafen. Dann kriechen. Die Stufen hinaufschleichen. Still, so still, daß man sich nicht einmal selbst denken hört und den Türknopf drehen. Aber sie werden sie zusperren, das vergessen sie nie. Also dann vorher noch. Knapp bevor sie schlafen gehen, wenn sie alle draußen in der Küche sind. Es wird einen Augenblick geben, einen kurzen Moment, der genau richtig ist. Wenn ich ihn verpasse. Wenn ich Angst habe und zuwarte und mir sage, das nächste Mal. Dann bist du Dreck, und sie können mit dir tun, was sie wollen.

Es wird eine einzige Chance geben. Du mußt bereit sein. Bereit sein, ruhig sein. Mein Kopf erfindet ständig kleine Melodien, die er wie verrückt vor sich hersagt. Wenn ich sie selbst also nicht sage, geschieht es trotzdem. Ganz von alleine. Hat nichts mit mir zu tun. Wie ihre verdammten Schuhe nichts mit mir zu tun haben. Heute hat Gerty ihre Schuhe angehabt, nicht die Pantoffel. Nein, Schluß jetzt, konzentrier dich, mach schon, konzentrier dich drauf, hier rauszukommen. Streng dich an, was machen sie jetzt dort oben? Suppe. Tomatensuppe, wie gestern. Wird Jenny mir einige Crackers bringen, wer weiß? Nein, besser nicht, dann würde ich es ihr sagen, ich würde mich so fürchten, daß ich es ihr sagen würde, und sie würde mich verraten. Auch wenn sie nichts sagt, wird man es ihr vom Gesicht ablesen können. Gertrude kann in Jennys Gesicht wie in einem Buch lesen. Bei mir nicht. Jetzt weine ich auch nicht mehr. Rickie auch nicht. Keiner von ihnen. Sie können sich noch so viel anstrengen, mit ganzer Kraft, aber ich tu es nicht, nicht einen Tropfen.

Ja, aber heute hast du geschrien, was das Zeug hält. Bis zum Knebel. Du hast trotzdem geschrien. Macht nichts. Ich werde gehen. Wohin? Egal wohin. Denn ich muß gehen, sonst bin ich Dreck. Ihr Dreck. Sie werden nicht aufhören damit. Ich muß einfach. Alles. Nicht vergessen, nicht nur, bis sie dich fangen. Das ist so leicht, sie werfen dich wieder zu Boden, packen dich an den Kleidern, fallen über dich her und schleppen dich dann zurück, ich kann den Eingang sehen, den Boden, durch diese Tür die Stufen hinunter auf immer – nein, nein, ich muß ganz hinaus. Um Himmels willen die Straße und die Autos und der Wind und dann wie verrückt durch die Straßen laufen, vielleicht auf einen Zug aufspringen, abhauen wie es in den Geschichten die Jungs immer tun. Oder sonst es jemandem sagen. Wem? Leuten auf der Straße.

Leuten im Drugstore. Sie würden helfen. Nette Gesichter. »Und du bist ihnen entwischt?« »Klar, ich bin davongelaufen, einfach gelaufen.« Lächeln. Nehmen Sie mich mit in Ihr Haus.

O je. Das Drugstore, wo Gertrude einkauft? Wo ich auch hingehe, ich muß ihren Namen sagen. Nun, dann werden wir sie anrufen. Gehen zur Zelle. Einer von ihnen schon mit Kleingeld in der Hosentasche, ich kann es hören, wie er hineingreift. »Klar, gleich dort drüben an der Ecke New York Street–Denny Street, aber sie hat kein Telefon.« »Rufen Sie statt dessen die Bullen. Rufen Sie die Polizei. Bitte. Bitte.« »Aber das ist doch bloß Mrs. Baniszewski, die so viele Kinder hat, Paul, du kennst sie ja. Die würde doch nie so etwas tun. Eine arme Frau, sieben Kinder oder so auf dem Buckel, so viele eigene Sorgen, sie kommt zu mir, um sich diese Inhalatoren für ihr Asthma zu kaufen, sie ist eine klasse Frau, diese Kinder müssen ihr schon was aufgeben. Jetzt komm aber mit mir, Fräulein, wir nehmen dich jetzt mit nach Hause und bereinigen mal die Sache.«

Das geht nicht. Das ist millionenfach erprobt. Das erste, was sie tun, ist, einen zurückbringen. »Ich möchte gern ein paar Fragen stellen, Mrs. Baniszewski, diese junge Dame hier hat uns eine hübsche Geschichte erzählt.« Und Gerty würde auch eine hübsche Geschichte erzählen, und weinen, das Asthma und die Büglerei, die Männer, die kein Geld schicken, sie schafft es kaum, und dieses Mädchen führt sich auf wie eine Wildkatze, sollte im Heim sein, ich hab' es ihr schon hundertmal gesagt, aber nie habe ich mich an ihr vergriffen, dieses kleine Flittchen, sie ist schon seit Tagen nicht zu Hause gewesen, rennt hinter den Männern her seit dem ersten Tag, wo sie hier ist, ist völlig unerziehbar. Und der Bulle wendet sich von mir ab, seine Zuwendung rinnt ab wie Wasser aus der Spüle, ich spüre es förmlich. Aber zuerst war seine Schulter freundlich, als er dastand und mir zuhörte, und seine Augen schauten mich an, aber jetzt nicht mehr, jetzt glaubt er ihr und wechselt zu ihr über. Ich kann sogar sehen, wie sich seine Augen verändern.

Also kann man nirgends hingehen. Nichts wie raus. Nichts wie fort. Es gibt keine Hilfe, und es wird keine geben. Aber ich muß fort, wenn ich am Leben bleiben will. Nur deswegen. Und nicht mehr ein Stück Dreck sein will, ganz voller Pipi. Wo essen? Essen in allen Läden, kein Geld und in der Nacht, wo schlafen? Ein Bett. Jemand in der Schule? Nein, ihre Alten würden Gerty verständigen. Wenn die Lehrer es rausfinden, schicken sie wieder eine Krankenschwester, dann wird es Gertrude sicher erfahren. Rausfinden, wo ich bin, kommen und mich holen. Die Bullen helfen ihr. Die Schule würde ihr helfen. Kann nirgends hin. Nur herumziehen. Aber nicht in dieser Gegend, um Gottes willen. Gerty würde mich finden. Sie würde die Bullen dazu kriegen, so lange mit ihr herumzufahren, bis sie mich hat. Okay. Einfach abhauen, weit weg. In die Stadt. Meridian Street. Aber sich nirgends blicken lassen. Hör zu, Kind, du kannst genausogut dort draußen verhungern wie hier drinnen. Weil du gehen mußt. Du mußt einfach. Du mußt es schaffen. Warte. Warte bis deine Zeit gekommen ist, und dann los. Cookie, heute nacht mußt du echt voll da sein. Noch nie hast du das so nötig gehabt. Noch nie. Und wenn du hinfällst und feig bist, dann bist du wirklich nichts als Dreck. Wenn du es nicht schaffst, wird es deine Schuld sein. Wenn sie dich erwischen, werden sie dich sicher umbringen. So oder so, heute nacht ist das Ende.

Jetzt hab' ich sie. Sie gehört mir. Den ganzen Weg hab' ich sie geschüttelt und geschleppt. Und die Aufgabe hat mir Stärke gegeben. Jetzt gehört sie uns. Sie ist ein Waschlappen, den man herumstoßen kann, von Rickie zu Paula zu Johnny zu mir. »Zündet eine Zigarette an, Kinder.« Jetzt tun sie genau, was ich will. Sie sind so brav. Ich muß nur was vorschlagen, das ist alles. Nur hinzeigen, und schon läuft es. So perfekt, daß ich sie mit ihnen sogar die Hälfte der Zeit alleine lassen kann. Jetzt denken sie sich sogar schon selber was aus. Freilich überwache ich alles. Auch wenn ich oben im Speisezimmer im Bett bin, manchmal zu müde, um mich zu bewegen, trotzdem weiß ich, was sie anstellen. Sie sagen es mir im Vorübergehen. So beschäftigt sie auch sind, sie rufen es mir über die Schulter zu, auf dem Weg nach unten. Johnny hat sich den Strick und den Knebel einfallen lassen, den Rickie verwendet, und Paula hat einen neuen Trick mit den Zigaretten erfunden. Egal was. Sie sind brave Kinder. Und wie wir uns jetzt so nahegekommen sind, sogar ich und Paula. Sogar ich und Johnny – und der Junge war einmal unerziehbar. Sogar sein Vater hat es im letzten Sommer nicht geschafft, aus ihm was Rechtes zu machen. Aber jetzt ist er ein gutes Stück besser. So süß zu seinen Schwestern und so streng mit den kleinen Kindern. Wie ein kleiner Mann. Mein erster kleiner Mann. Habe ihn selbst gemacht. Und Rickie, der wird auch schon stark. Sogar dieser Coy, der, wenn man mich fragt, ein bißchen zu eingebildet ist, auch ein bißchen zu hübsch. Aber wenn er Sylvia mit seinem Judo bearbeitet – damals als er sie herumschleuderte, toll wie da Stephanies Augen leuchteten. Er beschützte sie. Rächte sie für das gemeine Wort aus dem Mund dieser kleinen Hure.

Aber jetzt redet sie nicht mehr viel. Man kann sich die Zeiten kaum mehr vorstellen, wo sie in der Schule und in der ganzen Nachbarschaft rumgerannt ist und über mich und die Mädchen geschimpft hat. Prostituierte. Wir werden sie prostituieren, bei Gott. Sie wird lernen, was Schimpfworte sind, bis sie es nie mehr vergißt. Und besonders wird sie nie mehr vergessen, was sie selber ist. Es sieht so aus, als ob wir ganze Arbeit geleistet hätten. Sie ist gebrochen. Man weiß jetzt nichts mehr mit ihr anzufangen.

»Johnny, ich bin gleich unten. Du weißt, was du zu tun hast.«

»Mama, sie blutet. Komm runter und schau.«

»Sie blutet immer.«

»Wir haben sie aufs Bein geschlagen und jetzt rinnt es nur so raus. Komm her. Schau. Vielleicht sollten wir sie verbinden.«

»Wart einen Augenblick, ich bringe Alkohol.«

Es ist wirklich verdammt viel Arbeit, diese ganze Geschichte. Es macht den Eindruck, als wären wir immer dran, Tag und Nacht. Sogar am Sonntagvormittag. Jede freie Minute nach Schulschluß. Jeden schulfreien Tag. Freilich, ich habe sie den lieben langen Tag, wie sie dort unten im Basement jammert und Mitleid schindet. An manchen Tagen, wenn ich beschäftigt bin, dann ignoriere ich sie einfach. An manchen Tagen arbeite ich den ganzen Tag mit ihr. Ich bringe den kleinen Denny runter und hänge mich an sie. Ich rede, bis ich ganz blau im Gesicht bin, ihr richtiges Benehmen, den Gehorsam, den ich von ihr erwarte. Ich brauche sie kaum mehr zu ohrfeigen, jetzt hält sie ihr Maul immer geschlossen, keine frechen Antworten mehr. Aber sie starrt mich mit diesen Augen an. Verwendet sie wie Pistolen. Wenn die Kinder dabei sind, dann habe ich schon Methoden, mit diesen Augen und diesem Blick fertig zu werden – so muß sie zum Beispiel die Zigarette ansehen, die immer näher kommt. Wo ist denn der Alkohol, ich habe ihn erst unlängst in der Hand gehabt. »Da ist er. Ich komme.«

»Okay. Jetzt will ich, daß ihr Kinder ein paar Papierservietten holt. Ich hab' sie oben vergessen. Johnny, mach das Zeug da auf, wie, glaubst du, soll ich ihr Bein in Ordnung bringen, wenn sie so zusammengeschnürt ist? Was für 'n Mist. Paß doch auf mit dieser Scheiße, um Himmels willen. Das wirst du wegputzen müssen, Sylvia. Das weiß du doch, oder? Du brauchst nur zu nicken, mit dem Knebel brauchst du nicht zu reden. Kinder, glaubt ihr nicht, daß es toll wäre, wenn Sylvia überhaupt zu reden aufhört? Was sagst du dazu? Vielleicht sollten wir dir die Zunge rausschneiden, wie findest du das? Aber wahrscheinlich hat der Knebel dieselbe Wirkung, wenn ich es mir genau überlege. Das war wirklich eine tolle Idee von dir, Johnny, ich bin stolz auf dich. Laß uns noch mal sehen, wie du mit dem Kopf nickst, Sylvia. Okay, noch einmal. Nur weiter so – nein, schüttle ihn jetzt stärker vor und zurück, hörst du. Immer weiter so. So ist's gut. Jetzt heb dein Bein hoch, damit ich den Alkohol draufschütten kann. Hör auf mit dem Gejammer. Klar tut es weh. Das ist gut für dich, so wirst du gesund. Eine gute Medizin tut immer weh. Das solltest du doch wissen, wenn schon sonst niemand.«

»Gerty, wir haben ihr das Paddel gegeben, wie du's gesagt hast, aber sie plärrt nicht mehr.«

»Dummkopf, wenn sie doch einen Knebel im Maul hat.«

»Nein, Gerty, das meint er nicht, ihre Augen weinen nicht mehr.«

»Dann haben wir es eben mit der Zigarette versucht, Mama. Paula hat welche von oben geholt. Aber nicht einmal damit kann man sie jetzt mehr aufregen.«

»Sie ist langweilig, Mama.« Gertrude blickt von Paula zu Johnny. Wenn sie sich zu langweilen beginnen, dann ist alles vorbei. So sind Kinder. Sie können sich nicht konzentrieren.

Irgend etwas fesselt ihre Aufmerksamkeit auf eine bestimmte Zeit, dann beschließen sie, daß sie es satt haben, und gehen einfach davon. Lassen alles liegen und stehen. Egal, was es ist, ob eine Arbeit oder auch ein Spiel. Sogar wenn sie alles dürfen, was sie wollen, wenn sie mit jemandem rumkommandieren dürfen, wenn man ihnen eine Person anvertraut, mit der sie tun können, was sie wollen. Johnny hat in letzter Zeit ordentlich mitgemacht, aber wenn er sich langweilt, dann kann er alle anderen vergiften. Dann ist es vorbei mit der ganzen Bande. Am Schluß würden nur sie und Sylvia überbleiben. Das ist viel zuviel Arbeit. Und es ist einsam. Plötzlich trifft sie die Einsamkeit mit voller Wucht. Das darf nicht passieren. Das ist ein Vorwurf, es heißt, daß sie im Unrecht ist. Daß die ganze Idee falsch ist, die ganze Zeit schon falsch war. Vielleicht sogar böse. Aber das Wesentliche dran war gut, das müssen sie begreifen, das müssen sie selbst erkennen, sie müssen verstehen, wie wichtig die Arbeit ist. Sie kann es nicht zulassen, daß sie sich davon abwenden und wieder mit ihren eigenen doofen Teenagersachen anfangen, wenn sie aufgeben, dann ist es, als ob jemand mit dem Finger auf sie zeigt, wie wenn sie erwischt wird. Ganz alleine.

»Mich langweilt sie nicht. Ich hasse sie einfach. Ihr Kinder müßt euch draus mehr Spaß machen, mehr ein Spiel draus machen, mehr wie eine Überraschung, wenn ihr hinhaut. Und ihr müßt besser arbeiten und euch gegenseitig helfen.«

Gertrude blickt zu ihrer ältesten Tochter hinüber. Loyal. Dann zu Rickie. »Und es macht nichts, wenn sie ruhig ist. Es ist irgendwie auch interessant, wenn sie nicht immer jammert. Paßt genau auf, und ihr könnt sie aus den Augen weinen sehen. Und wenn sie keine Tränen weinen will, dann müssen wir uns eben mehr bemühen. Mir gefällt das besser, als wenn sie im ganzen Haus herumtobt und schreit und wir uns zu zehnt anstrengen müssen, nur um sie einmal mit der Zigarette zu verbrennen. So ist sie gefesselt, sieht einen nur an und windet sich ein bißchen, und man kann sie ungefähr zehnmal in einer Minute verbrennen und braucht nur ihre Augen zu beobachten. So wie Fernsehen ohne Ton. Bleib ruhig, Sylvia, sonst lasse ich dich diesen Alkohol auch noch trinken. Wißt ihr Kinder eigentlich, daß ihr hier unten euer eigenes Fernsehen macht? Klar. Was glaubt ihr denn, was Fernsehen ist? Wie glaubt ihr denn, daß sie es machen? Angenommen, sie drehen eine Kellerszene und jemand ist gefesselt und soll es ordentlich kriegen und so – dann suchen sie einen Keller wie diesen hier. Wahrscheinlich zahlen sie sich auch noch krumm, um ihn zu mieten. Was haltet ihr davon, Jungs, ha, Sylvia, sollen wir dich vermieten? Ha? Mit den ganzen Nachbarskindern wie Randy Leper und Judy Duke und Mike Monroe, die herumstehen, um dich anzuschauen oder dir eine runterzuhauen – na? Und wenn meine Kinder da sind, und Rickie und Coy, wenn er rüberkommt, und alles, was wir uns einfallen lassen könnten, um dich herzuzeigen, Mensch, wir könnten reich werden, wenn wir für jeden Schwank nur zehn Cents verlangen. Jetzt weißt du nicht, ob du dazu nicken sollst oder den Kopf schütteln, was, Sylvia? Nicke nur, du blöde Gans, den Kopf schütteln kannst du vergessen. Ganz vergessen. Das wirst du nie mehr machen.«

Ich hab' es nicht geschafft. Ich hab's versucht, und ich hab's nicht geschafft. Jetzt bin ich Dreck, Scheiße, wie sie es immer sagen. Sitze hier unten wie ein Stück Scheiße. Nichts als warten. Ich zähle Sachen. Oder sag' mir dasselbe Wort immer wieder vor. Gestern habe ich das Wort Monotonie so lange vor mich hergesagt, bis ich ohnmächtig geworden bin, und dann auch nachdem ich wieder aufgewacht bin, dann habe ich es noch immer hergesagt, bis ich gekotzt habe. Oder so nahe ich eben ans Kotzen komme, da ja nicht mehr viel da ist zum Kotzen. Ein schreckliches Wort, dieses Wort Monotonie, eines von diesen Wörtern, die genau das sind, was sie meinen. Nicht nur langweilig, wenn alle fortgehen, sondern irgendwie unheimlich. Am Ende hat mich Gertrude doch erwischt. Ich war gerade an der Tür vorbei, und Paula schrie, und sie schnappte mich. Hatte überhaupt keine Chance. Ich wollte es einfach nicht mehr sagen, ja ich bekämpfte es in meinem Kopf. Aber mein Hirn sagte es immer weiter, gegen meinen Willen. Genauso, wie ich weiterhin bettle. Denn mein Körper bettelt, wenn mein Wille sie schon längst zum Teufel geschickt hat. Der Körper läuft davon, klar, es tut weh. Aber wenn der Geist davonläuft, dann wird es wirklich unheimlich. Ich sehe zu, wie er sich auf einem kleinen Strich davonmacht, wie ein Kreidestrich ganz für sich alleine, und ich halte den Atem an, und mein Magen krampft sich zusammen, denn ich weiß überhaupt nicht, was als nächstes passieren wird. Er kann losspringen und auf einer Laufmasche in Gertys Nylonstrümpfen landen und dort stundenlang hängenbleiben. Dann ist es egal, was für schreckliche Sachen sie macht, das einzige, was er sieht, ist die Laufmasche. Jetzt kann ich nie mehr von hier raus. Hab' meine Chance verspielt. Vorbei. »Es sieht aus, als ob du es auf die harte Tour lernen mußt, Sylvia, die harte Tour« – wiederholt Gertrude und bereitet mich auf den Gürtel vor. Und mein Geist läuft direkt an ihrem Gesicht vorbei und dem Gürtel, der näher kommt, und hinüber zu dieser Laufmasche an der Seite ihres Beins. Wie er auf die Laufmasche unter ihrem Knie trifft, die große, wo das große Loch ist. Die kleine hurtige Laufmasche an der Seite ist wie eine Straße, die läuft so schnell sie kann, wie der Vogel in dem Zeichentrickfilm oder eines von diesen Sprechtieren, die immer kommen und aushelfen – geradewegs zu diesem großen, ernsten Loch unter dem Knie, das kreuz und quer geht wie eine Waffel und wie ein ganzes Fußballfeld im Vergleich zur Straße. Und gleich dort hinter dem Knie sind die Torstangen, und ich mache die Spieler, und ich bewege sie hin und her. Stände und Menschenmengen und Gejohle und Collegemädchen in Kamelhaarmänteln, wunderbare hübsche Collegemädchen, und ich könnte mitten unter ihnen sein dort oben an der Brüstung, genau wie sie oder jemand, den sie mitgenommen haben, das könnte ja auch ich sein, und wir haben alle Rasseln und Fähnchen zum Winken, sie haben Feldflaschen und Chrysanthemen – große gelbe –, bis der Gürtel sich in meinen Rücken bohrt. Dann beruhigt sich der Geist ganz schnell und wird wieder Körper.

Aber dann gibt es auch diese anderen Momente, wo es meinem Geist ganz egal ist, er verbringt den ganzen Nachmittag bei einem Wort und würde wahrscheinlich nicht einmal aufmerken, wenn man ihm Essen vorsetzte. Und jetzt kann ich ihn nicht mehr lenken. Er denkt, was immer ihm einfällt. Jeder nur mögliche Gedanke, wenn Gerty das hören könnte,würde sie einen Anfall kriegen. Erfindet doofe kleine Reime, die ich so schrecklich gerne laut aufsagen würde: »Gerty ist Scheiße, sie sitzt in der Meische, Gott straft sie mit der Peitsche.« Und wenn ich sie ansehe, dann singe ich das in meinem Kopf vor mich hin, habe meinen Spaß dran, springe auf und ab, koste meine Rache aus. Und strenge mich an, den Mund zu halten, damit das kleine Liedchen nicht direkt hinaushüpft und sie überrascht wie eine Fledermaus, die ihr mitten ins Gesicht fliegt.

Wenn ich es jemals hier rausschaffe, dann werde ich abhauen. Weit weg. Werde alles hinter mir lassen. Die Hilfe vergessen und die Leute, die einem glauben sollen. So weit weg, daß sie mich nie erwischen. Denn Mutti und Vati könnten mich zwingen, bei Gertrude zu bleiben. Ein bißchen Strafe, das schadet doch nichts, wer sein Kind liebt, züchtigt es, und so 'n Zeug. Vati hat ihr gesagt, daß wir schwererziehbar sind und eine feste Hand brauchen. Oder sie würden es nie glauben, wenn ich es ihnen erzähle. Und vielleicht wollen sie, daß ich bleibe, weil es für sie einfacher ist, als uns auf ihren Reisen mit dabeizuhaben. Also würden sie mich zurückschicken, wenn ich sie überhaupt finden kann, und wir haben ohnehin keine Ahnung, wo sie jetzt gerade stecken. Angenommen, ich sage es ihnen und sie gluckern, »wir werden Gertrude fragen, was sie dazu meint, uns die Geschichte mit ihren Worten erzählen lassen« und so weiter und so fort. Und ich wette, daß sie mich zurückschicken würden. Und Gertrude würde alles so drehen, daß es vernünftig klingt. Wie wenn sie eine Liste hätte, die alles, was ich sage, erklären kann. »Sie hat schreckliche Sachen gemacht«, würde Gerty sagen. »Seht euch nur diese Zettel an. Hat sie nicht dieses kleine Kind zusammengeschlagen, und hat sie nicht zehn Dollar aus meiner Geldbörse genommen, und hat sie nicht diesen Turnanzug geklaut, und hier ist die Rechnung von Paulas Krankenhaus.« Dann klingt alles so blöd, so Kindergeschichten und schlimm sein. Und nie diese Sache da, diese Sache zwischen mir und Gertrude, und Gertrude und den anderen Kindern, diese verrückten Sachen wie irgend ein Geheimklub, wo die ganzen Narrheiten und Spiele, die wir hier in den Kellern der Nachbarschaft gespielt haben, das Herumgetue mit Fesseln, und jetzt kriegst du vierzig Hiebe mit einer nassen Nudel – Wahrheit geworden sind, und jetzt prügelt man mit einem echten Polizeigürtel. Als ob alles lebendig geworden wäre, und jetzt haben wir Verliese und Kerker und Höllen und Alpträume in Wirklichkeit, alles wahr und gleich hier mitten in Gertrudes Keller. Das würden sie in Millionen Jahren nicht glauben.

Meine Alten würden das nie glauben. Und wenn sie selbst zusehen könnten, wenn Gerty es ihnen erlauben würde, wenn sie es ihnen zeigen würde, sie würden trotzdem nicht glauben, was sie sehen, sie würden sich selbst nicht glauben – ich meine, sie würden es sich selbst nicht eingestehen, daß das, was sie sahen, Wirklichkeit war. Die Nachbarn sind genauso. So ist es immer. Was mit Gertrude los war – schon damals ganz am Anfang –, ich wollte es einfach nicht glauben, obwohl ich es wußte. Sachen, die ich schon herausgefunden und wo ich mir meinen Reim darauf gemacht habe. Aber ich wollte nicht einmal den Gedanken daran zulassen. Wie wenn ich schon damals wußte, daß Gerty mich richtig haßte. Ich wußte es irgendwo in mir, aber ich wollte es einfach nicht wahrhaben. Und daß sie sich nie verändern würde, das auch. Ich spürte es im Bauch, aber ich traute meinem Gefühl nicht, hatte Angst davor. Daß dieser Haß immer stärker werden würde, bis er zum größten Ding im Haus wird. Und das einzige Interessante in ihrem Leben. Wie sie die Kinder organisiert und Rickie und Coy wie ihre Söhne behandelt. Oder wie ihre Söhne plus ihre Freunde. Alle um sie herum tun genau das, was sie sagt, denn sie erlaubt ihnen alles, was sie wollen. Das sah ich voraus. Aber ich wollte es nie wahrhaben. Ich hatte Angst und war mir nicht ganz sicher, und so hoffte ich, daß es etwas anderes war. Daß es aufhören würde oder daß es sich verändern könnte. Und ich war fast absichtlich dumm, weil ich es nicht durchschauen wollte. Weil das alles zu schrecklich war. Es war zu schrecklich, das alles zuzugeben. So war die Welt zu schlecht. Also ließ ich es laufen, tat so, als wüßte ich es nicht. Niemand sagt, ich soll, niemand sagt was über die wirklichen Sachen. Sie reden immer über Lektionen lernen und mir eine Lektion erteilen und mich zurechtbiegen und Hure und Hure ist anders – es ist magisch oder irgendwie schwerer zu durchschauen, aber meistens reden sie so, als wäre ich ein Kind und würde jetzt eine Tracht Prügel kriegen, und es wird alles vorübergehen, und man braucht nur zu warten und es durchstehen. Aber ich wußte es. Irgendwo. Ich wußte, daß es nicht so war. Ich wußte, daß ich vielleicht sogar an ihrem Haß sterben könnte. Ein Haß so arg wie Ajax essen. Mein Geist wußte es von der Angst in meinem Bauch her, jedes Mal, wenn sie sagen, hol das Brett, mein Bauch wußte, daß er sterben könnte. Und mein Geist lief, wenn ihre Füße die Treppen hinuntergelaufen kamen. Aber ich sagte nein, spring nicht, du muß hier sein, du mußt tun, was sie dir sagen, gehorchen, brav sein, es wird schon alles gut werden, das sind ja nur Menschen; wenn du echt geduldig bist und immer tust, was sie dir sagen, dann werden sie dich in Frieden lassen, und nach einer Weile werden wir um den Küchentisch sitzen und Erdnußbutter essen und uns die Köpfe heiß reden und versuchen, Gerty mit unseren Späßen zum Lachen zu bringen. Einmal schlugen sie mich zusammen, und nachher gingen wir alle hinaus, spielten Ball, die Dinge können also wirklich wieder normal werden. Paula wird sich schminken, und ich kann ihr mein Armband geben und mir ihren rot-blauen Schal ausborgen, und Rickie wird sich daran erinnern, daß er um sechs zum Abendessen daheim sein muß. Weil ich nicht wollte, daß es war, wie es war, deshalb drehte ich es so, daß es okay war. Oder nur ein bißchen und dann okay, bis Mutti und Vati kommen, und wenn sie kommen, und das geht noch immer so weiter, dann würde ich es ihnen bestimmt sagen, diesmal schon. Oder ich redete mir ein, am besten wäre es, wenn sie sich einfach umdrehen würden, und dann plötzlich ist alles vorbei, und sie haben mich wieder gern, und ich bin ihre Cookie, und es ist wie ungeschehen, weil alles so angenehm wäre, daß man einfach nicht mehr darüber reden mag.

Also befahl ich meinem Gehirn, den Mund zu halten über das, was es wußte. Also geht es jetzt eigene Wege, als hätte es nie was gelernt, wie ein kleines Hündchen, das nicht tut, was ich ihm sage, sagt dieses oder ein anderes Wort den ganzen Tag lang vor sich her und erfindet Reime. Und jetzt, wenn es sich zusammennimmt, dann sagt es einfach, was es weiß. Wie, daß ich in der Falle sitze. Daß ich zu dumm war und nicht hören wollte, genau wie voriges Jahr, als mich dieser Mann mitnahm auf dem Heimweg von der Schule, und ich glaubte ihm alles, bis er anfing, an mir herumzufummeln und mich anzugreifen, und dann erinnerte ich mich an alles, was sie einem über das Mitfahren mit Männern erzählen, und damals konnte ich davonlaufen. Jetzt ist es zu spät fürs Laufen. Ich bin zu lange dumm gewesen, habe immer wieder geglaubt und gehofft, bis ich meine Chance verpaßt habe. Jetzt gibt es keinen Ausweg mehr. Von hier kann man nicht fortlaufen. Ich habe es gestern abend versucht, und Gerty hat mich gleich bei der Tür erwischt. Ich war feig und brauchte Stunden, bis ich mich traute. Und fast wäre ich, fast, die Küchentür war offen, als Paula diese da aufmacht, und ich konnte schon die Luft riechen und die Nacht. Und ich stürzte drauflos. Dann ist Paulas Stimme direkt hinter mir am Eingang, und sie packt mich. Gleich an der Tür, sogar schon dahinter, wenn sie offen ist. Das hätte ich mir nie gedacht. Und Gertrude ist wie ein Wirbelwind zur Stelle. Und sie hatte mich auch schon, Haare und Zähne, das ist alles, woran ich mich erinnern kann. Wie es weh tat, als sie mich an den Haaren zog, wie sich meine Zähne anfühlten, als ich sie biß. Dann daß sie schneller gewesen waren, mich erwartet hatten, es sogar geplant hatten. Und daß sie stärker waren, daß meine Arme schwächer und schwächer wurden. Wie beim Rangeln, wenn man plötzlich spürt, wie der Arm nachgibt und sich zum Tisch neigt. Und dann strengt man sich weniger an. Daß ich so erschrocken und überrascht war – das machte mich schwächer als der Hunger. Oder auch zu wissen, daß ich es jetzt nie schaffen werde, wenn ich mich einfach hinter diese Tür hocke und meine Chance abwarte, den Augenblick, an dem sie abzuschließen vergessen. Ich muß mir was anderes einfallen lassen. Muß viel härter werden.

Ich fixiere die verbrannten Zeitungen in der Spüle. Wenn ich sie nicht ansehe, dann höre ich sie nicht so gut, wie wenn ich sie aus meinen Auge sehe und dann in meinen Kopf und der Haufen von ihnen immer um sie. Denn gerade jetzt ist sie echt in Schwierigkeiten. Rickie ist heute der große Macker. Gerty hat es ihm überlassen. Und die kleine Shirley spielt sich ganz groß auf, weil sie ihnen helfen darf. Auch wenn sie den Ankerbolzen mit den Streichhölzern nicht heiß gekriegt hat, und so mußte Rickie die Zeitungen in der Spüle verbrennen, und Paula mußte noch mehr Feuer im Ofen machen. Die kleine Marie durfte für Rickies Nadel die Streichhölzer anzünden, bis sie alles versaute, und er sagte, macht nichts, wir kommen auch ohne aus. Also ritzte Rickie alle Buchstaben auf ihren Bauch, die Gerty ihm sagte, aber sie mußte es ihm auf ein Stück Papier vorschreiben, weil Rickie nicht Prostituierte schreiben kann. Nachdem sie angefangen hatten, schickten sie mich einkaufen, und als ich zurückkam, war er fertig damit.

Als dann Randy rüberkam und an der Tür klopfte, sagte Gertrude, er darf Sylvia nicht nackt sehen, also mußten sie sie für eine Weile hinunterbringen, um sie aus dem Weg zu räumen, und dann fingen sie an mit der Idee, ihr auch das Brandmal zu machen. Aber dann rief Gerty herunter, daß sie will, daß Randy die Worte sieht, die Rickie eben auf ihren Bauch geschrieben hat, also bringen sie sie rauf und zeigen es her. Und Gerty sagt, Sylvia war bei einer Sexparty, dort hat sie die Schrift abgekriegt. Dann gehen Rickie und Shirley wieder zurück und machen weiter, und Shirley kriegt das Eisenzeug noch immer nicht heiß genug, also verbrennt Paula die Zeitungen, bis es zu glühen anfängt. Das Eisenzeug, Rickie nennt es einen Ankerbolzen, das ist alles, was sie finden können, um das Brandmal zu machen, und es ist nicht besonders, aber wenn sie ihn in die eine Richtung verwenden und ihn dann umdrehen, dann wird ein S aus den beiden Schnörkeln, S für Sklave sagen sie. Oder Sylvia, oder Shirley oder Stephanie oder sonst was. Ich habe ihnen gesagt, daß das nicht viel bringt, wozu also? Aber dann fingen sie damit an, daß ich ihnen helfen soll und das Eisen halten und es selber machen, und so hielt ich lieber den Mund und zog mich zu den Zeitungen in der Spüle zurück.

Jetzt ganz schwarz und dünn und zerbröckelt. Komisch, wie etwas Feuer fängt, noch vor einer Minute waren es die *Star News*, und jetzt sind es nur mehr steife, kleine schwarze Stücke, so trocken sehen sie aus und irgendwie zerbrechlich. Sie schrumpfen auch zusammen, wenn sie brennen. Ich kann sie schreien hören, aber ich schaue nicht hin. Wenn ich mich auf dieses Papier hier konzentriere, dann ist es nicht ganz so schlimm. Sie bettelt, es nicht zu tun, aber jetzt haben sie das Ding da schon heiß gemacht. Rickie ist heute richtig aufgeregt – heute ist es, als wäre er Gertrude, den ganzen Tag schon hat alles er gemacht. Gerty hat nur den ersten Buchstaben der Schrift gemacht, und dann hat sie ihn weitermachen lassen. Und er blieb auch dabei, sein Gesicht echt ernst, jedes Mal, wenn Sylvia sich bewegte oder einen Laut von sich gab, dann schlug er sie einfach auf den Mund und machte ruhig weiter. Gertrude hat ihm nachher sogar gesagt, daß er seine Sache gut gemacht hat. Jetzt weint Sylvia und windet sich. Rickie sagt ihnen, daß sie das Eisending rüberbringen sollen, vorsichtig, weil es so heiß ist. Sylvia wird langsam wahnsinnig, weil sie solche Angst hat. Johnny hält sie nieder. Rickies Hand drischt auf ihren Bauch, immer wieder, mit dem Handrücken, so fest er kann, Sylvia knirscht mit den Zähnen. »Bleib liegen du beschissene Prostituierte«, sagt er ihr. Aber nicht mehr wie ein Kind, wie ein echter gemeiner Mann. Heute ist was mit ihm passiert.

Dann ihr Schreien, und ich weiß, daß sie es getan haben. Die erste Hälfte. Rickie soll die erste Hälfte tun und dann Shirley den zweiten Teil, den unteren Teil vom S. Aber sie müssen das Eisending umdrehen, sonst wird kein S draus, sondern eine 3. Schluß. Macht endlich weiter. Oder ist es besser, daß sie warten sollen? Vielleicht werden sie aufhören, oder jemand wird vorbeikommen, oder sie werden müde werden oder es sich anders überlegen, oder Gertrude wird kommen und sagen, macht das morgen fertig, oder dieses Zeichen gefällt mir nicht, oder ihr habt es ganz falsch gemacht. Es wird aufhören oder wenigstens für eine Weile aufhören.

Das leise Geräusch, wie sie flüstern. Ich beobachte, sie von wo ich bin, und sehe, wie sie zu mir rüberschauen. Sylvia schluchzt, und ihre Zähne knirschen noch immer. Kleine oh-ohs, wenn sie atmen möchte, nach Luft schnappt. »Komm her, Jenny.« Rickie, schon wie er es sagt, weiß man, daß jetzt was kommt. Ich bleibe hinten. Wird er jetzt mich auch drannehmen? Bin ich als nächste an der Reihe? Ich dachte, wenn sie Sylvia haben, werden sie mich in Frieden lassen. Vielleicht nicht, vielleicht ist das jetzt alles vorbei. Vielleicht wird Rickie jetzt mich drannehmen. Ich gehe vor. Ich beginne sogar zu lächeln. Ich lächle Rickie immer an, und er lächelte zurück und schaut zu Boden. Ich kann ihn hören, wie er Krüppel denkt, wenn ich ihn anlächle, wenn ich mit meiner Schiene ins Zimmer komme. Jedes Mal, wenn die Schiene einen Schritt macht und seine Augen es bemerken, denkt er Krüppel, und vielleicht denkt er auch an das Krankenhaus seiner Mutter. Aber er schlägt mich nie. Meistens hat Rickie diese echt gute Jungenart an sich, wie ein Musterschüler und ernst mit seinen großen Gläsern und echt verläßlich und diese ganze Geschichte, daß er Punkt sechs zu Hause sein muß, wenn sein Papa es wünscht, wo Gertrude sich immer drüber aufregt. Aber heute ist es anders. Es ist, als hätte er alles übernommen. Gertrude hat es ihn machen lassen, hat es ihm sogar angeschafft. Wie wenn er hier jetzt der Vater ist und der Boss und nicht bloß ein Nachbarskind, sondern wir müssen alles machen, was er uns sagt.

Also beginne ich zu lächeln, wie um jemanden, der einen sowieso schlagen wird, dazu zu bringen, es nicht zu tun. Wie bei Papa. Sylvia grinst immer, aber ich lächle nur, und es stimmt, daß er mich nie so fest geschlagen hat, oft hört er gleich vorher wieder auf. Und dann kriegte sie es immer statt meiner. Wie jetzt. Wenn es wirklich noch so ist. Plötzlich weiß ich es nicht mehr, wenn ich Rickie sehe. Gehe ganz langsam, weil ich so zittere, und ich mache mir Sorgen, ob das Bein mich tragen kann.

»Wir wollen, daß du den nächsten Teil machst.« Shirley will es nicht tun. Sie will, daß ich es mache. Dann wird sie rein sein und alle anderen schließlich auch, weil Sylvias eigene Schwester mitgemacht hat. »Jenny hat die Hälfte davon gemacht«, werden sie alle sagen. Und Rickie, der möchte noch jemanden anderen dabei haben, denn er hat es getan, und jetzt will er nicht die ganze Schuld auf sich nehmen. Er will nur anschaffen. Halten die mich für verrückt? Wie werden sie mich dazu zwingen? Rickie hält mir das Ding hin. Heiß, ich spüre es. Komischer Geruch. Und eine seltsame Art von roter Runzel auf Sylvias Brust. Ein bißchen oberhalb der Buchstaben. Ich blicke nicht höher hinauf. Ich könnte nicht.

»Nein, ich werde sie nicht verbrennen.« Das Härteste, was ich je gesagt habe. Nachher fühlt sich mein Kopf hohl an, vielleicht werde ich in die Hose machen oder umfallen. Ich zittere so stark, sogar drinnen im Bauch. Und in den Händen. Paula sieht wütend aus – »Na da schau her« – knurrt sie, als ob sie über mich herfallen wollte. Rickie findet es nicht einmal der Mühe wert, irgendwas zu sagen. Also habe ich noch immer Angst, daß er mich drannehmen wird. Aber jetzt will er, daß Paula und Shirley sich beeilen. »Kommt schon, solange es noch heiß ist, sonst müssen wir es wieder aufheizen. Beeilt euch. Okay, jetzt.«

O mein Gott. Rickis Stimme, die ganze Zeit über Sylvias Stöhnen, ihre Haut ganz rot, sie windet sich auf dem Boden. Alle schreien. »Du hast es falsch gemacht, du Blödian, verkehrt rum. Das ist kein S, das ist eine 3.« Ich ziehe mich wieder zur Spüle zurück. Aber ich habe sie nicht verbrannt. Ich habe es nicht getan. Dazu konnten sie mich nicht zwingen.

»Es sieht schrecklich aus, es ist ganz verkehrt, Rickie.«

»Kommt schon, zeigen wir es trotzdem Gertrude. Steh auf. Niemand wird dich jetzt mehr heiraten. Jetzt kannst du dich vor keinem Mann mehr ausziehen. Keine Flitterwochen, Sylvia, was sagst du dazu?«

Stille. Und dann die Schläge ins Gesicht.

»Was wirst du jetzt tun, Sylvia? Was wirst du jetzt tun?«

Stille, Sylvia verschluckt sich beim Schluchzen, ein völlig entferntes, niedergeschlagenes Geräusch.

»Du bist stolz drauf, nicht wahr? Du bist stolz drauf, Sylvia.«

Das Schluchzen stärker, länger, entfernter, hoffnungsloser.

»Ha. Seht sie euch an, ihr ist es ganz egal, sie sagt kein einziges Wort. Sie ist froh. Es gefällt ihr. Es gefällt ihr wirklich!«

Die Kinder werden unruhig. Blicken zu Boden. Jenny besonders, verwirrt, voller Scham. Rickies Gesicht klebt an Gertrudes. Johns ebenfalls. Obwohl er jünger ist, erscheint sein Gesichtsausdruck irgendwie zynischer; schließlich ist das seine eigene Mutter. Paulas Aufmerksamkeit wandert umher. Marie paßt nicht mehr auf. Shirley war schon vor Gertrude von einer Verwirrung erfaßt, die einer Verlegenheit ähnelte und gleicherweise unangenehm war. Sylvia vor Gertrude mit ihrem unleserlichen S, ihre mangelhafte Arbeit dargeboten – das würde schon reichen. Aber daß Gertrude die Arbeit nicht einmal bemerkt hat, sie nicht kritisiert, ausgebessert hat – daß sie das Brandmal zugunsten von Rickies Schrift zu ignorieren schien, daß sie nur mit Sylvia redete, mit Sylvia, die jetzt nicht heiraten konnte, die auf ihre Wunden sogar noch stolz war, Gertrude, die sich geistesabwesend über ihr vermasseltes S ausläßt und brüstet – das war irgendwie gefährlich, unerwartet. Seltsam auf eine Art, die Shirley riechen kann, vor der sie Angst hat – instinktiv.

Welche Erleichterung, Coy zu sehen. Jemand an der Tür. Die Türglocke, das Klopfen, die Eile, die Aufregung, der Situationswechsel. Rickie geht heim zum Abendessen. Vor Coy ist Gertrude wieder anders. Angeberisch, gesellig, humorvoll, selbstverständlich kokett wie üblich, durch und an Stephanie vorbei, die Coys Freundin ist, das ganze Arrangement wegen dieser anderen Anwesenheit irgendwie eine Bestätigung. So wie's mit Hobbs nie ist. Weil da einfach etwas fehlt.

»Bringt sie wieder runter. Coy, du geh mit ihr, und sieh zu, daß sie kriegt was ihr gebührt.« Coy im Kommando. Coy der Anführer dieser Episode, dieses Akts, dieses Segments von Zeit oder Leiden oder Theater. Der Kapitän am Steuer, ein Mädchen in seiner Obhut und von Mädchen umgeben, und Johnny sein Leutnant, seine rechte Hand, fast gleichaltrig. Er wird ihm beistehen, wird Befehle empfangen, unwichtigere Anordnungen an die Mädchen weiterleiten. Und ein Mädchen als Opfer, der Mittelpunkt der Verachtung, die Niederste und Unwürdigste in der Befehlskette, jene, die am schlechtesten dran ist. Die anderen, die kleineren, sind die Galerie, das Publikum, die Schüler. Jene, die Befehle entgegennehmen und lernen, eingeschüchtert durch das Beispiel, aber in Sicherheit, dankbar. Johnny hievt Sylvia mit dem Strick hoch, so daß sie an der Kellertreppe festsitzt, sie hängt an den Handgelenken, ihre Hände gefesselt und an einem Brett befestigt. Die Mädchen sehen zu, geläutert durch das Beispiel eines Schicksals, dem sie knapp entronnen sind. Es wäre leicht gewesen, Sylvia zu sein. Wenn man Jenny war. Schwerer, wenn man Shirley oder Marie oder gar Paula war – aber immerhin nicht undenkbar. Für Stephanie besteht die Ambivalenz darin, daß sie zusieht, wie ihr Auserwählter eine andere Frau bestraft – die nicht nur sie selbst hätte sein können, sondern es eines Tages vielleicht sogar sein wird. Sollte er sich verändern. Und Stephanie kann schon seine Grausamkeit sehen, wie er Sylvias schwingenden Körper nimmt und ihn immer wieder gegen die Kellersteinwand schleudert. Das könntest du sein, sogar jetzt, aber unter einem anderen Namen und mit einem anderen Gesicht. Das ist schon was, den Sadismus seines eigenen Idols zu sehen. Aber Stephanie kann sich auch sagen, daß er Sylvias Beleidigung rächt. Von ihr. Von ihrer Mutter, von ihrer Schwester. Stimmt es nicht, daß Sylvia im Arsenal-Technikum herumgelaufen ist und gesagt hat, sie ist ein Luder? Paula hat es erzählt. Und Sylvia hat auch ihre Mutter beschimpft. Aus diesem ganzen verletzten Ehrgefühl hat sie zugesehen, wie Sylvia immer wieder die Treppen hinuntergeworfen wurde. Coys Judo. Heute irgendwie anders. Die Schrift macht es anders. Das Brandmal.

»Wenn die Schule ein Mann wäre, würde ich sie heiraten«, sagt Stephanie manchmal zum Spaß. Aber es gab auch andere Sachen neben der Schule. Die Familie kann sie ruhig »Einey« nennen, ihren familieneigenen Einstein, soviel sie wollen, die Schule fiel ihr einfach leicht. Coy war schwerer. Manchmal sagte er nicht einmal guten Tag, konnte so kühl sein, daß sie nicht wußte, ob er überhaupt noch daran dachte, was zwischen ihnen war. Vielleicht war es nie geschehen, vielleicht hatte sie es sich nur eingebildet, es alles nur erfunden, es irgendwo gelesen. Dann nach einer Weile sah er ihren Blick und lächelte. Und dieses Lächeln machte alles wieder gut, heilte alles, versprach alles. So lächelte er jetzt, als er Sylvia herumschleuderte, es für Stephanie tat, ihr zuliebe. Stephanie ist sich nicht sicher – alles, was da um Sylvia herum geschieht, wird immer schlimmer. Diese Cola-Flaschen-Sache war schrecklich – sie war erst am Ende davon nach Hause gekommen und bestand darauf, daß sie aufhörten. Aber wenn Coy Sylvia gegen die Wand schleudert, heißt das, daß er Sylvia nicht will. Er will sie statt dessen. Jede Unwürdigkeit Sylvia gegenüber ist für sie Bestätigung. Kurzfristig. Möglicherweise auch ein Trick, Jungen versuchen oft, einen zusammenzuschlagen, wenn sie einen »gern haben«. Es ist sogar ein Zeichen, daß sie einen gern haben. Aber er wirft so fest mit Sylvia herum, und er lächelt, so warm die Linie über seinem Mund, daß sie jetzt auch lächelt. Hinter ihren Gläsern. Bis sie sich an die Gläser erinnert. Und lächelt noch immer, aber diesmal ist es viel weniger erfolgreich.

Mrs. Leper kam herüber, um Randy zum Abendessen zu holen. Sie hörten sie klopfen und den Klang ihrer Stimme an der Türschwelle, da ließen sie Sylvia alleine vor sich hin weinen und ruhten sich aus, bis Randys Schritte in die Küche kamen, ein freundlicher gutnachbarschaftlicher Gedankenaustausch, das »Danke, daß Sie ihn den ganzen Nachmittag ertragen haben«. »Aber wo denken Sie hin, wir freuen uns immer, wenn Randy kommt. Er ist immer gern gesehen. Machen Sie sich da keine Sorgen.«

Coy und Stephanie lächeln dabei, das verschmitzte Lächeln von Kindern, die sich über Erwachsene amüsieren, aber das Lächeln bedeutet in Wirklichkeit etwas anderes, steht für sich allen, ein sinnlicher Zustand ohne Grund oder Erklärung. Es ist Samstag abend. Sie haben Sylvia vergessen. Johnny bindet sie sogar los, der Strick rutscht das Geländer herunter. Sie ist ein Häufchen am Grunde der senkrechten Form, die das Geländer die Treppen hinunter bildet.

Und später, als John Baniszewski sen. um ungefähr neun Uhr an die Tür klopft, um den Kindern einen Schäferhund zu bringen, ist sie ein Häufchen auf dem Boden hinter der Treppe inmitten der Ansammlung von Lumpen und dort abgestellten Farbtöpfen. Der Polizist kommt nicht herein. Der Hund wird an der Tür übergeben. Gertrude mißfällt dieses Geschenk, und sie schickt den großen Schäferhund hinunter in den Keller zu dem Hündchen, das dort gehalten wird. Zusammen mit Sylvia.

Ich werde Gertrude. Ich erfinde sie, stelle sie mir vor, durchdringe sie, auch in die langen Nachmittage ihres Endes hinein, die Gewohnheit der Folter, ihre Eindringlickeit, ihre Privatheit, dieselbe Besessenheit wächst in mir wie ein Krebsgeschwür. Wie eine Schwangerschaft. Ich gehe mit Gertrude schwanger – und ich bin ein Betrug. Meine Gertrude niemals die echte, wenn sie sie überhaupt gegeben hat. Denn es war alles geheim. Und bleibt geheim. Nichts davon im Gerichtssaal oder im Tageslicht, die mühsamen äußerlichen Formen von Achtbarkeit, die gedroschene Rhetorik, die formalisierten Verhaltensweisen und ihre Unterstellungen – nichts davon kann je eine Erklärung liefern. Weil es so geheim war. Der Drang und die Lust, der Zwang und der Genuß so untergründig, daß es hier niemals offengelegt werden könnte. Und sogar so intim, daß Gertrude selbst es nicht einmal in der Privatheit ihres Geistes aussprechen könnte. Auch für sie selbst ist alles verborgen, unausgesprochen. Nur die Ränder, die Details, die Erinnerung an einen geröteten Rumpf (und nicht einmal die Erinnerung, bloß das Bild, wie es eine Sekunde lang hinter den Augen aufflackert, bevor es durch das Gehirn huscht) – sofort gefolgt von der Erkenntnis, daß dem Haushalt das Brot ausgegangen ist – Jenny oder Stephanie müssen zum Laden geschickt werden. Oder Paula, wenn sie von Hook heimkommt. Dann verkrampft sich ein Arm voller Zorn, weil das Ohr Sylvias Jammern irgendwo im Haus gehört hat. Oder ihr Lachen. Oder das Auge landet unerwartet wie eine Fliege auf ihrem Pullover oder ihren Schulbüchern, oder das Bild ihres Grinsens und ihrer Sommersprossen schießt herein und irritiert die Linse des Geistes. Und der Zorn wallt wieder auf.

Man sagt sich nicht: »Ich werde dieses Kind zu Tode foltern.« Folter war sicher nicht ein Wort, das sich Gertrude gestattete. Aus vielen Gründen. Zu pompös, um nur einen zu nennen. Sie »erzog« das Kind, »diziplinierte« es, zeigt ihm eine feste Hand. Alles

Ausdrücke, mit denen sie begonnen haben muß und die sie dann später aus dem Auge verlor. Als es geheim wurde. Geheim sogar vor sich selbst. Als es begann, das zu überschreiten, was sie noch mit vertrauten Ausdrücken, die sie verstand, erklären konnte, wenn schon nicht laut, so doch im wortlosen Fluß ihres Geistes. Woraus sie früher Erklärungsformeln konstruieren konnte, wenn nötig – nicht daß das der Fall war –, ihr Züchtigungsrecht wurde von niemandem außer dem Opfer ernsthaft in Frage gestellt, und auch das gab sich mit der Zeit. Aber Schritt für Schritt begann das alles Gertrudes Begriffswelt zu entgleiten, selbst ihr formlosestes inneres Begreifen machte nicht mehr mit. Dann wurde es zum Geheimnis. Etwas, das sie tat, etwas, was über sie kam, etwas, das geschah. Und sie gab diesem Geschehen nach, unterwarf sich ihm, fand sich mitten drunter vor, erwachte daraus. Aber immer seltener, sein großes Zelt wurde zu einer Form, die sie genauso wie Sylvia vollkommen und nahtlos umschloß, Sylvia genauso in ihr Elend einschloß wie Gertrude in eine wilde neue Kraft, in Interesse und Vitalität. Dann begann die Macht zu wachsen, und mächtig strahlte sie aus und lockte. Wurde gewissermaßen heilig, denn das Heilige war immer von dieser undurchdringlichen Aura und Kraft umgeben, das Heilige, wie sie es kannte. Ihre Religion genauso magisch, biblisch und obskur, der Unterschied zwischen Gnade und dem Bösen für sie wirklich ununterscheidbar, da das neue Phänomen von derselben Fremdheit war, ebenso ausschließlich aus Gefühl bestand und weitaus mehr Unbekanntes an sich hatte. Noch dazu war das hier ihr eigener Zauber, er gehörte ihr. Wie ein privates Wunder, genauso zugänglich wie die Kellertür, genauso formbar wie der Wille der Gestalten um sie herum. Sie fürchtete Gott nicht mehr, sie war Gott. Sogar ohne einen logischen Sprung, Gott stand auch direkt hinter ihr, sie gehorchte göttlichen Befehlen, sie betrieb Religionsunterricht. Sie führte Dinge buchstäblich aus. Sie züchtigte.

Dann, nach der Einführung der Verbrennungen – das brühende Wasser, das Feuer und die brennende Asche – wurden alle früheren Spuren von Lust verkohlt. Und die Sexualität der Prügel ging über sie hinweg wie dunkle Flügel, die Versuchung war jetzt vorbei, war überwunden. Die roten Hintern, das runde Fleisch würden sie nicht mehr verführen. Danach berührte sie das Ding kaum mehr. Ihre Häscher freilich schon, Personen von minderem Wert, nichts als Kinder, ihr untergeordnet, wie sie in der Stufenleiter des Lebens seinerzeit ihren Ehemännern untergeordnet war. Gertrude selbst hielt sich zurück, überwachte, dirigierte. Aber sie mied die Berührung von Fleisch und seiner Verderbnis. Das Brandmarken mit Worten, die Worte selbst, waren der Krisenpunkt, der Orgasmus, der reinigt, weil er Ekel erzeugt, der Höhepunkt der heißen Sekunde vorbei und das Ding, das ihn hervorrief, fortan verabscheuenswert. Was vorher ekelhaft war, ist jetzt, nachdem es gekostet, gegessen und konsumiert wurde, wirklich schädlich. Das Brechmittel der Erfahrung eine Heilung auf ewig; man wendet sich ab und schwört sich, nie wieder. Aber so weit war sie noch nicht gekommen; sie näherte sich diesem Punkt in Phasen von Feuer und Wasser. Das Bad und die Streichholzschachtel und das kleine Feuer, das sich den Weg durch die wehrlose Haut bahnte. Dann das Eingravieren der Worte. Nachher ist es, als wäre es nie geschehen – so rein und asexuell ist solche Lust nach ihrer Erfüllung, so ungestüm und wild entschieden in ihrer Askese, der Kiefer vorgeschoben in seiner unbändigen Entschlossenheit, alle früheren Fehltritte nie mehr wiederkehren zu lassen.

Und das war auch nicht der Fall. Eine andere Phase, jetzt war sie von einer höheren Stufe besessen. Haß. Ein reineres Gefühl. Immer wenn sie das mißhandelte Kind sah, war da ein Impuls, es zu trösten, immer wenn sie den geröteten Hintern sah, ein Drang, ihn zu liebkosen – was die Grausamkeit ihrer Lust überwand und dann insofern hinterging, als es ein Körnchen Trost in sich barg, ein kleines bißchen Freundlichkeit. Wenn man ein Kind schlägt, weil man es nicht belästigen darf, wenn man es auspeitscht und einschüchtert, weil man es nicht auf eine bestimmte, verbotene Art lieben darf, wenn man ihm die Kleider vom Leibe reißt, um seinen Hintern bloßzulegen (und zufällig auch seine Genitalien) und es einem nicht nur physischen, sondern auch psychischen Schmerz aussetzt, weil demütigend und voller Furcht … Und nachdem man diesen Akt ritualisiert hat, ihm sogar eine bestimmte Sprache und fixe Bezeichnung verliehen hat, und es auf einem Bett ausführt, der Hintern und der Anus (ebenso ein Sexualorgan) voll in Sicht, da vollführt man einen sexuellen Akt unter dem Vorwand von etwas Erlaubtem. Sogar vorgeschrieben, eine elterliche Pflicht. Durch und durch respektabel.

Diese Vergewaltigung, die auf diese Weise durch Brutalität und Schmerz vollzogen wird und diskutierbar extremer ist als die einfachsten Formen von Vergewaltigung (zumindest jene, bei denen es nicht zu Schlägen kommt), ist auch schuldlos. Wie eine Verführung es nie sein würde. Egal, wie bereitwillig das Kind, egal, wie zärtlich und liebevoll, wie leidenschaftlich oder freundlich oder subtil der Verführer auch sein mag. Denn so etwas ist Sünde. Streicheln ist Belästigung. Schlagen ist es nicht. Schlagen, bewußt und willentlich Schmerz und Grauen zufügen, ist unschuldig. Küssen, liebkosen, in den Armen wiegen und flüstern, die Hand, die das Fleisch liebt, das sie selbst erzeugt hat, genährt und ein halbes Leben lang umhegt. Das wäre Sünde. Die Hand darf nicht Vergnügen lehren, nur Leid.

Aber Gertrude ist weiter gegangen als bloß so weit, die Hand und ihre Schuld zu beseitigen. Denn auch der rote Hintern war das Werk eines Paddels, eines Instruments, eines Armfortsatzes, und wurde von wem anderen verursacht. Von Paula, von ihrer Kraft und ihrem Gewicht und ihrem eifersüchtigen Haß auf eine hübschere Schwester. Jetzt wird es immer noch Paula sein, aber viel weiter weg. Keine Hintern mehr, das Fleisch unter dem Stoff, seine Rundung, der Charme, die Einladung, der Befehl, die Hose herunterzulassen, ganz herunter, sie auszuziehen. Jetzt sind es nur mehr der Rücken und die Arme und Stricke und Fesseln und warten. Und von nun an braucht Sylvia überhaupt nichts anzuhaben, kann tagelang nackt oder halbnackt herumlaufen. Ja, sogar wenn die Jungen im Haus sind, denn sie sollen es nur sehen. Vielleicht macht es sie begierig und gehorsam, dieser Köder; aber am Ende wird es von keinerlei Bedeutung sein. Sylvia wird ihr Ding werden. Eine Unperson. Ein Gegenstand. Sie haben in ihrem Leben kaum je nackte Menschen gesehen. Leute ohne Kleider. Ihre Eltern ziehen sich nie nackt vor ihnen aus, kleine Brüder und Schwestern zählen kaum. Sie selbst, ihre eigene Persönlichkeit liegt in ihren Kleidern, ihr bekleidetes Ich. Das gilt dann auch für andere Leute; ein unbekleideter Mensch ist ein Invalide – und dann niemand überhaupt. Völlig ungewohnt mit Nacktheit umzugehen, empfinden sie sie als schockierend und dann obszön, dann als peinlich, dann als etwas, das ausgelöscht werden muß – Sylvia wird für sie ein Tier im Käfig. Gertrude wird sie in eine Idee verwandeln. Und das Tier ist schließlich nicht einmal ein Tier, sondern eine Abstraktion – Hure, Prostituierte, das Böse – dem kein Pardon gebührt.

»Sie spürt es nicht einmal«, wundert sich Hobbs, halb erstaunt, halb in seiner Annahme bestätigt. Die totale Preisgabe beseitigt jede Versuchung von Entblößung – es gibt keine Hose mehr zum Herunterlassen, nichts auszuziehen, bloßzulegen, keine Befehle mehr, die Hüllen abzulegen und die damit verbundene Erregung. Denn Sylvia ist jetzt ein Neutrum, sogar ein wenig langweilig. Gertrude lenkt sie, und Sylvia, geprügelt, ungewaschen, krank, war schließlich nichts als ein Betrug für die Jungen, da das, was ihnen versprochen wurde, so gewöhnlich ist, der Zauber in Wirklichkeit so unhübsch, häßlich sogar. Wie unangenehm das Schamhaar, wie grotesk ihre rosa Einförmigkeit – das sollte irgendwie weggeräumt werden, ausgelöscht.

Rückblickend auf die alte Art und die Schläge, die alten Befehle, den Körper zu entschleiern, das Höschen herunterzulassen und auszuziehen – das war dreckig. Da steckte Dreck in ihnen. Jetzt erkennt das Gertrude. Aber das nackte Häufchen Elend mit der Schrift auf dem Bauch hat all ihre hinterhältige Anziehungskraft verloren, ist absolut sicher. Für sie selbst, für sie alle. Das war der Grund, warum sie gebrandmarkt wurde. »Niemand wird dich jetzt mehr heiraten, jetzt kannst du dich vor keinem Mann mehr ausziehen«, höhnte Gertrude, und beschwor das Gespenst der alten Jungfer herauf. Aber das war es nicht wirklich, was sie meinte, bloß eine akzeptable Art es auszudrücken; sie sagte es auf die einzige annehmbare Art, die sie beherrschte. Die eigentliche Botschaft konnte sie nicht in Worte fassen, die in die Luft hinausfliegen und Ohren schockieren könnten, vielleicht sogar die Ohren der Sprecherin selbst. Und so wurde es geschrieben. Eingraviert. Unauslöschlich ins Fleisch geritzt.

Und jetzt, wo die Gefahr vorbei ist, ist Sylvia genauso

geschlechtslos wie der rosa Gummikörper einer Puppe. Sie hat keine Macht mehr, die Macht, die sie früher einmal so gefährlich unter ihrem Pullover trug, die im runden Wunder und dem sanften Spalt unter der Wollhose nach außen drängte, eine Macht – auch wenn sie nur am Küchentisch vorbeiging – prall und abwartend in ihren Jeans. Jugend. Vitalität. Frische unbewußte Sexualität. Jetzt erst kann Gertrude ernsthaft mit den Zigaretten beginnen. Wie viel besser, wie viel unpersönlicher als das Brett. Von Menschenhand erzeugt, eine moderne Handelsware. In jedem Sinn profan. Etwas Verpacktes, die Reklame, in Plastikhüllen verkauft, in Plastikaschenbechern ausgedrückt. Dem Fleisch in jeder Weise abhold. Eine brennende Zigarette auf Menschenfleisch auszudrücken, ist eine so perverse Idee, daß sie der Bande als völlige Neuheit erscheinen mußte. Es ist wahrscheinlich, daß Gertrude sie eigens für sie erfand, da sie wohl nicht wußte, daß so etwas schon vor ihr praktiziert worden ist. Und wie billig und einfach diese Form von Folter – die vielfältigen Möglichkeiten, lang andauernden Schmerz zuzufügen, auf einen kleinen Bereich konzentriert, aber intensiv während und auch nachher. Wie man das runde Element aus den Autofeuerzeugen mit dem toten Tabak vereinigt – oft braucht man mehrere Sekunden bis der Kontakt hergestellt ist. So ähnlich ist es, wenn die brennende Zigarette ans Fleisch gedrückt wird, es brennt in dem Augenblick, wo die Asche aus Sauerstoffmangel zu erlöschen beginnt. Aber dann – denn es ist unmöglich, Gertrude und ihre Gefährten zu verstehen, ohne auch klar zu begreifen, daß sie daran ihren Spaß hatten – lachten sie, fanden es lustig – damit es noch lustiger wird, zieht man die noch brennende Zigarette rechtzeitig zurück und macht einen Zug. Und beginnt dann von neuem, sie am lebendigen Fleisch abzutöten – und beobachtet die entsetzten Augen. Man horcht auf ihre Schreie – oder begnügt sich wegen Johnnys mittelalterlicher Vorliebe für Knebel auch ohne –, und dann fällt einem entweder etwas anderes ein, oder man läßt Gnade walten oder gönnt ihr die Pause, die eintritt, wenn die Zigarette zurückgezogen wird, um sie zu neuem Leben zu entfachen. Eine Pause, die Drohungen genießen, das Flehen, das Betteln, jeder Schritt ein Drama für sich, so leicht zu inszenieren, so mühelos, das Opfer gefesselt, der Peiniger ein Schauspieler, der, genauso kindisch wie seine Aufführung, jedes Detail seiner Rolle ausko-stet, die ausgeklügelte Frage, ob es dieses Mal sein wird oder nicht. »Aber du kriegst es ohnehin, Sylvia – seht her, wie sie sich windet.« Bis das Zeug schließlich ausgeht. Und dann hat mittlerweile schon jemand anderer eine neue angezündet.

Aber für Gertrude waren die Zigaretten weit entfernt – die Länge des Arms. Und nicht der Gebrauch der Hand, nicht die Berührung, die Berührung der Hand. Die Hand berührte nie. Andere freilich teilten Hiebe aus. Coy und Johnny schleuderten das von ihnen eingesperrte Ding in diesem oder jenem Zimmer von der Wand auf den Boden. Johnny war immer mit Stricken beschäftigt. Aber für Gertrude war die Zeit der Versuchung vorbei. Sylvia war jetzt benannt, etikettiert, entsichert, keine weitere Gefahr drohte von dieser Haut, wie einst aus dem Paar geröteter Hinterbacken, die sich auf dem Bett wanden. Dafür hatte das Feuer gesorgt. Die Worte waren ihr eingebrannt worden. Es war geschehen. Sylvia war jetzt ein Freak, eine harmlose Belastung, drauf und dran, ausgelöscht zu werden. Gehetzt, ein Ding auf dem Weg in den Tod. Abstoßend. Jetzt schufen die Zigaretten eine Distanz. Wasser würde eine weitere Reinigung bewirken.

Es ist eine Art Winterlicht. Wie das Licht durch diese Kellerfenster kommt. Hier unten ist es die ganze Zeit wie Abend. Wenn es nicht Nacht ist. Und am Tag ist es auch nicht richtig Tag, es ist, als ob die Sonne gerade untergehen würde. Ich kann hier einfach sitzen und zusehen. Zusehen, wie sie untergeht, verschwindet. Hier wird es dann ganz grau. Wie wenn man nirgends ist. Wie wenn man sich verirrt hat. Wie ohnmächtig werden. Wie die kurze Ruhe, bevor es arg wird. Oder gleich danach. Ich wiege mich nur hin und her und warte. Davonlaufen fällt mir jetzt kaum mehr ein, die große Aufregung im Bauch, wenn ich davonstürzen will, wenn ich verrückt danach bin, hinauszukommen, wenn ich mit meinen Fingernägeln am Betonboden kratze, als könnte ich mir einen Weg hinausgraben.

Jetzt ist es in mir meistens ganz ruhig. Echt ruhig wie die Abenddämmerung, das graue Licht dort oben in den Fensterscheiben, drei Scheiben in jedem Fenster, so gerade nebeneinander wie das bei Kellerfenstern so ist, das ist was Besonderes und nicht wie andere Fenster. Die Sache mit Kellerfenstern ist, daß sie so hoch oben sind. Das Licht kommt auf einen herunter, und das macht eine besondere Farbe, nicht weiß oder gelb, sondern irgendwie grau. Und wenn man hinausschaut, dann sieht man meistens nur den Himmel oder den unteren Teil von irgendwelchen Büschen, denn dort oben ist der Boden gleich bei der Decke, denn man ist hier echt unter der Erdoberfläche, und obwohl es ein Raum in einem Haus ist, ist man trotzdem unterm Dreck. Jetzt wo es dunkler wird, leuchtet das Licht aber trotzdem irgendwie, es geht weg, aber dahinter kommt immer noch was nach, und es macht nur irgendwie eine Pause, diese komische kleine graue Farbe, und man weiß nicht einmal, wie spät es ist, nur ein Glimmen weit weg. Die Luft geht immer weiter zurück. Dieselbe Farbe meilenweit. Drüben auf der Seite von der New York Street. Aber die Seite von Mrs. Vermillion oberhalb der Treppe ist praktisch schon ganz finster, weil das Fenster direkt auf ihre Eingangstür schaut. Es ist ganz nah. Man könnte hinüberspucken.

Alles, was ich tun muß, ist warten. Das Grau wird grauer und grauer und dann dunkel. »Die Finsternis ist die Hosentasche Gottes«, sagte Vati immer. Die Fenster haben noch Licht, aber hier unten auf dem Boden, wo ich bin, ist es pechschwarz. Wie meine Sünden. Die ganzen Stunden während der Nacht denke ich an sie. Heute abend sagte Gerty zuletzt, bevor sie hinaufging, »Denk heute nacht an deine Sünden, du Schlampe. So ergeht es einem. Du Hure. Jetzt steht es da, ist auf ihr draufgeschrieben.« So ergeht es einem also.

Komisch, wie sie manchmal fast liebevoll zu mir sind. Die Stimmen echt weich, die Hände berühren mein Gesicht, betatschen meine Schulter. Und dann plötzlich gibt mir Rickie eine Ohrfeige oder Paula. Dann wird es wieder ruhig. Sie reden echt sanft, und ich fange wieder an, daran zu glauben, und nicht an den Schlag. Sie streicheln mich. Dann bin ich irgendwo von ihren Stimmen hypnotisiert. Sie sprechen ganz leise. Ich starre sie an, und ich liebe sie. Ich vergesse alles. Sogar meine eigenen Sünden. Dann gibt mir Johnny plötzlich einen Tritt, ganz schnell, wie ein Stich,

ich merke nicht einmal, daß es ein Fußtritt ist. Nur eine Sekunde lang. Sie lachen mir alle ins Gesicht. Dann summt einer eine Melodie. Und dann streicheln sie mich wieder und lächeln. Immer und immer wieder. Sie nennen es Wankelmut. Es ist ein Spiel, das Coy erfunden hat. Rickie nannte es Einmal aus, einmal an. »Einmal aus einmal an einmal weg du bist Dreck.« Und wenn er Dreck sagte, dann schlug mich einer. Das Einkreisen, das Johnny immer so gut gefiel. Kreisen wir sie ein, holen wir sie uns, und treiben wir sie in die Enge. Wir werden sie marinieren. Wie Bratpfanne; wenn sie auf meinen Rücken Worte schreiben und ich sie nicht richtig erraten konnte, mußte sie verkehrt lesen, spürte es nur durchs Kleid, dann boxten sie mich wegen der Fehler. Ihre Finger schrieben leicht und schnell wie eine Fliege, und schon schrien sie »Sag, was es ist, schnell, was haben wir geschrieben?« die Hiebe kamen schneller und schneller bis sie zusammen mit dem Gelächter niederprasselten, noch bevor ihr Finger aufgehört hatte. Johnny wollte mit Fauststößen schreiben, aber niemand anderer konnte es lesen, und nach ein paar Mal war es nicht mehr komisch, also fingen sie wieder mit dem Einkreisen an. Und dann Dreck. Aber bei Dreck weiß man es immer gleich, und so hat Coy Wankelmut erfunden. Wo man es nie weiß. Nicht einmal sie selber. Außer wenn das Summen so laut wird, daß einer einfach was machen muß. Einer muß sich bewegen. Nur um den Zauber zu durchbrechen, dieses monotone Geräusch. Sie sehen, wie es mir gefällt, echt angespannt, da fangen sie an, fester zu streicheln, stärker, ihr Lächeln wird hart und ungemütlich, wie wenn es in ihren Kiefern weh tut. Dann Krach.

Wenn ich weine, dann entspannen sie sich und denken, alles ist okay. Wenn ich nicht weine, wenn ich nicht einmal schreie, wenn ich nicht einmal pieps mache, wenn ich ihnen nur mitten ins Gesicht schaue – das macht sie echt wütend. Und verrückt, und da können sie unendlich weitermachen, mich boxen und treten. Weil ich ungehorsam bin, sagt sie. Weil ich mich ihnen widersetze. Früher hielt ich mich zurück so lange ich konnte. Aber das mache ich nicht mehr. Ich weiß, daß ich Sünde bin. Verkommen, sagt sie, wir werden nur noch ärger werden, wenn du leugnest. Dreck. Dreck und Hure. Und das Wort, das Gerty verwendete, Fotze.

Das auch. Echt gemein und dreckig. Wenn ich ja sage und dann später nein, wenn ich allein bin, ja sage, nur damit sie mich vielleicht in Ruhe lassen, das wäre dann eigensüchtig und nicht, was Gott von mir erwartet, und Gerty ist seine Abgesandte, und sie weiß es ganz bestimmt. Daß ich die Peitsche küssen muß und sogar aus Dennys Windeln essen muß, weil ich ordinär und unwürdig bin, und der Herr schaut auf mich und sieht. Alles. Auch jetzt, mitten in diesem Basement, auch wenn es dunkel wird. Er sieht. Irgendwie verrückt, aber er sieht alles, und er beobachtet, ob meine Einstellung richtig ist. Denn das ist echt wichtig, und wenn sie falsch ist, wird er Gertrude herunterschicken, auch wenn sie jetzt oben damit beschäftigt ist, die kleinen Kinder ins Bett zu bringen. Vielleicht verlangt er dann von ihr, daß sie sich noch einmal seinetwegen opfert. Wenn ich zu verstockt bin, um zu lernen.

Und es wäre weniger einsam, wenn sie herunterkommen, aber daran darf ich nicht denken, nur an meine Sünde. Mein Körper ist es. In ihm bin ich sündig. Durch die schmutzige Stelle dort unten, wo sie hingetreten haben, werde ich dreckig, ich werde immer wieder dreckig, und ich kann nicht rein werden. Frage mich, ob die andern nicht dasselbe Loch haben und das Haar, egal, es ist Sünde, doppelte Sünde in einem, und wenn man es berührt, dann ist es das Fegefeuer. Und das habe ich getan. Früher. Ich könnte lügen, aber jetzt schaut Gott direkt durch diese Vorderfenster, denn er ist das graue Licht, das dunkel wird, aber trotzdem so seltsam weiterleuchtet, vielleicht der Heilige Geist, der ist immer irgendwie grau, und wenn ich meine Hand dorthin gebe, würde er mich auf der Stelle zu Tode strecken, es ist alles deswegen, wegen dieser Stelle da zwischen meinen Beinen und gar nicht wegen der Geschichte, daß ich Gerty ein Luder genannt habe oder irgendein anderes Schimpfwort; lieber Gott, bitte, es tut mir wirklich leid, daß ich das getan habe. Wo doch in Wirklichkeit nur ich das Luder bin. Schlimmer noch, mit Hure über meinen ganzen Bauch geschrieben, damit es jetzt die ganze Welt mein Leben lang auf immer sehen kann. Gertrude hat Rickie damit beauftragt, aber zuerst hat ihr das der Herrgott eingeflüstert, sein Werkzeug ist sie, und Rickie ist einfach ein braver Junge mit einer Aufgabe zu erfüllen. Höhere Gewalt, sagt sie, unsgesehen und allgegenwärtig, sieht alles. Schaut jetzt gerade herein durch die grauen, hohen Fenster dort oben an der Decke und über dem Dreck, wie – man kann es fast kommen hören – die wässrige Luft oben auf dem Stück Gras auf dem Bürgersteig an der New York Street, das Licht Gottes, der Heilige Geist, mitten auf dem Bürgersteig, wohin ich laufen wollte. Aber man kann vor dem Herrn nicht davonlaufen. Überall gleichzeitig. Man braucht nicht einmal Reverend Julians Kirche, um ihn zu finden. Und dort draußen ist es für mich ohnehin zu rein. Mit diesen Worten auf mir könnte ich mich nicht mehr ankleiden, um den Herrn zu besuchen und den Bus zu nehmen zum Memorial Baptist. Sie wären die ganze Zeit unter meinen Kleidern, würden alles durchbrennen, der Herr würde aufschreien, und alle Leute würden es sehen, und sie würden mich aus der Kirche jagen.

Jetzt endlich begegne ich dem Herrn. Gleich hier. Ich bleibe einfach hier und erwarte ihn. Er schwimmt über mir, und ich bleibe einfach liegen, diese Lumpen hier unter der Treppe und die beiden Hunde sitzen aufrecht und schauen. Sogar das kleine Hündchen ist aufmerksam. Denn Gott kommt, um mich zuzudecken. Um mich zu züchtigen oder zu trösten, das weiß ich noch nicht. Sein Wille muß alles das sein, was Gerty von mir behauptet. Ich muß es akzeptieren. Jetzt am Ende muß ich es akzeptieren. Sie haben mir die ganze Zeit schon die Wahrheit über mich gesagt, aber ich bin Satans Rat gefolgt. Flüsterte mir ins Ohr, weine nicht, zeig ihnen nicht deine Tränen und grinse sie an und steh es durch oder lauf davon oder bringe Jenny dazu, Hilfe zu holen, geh und sag es und bring euch beide raus von hier. Heim zu deiner Familie oder zurück zur Schule oder irgendwohin, wo man die Wahrheit nicht kennt. Denn ich dachte, ich hatte recht und sie unrecht. Und Jenny war sich nicht sicher.

Aber wenn so viele dasselbe sagen, dann haben sie vielleicht recht. Und seit heute und der Schrift weiß ich, daß ich wirklich das bin, was sie sagen. Jenny muß es gesehen haben, aber sie wollte es mir nicht sagen. Wie schmutzig ich war. Echt schmutzig. Verkommen. Eine Hure und Schlampe, das, was sie immer schon gesagt haben. Sie haben es alle gesehen, gleich als ich im Juli hierherkam, und wußten es immer genauer, je mehr Tage vergingen. Aber ich habe es bekämpft, und ich habe um mich geschlagen und mich gewehrt. Alles mit der Schuld mitten drin in meinem Körper. Noch bevor sie die Worte dorthin geschrieben haben. Denn ich habe es immer zwischen meinen Beinen gehabt. Und es auch berührt. Bitte, lieber Gott, es tut mir leid. Aber auch wenn ich meine Hand dort nie mehr hintun werde, so ist es dort trotzdem schmutzig, alles andere wird davon vergiftet. Weil dieses Loch versteckt ist und lauert. Schwarz. Weit drinnen, schwarz, schmutzig, man kann nicht hineinsehen, aber es ist Gift. Und die Haut drum herum ist ganz komisch und rosa, und es ist Sünde. Wahrscheinlich rieche ich wirklich so schlecht, wie sie sagen.

Seit heute kann ich sehen, daß ich hier unten am Ende doch am rechten Ort bin. Mit einem Etikett auf mir, damit jeder es sehen kann, wenn ich hinauf ans Licht komme. Ich bin besser dran hier unten, im Verborgenen. Ein schmutziges Loch in einem Keller. Schwarz und dreckig hier unten auf dem Boden, und dort oben im Fensterglas wird die graue Luft jetzt blau, füllt sich schon an den Ecken und wird dunkler und dunkler. Gottes reines Licht scheint hier runter, aber es wird schon immer schwächer, und die Nacht bricht herein. Gertrude hat gesagt, ich bin eine Fotze, ich liege hier, und die Nacht kommt und ich habe Angst, daß ein Gott kommen und mich einfach von der Erdoberfläche wegputzen wird, mich wie schmutziges Wasser durch das Abflußloch im Boden spülen wird, Gertrude sagt, wenn er kommt, dann klammere dich an der Treppe fest, kleines Luder, und bete.

Sieht aus, als verbringe ich jetzt die meiste Zeit des Tages im Bett. Manchmal frage ich mich, wann ich wieder bei Bewußtsein sein werde, und ich wache auf und fange an, meine Füße auf den Boden zu stellen und suche meine Pantoffeln, als ob ich mich eben erst an sie erinnere, zum ersten Mal an sie denke und mich frage, mich echt frage, wie das weitergehen soll. Als ob ich glatt vergessen hätte, daß sie da unten ist und ich mich nicht einmal mehr erinnern konnte, weshalb. Weil es so seltsam schien in der ersten Minute, vielleicht sogar wie eine Schnapsidee.

Und dann kommt es zurück. Langsam. Sie stellen sich an, eines nach dem anderen. Alle die Sachen, die sie falsch gemacht hat, der ganze Kummer, den sie mir in diesen letzten paar Monaten bereitet hat. Und auch die Kosten, verdammt noch mal, fünfunddreißig Dollar, nur um Paulas Arm zu vergipsen; die Lügen, das Klauen, die Sachen, die sie über mich und Paula herumerzählt. Sogar über Stephanie. Die Beste unter uns. Und dieses bösartige Luder kommt her und sät Zwietracht zwischen uns. Die Büglerei und das Asthma und kein Geld und jetzt noch dieser Ausschlag im ganzen Gesicht, und diese Idiotin Jenny bringt am Freitag auch noch eine Schulrechnung heim. Und an allem ist diese Sylvia schuld. Wenn ich sie irgendwie loswerden könnte. Nicht in ein Heim, sondern irgendwie echt. Oder sie so lange knicken, bis sie bricht. Vielleicht könnte sie sich eines Tages sogar hier im Haus nützlich machen, besonders seit Paula jetzt auswärts arbeitet. Sogar ein Trottel kann zum Aufkehren gut sein. Aber diese da nicht. Kommt hier rein ganz verträumt und wild und rennt herum und ist frech. Ihre Frechheit ist am ärgsten. Das habe ich eingerenkt, bei Gott. Und dann ihre dreckige Art, wie sie den Männern nachglotzte, ihre Titten ganz steif unterm Pullover, der Arsch fiel ihr fast aus den Jeans raus. Und der Kaugummi und die Bücher und die Sommersprossen.

Wer, zum Teufel, ist sie, daß sie so glücklich sein kann? Tänzelt herum, als wäre die Welt ein Schulkränzchen. Aber wenn ich aufstehe, wenn ich in meine Pantoffeln schlüpfe, dann erinnere ich mich plötzlich, wie es ihr jetzt im Keller geht und die ganzen Brandwunden von den Zigaretten überall am Körper – und einen Augenblick lang weiß ich nicht einmal, weshalb. Wie wenn ich es mir eingebildet hätte. Noch nicht ganz da, kaum wach, am Morgen ist man irgendwie komisch.

O mein Gott, jetzt erinnere ich mich an die Schrift. Gestern hat es ihr Rickie endlich mit einer Nadel eingeritzt. Wie konnte das geschehen, daß es so weit kam? Nur schrittweise nehme ich an, Stück für Stück. Eins aufs andere. Ihre eigene Schuld, weil sie sich uns widersetzt hat, sich nach den ersten Prügeln geweigert hat, sich zu bessern, nicht mit dem Grinsen aufhörte, dieses verdammt blöde Grinsen, lächelt nur noch mit den Augen, weil ein Zahn fehlt, und manchmal verdeckt sie diesen Zahn aus purer Eitelkeit, also muß sie grinsen, um ihren Mund zuzuhalten, aber sie lächelt noch immer. Wenn ich an dieses Grinsen denke, könnte ich sie umbringen – ja, jetzt erinnere ich mich. Alle diese frechen Antworten, ihr Starrsinn. Oft wenn wir sie zusammengeschlagen haben, dann hat sie nicht einmal geweint. Also mußte ich weiter und weiter gehen. Bis wir dort angelangt sind. Aber die Zigaretten, das klingt irgendwie komisch. Ich denke darüber nach und überlege mir, wofür? Jetzt kann ich mich auch schon an gestern abend erinnern. Da sind wir doch ein wenig zu weit gegangen.

Aber wenn man es sich überlegt – das Seltsamste ist die Menge an tollen Gefühlen, die wir dort unten gehabt haben, ich und die Jungs und Paula. So habe ich seit einer Ewigkeit nicht mehr gelacht. Nicht seit Dennis. Und daran kann ich mich nicht einmal mehr erinnern, zumindest heute nicht. Jetzt denke ich in Wirklichkeit nur mehr an sie, Sylvia. Jeden wachen Augenblick. Nur an sie. Immer und immer wieder. Und immer, wenn ich allein bin, wenn die Kinder in der Schule sind und ich hier allein bin mit ihr dort unten. Sogar im Traum. Ich gehe fast nie hinunter, solang die Kinder nicht im Haus sind. Ich habe Angst, daß sie mich anspringen wird und abhauen. Sie hat es oft genug probiert. Mehrere Tage hintereinander, sie lauerte an der Tür, wartete darauf, loszusprinten, den, der gerade die Tür versperrt, beiseite zu schieben und davonzustürzen. Ihre kleine Rettung. Eines Abends hätte sie es um eine Spur geschafft, war schon fast draußen zur Hintertür, als Paula sie sah und nach mir rief. Also habe ich sie dann doch nicht verloren. Und in letzter Zeit sieht es so aus, als hätte sie das Kämpfen aufgegeben, oder mindestens die Fluchtgedanken. Vielleicht nach gestern. Ihr Wille ist freilich noch immer gegen uns, aber das wird sich auch noch geben. Es ist auch schon Zeit.

Aber auch wenn sie nicht losspringt, habe ich Angst vor ihr. Und obwohl ich sie sicher nicht abhauen lassen werde, glaube ich doch, daß ich sie loswerden will. So wie ich sie nie von alleine laufenlassen würde, aber es würde mir nichts ausmachen, wenn jemand sie in Jimmy's Wood aussetzt. Solange ich daran beteiligt bin. Seit einiger Zeit bekomme ich es mit der Angst zu tun, daß wenn ich sie hier lasse, es jemand einmal rausfinden wird. Irgendwie davon erfahren. Die Kinder. Eines der Kinder sagt es einem anderen Kind, irgendwer findet es heraus. Kommt her. Findet sie. Macht einen Stunk. Schrecklich, wenn jemand das entdeckt. Diese Sozialarbeiter, die Leute von der Schule, vielleicht auch die Bullen, sie sind schon wegen anderer Dummheiten hier gewesen. Diese Geschichte mit dem Zeitungsjungen, der Typ, weswegen ich unlängst die Bullen rief, draußen in seinem Auto, der wohnte früher nebenan, aber vielleicht war es auch jemand, den ihre Schwester Diana kennt. Mit der habe ich auch schon Scherereien gehabt. Kommt da her und sagt mir, sie will Sylvia sehen, sonst ... Über meine Leiche, sagte ich ihr, das ist Hausfriedensbruch, noch einen Zentimeter, und ich rufe die Polizei.

Aber man kann ja nie wissen, woher es kommt. Es könnte ja wer sein, der gerade vorbeikommt, und das Ganze fliegt auf. Ihre Familie, die werden bald zurück sein, wahrscheinlich nur noch ein paar Tage, und dieses Mal, sagen sie, werden sie die Kinder mitnehmen. Ausgemachte Scheiße ist das wahrscheinlich, wie immer, aber es könnte ja auch stimmen. Sie könnten mich anzeigen. Mich in den Knast stecken. Jetzt wird es schon verdammt schwer sein, eine Ausrede zu finden. Zigarettenverbrennungen sind nicht ein Paddel. Ich kann sagen, daß es die Kinder waren, auch andere Kinder – müssen ja nicht meine eigenen gewesen sein –, aber jetzt sind es schon zu viele, die was weitersagen können, zu viele wissen davon. Das ist die Art von Sachen, deren man sich nicht bewußt ist, bis man erwacht und sich an die ganze verdammte Geschichte erinnert. Und zuerst kommt es einem irgendwie komisch vor, echt komisch, und wieso ist es überhaupt so weit gekommen, und dann erinnert man sich allmählich, wie aufreizend dieses Kind ist, was für ein Früchtchen, was für ein Monster, und dann ist es wieder sinnvoll, weil dein Bauch voller Wut ist, und es wird einem übel, und alles kommt wieder zurück. Ganz plötzlich erinnert man sich an das Risiko, das man eingegangen ist, die Patsche, in der man schon steckt. Und die praktische Seite, wenn man das bedenkt – fünfzehn Kinder in der Nachbarschaft, die es alle wissen, die hier gewesen sind und sogar mitgemacht haben. Nicht nur meine eigenen und Coy und Rickie und Randy Leper, sondern auch Ann Siscoe und Judy Duke und Mike Monroe und Gott weiß wer sonst noch alles. Besonders am vorletzten Samstag.

Ein ganzer Haufen von ihnen war da und auch im letzten Monat, ein paar Mal. Phyllis Vermillion wird sich auch nicht auf ewige Zeiten taub stellen, garantiert. Wir sollten den Knebel von nun an immer verwenden, Johnny hat schon recht. Hat mehr Grips als seine Mutter.

Vielleicht habe ich mich irgendwie mitreißen lassen. Habe mich genauso erregen lassen wie die Kinder, als ob es ein Spiel war. Man macht einfach weiter, um zu sehen, wieviel sie sich gefallen läßt. Wie weit man gehen kann, bevor sie zusammenbricht. Aufgibt. Alles glaubt, was man ihr sagt. Und ihr kleines Ich, das sich die ganze Zeit gegen uns gestellt hat, schrumpft zusammen wie einT-Shirt in der Wäsche. Ich glaube, das haben wir gestern mit der Nadel und dem Feuer und den Worten geschafft. Wir haben die Kurve gekratzt, es hat genauso funktioniert, wie ich es mir vorgestellt habe. Aber jetzt muß ich kühlen Kopf bewahren. Muß einen Plan machen. Muß sie loswerden, muß der Versuchung, weiterzumachen, widerstehen.

Sie muß was niederschreiben. Dann, wenn sie verschwindet, habe ich was zum Herzeigen. Das muß ich gleich heute machen. Darf nicht zu lange warten. Wenn sie schon so weit ist, daß sie nicht mehr schreiben kann? Mein Gott, was, wenn sie sich weigert, was, wenn sie nur dasitzt und nichts niederschreiben will, kein einziges Wort. Egal was wir tun. Denn dieser erste Zettel reicht nicht. Der sagt nur, daß sie schlimm war. Das würde nicht reichen, wenn sie sie suchen kommen und nicht finden können. Seit dem letzten Besuch sind schon fast drei Wochen vergangen, und sie sagen, daß der Jahrmarkt am sechsundzwanzigsten Oktober aus ist, das ist schon bald. Da werden Lester und Betty bald nachher zurückkommen, und sie werden die Wunden sehen. So viele Brandwunden jetzt und dann noch dazu die Schrift. Wenn ich sie hinauflasse, wird sie es ihnen jetzt garantiert sagen – jetzt kann man ihr nicht mehr drohen, sie ist keine Jenny. Also muß ich fix einplanen, daß sie sie überhaupt nicht sehen, Punkt, und dann muß ich alles vorbereitet haben, um zu erklären, wie sie fort ist. Abgehauen. Hat sich davongeschlichen. Ist arg geworden, echt arg, ist mit einem Mann auf und davon. Ein ganzer Haufen von Jungs. Irgendwas. Eine Bande sogar. Und dann werden sie natürlich suchen, werden alles durchsuchen, die Polizei rufen. Aber wenn sie einfach nicht da ist, dann ist es nicht mein Problem.

Sie können reden, was sie wollen, ich werde einfach sagen, eure Tochter ist eine Dirne, ich habe ohnehin schon alles getan, was ich konnte. Und ich werde sie vorwarnen wegen allem, was Jenny vielleicht sagen wird. Ihre Schwester ist einfach böse geworden, das Kind kann das einfach noch immer nicht akzeptieren. Mädchen gefällt das, weit wegzulaufen, so daß niemand sie finden kann. Irgendwo untergetaucht, die Bullen strengen sich da nicht sonderlich an. Das passiert alle Tage – wie war's denn mit Paula diese sechs Monate mit Hazard – wie hätte ich wissen sollen, wo sie war, wenn sie es mir nicht selbst gesagt hätte? Und nach einer Weile werden sie nicht mehr drüber reden wollen, die Eltern von Mädchen sind so, und bald werden sie mit ihren doofen Bierflaschen wieder auf irgend so 'n Jahrmarkt fahren, und damit hat sich's. Wenn ich sie nur dazu bringen kann, für alle Fälle was niederzuschreiben. Jetzt machst du mir besser keine Tricks, Sylvia.

Ich werde sie schon dazu bringen. Muß sie dazu bringen. Da gibt es schon Möglichkeiten. Aber schnell. Denn vielleicht geht sie ohnehin. Verschwindet einfach ganz von sich aus. Fällt mir in den Rücken. Dort unten wie eine sterbende Ratte, man sollte sie loswerden, denn sie fängt schon an zu stinken und ist voller Dreck. In letzter Zeit wird sie immer mehr wie ein Gespenst, das einen erschreckt, diese furchtbaren Augen. Das Grinsen ist jetzt endgültig vorbei, aber diese Augen setzt sie noch immer ein, nur jetzt umgekehrt. Ich denke an diese Augen und fange an zu schwitzen. Es ist nicht die Hitze und auch nicht das Asthma, sondern nur diese Augen. Sie verfolgen mich den ganzen Tag, wo sie doch dort unten ist, außer Sicht. Auch jetzt kann ich sie sehen, wie ihre Augen mich gestern abend anstarrten, als ich mit den Kindern dort unten war. Deshalb bleibe ich in letzter Zeit so viel hier oben und sage ihnen nur, was sie tun sollen. Ich will es nicht sehen. Nein, das ist es nicht ganz – ich will nicht, daß diese verdammten Augen mich sehen, mich verfolgen. Schwarz und verletzt wie ein wildes Tier, aber krank jetzt, große Ringe, und sie sind wie Löcher in ein Stück Stoff gebrannt. »Das habt ihr mir angetan« überall. Das schreit aus diesen Löchern, wie wenn sie einen Meter tief wären. Ich hasse sie, wie ich noch nie etwas gehaßt habe, nicht einmal das Grinsen, denn diese Augen sind etwas, das man in der Dunkelheit sehen kann und noch unheimlicher als die Augen einer Katze, wenn das Haus am Abend dunkel ist und man deckt gerade den Tisch, und da sieht man ein Paar Augen wie beleuchtete Murmeln in einem Winkel. Diese Augen werden mich schnappen, wenn ich mich nicht hüte. Wenn sie jemals entkommen würde und hier oben auftaucht, am Tag, mein Herz würde stehenbleiben, und ich wäre auf der Stelle tot, ganz sicher. Sogar jetzt ersticke ich fast jedes Mal, wenn ich einnicke, und da steht sie in meinem Alptraum über meinem Bett, und ich kriege keine Ruhe. Wenn ich aufwache, frage ich mich, wie wir so weit kommen konnten – egal, jetzt geht alles weiter, denn was vorher war, macht es jetzt richtig, es muß so sein. Jetzt, und alles, weswegen sie mich jetzt verfolgt. Was ich auch getan habe, eines ist klar, daß ich mich von nun an schützen muß. Es muß ein Ende kommen, es muß im Namen des Herrn seinen Lauf nehmen. Sie und ich, und wer die Stärkere ist.

Kaum mehr was geblieben jetzt. Sachen in meinem Kopf, Leute, Erinnerungen, Schule. Auch Kleider – jetzt habe ich nur mehr eine Fischerhose. Sonntag. Heute ist schulfrei, da werden sie den ganzen Tag hier unten sein, sobald sie aufgestanden sind, hier unten in einem Kreis um mich, stochern auf mich ein. Aber es wird alles nur verschwommen sein. Ich lasse nach. Die Hälfte der Zeit träume ich vor mich hin. Oder werde ohnmächtig, oder was immer. Egal, das Licht im Raum wird irgendwie weich und grau, und dann ist es einfach weg, bis ich wieder aufwache. Das ganze Licht scheint einfach auszutrocknen, und ich verschwinde irgendwo in mich hinein. Ein ganz sanftes Grau ist es, wie der Stoff eines alten Kleides. Und das ganze Licht scheint gleich wieder auszulaufen, hinaus aus den Kellerfenstern und hinauf, von wo es herkommt. Wie Wasser. Wie wenn man den Schlauch andreht, und es sickert hier herunter. Und dann dreht man ihn ab, und das Wasser beginnt zurückzurinnen. Nicht einmal die Schwerkraft kann es aufhalten. Kann auch nicht verhindern, daß es Nacht wird. Also rinnt das Licht jeden Tag wie Wasser hier herein und wieder hinaus. Kommt und geht. So frei. Ich sitze nur da und sehe zu. Kann an nichts denken, kann mich nicht erinnern, kann mich nicht konzentrieren. Wie wenn das Wasser in die Waschmaschine rinnt und dann wieder hinaus, und ich bin die Wäsche, es rinnt einfach herein und spült mich durch, und dann rinnt es hinaus, und ich liege einfach unten in der Dunkelheit.

Aber das ist vor der Zeit, wenn sie kommen. Gleich nach der Schule. Jetzt wird es früh finster, und oft sind sie noch da, wenn es schon dunkel ist. Aber da ist der lange Teil der Nacht, wenn sie schlafen, das habe ich am liebsten. Keine Gertrude die herumgeht, wie am Tag während der Schulzeit, wenn sie ganz allein zu Hause ist. Und niemand von der ganzen Horde, die sich zusammenrottet, wenn sie am Nachmittag heimkommen. Manchmal kam sogar Jenny. Richtig spät in der Nacht. Wie ein Gespenst in ihrem Schlafanzug und zitterte wie Espenlaub. Jetzt kommt sie nicht mehr. Sie hat Angst. Kaputt. Das geht schon zu lange. Man wird müde, wenn etwas zu lange dauert. Man gewöhnt sich dran. Sogar ich. Finde sogar Sachen, die mir gefallen, die langen Nächte, zum Beispiel. Freilich nur, wenn ich nicht weine und mich noch immer wehre. Ich nehme an, daß ich jetzt langsam aufgebe. Bin die ganze Zeit müde. Hunger. Denke ans Pinkeln. Weine über die Brandwunden und daß sie das gemacht haben. Ihre Gesichter schlimmer, gemeiner, und es hat sogar mehr weh getan als die rote Asche, die auf mich zukam, ihre Münder, wie sie lächelten, und ihre Augen, so interessiert an dem, was sie taten. Schweine.

Im Fernsehen gibt's jetzt oben die Frühnachrichten. Der Präsident hat gesagt. Der Wettermensch sagt klares und der Jahreszeit entsprechendes Wetter für die Umgebung von Indianapolis voraus. Oben ist alles okay. Es ist normal dort oben, Frühstück und Fernsehen, alle stehen auf und gehen aufs Klo. Denen geht's gut. Viel länger kann ich es nicht mehr zurückhalten. Unter dem ganzen Vorderteil meiner Fischerhose ist dieser Schmerz im Bauch, weil ich so dringend muß. Vermischt mit dem Schmerz davon, was sie mir vorne gemacht haben. Die Schrift. Manchmal erinnere ich mich an die Schrift, und dann vergesse ich sie wieder. Meistens vergesse ich sie, tu' so, als wäre es nicht geschehen, denn wenn ich mich erinnere, fängt es mich an zu beuteln. Und einige Male habe ich geweint. Jetzt kaum mehr. Einmal habe ich geweint, aber keine Tränen sind herausgekommen. Randy Leper war da, und er konnte es nicht fassen, er lachte und lachte und schlug Rickie auf die Schulter. »Hast du schon mal so was Komisches gesehen, das ist echt unheimlich. Vielleicht ist sie eine Hexe oder so was, hast du dir das schon mal überlegt?« Rickie sagte, das bedeutet, daß mir nichts weh tut, egal, was sie mit mir treiben.

Wie wenn ihm das echt gefallen würde. Und wie wenn es ihn gleichzeitig echt wütend machen würde. Denn jetzt konnte er alles machen – aber gleichzeitig war es egal, und nichts zählte und funktionierte. Also konnte er es Gertrude vielleicht gar nicht recht machen. So ernst ist er auf seine stupide schielende Art. Gertys braver kleiner Junge. Wie wenn er ihr Freund wäre oder so was. Jetzt kommt mir alles dumm vor. Wenn ich an sie denke, könnte ich gleich einschlafen vor lauter Langeweile, wie sie alle gleich sind, verrückt. Und dann wache ich wieder mit einem Satz auf, wenn ich mich an den Schmerz erinnere. Das hält mich wach, immer wieder. Aber dann werde ich ohnehin bewußtlos. Zu schwer, um am Leben zu bleiben. Wach. Wach sein ist leben. Wie der Tag. Wie das Licht in den Fenstern, das jetzt größer wird. Ich kann sie hören, wie sie alle hinunter in die Küche gehen. Paula hat den Fernseher jetzt schon ungefähr eine halbe Stunde an.

Was ist eine halbe Stunde? Bin ich die ganze Zeit wach gewesen? Wahrscheinlich eine halbe Stunde, man kann es sich vielleicht an der Werbung ausrechnen. Nein, die haben sie ja immer an. Und der Mann sagt immer wieder die Zeit an. Es ist genau neun Minuten nach, dann kann ich den anderen Teil nicht hören, mittelamerikanische Zeit. Wen schert's? Wenn sie kommen, kommen sie. Jemand hat eben an die Kellertür geklopft. Klingt wie Johnny. Man muß ziemlich gut wissen, wer genau wer ist. Stephanie zum Beispiel geht immer langsam, wie wenn sie gerade nachdenkt. Johnny, wie wenn er einen Angriff macht. Paula, wie wenn sie etwas umbringt, durchs bloße Draufsteigen. Gertrude ist eine Invalide in ihren Pantoffeln. Jennys Hinken. Die kleinen Kinder alle ziemlich ähnlich. Rickie so etwa der Schwerste nach Paula. Aber sie trampelt. Und jeder Schritt ärgert sich über wen.

Es ist okay, wenn sie alle über mir in der Küche sind. Viel besser als hier unten. Hier habe ich ohnehin schon die Hunde als Gesellschaft. Und Mäuse auch, wenn es überhaupt Mäuse sind. Nicht so schlimm am Tag, wenn man in seinem Winkel aufstehen kann und aufpassen kann, daß sie nicht über einem kriechen. In der Nacht weiß man nie, ob man in der Dunkelheit gerade ein Stück Lumpen anfaßt oder ob da eins von denen über dich drüberläuft. Denn man hört sie, aber man weiß nie. Am Tag ziehe ich mich einfach ganz hinten in meinen Winkel unter der Treppe zurück, ordne die Lumpen, so gut ich kann, und bin wachsam. Pinkle nicht, sonst wird Gerty dich wieder vornehmen. Mir ist schon ganz schlecht vom Zurückhalten. Schlecht vom Schauen. Schlecht sogar vom Streicheln der Hunde. Dieser kleine Hund da, der darf hinaus zum Pinkeln. Wahrscheinlich macht er seine Häufchen auch in die Ecken, ich sehe nicht hin, ich will es lieber gar nicht wissen. Gerty würde mir sowieso die Schuld geben. Vielleicht könnte ich pinkeln und es auf ihn schieben.

Aber sie würde es wissen, sie weiß alles. Jenny sagt, Gertrude ist wie Gott, daß sie durch die Türen sehen kann und in dein Hirn hinein, und wenn wir es in der Schule sagen, dann wird sie es wissen, noch bevor wir heimkommen, und Paula wird mit dem Paddel auf uns warten. Heute abend wird es Jenny vielleicht in der Kirche versuchen, sie hat da eine kleine Freundin vom Bus, ein kleines Kind, das sie kennt, Janice, sie wird ihr sagen, daß ich hier unten bin und nicht im Heim, wie Gerty alle sagen läßt. Dann wird es zumindest ein Kind in der Kirche wissen. Was wird es dann tun? Wird es überhaupt später noch dran denken und es seinen Leuten sagen? Wenn ihr es überhaupt glaubt. Okay, angenommen, es glaubt die Geschichte. Aber werden sie es glauben? Werden sie was unternehmen oder wem anderen davon erzählen? Wenn man es ihm sagte, würde Reverend Julian etwas tun?

Warum sollte er? Er kommt und trifft Gerty in letzter Zeit ziemlich oft, ist diesen Monat schon zweimal hier gewesen. Und sie redet und redet über ihre Sorgen und mich und daß ich eine Hure bin und mit Männern gehe, und sie muß mich deshalb oben einsperren. Natürlich bin ich nicht oben, ich bin direkt unter seinen Füßen, aber alles, was ihm jedes Mal einfällt, ist: Lasset uns beten. Das ist alles, was sie tun. Lieber Gott und so weiter. Die alte Gertrude jammert vor sich hin, wie wenn der Heiland seine Arme weit ausbreiten würde. Die Füße von Reverend Julian stehen vom Sofa auf, und ihre Hausschuhe folgen ihm zur Tür, und dann stehen sie beide dort, sie redet übers Geld und so viele Kinder und das Asthma, und es geht ihr schlecht, und diese Sylvia ist das Kreuz, das sie tragen muß, und seine viel tiefere Stimme, glatt, der Wille des Herrn und Geduld, und das Licht wird kommen, und am Ende wird alles gut, das Gebot Gottes.

Und was, wenn ich schreien würde? Damals habe ich mich nicht getraut, aber jetzt würde ich es sicher. Wenn es zu einer Zeit ist, wo ich keinen Knebel im Mund habe. War es aus Angst vorm Schreien oder irgendeine komische Art von Höflichkeit, weil er von draußen kommt, und wir sind Gertrudes eigener Haushalt, oder schämte ich mich? Ich hatte keine Kleider an, und er ist ein Mann. Ich frage mich, ob ich wem würde sagen müssen, was sie mit mir getan haben, daß jemand wissen würde, wie sehr sie mich alle hassen? Das ist alles unlogisch – wenn man es sich überlegt.

In letzter Zeit denke ich ganz anders drüber. Aber ich bin zu müde. Ich kann mich kaum wachhalten zum Denken. Wie wenn ich mich nicht einmal sehr dafür interessierte. Habe überhaupt kein Interesse mehr an mir. Wie wenn ich schon fort wäre. Früher wurde ich wütend, aber jetzt werde ich nicht einmal mehr böse. Es zahlt sich nicht mehr aus. In Wirklichkeit ist alles schon vorbei. Der kleine Denny schreit um sein Frühstück, und Gertrude hat nichts als diese Crackers im Haus. Denny tut den ganzen Tag nichts als weinen. Ich auch. Ich bin genauso faul, und es ist mir alles egal, genau wie ihm. Wenn man ein Baby ansieht, dann ist es die Hälfte der Zeit irgendwie weggetreten. Die Leute reden und gehen herum. Und das Baby starrt nur seine Zehen an. Wie ich. Ich lege nur den Kopf auf meine Schulter und halte das Hündchen im Schoß und denke an Textzeilen aus Liedern und sehe zu, wie das graue Licht herunterrinnt durch die Fenster, bis meine Augen zufallen und alles fort ist.

»Mama sagt, du mußt diesen Brief an deine Leute schreiben.«

»Wofür?«

»Weil sie es gesagt hat. Komm schon runter, und fangen wir an damit. Schau, Sylvia, wir waren nett zu dir und haben dich heute vormittag baden lassen, und es ist der Tag des Herrn. Jetzt kannst du dich revanchieren und tun, was wir dir sagen.«

Die Gestalt oben am Treppenabsatz, blaß, unentschieden. Der Mund geschwollen und voller Schmerz, an den Rändern schon arg ausgefranst. Hier sind Beachtung und Worte, die Wohltat des Bades, das sie ihr eben gegönnt haben. Nicht das Brühbad wie sonst, ein regelrechtes Bad, fast freundlich. Sonst immer die Schreie und Hiebe und ihre Hände festgeschnürt, die Angst, im Wasserfeuer zu sterben, die Angst vorm Ertrinken, gefesselt und geknebelt.

Heute war es fast sanft. Man blickt in jedes ihrer Gesichter und versucht guten Willen herauszulesen, der Anflug von guter Laune, ein zaghaftes Lächeln. Gertrude ist nüchtern geschäftig. Paula, ihr Maskottchen, ihr Schatten, ihre rechte Hand, eine hundert Pfund schwerere und zwanzig Jahre jüngere Gertrude. Angespannt, das immer. Wutausbrüchen überantwortet, die jene der anderen widerspiegeln, sie aber ebenso wie bei den Hieben weit übertreffen. Plötzlicher. Mürrischer, gefährlicher in der Aktion. Aber normalerweise eine Folge. Nur einige wenige Male eigenständig, das Flaschenwerfen, der Schlag in den Kiefer – aber da brachte sie es fertig, sich ihr eigenes Handgelenk zu brechen. Das wurmt sie seither. Ihr Haß ist schrecklich, wird aber von der anderen in Schach gehalten. Und die andere, Gertrude, ist unergründlich. Das hast du einsehen müssen, Sylvia, und stehst da zwischen ihnen, schon so lange umzingelt. Sie kann ein Bad anordnen oder die Stricke und den Knebel.

Und jetzt holt sie dich nach unten. Um einen Brief zu schreiben. Du stehst da an der Brüstung im Gang oben und kannst dich nicht bewegen, denn jetzt beginnt sich auch dein Geist zu fürchten. Wacht auf, möchte davonstürzen, erkennt das allerletzte Grauen. Wenn Mutti und Vati ins Spiel kommen, sie, die Leute dort draußen, das war damals, nicht jetzt, aber damals – bevor das hier alles begann –, dann ist das ein Wendepunkt. Das ist ein Zeichen. Das ist das Ende. Komm schon, gesteh es dir ein, entweder sie kommen, und es ist vorbei. Oder du gehst, gehst wohin, wo es noch schlimmer ist, vielleicht wirklich das Ende, wie – ja, sterben. Es ist also wirklich vorbei. Wozu also der Brief? Du stehst da und versuchst es dir zusammenzureimen. Werden sie dich gegen dich selbst, gegen deine Leute verwenden? Werden sie versuchen, es so darzustellen, daß du selbst in das Loch gefallen bist, und dann passiert ihnen nichts, sie werden dich los und entkommen der Falle, der Schuld. Denn eine Falle, das ist es. Auch wenn ich tot bin, ist meine Leiche für sie noch immer eine Falle – einfach weil sie da ist. Und die Bullen. Und die Fragen. Sie könnten sie irgendwo abladen, aber kein Auto. Gertys Red Cabs werden das wohl nicht übernehmen.

Was ist es sonst? Was bedeutet der Brief? Du denkst und denkst, aber du kannst es dir nicht vorstellen. Vielleicht wollen sie meinen Leuten nur sagen, daß es mir gutgeht. So könnten sie Zeit schinden, einen Besuch verschieben, sollte einer geplant sein. Die Schrift wäre dann nicht mehr so frisch. Die Zigarettenmale. Der Schnitt an meiner Schläfe.

Paula beobachtet, wie sie herunterkommt. Diese dumme Ziege. Kapiert rein gar nichts. Man schlägt sie, und sie weint, aber wenn man lächelt, dann ist sie so vertrottelt, eine solche Idiotin, daß sie trotz allem vielleicht sogar noch versucht, zurückzulächeln. Es sieht so aus, als ob sie sich vielleicht echt anstrengen könnte, wieder das alte Cookie-Grinsen aufzusetzen. Es wenigstens versuchen. Als wäre das eine Höflichkeit, die sie uns schuldet. Kein Spielverderber zu sein. Wie kann man nur so blöd sein. Für sie ist höflich sein eine Art Witz. Wie der Typ im Fernsehen, der sich immer wieder an den Hut tippt, während die Leute Sachen nach ihm schmeißen. Faule Tomaten, und er tut so, als wären es Blumen. Gott, hoffentlich werde ich nie so dumm. Aber es macht einen echt wütend, sie anzusehen. Manchmal könnte ich an meinem eigenen Haß ersticken. Der Klang ihrer Stimme, dieses Gesicht. Von der berühmten Figur ist ja nicht mehr viel zu merken. Aber dieses lausige Gesicht – nicht daß sie jetzt noch hübsch wäre, das nicht, sie sieht gräßlich aus, aber diese ständige *nette Art,* das ist einfach zum Kotzen. Jemand, der so *gut* ist, den muß man einfach hassen. Ich meine mit so viel Güte. Das hat sie noch immer an sich. Am Anfang war sie eingebildet. Dann war sie hübscher. Aber trotz unserer ganzen Arbeit hat sie uns noch immer etwas voraus, daß sie besser ist. Tut so, als wüßte sie es nicht mal. Aber das ist es, daß sie besser ist als wir alle hier zusammengenommen. Ich werde ihr das austreiben, und wenn es mich umbringen sollte.

Gertrude hat fast alles beisammen. Sie hat einen Bleistift und das linierte Papier gefunden. »Okay, Sylvia, jetzt wirst du deinen Leuten einen Brief schreiben. Fangen wir an. Wollen mal sehen, was du hast? ›Liebe Mama, lieber Papa, ich habe gerade...‹ Nein. Das ist nichts. Am Anfang mußt du sagen An Mr. und Mrs. Likens. Das mußt du sagen.« Ihre Augen begegnen einander. Sie verstehen, was sie dort vorfinden, fast als wäre es ein Schatz, ein Faustpfand, ein großer Scheck, eine Vergebung, eine Mitteilung. Gertrude hat diesen Gedanken vermittelt; durch ihr Asthma und ihr wachsendes Entsetzen ist sie auf die Lösung mit dem Zettel gestoßen. Von Sylvia eigenhändig geschrieben. Der berichtet, daß der Zustand des Mädchens, wenn sie aufgefunden wird, ihre eigene Schuld ist, das Ergebnis davon ist, daß sie sich mit einer Bande von Jungs eingelassen hat und sich von ihnen alles gefallen ließ. Dann haben sie sie zusammengeschlagen. Selbstverständlich würden sie das tun. Sie halbtot zurücklassen. Ihre verdiente Strafe, das wahrscheinliche und plausible Urteil jener, die sie mißbrauchten. Sie war ein liederliches Mädchen, sie hat bekommen, was ihr zustand. Alles würde bewiesen werden, sie war eine Hure, Gertrude hatte immer schon recht gehabt. Jetzt wird sie es der Welt beweisen. Die Jungs würden nur ein letzter Schritt sein, die endgültige Bestätigung. Was sie mit ihr tun würden, wenn sie sie hilflos vorfänden, was sie nachher mit ihr tun würden.

Und sie würden kommen. Sie braucht sie nur irgendwo liegen zu lassen und die Jungs würden kommen. Brüllend, begierig, brutal. Und nachher, nachdem sie von ihr genug haben, würden sie sie auslöschen, sie hinrichten, alles beenden. Die Notiz ist nur notwendig, um die Ereignisse zu erklären, denn später kann sie vielleicht nicht mehr schreiben, vielleicht gibt es keinen Bleistift im Haus, vielleicht ist nicht mehr genügend Zeit vorhanden. Vielleicht kommt sie auch nur zurück, um zu sterben. Und der Brief wäre ein Beweis gegen sie. Sie war ein liederliches Mädchen, sie hat bekommen, was ihr gebührt. So würde es sein und nicht anders. So ist der Lauf der Welt. Und die Anrede, »An Mr. und Mrs. Likens«, ja, die verleiht dem Ganzen einfach Gewicht. Damit ist es geschehen, das macht es formell wie letzte Dinge sein sollen, macht es offiziell. Das muß die Polizei kriegen. Es ist ein Echo einer der wenigen Sätze aus der Rechtssprache, die Gertrude kennt: »An alle, die es angeht.«

Bei diesem Satz, »An Mr. und Mrs. Likens«, beugte Sylvia den Kopf tief über den kleinen Tisch, aber trotzdem kam aus ihrer Kehle fast ein Laut, als sie von ihrer Seite des Tisches aufhorchte. Fast hätte sie etwas ausgerufen, alles ruiniert. Jeder weiß, daß es auf der ganzen Welt kein einziges Kind gibt, das seine Eltern so anspricht. Gertrudes grotesker Satz gibt alles preis. Sylvia begreift und versteht es auf der Stelle. Aber sie nimmt sich zusammen. Der Brief könnte ein Code sein, ein Signal. Die Falle für danach. Bedeutete es ihr noch etwas? Es sollte schon eine Falle geben, aber machte es ihr jetzt überhaupt noch etwas aus? Apathie war ihr zur Gewohnheit geworden. Die Erschlaffung ihres Körpers. Solange Gertrude sie selbst baut, warum nicht? Die Erschöpfung und Verzweiflung schreckt sie hoch mit der kalten Angst des Spielers. Bluffen. Warum nicht?

Der Brief, wie er aus Gertrudes Mund kommt, die Lügen, die sie unterschreiben muß, diese Jungs, mit denen sie mitzieht, und das Geheimnis, wie sie sich von ihnen alles gefallen läßt, etwas Schmutziges muß das sein, so wie Gertrude es sagt, diese übliche Kombination von Schimpfen und sich gleichzeitig über etwas echt freuen. Vorwürfe und irgendwie Genuß, diese ganze Hurengeschichte, auf der sie schon so lange herumreitet. Ich soll sagen, daß sie mir die Schrift draufgemacht haben. Und Sex, ich habe Sex mit allen von ihnen gehabt, und dann haben sie mich zusammengeschlagen. Wie hier, aber der Sex – es wirklich tun und nicht nur drüber reden und dann doch geschlagen werden. Aber echter Sex mit einem Haufen Jungs, dann ist man wirklich eine Hure. Und es unterschreiben. Diese Chance ergreifen. Nur weil du hoffst, daß jemand diese Mr.-und-Mrs.-Likens-Geschichte mitkriegt und sich seinen Reim drauf macht. *Sie* würden es ganz bestimmt. Mutti und Vati. Würden lachen. Aber würden sie auch über die Jungs lachen, oder würden sie es glauben? Alle glauben, daß man es tut – wenn alle sagen, daß es ein Mädchen getan hat, dann ist es, als ob sie es wirklich getan hat. Der Ruf, und der Ruf ist wie Zellophan oder etwas aus Plastik, fast unsichtbar, was du wirklich tust, ist egal, was zählt, ist, was die Leute sagen, und wenn sie es sagen, dann ist es genausogut, als hättest du es getan. Und, mein Gott, es auch noch hinschreiben? Das ist noch ärger als reden. Und ich selber bin es, die sagt, ich habe es getan. Also bin ich ganz sicher schuldig. Wie das Geständnis eines Verbrechers oder so. Wem werden sie also glauben, mir, die es offen heraus sagt, oder Gerty, die ihnen auf diese umwundene Art den Schlüssel steckt. Wer weiß.

»Beeil dich schon, du Luder, hörst du. Ich und Paula können dich dazu bringen, alles zu unterschreiben, du mußt es nicht einmal selber niederschreiben, das weißt du doch.«

Jetzt kann ich mich weigern und Prügel in Kauf nehmen oder die Chance ergreifen, ich muß am Ende ja doch unterschreiben, und vielleicht gibt es noch eine Hoffnung. Man muß so schnell denken, sonst fällt es ihnen noch selber auf. Ich werde die Chance ergreifen. Laß es dir nicht anmerken. In Wirklichkeit lügst du sie an. Gegen ihre Lügen stellst du jetzt eine letzte eigene. Um Himmels willen, nicht grinsen.

Am Montag morgen ging Sylvia hinauf, nahm ein Bad und plauderte mit Stephanie. Sie war am Wochenende gebrandmarkt worden, am Samstag. Das war Montag, der 25. Oktober, der Tag vor ihrem Tod. Erst dann sah Stephanie das Brandmal, den Text, die Worte, Ich bin eine Prostituierte und stolz darauf. Sie machte Einwände. Aber Gertrude sagte, es würde schon in Ordnung kommen, es würde verblassen und im Laufe der Zeit ganz heilen. Dinge gehen aus und ein, sind abwechselnd »normal« und außergewöhnlich. Gestern abend, am Sonntag, zog Johnny Sylvia an seinem Foltergestell hoch, eine Reihe von Stricken, die an der Kellertreppe befestigt waren, und schlug sie. Gertrude stopfte ihr Crackers in den Mund, bis sie nicht mehr essen wollte, darauf bestand, nicht schlucken zu können. Der Mund war gräßlich geschwollen. Gertrude ließ nicht locker. Wenn sie die Nahrungsaufnahme verweigert, verweigert Sylvia alles. Da ist sogar der Widerstand des Selbstmordes mit im Spiel. Gertrude spürte die Weigerung zu leben, der Verzicht auf jeden Lebenswillen. Das ist ein weiterer Hohn, eine weitere Auflehnung. Die Crackers müssen ihr aufgezwungen, in ihren kaputten Mund gestopft werden.

Sylvia hatte es einmal gewagt, einen Cracker zu verweigern und zu empfehlen, ihn lieber dem Hund zu geben. Aus lauter Wut hatte sie Gertrude immer wieder in den Bauch geboxt. Gertrudes magere Faust schnellt immer wieder in Sylvias Bauch, wird voller Wucht immer wieder in sie hineingestoßen. Und dazwischen werden ihr mit der linken Hand die harten Soda Crackers zwischen die gefangenen und blutenden Lippen geschoben, harte Splinte, die am Gesicht zerbrechen.

Mittlerweile hatte sich Paula, die die Hook-Drugstore-Kette mit der Ausrede »gehen ließ«, daß sie zu »unreif« sei, um einenJob bei Stephens Cafeteria in der Stadt beworben, Coy Hubbard arbeitete gerade in Laughner's Café, und Rickie war zeitgerecht zum Abendessen daheim. Seine Mutter war am Samstag davor um neun Uhr dreißig ins Community Hospital eingeliefert worden, um dort an Krebs zu sterben. Obwohl sie fast nebenan wohnte, hatte Mrs. Hobbs noch nie von den Baniszewskis gehört. Hatte keine Ahnung, wie ihr Sohn seine Zeit bei ihnen verbrachte oder daß er einen Tag davor, am Samstagnachmittag, Worte in den Bauch eines dort wohnenden jungen Mädchens graviert hatte.

Gertrude suchte ihren Arzt am Montag auf (und sie behauptet auch am Samstag dort gewesen zu sein), fährt beide Male mit dem Taxiunternehmen Red Cab, dessen Quittungen dem Gericht vorgelegt werden, um die Fahrten zu bestätigen, die später in der Zeit einfrieren, historisch werden. Doch jetzt fließt die Zeit noch, eine Mischung aus Alltäglichem und Bizarrem: Gläser Milch, Leichen für Jimmy's Wood, Soda Crackers, Badewannen, Knebel,

Erdnußbutter, verbranntes Fleisch, Schultage, Teilzeitjobs, Stricke, Toast, Brenneisen. Es ist diese Verbindung von normalem Familienleben, überspannten Teenagergesprächen im Schlafzimmer, Rufe die Treppe hinauf und hinunter, das Geräusch einer zugeknallten Tür, ein kleines Kind ruft einen Hund – Unschuld – und der gemeinsten (vielleicht weil so ziellosen?) Grausamkeit, der vorsätzlichsten (weil so natürlichen, so entspannten?) aller Foltern.

Ich habe das Haus in der New York Street gesehen, und alles war drinnen, die Ereignisse hallten noch aus seinen Brettern, den Treppengeländern, der Hintertür, wo Gertrude die Beute schnappte, als sie in der letzten Nacht versuchte, sich aus dem Staub zu machen. Die Kellerfenster gleich neben der Tür, ihre Macht, ihre Ausstrahlung unverändert durch die Zeit. An der Ecke freistehend das Haus selbst, eine riesige, scheunenartige Bretterkonstruktion – und es schien so angemessen, so genau der Ort, so gespenstisch, so bösartig magisch, der ideale Geburtsort für diese Vorkommnisse, auf alle Zeiten ein Dorn im Auge, ein Ort, der auf ewig berüchtigt bleiben wird.

Die Aura des Gespenstischen, wie das Geschehene selbst, die Geschichte von Sylvia Likens, eine stets widerhallende Sage in meinem Geist, eine Legende, eine Fabel, der dünne Umriß von Mythos in seinem kargen archtetypischen Muster. Aschenputtel, die böse Stiefmutter, die Pflegemutter. Und Gertrude unausweichlich die Gestalt der Hexe, früher die *wicca*, die weise Frau, abgesunken zum bösen Weib aus den Märchen – schon lange nicht mehr die Häretikerin der Kirchenprozesse, die Stimme der Rebellin, die aus dem Feuer dringt, hingerichtet, weil sie sich der männlichen Kirche und Hierarchie, dem männlichen Gott nicht beugen wollte. Vielmehr die Märchenhexe, eine Schöpfung des Patriarchats, die Amazone, die zum bösen Weib wird; die Erinnerungen an die alte Religion durch die Propaganda der ersten Religionskriege in böse Geister verwandelt. Wo einst anmutige Gottheiten, Göttinen, lokale Geister in matriarchalen Fruchtbarkeitskulten, ist jetzt Häßlichkeit, Bosheit, Grauen, die Angst, die unschuldigen Kindern eingeimpft wird. Vom Volk, dem gläubigen Volk, das die alten Sitten aufbewahrte, jahrhundertelang als »Märchen« weitergegeben. Das böse Weib glotzt dich an, tanzt vor deinen Augen, durchdringt die Nacht oder den Geist wie ein Alptraum. Hexen, wie viele von ihnen, europäische Sagen von eingeschlossenen Jungfrauen, hinter Schloßmauern festgehalten, nächtliche Besuche, sapphisch, besitzergreifend. Eine Warnung, eine Botschaft an die Frauen; die Nachricht ihrer Niederlage. Vorbei die Freiheit und die Helligkeit, die Aura der vestalischen Jungfrau, ihr Tanz im Sonnenlicht dem freien Ufer entlang; die ältere Frau jetzt eine Bedrohung der jüngeren, die große Göttin schützt uns nicht mehr, wir müssen uns voreinander fürchten. Wie alle das Weib fürchten müssen. Denn der Mann, der alles verändert hat, fürchtet diese alten Bilder mehr als alles andere: Kali wird der Tod; Ishtar, Hecate – alles Namen, die wir fürchten müssen.

Und in diesem Haus, das auch von der Straße her irgendwie böse ist, ist die Zeit hereingebrochen, wo diese Ängste endlich wahr werden. Sie nahmen Gestalt an. Wurden ausagiert. So spät in der Geschichte stellt es Gertrude dar – wird im wahrsten Sinn des Wortes das böse alte Weib. Jetzt in der Abenddämmerung des Patriarchats opfert sie die Jungfrau, mit deren Ermordung dieses Zeitalters vor so langer Zeit angebrochen ist. Ein Zyklus weicht dem anderen. Das Zeitalter der anderen, des Menschenopfers, der Opferung der Jungfrau, der Geweihten. Einst war sie ein eigenständiges Wesen, die Vestalin, aber später wurde sie magisch, die Glücksbringerin. Endlose Reihen von jungen Frauen, Hunderte, die zur Schlachtung auf der Plattform des Himmelsgottes, Zigguraт, schreiten. Gertrude führt in ihrem Keller getreu ihre eigene Hingabe an fremde Gedanken aus, die sie in sich aufgenommen hat. Hier, im letzten Augenblick seiner Macht, seines Lebens, werden seine Gebote auf monströse Art befolgt, sie die letzte wahrhaft Gläubige, die Wärterin des Käfigs. Ein Zyklus weicht dem anderen.

Die Ironie, daß ihr einziges Alibi, der Fluchtweg, die Täuschung – Männern in die Schuhe geschoben wird. Der Horde. Der Bande von Jungs. Der Meute. Darin liegt eine gewisse Logik und Glaubwürdigkeit; solche Gruppen haben Frauen unzählige Grausamkeiten zugefügt, sie sind die Essenz des Patriarchats in seiner virulentesten, gewaltsamsten, bösartigsten Form. Vergewaltigen, plündern, niederbrennen. Die Armeerotte, die Motorradbande.

Aber Gertrude ist sich ihrer so sicher, daß es trotzdem atemberaubend ist, ihre Gewißheit, daß dieses Verbrechen, ihr eigenes, am Ende doch ein männliches Verbrechen ist, als solches erkannt werden wird. Ausgeführt im Geiste derer, denen sie es zuschreibt. Hier in diesem Haus.

»Ich muß zu diesem verdammten Arzt, und da stehe ich und bin schon zehn Minuten zu spät. Also Kinder, keine Scherereien von keinem von euch, solange ich fort bin. Paula, vergiß nicht in die Stadt zu gehen wegen dieses neuen Jobs. Verspäte dich nicht, und schau so gut aus wie du kannst. Johnny, du paßt auf die anderen auf. Und was du auch sonst tust, laß Sylvia nicht aus.«

Man hat schon so viele Nachmittage an Sylvia herumgetan, daß es Randy Leper fast schon langweilig wurde. Er grinste viel im Zeugenstand, erlaubte sich lakonische Bemerkungen über Sylvia – »Echt, ich habe sie kaum gekannt« – und einmal lachte er sogar richtig. Fast alles war komisch. Sylvia sah komisch aus, wenn er sie schlug. Wenn Johnny sie schlug. Und wenn man es bedenkt, war auch Gertrude selbst komisch, wie sie vom Doktor heimkam und mit ihrer Inspektion begann, wie sie einen Stuhl hochhielt, um ihn an Sylvia zu zerbrechen, und das verrückte Ding zerbrach mitten in der Luft. Was unheimlich komisch war, aber Gertrude hatte überhaupt keinen Humor. In seinen Augen war sie in Wahrheit irgend so'n Freak, eine Verliererin. Sylvia übrigens auch. Andersrum, aber doch das gleiche. Die meisten Leute sind eigentlich Verlierer, wenn man es bedenkt – und man möchte sich am liebsten so weit wie möglich von ihnen fernhalten.

Es ist eine Sache, am Wochenende hier herüberkommen oder nach der Schule und sich seinen Frust an der ollen Sylvia auslassen – aber seien wir doch ehrlich – wenn man alle dazu bringt, sich an Sylvia abzureagieren, dann ist es nichts anderes als Arbeit. Manche von ihnen bilden sich weiß Gott was drauf ein, den Keller zu säubern oder sich groß aufzuspielen – Sandwiches und Colas und das Ganze. Aber was ist das am Ende? Die Arbeit für wen anderen machen, das ist es.

Das, was bei Sylvia so interessant war, ist, daß kein normaler Erwachsener einen jemals das machen lassen würde, was Gerty uns erlaubt. Wenn man dabei erwischt wird, würden sie die Bullen rufen, oder unsere Väter würden uns verdreschen, daß uns Hören und Sehen vergeht. Und da ist Gerty, und sie *läßt* uns einfach. Läßt sich sogar selber was einfallen. Nicht nur die Erlaubnis oder einfach wegschauen, sondern dabeisein und uns anleiten. Das ist auch, was Coy und Rickie nicht packen können. Die sind freilich schon genauso verrückt wie Gerty – die glauben an das alles. Ich, ich bin nur zum Spaß hier.

Nur, weil ich sehen will, was passiert. Schließlich ist fast jeder irgendwie einfältig, und Coy und Rick haben sich von Gertrude in diese ganze Sylvia-Geschichte ordentlich hineinreiten lassen, und Gertrude ist wahrscheinlich ganz einfach verrückt, aber wie alles echt Verrückte ist es interessant zu beobachten. Ich meine, verrückte Leute tun die seltsamsten Dinge, sie tun das in Wirklichkeit, was sich die anderen Leute immer nur vorstellen. Tagträumen und so. Ich habe davon geträumt, alle möglichen Leute umzubringen, vom Milchmann bis zu meinem kleinen Bruder bis zu den Lehrern und ein paar Jungs in der Schule. Und auch fremde Leute. Ich habe ihnen die Augen rausgeschnitten und die Finger abgerissen und sie mit Rasierklingen in Scheiben geschnitten – und ich hab' ihnen nie was getan, sie nicht einmal berührt, sie nur angesehen und es mir ausgedacht. Und da kommt Gerty und tut es *wirklich*. Und ich meine nicht einfach ein Kind verdreschen und so tun, als wird es bestraft, weil es schlimm war und so. Darüber ist sie schon weit hinaus. Man kriegt den kleinen dicken Johnny dazu, Sylvia mit Stricken am Treppengeländer aufzuhängen, damit wir sie besser verhauen können, und sie schreit immer lauter, und es tut immer mehr weh, und man kann sehen, wie sie leidet und völlig hilflos ist. Und dann hat Johnny sogar noch dieses Knebelzeug, was er ihr in den Mund steckt, damit die Nachbarn es nicht hören müssen, obwohl man sich da echt wundert; denn der Knebel ist was Neues, und das mit Sylvia läuft ja schon lange. An manchen Samstagnachmittagen war die ganze Umgebung hier und vergnügte sich mit ihr, und damals war da kein Knebel und niemand regte sich auf. Ein ganzer Haufen von Kindern. So an die fünfzehn, das eine Mal vorigen Monat. Also, wenn es da noch irgendwen gibt, der es noch nicht weiß ... nicht nur Kinder, auch die Erwachsenen, denn sie schreit jetzt schon sehr lange. Und man fragt sich, wie lange das noch so weitergehen wird. Und wie man sich einfach alles leisten kann.

Vor ein paar Minuten hatte Johnny ihre Füße noch nicht gefesselt, und jedes Mal, wenn ich zuschlug, wartete ich darauf, daß sie mich tritt. Und sie hat es nicht getan. Kann man sich eine solche Dummheit vorstellen? Sogar für ein Mädchen ist das einfach unglaublich. Früher hat sie sich schon eine ganze Menge gewehrt. Das war auch die beste Zeit. Sie in die Enge treiben. Mit ihr kämpfen, bis sie unten liegt. Und man wundert sich nur, wie so 'n Mädchen stark sein kann, wenn es wirklich wütend ist. Aber natürlich nie wirklich stark genug, deshalb ist man ja auch die ganze Zeit sicher. Aber doch stark genug, um es interessant zu machen. Aber seit kurzem dreht sie einfach alles ab. Es ist ihr scheißegal. Jedes Mal, wenn Johnny sie boxt, achte ich scharf darauf, was es eigentlich ist. Vielleicht ist ihr alles egal. Ja, irgendwie muß es so sein. Seit der Schrift am Samstag. Das war ein Wendepunkt, ich hab's gleich bemerkt, als sie sie zu mir gebracht haben, um es mir zu zeigen. Sie hat sich geschämt. Sie war ganz komisch. Die ganze Zeit sagen sie ihr schon, was für 'n Haufen Scheiße sie ist, und sie sagt, schert euch zum Teufel – aber die Schrift hat es fertiggebracht. Jetzt ist sie einverstanden mit ihnen. Das hat es irgendwie bewiesen, sie kann jetzt nicht mehr fort davon, muß hinter diesen Worten leben. Jetzt haben sie sie wahrscheinlich gebrochen. Eine Stange Sellerie, es schnappt, und dann hängen die kleinen Fäden runter.

Ob Gerty irgendwo Essen rumliegen hat. Jetzt ist sie ganz aufgeregt, stapft herum mit ihrem zerbrochenen Stuhl und versucht Sylvia damit zu erwischen, jetzt haut sie ihre Muschi, den Sexteil – darüber regen sich alle besonders auf, ich hab' noch nie wen gesehen, der dabei nicht völlig ausgeflippt ist. Wie sich Gerty vor uns produziert. Eine erwachsene Frau, die ein Mädchen schlägt, und zwei Typen sehen zu. Jetzt will Johnny auch drankommen. Man kann schon sehen, wie das Fett hinten an seinem Hals danach drängt, es auch mal zu versuchen, und er ist nicht sicher, ob seine Alte ihn ranläßt. Für sie ist es okay, aber ist es auch für ihn okay? Ich würde es auch ganz gern probieren.

Vielleicht macht es Spaß. Vielleicht ist es interessant. Dorthin habe ich noch nie geschlagen. Aber wenn er es nicht schafft, und er ist ihr eigener Sohn, wie soll ich dann? Nein, andererseits, vielleicht gerade deswegen, vielleicht wird sie mich lassen. Man weiß bei denen nie so genau. Aber zuerst muß man es ihnen von den Augen ablesen. Aber Gerty verwendet ihre Augen überhaupt nicht. Vor einer Minute wollte sie Sylvia mit dem Paddel schlagen, holt großartig aus wie ein Hockeyspieler, und, Mensch, sie haut daneben und trifft sich selber ins Gesicht.

Ich bin fast erstickt vor lauter Lachen. Die ganze Bande. Man schaut sie an, jeden einzelnen von ihnen, und es ist alles so verrückt und so komisch, und man würde sich nie trauen, sich das alles auszudenken, und hier passiert es wirklich, und man kann es einfach nicht *fassen*. So idiotisch. Und sie sind alle so interessiert. Das ist's, was interessant ist – daß sie alle an dieses Zeug da glauben. Bei Sylvia ist es wieder umgekehrt – die hat jedes Interesse verloren. Die Hälfte der Zeit schlagen sie sie, und sie ist nicht einmal da. Sie ist schon so weit, ich trau mich wetten, daß sie nicht einmal mehr schreien würde, wenn man ihr den Knebel rausnimmt. Jetzt wird's unheimlich. Und dieses Basement. So verdammt dreckig, es stinkt wie die Pest. Ich trau' mich wetten, daß Sylvia überall hinscheißt und pinkelt, wenn Gerty sie nicht aufs Scheißhaus läßt. Und die Hunde auch. Jetzt noch dieser andere, dieser große doofe Polizeiköter, tut nichts als daliegen und blinzeln.

Und ich denke, was, wenn jeder sehen könnte, was hier vorgeht, da hätten wir ausgespielt. Vielleicht nicht, es kümmert sich ja wirklich niemand drum, und die Leute wissen es in der ganzen Umgebung, sie wissen es *wirklich*, und doch, versteh mich recht, können sie immer sagen, sie hatten keine Ahnung oder so, und wie kann man es beweisen, weil sie es in Wirklichkeit einfach nicht wissen wollten, weil das bedeuten würde, was tun zu müssen, mit Gertrude reden oder sogar die Bullen rufen.

Aber Gerty kriegt es jetzt doch mit der Angst zu tun. Sylvia riecht nach was. Wie sie einfach so dahängt und sich um nichts mehr schert. Sie kann es sich nicht leisten, daß ihr Sylvia unter den Händen abkratzt. Und so wahnsinnig sie auch ist, schön langsam wird ihr klar, daß das ziemlich bald passieren könnte.

»Wir müssen sie loswerden, wir müssen sie von hier rauskriegen. Wir müssen sie irgendwo verlieren.«

»Mama, wie wär's mit dem Park dort bei...«

»Nein, das ist nichts.«

»Gerty, wie wär's, wenn wir spät in der Nacht mit ihr in die Stadt gehen und sie dann laufenlassen. Sie werden denken, daß sie verrückt ist, und werden sie einsperren. Sie sperren sogar davongelaufene Kinder ein und schon überhaupt, wenn es Mädchen sind. Mit der Schrift auf dem Bauch werden sie glauben, daß sie eine richtige Landstreicherin ist.«

»Red keinen Blödsinn, sie wird es dem erstbesten Menschen erzählen, den sie trifft. Wird ihnen wahrscheinlich auch Namen und Adresse angeben. Dafür wird sie sich dann heimführen lassen. Wahrscheinlich würde sie uns sogar verzeihen, und so 'n Mist, solange ihre Leute nichts davon erfahren und nicht die Bullen holen. Doofe kaputte Göre. Nein, Sir, das nicht. Man muß sie irgendwohin transportieren, wo sie den Weg nicht mehr zurückfindet. Ich will wirklich nicht, daß sie mit eingezogenem Schwanz wieder heimkommt, irgendwann mitten in der Nacht, und uns das Fürchten lernt. Nein, wir müssen sie für immer verlieren.«

Sonst ist sie eine Leiche in deinen Händen. Sonst ist sie eine Leiche, die wir loswerden müssen, was tun wir denn mit so viel Gewicht und Knochen? Geschichten, wie steife Kadaver in Lauge aufgelöst wurden, in anderen Säuren, irgendwelchen, die in den Filmen nie genau beschrieben werden, Einzelheiten, die das Gehirn vergißt oder froh darüber ist, daß es ein Geheimnis bleibt, das Entzücken an der Spannung, der sanfte kleine Schauer (denn wir haben alle schon Leichen beseitigt, Kadaver, mit denen wir in Romanen oder dem Surrogat unserer privaten Fantasien hantierten), kosteten die Schuld aus, benötigten aber nie die irdischen Details. Gertrude braucht sie jetzt. Und sie hat nur Jimmy's Wood. Mehr als eine abgelegene Stelle, weniger als die Wildnis. »Ein paar Meilen weit draußen.« Nicht ganz sicher, wie viele Meilen. Oder auch in welcher Richtung. Aber jetzt ist er ihre Rettung, ihre Notwendigkeit, ihr Drängen, ihre Manie, ihre Hoffnung.

»Jenny, lauf hinauf und zieh dich an. Du und Johnny, ihr

werdet Sylvia die Augen verbinden und sie in Jimmy's Wood führen.«

Es ist nicht klar, wie Sylvia sterben soll. Durch Jennys Hand? Durch Johnnys Hand? Durch Gertrude selbst? Durch die erhoffte Bande von Jungs aus ihrer Einbildung? Plant Gertrude mitzugehen und die Aufsicht zu übernehmen, oder ist das nur ein weiterer Fall, bei dem sie das Unangenehme delegiert?

»Wir verlieren sie in Jimmy's Wood, und dann rufen wir vielleicht die Bullen, damit sie sie suchen. Solange sie nur von hier fort ist. Aber wenn sie sie hier finden ...« Nein, sie erinnert sich an den Brief. Gestern. Was für ein Glück, daß sie rechtzeitig daran gedacht haben. Als Sylvia noch zum Schreiben gezwungen werden konnte. Sie hat den Zettel. Er ist ihr Talisman, er wird sie vor der Gefahr schützen. Der Zettel, wenn die Polizei sie suchen kommt – und das werden sie gewiß – ja, das ist das Allerwichtigste, das ist es, sie verlieren, und die Bullen sollen sie dann finden – aber hier werden sie sie nicht finden. Solange das klappt. Denn das ist das Wichtigste – sie muß von hier fortgebracht werden. Trotz des Briefs. Denn der ist nur für alle Fälle, deshalb haben wir sie ihn schreiben lassen. Besser, viel besser, wenn sie einfach ganz von hier weg ist.

Sie aufgeben. Jetzt am Ende muß man es. Wenn sie einmal aus dem Haus draußen ist, kann alles passieren. Sie gehört schließlich wem anderen, sie ist nicht mein Kind. Ich habe sieben, und die sind alle da. Auch Jenny. Das ist okay. Das beweist, wie verantwortungsbewußt ich bin. Wenn ich Jenny sauber halte und füttere, dann wird sie schon das Richtige sagen. Wenn sie das nicht tut, werde ich sie verdreschen bis sie alle Sterne sieht, aber das wird nicht nötig sein, Jenny ist so 'n Häschen, und jetzt hat sie nur mehr Angst. Höllische Angst. Ein kleines Kitzeln im Höschen, ich trau' mich wetten, jedesmal, wenn sie das Wort Paddel hört oder hört, wie Sylvia schreit, sie weiß, daß sie es sein könnte, und was ihr Kopf nicht weiß, an das erinnert sich ihre Muschi, es ist komisch, aber Schmerz wird genau dort an dieser Stelle registriert, ich spüre dort immer ein kleines Krabbeln, wie wenn man einem Typ zusieht, wie er einen Steifen kriegt, und das Ding wird ganz groß. Eine Art Paddel, wenn ich daran denke, so lange her.

Egal, dafür haben wir jetzt keine Zeit, wie werden wir sie los, bevor sie steif wird und sich nicht mehr bewegen will, das ist das Problem. »Hör zu, dieses Luder stirbt uns weg. Der gemeinste Trick überhaupt, und mir wird ganz schlecht, Lindenborg hat mir eine Salbe gegeben, und ich hab' schon geglaubt, es ist besser geworden, aber vielleicht war es nur, weil ich aus diesem elenden Haus draußen war und weg von euch allen. Eine Minute lang hatte ich Frieden. Eine einzige beschissene Minute. Jenny, schaff deinen Arsch hier runter, sonst muß ich dir Pfeffer reinschieben. Am besten ist, ihr geht zu dritt. Nimm das, Jenny, und das hier ist zum Verbinden der Augen. Ich hab' gesagt dalli, und das mein' ich ernst, los. Bind sie los, Johnny.«

Ich hab' einen Cracker in der Hand, und ich höre, wie Gerty über meinem Kopf geht. Oft weiß ich überhaupt nicht, ob ich schlafe oder wach bin. Ich verliere den Faden. Tag. Nacht. Wie der ganze frühe Morgen genauso ist wie der Abend hier durch diese Fenster. Komisch wie Kellerfenster so hoch oben sind, daß man denkt, es ist hoch oben – wo das Licht ist und die Welt, dabei ist der Boden gleich unter dem Fensterrahmen und die Erde und die Büsche, die in der Erde wachsen, in Wirklichkeit weit über deinem Kopf. Denn in Wirklichkeit bist du unter der Erde. Unter dem Strich, wie begraben. Vielleicht haben die Leute deshalb Angst vor Kellern und wollen nicht so gern hinuntergehen oder sie wie einen Teil des Hauses verwenden, mit Stühlen und Tischen und Betten und allem. Weil es wie ein Sarg ist oder so, diese Kiste, in die sie einen legen, wenn man tot ist. Was, wenn man noch lebt? Wenn man aufwacht und nicht hinauskann. Man würde sich umbringen vor lauter Aufregung, man würde ersticken beim Versuch, den Deckel hochzudrücken, und einen Herzanfall kriegen. So viel Erde auf einem drauf – zwei Meter. Man würde nie rauskommen, also wäre man genauso tot, wie wenn man gleich gestorben wäre. Wieso tun sie das überhaupt? Wieso graben sie ein Loch und schmeißen einen hinein? Ich kann sie nicht aufkriegen, ich hab's versucht, aber ohne Schraubenzieher, und meine Fingernägel brechen am Holz immer ab. In letzter Zeit gibt es keine Chance mehr dort hinaufzuklettern und das Glas zu brechen. Niemand möchte in einer Kiste unter der Erde aufwachen. Wenn man sich das nur vorstellt. Vielleicht ist das, um sicher zu sein, daß man auch wirklich tot ist und drinnen bleibt. Die Leute, die noch leben, werden drauf achten. Aber dann später geht es ihnen genauso. Oder glauben sie, bei ihnen vielleicht nicht?

So wie ich mir auch nie gedacht habe, daß ich sterben würde. Wenn man zum Altar geht, dann hat man dieses Gefühl. Wenn man erlöst ist, dann braucht man nicht zu sterben. Nie.

Oder wenn man doch stirbt, dann ist das was anderes. Man wacht praktisch gleich danach im Himmel auf, denn da kommt man echt ganz schnell hin. Das kommt mir alles so seltsam vor. So verrückt, an was man da alles glaubt, dort drüben, vor all dem. Man schnalzt mit den Fingern, und schon ist man mitten im Himmel. »So schnell wie ein Augenzwinkern«, hat Vati immer gesagt. »So schnell wie ein Gedanke«, hat Mutti gesagt. Irgendwie kommen sie mir auch seltsam vor, wenn ich an sie denke. Jetzt erinnere ich mich kaum mehr an was, es wird immer weniger. Es gibt lange Perioden, da ist mein Kopf ganz leer. Nichts ist drin, rein gar nichts. Nicht einmal ein Bild. Mitten in der Nacht wollte ich mich an das Alphabet erinnern. Schaffe jetzt nicht einmal mehr das Babyzeug aus der Schule oder die Texte von Liedern vom Anfang bis zum Ende, oder ein Gebet oder ein Märchen. Und es ist mir auch egal. Stunden, wo nichts in mein Hirn kommt. Nur sie und wann sie kommen werden. Dieser blöde Brief von Gertrude, Mr. und Mrs. Likens. Wer in aller Welt würde seine Eltern Mr. und Mrs. nennen, um Himmels willen? Was soll's. Es ist mir ganz egal. Ich hab' nicht einmal das Gesicht verzogen, wenn ich es getan hätte, hätte sie mich ertappt. Die Art von Sachen, wo ich früher laut aufgelacht hätte, und sie wäre garantiert in die Luft gegangen. Aber jetzt ist mir alles egal – ob sie das durchschauen oder nicht. Sie können jetzt genausogut auch Mr. und Mrs. Irgendwer sein, so weit weg. Sogar Jenny. Kann mich fast an nichts mehr erinnern, es ist mir auch egal, kann nicht aufpassen, bin die ganze Zeit so müde. Sogar Jenny kann mich nicht mehr dazu bringen, mich zu erinnern.

Manchmal kann ich mich nicht einmal an Jenny richtig erinnern, wenn ich es mir überlege. Ich sehe ihr Gesicht zusammen mit den anderen, wie sie herunterschauen. Und es sieht gar nicht so anders aus. Aber wenn ich mir denke, daß es Jenny ist, dann versuche ich es anders zu machen. Nicht grausam. Verständnisvoll. Hält sich abseits von den anderen. Aber ich bin mir da nicht so sicher. Vielleicht bilde ich es mir nur ein. Weil sie Jenny ist. Früher ist sie zu mir heruntergekommen, hat für mich ein paar Crackers gestohlen oder was Ähnliches. Sie ganz allein. Nur ich und Jenny. Unser beiden Körper hier in der Dunkelheit. Dann waren wir wieder wir selber. Wir reden übers Abhauen. Wir reden darüber, wie es mir geht und was für Angst sie hat, und auch über Mutti und Vati und die Schule, und eine kurze Weile scheint alles anders zu sein, als es wirklich ist, als es jetzt wirklich ist. Dann hört man das Geräusch ihrer Füße und den Türknopf, und man weiß, daß das die Wirklichkeit ist. Ich weiß es. Sie nicht. Sie glaubt, daß alles aufhören wird oder daß Mutti zurückkommen wird oder daß es in ein oder zwei Tagen wieder Juli sein wird.

Auch als ich es ihr gesagt habe, hat sie es nicht kapiert. Leer. Starrt mich an so leer wie ein Stück Papier. »Ehrlich, Jenny, es ist wirklich so.« »Nein«, sagt sie, weiß nicht einmal, was sterben bedeutet, warum sollte sie auch? Ich mußte es ihr sagen, damit sie es weiß. Für sich selbst. Sie könnten als nächstes mit ihr anfangen und wahrscheinlich würden sie das auch, jetzt wo sie auf den Geschmack gekommen sind. Gerty hat es ihr richtig gegeben, als sie versucht hat, mit dem kleinen Kind im Bus zu reden. Hätte man sich das denken können, daß Mary und Shirley zuhören, als sie damit anfängt, daß ich nicht wirklich im Heim bin, wie alle Leute sagen – sobald sie im Haus ist, weckt Shirley Gerty auf, um ihr das zu erzählen. Ich habe sie gerettet, aber wenn ich nicht mehr da bin, dann werden sie sie sehen und sich an ihr auslassen. Jetzt muß ich es ihr sagen, damit sie sich in acht nimmt – wenn sie etwas versucht. Sie geht noch immer jeden Tag zur Schule. Entweder davonlaufen und es erzählen oder so was. Und sie sollte sich besser beeilen. Aber ich kenne sie, und ich weiß, welche Angst sie hat. Wie sie sich nie entschließen kann. Arme Jenny. Jetzt muß sie doch selber auf sich aufpassen. Ich wollte nicht, daß es so kommt, aber jetzt muß ich mich ausruhen.

Aber irgendwo weiß es das Tier. Irgendwo trifft es seine eigenen Entscheidungen, losgelöst vom Geist und vom Willen. Fast reflexartig wird es auf eine geschlossene Tür losstürmen, auch nachdem es den Schlüssel im Schloß gehört hat, das Geräusch der Mechanik, weiß, daß der Bolzen sitzt. Der Geist weiß es. Doch das Fleisch geht andere Wege, sein Wille ist mächtiger, es will noch immer leben, wo der bloße »Wille« des Geistes mit großer Anstrengungen aufgegeben hat, sich verweigert.

Sylvia scheute; als die Kellertür sich öffnete, um sie in Jimmy's Wood zu entlassen, stürzte sie davon, stieß Gertrude beiseite, überwand Jennys Überraschung, das trübe Fleisch von Johnnys Gesicht. Und hinaus. Nachdem sie das alles gehört hatte, der Plan für sie so klar wie der Tod, den sie schon aufzunehmen bereit war, ja zu besiegen. Dann bewegte sich etwas anderes in ihr – so schnell wie ein Hund. Draußen war die Luft des Montagabends, das Oktoberlicht.

Sie schaffte es bis zur Eingangstür. Gertrude sprang auf, angespannt, zerrte, zerrte der Kraft des Tieres entgegen, bis es verzweifelt und leblos über die Bretter der Türschwelle, das rissige Linoleum der Küche geschleppt wurde. Auch hier hatte sie gewonnen, hatte die Jugend und ihre Geschwindigkeit, ihren ärgerlichen Impuls, ihr Wegstürzen überwunden. Wie ein Hund an den Beinen vorbeischnellt und durch eine Öffnung – fast wie ein Wunder an Geschicklichkeit. Aber sie war schneller gewesen. Und die Bedrohung sackte zu ihren Füßen in sich zusammen. Gertrude hatte auf allen Linien gesiegt. Stärker, älter, mächtiger in allem, weil mit Autorität behaftet, die Macht, die jedes Aufbegehren lähmt. Weil es eine Macht über den Geist ist. Das Fleisch hat verloren, die Kreatur bescheidet sich, ist überwältigt.

Und dann in einer seltsamen Logik zwang Gertrude Sylvia zwei Stück Toast zu essen. Die Speise aus ihrer Hand anzunehmen, die endgültige Besiegelung der Unterjochung, dieses Kind, das sie tagelang ausgehungert hatte, das seit Wochen unterernährt ist, dessen letztes Essen aus einigen Soda Crackers bestand, die ihr vor vierundzwanzig Stunden hineingestopft wurden, als die Lippen durch diese Invasion bluteten, die Fragmente der Crackers wie Metallspäne, wie Glassplitter um die geschundene und verfärbte Öffnung.

Es gibt keine Butter, keine Margarine. Jetzt leben alle nur mehr von trockenem Toast. Das war Johnnys Mittagessen heute nachmittag, Paulas Frühstück heute morgen. Das leichteste und geistloseste Füllmittel, Toast: die Speise von Kindern und Studenten, von Alten, Lustlosen, Armen. Das rascheste Fertigmahl der Brotkultur. Einem Pariah nicht ein, sondern zwei Stück davon anzubieten, ist eine außergewöhnliche Geste. Rache oder Reue, vielleicht unschätzbar. Aber sie sind da, die beiden harten braunen Dinger. Sylvia wird an einen Tisch gesetzt, jetzt wieder eine Gefangene. Und die zwei Stück vor sich. Sie lehnt ab. Sie will sie nicht haben. Es ist fast unglaublich. Gertrude ist wütend, verärgerter, als sie je gewesen zu sein scheint. Das Blut in ihrem Kopf, das Unbehagen in der Brust, das schreckliche Jucken auf ihren Händen, dorthin scheint sich der Ausschlag jetzt ausgebreitet zu haben. Sylvia sagt, sie kann nicht schlucken. Gertrude befiehlt. Die kleine Ratte in ihrem Dreck und ihrem monströsen Trotz weigert sich noch immer und besteht darauf, nicht schlucken zu können. Ihr Mund gräßlich verschwollen, während sie diese Worte bildet.

»Hol diese Stange, gib mir die Vorhangstange. Ich werd's ihr zeigen.«

Gertrude schlägt sie mit der Vorhangstange aus Messing über den Mund, bis sie verbogen ist. Bis sie an beiden Enden rechtwinkelig abgebogen ist.

Etliche Stunden später machte Coy Hubbard um 20 Uhr 30 auf seinem Heimweg von seiner Teilzeitarbeit in Laughner's Café einen Sprung herein. Zusammen mit den anderen beteiligte er sich an Sylvias Marter, und Coy selber prügelte sie mit dem Besenstiel bewußtlos. Gertrude schleppte den Körper ins Basement.

Aus der Dunkelheit. Hinaufblicken ins Licht. Das letzte Licht, denn es schwindet jetzt schnell, es ist bald alles fort. Nicht wie ihre Schritte dort oben, die gehen immer weiter, werden immer weitergehen, auch nachher, vom Kühlschrank zum Tisch zum Badezimmer zur Tür hinauf zum Bett. Dann beginnt am Morgen das Fernsehen und mehr Füße. Hart und fest, man kann sie nicht abschalten. Aber ich nicht, ich stehe hier still, rinne irgendwie aus wie die Batterie einer alten Taschenlampe, die gerade den Geist aufgibt. Rinne aus wie das Pipi auf dem Boden. So schmutzig. So stinkig. Alles verschwindet, auch die Erinnerung. Denn jetzt kann ich mich an nichts mehr erinnern. Klar, Blödsinn wie eine Halskette oder ein Rock, solches Zeug schwebt ab und zu vorbei, wie es im Sommer riecht und die Leerflaschen, der Karneval ist hier und dort, ein paar Lichter auf einer Schnur bis zum Karussell.

Aber nicht welches Karussell, nicht einmal welcher Jahrmarkt. Dieser Typ Schneider mit dem harten Gesicht und dem langen strähnigen Haar brüllte immer, »Volltreffer bei Rot, Volltreffer bei Schwarz.« Volltreffer bei Rot, dachte ich, Volltreffer bei Rot, aber ich habe verloren. Versuch's mal mit Schwarz, sagte Vati, aber ich wußte, daß etwas faul war.Es ist alles fort, auch meine Leute, denke fast nie mehr an sie. Manchmal kann ich mich nicht mehr an ihre Namen erinnern.

Es geht alles fort. Wie das Licht. Jetzt gerade beginnt es sich zu entfernen, jetzt wird das letzte weiße Grau schwarz, irgendwie schneller, weil es Herbst ist und die Kälte und die Nachrichten schon vorbei, der Teil ganz am Ende, wo man sogar *sehen* kann, wie es sich verändert. Von Minute zu Minute. Man kann es zählen und beobachten. Man kann eine Minute lang die Augen schließen und sie aufmachen und dann ziemlich sicher sein, daß es anders ist. Aber am Ende kann man einfach die Augen offenhalten und zusehen, wie es wirklich geschieht.

Aber wenn man von den Fenstern wegsieht – sicher wäre dieser Ort viel ärger ohne Fenster, aber vielleicht auch nicht – hinüber zu einem Stück Beton auf dem Boden, oder hinunter auf deine Hände – dann, dann sieht man den Unterschied wirklich. Denn während man auf die Fenster schaute und zusah, wie sie grauer werden – ist der ganze Raum schon schwarz geworden. Und dann ist es schon Nacht. Außer den Fenstern, die haben noch das letzte Licht. Deshalb bleibe ich bei ihnen. Das Grau.

Weil es wie Essen ist. Oder reines Wasser, wenn man Durst hat. Draußen sein. Wie es sich anfühlt, nach dem Abendessen mit einer Dose Fußball zu spielen. Dieselben Straßen und Wege wie damals, als wir in der New York Street wohnten direkt hinter den McGuires. Gleich nach dem Abendessen, aber es ist noch nicht finster, dieses schöne irgendwie graue Licht überall und nicht zu viele Leute, und wir rufen uns gegenseitig zu »bei mir ist alles frei«, ob das wirklich so ging? Wen kümmert's, wenn ich hier unten sterbe, kann ich mir auch meine eigenen Regeln ausdenken. Oder fluchen oder alles tun. Denn hier komme ich nie mehr raus. »Kannst du heute abend rauskommen?« haben sie gesagt, die Kinder. Kinder, die ich früher gekannt habe. Kannst du heute abend rauskommen, wir spielen Dosenfußball oder Räuber und Gendarm oder Buffalomädchen oder Gefängnis, Peitschenknallen, komische Namen, wenn man es sich überlegt, aber das war wie Abenteuer, jeden Abend nach dem Essen. Der Abend ist viel wichtiger. Weil deine Leute nein sagen könnten. Und dann kann man nicht. Schwierigkeiten, und vielleicht kriegst du statt dessen eine Tracht Prügel, aber dann vielleicht das nächste Mal. Wenn du brav bist.

Ich war nicht brav. Das steht auf mir drauf. Und ich darf nicht hinaus, kein Buffalomädchen heute abend, ob es noch wen gibt, der sich so angestrengt hat, brav zu sein und es trotzdem nicht schaffte. Die Heiligen, ja, die waren gleich von Anfang an gut, und das konnten die Römer nicht ausstehen, also spannten sie sie auf Foltergerüste und verbrannten sie bei lebendigem Leib oder kreuzigten sie auf Kruzifixen oder warfen sie den Löwen vor, oder ein katholisches Kind hat mir eine Geschichte erzählt, wo ihr die Brüste glatt weggeschnitten und auf einen Teller gelegt wurden. Schauten wie umgestürzte Puddings aus. Das ist unschlagbar, das soll Gertrude lieber nicht erfahren. Da sie angeblich alles weiß und schlauer als Gott ist und mich nie herauslassen wird. Das ist wahrscheinlich die letzte Nacht, und das habe ich Jenny gesagt und jetzt weiß sie es. Sie wird's schon ertragen, recht da Laub draußen für einen Dollar, und drei ganze Höfe muß sie machen, man würde meinen, das kann sie, irgendwas, aber egal, was soll's, es wird jetzt endlich vorbei sein, Gott sei Dank, oder wem immer man dankt, wenn es aus ist. Nicht Gertrude, das schwöre ich.

Denn ich werde mich von hier auf die einzige Art abseilen, die mir bleibt. Durch diese Fenster da. Ich werde direkt hinausflitzen genauso wie die Nacht das Licht aus dem Zimmer holt, wenn sie kommt, wie ein Staubsauger, und wenn es geht, gehe ich mit ihm, ich werde direkt hinausgesaugt. Wie hochgezogen, wie nach Luft schnappen. Die Nacht wird mich inhalieren wie an einer Zigarette paffen, und ich bin der letzte Rauch, der ins Grau aufsteigt. Vorbei an den dürren kleinen Büschen und den eingetrockneten Blättern und hinauf in den leeren Teil hinüber dort zu den Vermillions, und dann im Flug über Indianapolis, über die Schule und das Zentrum und sogar das Monument. Nicht einmal fliegen, bloß schweben. Nicht Batman oder Mary Marvel oder sonst welche Erfindungen, sondern echt, wie die Nacht jede Nacht auf nichts dahinschwebt, der reine Geist. Ich warte nur. Ich weiß, daß ich gewinnen werde, und so kann ich einfach dasitzen und zusehen, fast gemütlich. Ich habe einen Ausweg gefunden, heute nacht werde ich ganz vorbei sein. Und morgen werden sie mich nicht finden. Wenn morgen früh irgendwas von mir übrig ist, dann ist es ein toter Körper. Sie haben mit ihm schon alles getan, egal was sie jetzt noch damit tun. Sie und ihre Toasts. Die kannst du dir behalten zusammen mit deiner alten verbogenen Vorhangstange. Nichts mehr nach heute nacht. Heute nacht ist die Nacht, und ich werde ins Grau eintauchen. Ich werde nicht hier sein. Am Morgen werde ich überhaupt nicht mehr hier sein.

Um Mitternacht fuhren Mr. und Mrs. Vermillion vor und parkten den Wagen. Das ruhige Summen eines Autos in einer vertrauten Straße, der Frieden der gewohnten Umgebung. Wie jedes Geräusch in dieser Nachtluft weithin hörbar ist, das Strahlen der Scheinwerfer, das Standgas, das wohlige Zuschlagen der Wagentür, die Zuversicht von Stimmen über gewöhnliche Details, vergiß nicht noch mal laut zu überlegen, ob zum Frühstück Milch da sein wird, Sicherheit. Der Wagen im Ruhezustand zwischen den beiden Häusern auf der New York Street, Baniszewski rechts, Vermillion links, keine fünf Meter zwischen der hinteren Neigung des einen und der Eingangstür des anderen, so eng stehen sie beieinander. Aber das Geräusch des Motors ist sanft, und dann kriegt das Gaspedal noch einen zusätzlichen Impuls, was früher ein Choke machte, damit er am Morgen rasch startet, obwohl es erst Frühherbst ist, tun wir das in diesen Breiten ganz automatisch. Und jetzt wieder das Standgas, dieses kleine Schnurren vor dem Klick des Zündschlüssels.

Das klare endgültige Schnappen der Knöpfe an den Schlössern des Wagenschlages, bevor die Tür auf der Fahrerseite zuknallt. Die Anpassung in Vermillions Gang, als sich sein Magen vom Sitzen aufs Gehen umstellt, die Fleischwulst über dem Gürtel, diese kleine Würde, Phyllis Vermillions Stöckeln eine weitere Würde an seiner Seite. Sie sind aus gewesen. Sie sind fein angezogen. Und jetzt kommen sie heim. Keine besondere Adresse, heute abend waren sie eindrucksvoller gewesen, als sie nur durch ihr Auto und ihre Kleidung repräsentiert wurden. Wenn man seine eigene strahlendere Seite gewesen ist, gesellig, achtbar, fast romantisch, ist die Heimkehr oft ein wenig enttäuschend, das eigene Haus, seine Mängel, die vor dem Fortgehen unsichtbar waren und sich in der Abwesenheit in den Mittelpunkt gedrängt haben. Es bringt einen ein wenig aus der Fassung, der Anblick des Hauses und der Umgebung, die Farbe auf den Holzbrettern die abblättert. Hier zu wohnen ist natürlich nur eine Übergangslösung, sie könnten es viel besser haben und werden's auch. Jetzt wo sie in der Spätschicht ist, und er arbeitet auch dort bei der RCA. Es ist nur für eine Weile.

Der Abend ist noch bei ihnen, das Kino, die American Legion Bar. Die Vermillions gehen aus. Gertrude ist, seit Dennis sie vor über einem Jahr verlassen hat, nicht mehr aus gewesen. Die Leute, die sie trafen, das Gelächter, dieser Witz über die Hose des Schulprinzipals, Ray Vermillion, der oben auf der Treppe ihren Arm ergreift. Die kleinen Höflichkeiten der Geselligkeit, des Ausgehens; wenn man ausgeht, ist alles anders, der Charme davon neben dem Alltäglichen und den Kindern und der Fabrik. Ray handelt, ohne zu überlegen, ist einfach unbewußt nett, die Zuvorkommenheit beim Rendezvous, jetzt noch immer nicht ganz vergessen.

Und dieses seltsame Geräusch von drüben bei den Baniszewskis. Nicht das, an das sie sich mittlerweile schon gewöhnt haben, das Mädchen, das die ganze Zeit schreit, und man kann sich schon vorstellen, was sie mit ihm tun. Aber man muß es ja nicht wissen. Und sie sind schließlich und endlich Nachbarn, man muß sich vertragen, es zahlt sich nicht aus, sich Schwierigkeiten einzuhandeln, die Kinder sind laut, aber wir haben ja auch Kinder, obwohl ich schon schrecklich froh bin, daß ich mich dazu entschlossen habe, mich nachmittags nicht um sie zu kümmern, wenn ich bei der RCA bin. Als Phyllis hinüberging, um sich vorzustellen, und fragte, ob Gertrude sich auch um die ihren kümmern könnte, wenn sie in der Fabrik ist, da Gertrude den ganzen Tag daheim ist und das Geld wahrscheinlich gebrauchen kann, das hätte man sehen müssen, mein Gott, der Dreck und der Wirbel. Andererseits darf man auch nicht herzlos sein, die arme Seele hat sieben eigene und diese beiden Pflegekinder noch dazu, und wenn das Kind, das sie sich da aufgehalst hat, schwierig ist, dann muß sie wahrscheinlich irgendwie einschreiten, also denk nicht mehr dran, was kann es schon nützen, seine Nase in die Angelegenheiten anderer Leute zu stecken. Aber das ist echt ein komisches Geräusch. Ray meint, daß da jemand Kohle schaufelt. Aber um diese Zeit? Vielleicht ist der Ofen ausgegangen. Aber es ist heute nacht nicht so kalt, und man würde meinen, daß das warten kann.

Ich muß. Irgendwie. Ich muß. Irgendwas. Irgendwie. Muß es versuchen. Kann hier unten überhaupt nichts sehen. Die Fenster schwarz, nicht einmal Sterne. Fast pechschwarz, aber sie kennt den Ort, ist noch einmal aufgewacht, aufgetaucht aus dem Vergessen eines Besenstiels, nach der Pause, Stunden danach, als Coy kam, das Holz gegen den Schädel und dann Ruhe, Abwesenheit, Bewußtlosigkeit. Und dann kehrt das Verstehen zurück; langsam. Beginnt mit Angst, mit dem reinen Gefühl in verständnislosen Wellen im Bauch, aber unmäßig, die Wahrnehmung registriert zuerst den Ort jenseits von Worten oder Benennung oder Erzählen und der Fähigkeit, es zu sagen und zu kennzeichnen und dann nachzudenken. Zuerst war es nur Angst wie das Aufsteigen von Übelkeit. Und dann die Energie, das letzte Aufbäumen, so spät noch eingetreten, daß es an sich schon ein Wunder war, dieser eine Akt, diese eine große Feststellung. Ihre Rettung davor, ein Ding zu sein, ein Opfer. Eine Puppe. Eine, die es über sich ergehen ließ. Die ganze Zeit war es geschehen, und sie hatte sich nicht gewehrt. Oder nicht genug. Oder zur falschen Zeit. Oder hatte verloren. Oder hatte Pech gehabt. Oder verlor die Wette mit der Tür, zweimal in die Schmach zurückgeholt.

Und die Zeiten davor, als sie noch abhauen konnte und es nicht getan hat, beschwatzte die Welt und tat es nicht. Weil sie nicht zuhören wollten oder weil Gertrude die erste und einzige wäre, bei der sie ihre Geschichte überprüfen würden. Und wer glaubt schon Kindern? Und wer würde diese verrückte Geschichte überhaupt glauben und dann, als sie etwas vorzuweisen hatte, der Beweis direkt auf ihr Fleisch geschrieben, da ließen sie sie nicht mehr aus den Augen, das Basement und die Stricke und die Knebel. Und dann war es zu spät zur Flucht, und sie haben sie dabei erwischt. Hätte man wohin laufen können? Nein, das nicht, aber von hier hätte man weglaufen müssen. Und die letzte Chance dazu ist soeben vergangen.

Wenn sie also überleben will, dann muß es die Schaufel sein, das einzige, mit dem sie ein Signal geben kann, ein Hilfeschrei, das letzte Aufbäumen zur Rettung, zurück auf die Straße des Lebens, der Wille zum Weitermachen plötzlich und schrecklich, das letzte Gebot des Körpers über den Geist. Und ob seine Weigerung und die Einwendung zur anderen Flucht, jener vor ihr, jener in den Tod, auf Stolz oder auf Scham begründet ist – und es ist beides, denn indem sie stirbt, entkommt sie ihnen, gewinnt und beweist ihnen ihr Unrecht und ihre Grausamkeit, genauso wie sie im Sterben deren Urteil über sie als nicht lebenswerter Dreck vollstreckt – so kennt der Geschmähte und Entehrte doch auch die Schwerelosigkeit des Friedens, des Verschwindens, der Ruhe, dem Urteil entgehen, indem er es in eine letztendliche Gnade umwandelt. Für oder gegen ihr zerstörtes Ich, in den Stunden, die ihr die Folterknechte ließen, um deren Meinung über sie zu überdenken, hat sie beide Fassungen durchdacht, Gespenster waren sie, die in ihrer Einsamkeit noch stärker anwesend waren als während der Marter selbst. Sie quälten sie am meisten, wenn sie sie verließen, wenn sie niemanden hatte und alle wollte, wenn die Last des Gehaßtwerdens der Bürde des Verachtetwerdens wich. Und sie könnte aus Einsamkeit sterben. Nicht daß sie gute Gesellschaft waren, Freunde, Kameraden – aber sie waren die einzigen anderen Menschen, die in ihrer Welt noch existierten, und am Ende auch in ihrem Kopf, alle anderen unbekannt oder vergessen. Sie waren jemand, Körper – auch wenn sie nichts anderes taten, als vor Entzücken zu tanzen, wenn sie sich vor Schmerzen wand – und dann bei Einbruch der Dunkelheit wurde sie auch von ihnen verlassen.

Alle Häftlinge erwarten ihre Wärter. Es liegt in der Natur von Käfigen, daß derjenige, der darin festgehalten wird – festgemacht wie ein Stück Papier unter einer Stecknadel –, mit schrecklicher Aufmerksamkeit den anderen erwartet, der ihn in Zeit und Raum aufgespießt hat. Und hilflos. Politische Gefangene mit der stärksten Willenskraft und dem höchsten Maß an Bildung und Kultur, mit Gehirnen voller Widerstand und Fantasie, hungern beizeiten nach den Schritten ihrer Schergen. Noch bevor sie sich besinnen und sie fürchten. Heute wird er mich vielleicht nicht schlagen, heute wird er mir eine Zigarette geben und reden. Reden. Reden, auch noch mit diesem Schweinehund.

Weil man wehrlos ist. Das ist demütigender als alles andere; diese Impotenz, die deine Menschlichkeit, dein Bedürfnis nach Zuwendung auf ein Gespräch mit einem kaum noch Mensch zu nennenden Wesen reduziert, auf ein Glas Wasser, eine Zigarette – ein Bedürfnis, das du dein ganzes Leben mit dir getragen hast, und jetzt bist du so ausgehungert, so voller Entbehrungen, daß es dein Wertsystem gefährdet. Dein Gefühl für Recht und Unrecht. Daß du gut bist und sie böse. Aber was zählt das alles, wenn sie nur einen Augenblick bleiben und reden?

Und die Schaufel, ging es darum, Gertrude zu rufen? Sie würde es hören. Genauso wie es einen Nachbarn aus dem Schlaf reißen könnte, es würde den Feind herbeirufen. Und den Nachbarn, die Außenwelt – die Welt, die sie aus Stolz, Naivität, Zynismus verschmäht hatte – die Welt, die sie so lange vernachlässigt hatte, daß es jetzt zu spät ist, sie hereinzuholen, in dieser Stunde anzurufen. Die Stunde, die so sehr drängt, daß sie nun endlich handeln muß. Und schnell. Mit welcher letzten erbärmlichen, ja sogar grotesken Energie auch immer; dieses zerstörte Geschöpf, eine Erscheinung mit einer Schaufel. Vielleicht hat sie noch nie eine in der Hand gehalten. Werkzeug, Werkstoffe, Tischlerei, Bauen, das Machen von Sachen, auch das Auseinandernehmen, Zerstören und Kaputtmachen – wie Waffen, wie die Realität – alles Dinge, die einem sechzehnjährigen Mädchen verborgen, verboten sind. Aber es war ein Gegenstand, der Lärm machen konnte. Der rufen konnte. Besser als die Stimme. Und die ist ohnehin längst fort. Niemand ist je gekommen. Wochen von Schreien in die Stille hinein, auch noch oft nachdem der Knebel erfunden wurde. Eine Schaufel dann. Ein Ding. Fast ein teilnahmsloser Gegenstand. Nie ein klarer Hilferuf, bloß eine Störung.

Und es stört. Es stört Mrs. Vermillion, als sie die Tür aufschließt. Es stört ihren Mann etwas weniger, aber er ist versöhnlich gestimmt und hört sich Phyllis' Klagen an. Denn der Lärm hört nicht auf. Sie fragt sich, wie um alles in der Welt sie heute nacht schlafen werden, da es hier drinnen fast genauso laut ist wie draußen. Und sie ist sicher, daß es von den Baniszewskis kommt. Wenn Gertrude ein Telefon hätte, würde sie anrufen. Und fragen. Sich nicht beschweren, nur fragen. Wir können uns keine Scherereien leisten, und diese Frau hat sowieso genug Sorgen am Buckel. »Wie werden wir heute nacht schlafen können, wenn das so weitergeht? Das will ich jetzt von dir hören!«

Er sagt nichts. Er ist ein Mann, der lauscht, wie eine Schaufel auf einen Betonboden klopft, da ist er sich sicher. Aber es ist nicht das Geräusch, das entsteht, wenn man Kohle schaufelt, es ist nicht das kratzende Geräusch des Metalls auf dem Betonboden unter der Kohle mit dem Rhythmus des Hineinstechens und Hochhebens. Es ist, wie wenn einer eine Schaufel nimmt und einfach immer wieder gegen den Boden schlägt. Nicht an der Kante freilich, das würde nachklingen, die Schärfe der Stahlklinge, ihre messerscharfe Kante ausgeschlagen, wie es wird, wenn sie älter werden, aber trotzdem ist es der einzige saubere Teil einer Schaufel. Komisch ist das, aber so ist es eben. Und der schwarze Stahl ist dort silbern, abgenützt, wie eine neue Münze, so glänzend. Die Schaufel, andere Schaufeln, die Schaufel in seinem eigenen Keller, die von zu Hause, als er ein Junge war, die bei der Arbeit. Die kurze Schaufel im Kofferraum des Wagens für den Sand im Winter und wenn man steckenbleibt. Er sollte lieber diesen Reifen wechseln lassen. Harvey drüben an der Shelltankstelle hat gesagt, daß er ihm nicht mehr gefällt.

Phyllis wird die Polizei rufen, wenn dieses verdammte Geräusch nicht bald aufhört. Ray möchte nicht so weit gehen, er möchte lieber hinausgehen und nachsehen, wenn es was zu sehen gibt. Man kann dort drüben pausenlos jemand schreien hören. Vielleicht hat Gertrude Schwierigkeiten mit dem Kind. Obwohl es eine Schande ist, wie sie es behandelt. Phyllis war unlängst drüben, und das Kind hatte ein blaues Auge, Paula schüttete ihr heißes Wasser ins Gesicht, Gertrude brüllte, daß wenn Sylvia schwanger ist, dann würde sie sie umbringen. Phyllis hatte den

Eindruck, als ob es dem Kind egal wäre, ob es lebt oder stirbt. Manchmal frage ich mich, wie der ganze Haufen dort drüben überhaupt am Leben bleiben kann. Man weiß doch, daß Gertrude nicht genug Geld kriegt, um so viele Mäuler zu stopfen. Das kommt ganz sicher aus dem Basement, ein solches Geräusch kann von keiner anderen Fläche als von Beton kommen. Das seltsamste Geräusch, das ich je von einer Schaufel gehört habe. Man fragt sich wirklich, was um alles in der Welt die dort drüben treiben.

Phyllis sagt, sie können da nicht ewig aus dem Fenster glotzen. Und sie hat gesehen, wie vor kurzem ein Licht angegangen ist. Und ein Geschrei. Es ist also doch Gertrudes Basement, sie hält es wie einen Schweinestall, und es ist praktisch mitten in ihrem eigenen Wohnzimmer, weil die Häuser so eng aneinander gebaut sind. Es können nicht mehr als drei Meter von diesem Kellerfenster sein und über den Weg zu ihrer Eingangstür. Warten wir noch ein wenig, meint Ray, vielleicht hört es auf. Aber jetzt schreien sie wieder, sobald wir ins Haus zurückgehen, schreien sie.

Weil Sylvia nicht gehorcht. Wie ein geblendetes Tier, sogar als die Lichter angehen und Gertrude wach, um ihr zu befehlen, sie macht stur weiter mit der Schaufel. Gertrude ist verwirrt. Sie wird Johnny und Stephanie wecken, und Paula, die morgen zur Arbeit muß – sollen die Kinder hier herunterkommen und sie schlagen, sie zur Vernunft bringen? Sie wachen nicht einmal auf von dem Geräusch. Soll sie nur. Soll sie nur. Solange es die Nachbarn nicht stört. Die Vermillions sind schon einige Zeit zu Hause, jetzt werden sie schon im Bett sein. Die hören sowieso nie was. Die haben noch nie ein einziges Wort gesagt. Die sind sicher. Aber ist es sicher, sie das machen zu lassen? Was, wenn sie irgendeinen Trick versucht? Gertrude ist müde. Erschöpft. Krank und unter Medikamenten. Ihr Ausschlag ist ärger. Und dieses Monster hört nicht einmal hin. Hat nicht einmal Angst. Klopft einfach weiter. Das ist noch nie passiert, daß sie nicht gehorcht hat. Ich meine, überhaupt nicht hinhört, nicht einmal aufblickt, Gertrude hat ihr eine Ohrfeige gegeben, und sie hat sie gar nicht beachtet.

Spürt sie nicht einmal. Nicht so, wie wenn sie nur so tut, um einen zu ärgern. Kann kaum stehen, aber sie klopft immer weiter –

das Zeug wird *mich* noch verrückt machen. Was, wenn sie sich mit der Schaufel auf mich stürzt? Vielleicht sollte ich doch die Kinder herunterholen. Man muß sie nur ansehen, halbnackt und verdreckt, das Gesicht ganz fest verschlossen wie eine Schreibtischlade, wenn ich sie ansehe. Sie blickt richtig durch mich durch. Wie eine Verrückte. Wie wenn sie den Verstand vollständig verloren hätte. Vielleicht war sie immer schon so, vielleicht war es das, was schon die ganze Zeit mit ihr nicht stimmte. Ja, vielleicht hole ich doch die Kinder. Was, wenn sie ausbrechen will, das würde uns eine Menge Scherereien bringen. Denn sie wird wirklich unheimlich. Ich habe mich noch nie vor ihr gefürchtet. Wenn ich vor ihr gestanden bin, meine ich, nicht wenn ich oben war und daran dachte – daß sie uns vielleicht irgendwann alle erwischt. Denn jetzt, wenn ich so vor ihr stehe, überall auf ihrer Hose Scheiße und so dürr und kann sich kaum auf den Beinen halten, aber ich habe das Gefühl, daß sie die Kraft hat, mich umzubringen. Sie könnte es auch. Wenn sie sich nur einmal lange genug konzentrieren würde. Wie eine verdammte Maschine mit dem Zeug da.

»Ich habe gesagt, hör auf damit. Sylvia. Hör zu. Sylvia. Du wirst alle aufwecken. Sylvia, ich werde Johnny runterholen, und wir werden dir was zeigen. Wenn du nicht aufhörst. Warum bist du nicht ein braves Mädchen und ersparst dir eine Tracht Prügel und hörst auf damit. Aufhören, habe ich gesagt!«

Und sie blickten einander an, aber das Mädchen hatte sie überwunden. War darüber hinaus. Gertrude wußte das und ging sogar hinauf. Die Schaufel fing wieder an.

Sie kann ihren Arsch die Treppe hinaufbefördern und die anderen auch, wenn's nach mir geht, ich werde sie umbringen; wenn sie in die Nähe kommen, werde ich ihnen das Hirn ausblasen, verdammt noch mal, ich werde ihnen ihre vertrottelten Schädel einschlagen, ja, das werde ich tun. Ihr nennt mich doof, ihr Schweine. Nein, meine Lieben. Niemals. Das lasse ich mir von dieser verrückten Gertrude nicht bieten. Von keinem von denen lasse ich mir das bieten. Ich werde es schaffen. Ich werde weiterklopfen, ich werde so viel Lärm machen, wie ich kann, bis jemand kommt und nicht nur sie. Das ganze beschissene Pack soll kommen, und ich werd's ihnen zeigen. Nein, Sir, ich tu', was ich tu'. Immer wieder, so fest ich kann. Ich tu's.

Der Rücken, manchmal spürt man ihn, manchmal nicht. Die Kraft geht ins Blut über, die Schultern könnten manchmal ewig so weitermachen, immer dieselbe verdammte Bewegung bum bum bum, man hört zu, was kann man denn sonst machen, während man es tut, langweiliger wahrscheinlich als irgendwas anderes auf der ganzen Welt, aber trotzdem ist meine ganze Kraft nur mehr dazu da. Gertrude auch, das war was, sie hat so gezittert, daß es meinen ganzen Rhythmus durcheinandergebracht hat, SOS, wenn ich mich nur an diesen Morsecode erinnern könnte; wenn man was vom Geschäft versteht wie Danny, dann weiß man das, ich würde sie garantiert alle herkriegen, sie würden es alle hören, Streifenwagen, Kurzwellenradiostationen, Schiffe am Meer, Gott, oder wenigstens einer seiner stellvertretenden Engel, und ich könnte allen Kindern in der Schule sagen, wie ich gerettet wurde. Erzähl uns doch mal diese Geschichte, dann grinsen und sich zurücklehnen, während sie auf mich zukommen, was hast du dann gemacht? und ich warte eine kurze Minute, nicht zu lang, denn so beliebt bin ich nun wieder auch nicht, aber ich hätte was Besonderes, und sie könnten eine Minute warten, man muß es zeitlich richtig abstimmen und dann sagen, daß man eine Sirene hörte.

Oder ein Klopfen an der Tür, das wäre gut, denn das ist nicht so interessant wie eine Sirene, aber es gibt einem mehr Möglichkeiten, dann Schritte, die herunterkommen und du stürzt dich in ihre Arme, da sind, wollen mal sehen, Vermillion oder vielleicht ein anderer Nachbar. Und Gertrude hinter ihnen? Mit diesem »Jetzt müssen wir sie an der Nase rumführen«-Gesicht? »Hier ist alles in bester Ordnung.« Nein, verflucht, nein. »Dieses Mädchen macht mir wirklich zu schaffen.« Schaffen, ich werde so lange auf den verdammten Boden klopfen, bis er in Stücke fällt direkt zur Erde darunter, werde mir mit einem Tunnel den Weg hinausschaufeln wie in diesen Büchern, die Hardy-Jungs, meinen Weg nach China schaufeln, warum nicht. Kann ich. Was kann ich?

Du kannst weitermachen. Kannst weitermachen bis du umfällst. Denn das ist deine einzige Chance jetzt, Cookie, nur du, nicht sie, sondern du. Denn am Ende bist es wirklich nur du und niemand anderer. Und du mußt.

»Hör zu, Ray, das geht nun schon drei Stunden so, und ich hab' es endgültig satt. Ich habe das Recht, eine Ruhestörung zu melden. Wenn Gertrude ein Telefon hätte, wäre das nicht nötig, aber ich kann doch nicht einfach rübergehen und an die Tür klopfen, ohne daß das Schnüffelei wäre.« »Warum nicht?« »Du weißt genau, warum nicht. Du hast dieses Geschrei oft genug gehört. Aber diese Schaufel, oder was es sonst ist, das ist einfach zu viel. Ich muß morgen zur Arbeit.« »Ich auch, und ich möchte keine verdammten Bullen hier haben, die mich wachhalten.« »Du bist sowieso wach; komm her, und hilf mir die Polizei rufen.« »Du kannst doch alleine mit einem Telefon umgehen, oder?« »Aber auf dich werden sie mehr hören.« »Aber nein, das stimmt nicht. Und außerdem will *ich* sie ja nicht rufen, sondern *du*. Also mußt du es selber machen.« »Ach, komm schon, Ray, wir werden was unternehmen müssen, wenn wir heute nacht noch schlafen wollen, bitte Ray.« »Okay, verflucht, wart mal bis ich mir die Hose anziehe.« »Hör mal, hörst du das?« »Was?« »Hör doch mal. Was hörst du?« »Nichts.« »Eben. Es hat aufgehört.« »Na, Gott sei Dank.«

Alles ist finster. Und ich komme zu mir und höre die Stille. Denn am Ende konnte ich nicht mehr. Weiß nicht, wie lange. Hab's versucht, und es hat sich herausgestellt, daß ich nicht konnte. Hab' damit zu lange zugewartet. Es hatte ohnehin keinen Sinn. Es kommt niemand. Nicht einmal Gertrude kommt mit den anderen zurück, um mich zum Schweigen zu bringen. Konnte nicht, kann nicht, die Teile wollten sich nicht mehr bewegen, sie haben mir den Dienst aufgekündigt, konnte sie auch nicht zwingen. Leg dich hin, vielleicht könnten sie es jetzt ein- oder zweimal schaffen. Egal. Leg dich hin, bevor du umfällst. Alles dreht sich, sogar der Beton bewegt sich unter meinen Füßen. Wenn es so weit kommt, läßt einen der Körper einfach im Stich. Er kann nicht weitermachen, dieselbe Sache ewig weitermachen, wenn er nicht genug Kraft hat. Ruh dich aus. Es macht nichts. Es ist schließlich doch alles egal. So wird es. Eine lange Zeit macht man weiter und dann schließlich erkennt man es. Aber trotzdem will man es sich sagen oder auch wem anderen, wenn es jemand anderen gäbe, daß es egal ist. Daß das Ganze irgendwie ein Irrtum war. Sogar leben war etwas, was man nicht hätte tun sollen. Egal. Ich komm' sowieso raus. Ich bin schon draußen. Ich kenne noch einen Weg, und der ist weniger anstrengend als klopfen. Warte nur, und du schaffst es schon. So oder so. Denn nichts von dem sollte eigentlich passieren. Ich hätte überhaupt nie leben sollen. Denn mein Leben war Scheiße. Sie sollten es einfach ausradieren wie einen Fehler. Ein verdammter Fehler, ein gemeiner Trick.

Die ganze Zeit hier – Juli und August und Tage und Wochen von dem da, und die Dinge werden schrittweise ärger, und man merkt es gar nicht und denkt sich nichts dabei, weil es immer weitergeht, und du bist mitten drin, und du kannst nicht aus. Nicht einmal, um es dir anzusehen. Und die ganze Zeit war es ein Betrug, glauben, daß ich rauskönnte oder abhauen, und vorher, daß sie aufhören würden oder daß meine Leute kommen.

Sie sind nie gekommen, und jetzt ist es, als wären sie Gespenster und sind toter noch als ich. Und dann habe ich doch Hunde. Und etwas zum Draufliegen. Ich kann hier liegen, und ich kann sie alle verfluchen, sogar Gott. Hier liegen und sterben und alles sagen was ich will. Es gibt keinen Gott. Das habe ich erkannt. Ich dachte, man muß sterben und dann zurückkommen, so heißt es doch, und niemand ist je zurückgekommen, also wissen sie nichts. Das gute Wort verbreiten, darüber plappert Reverend Julian immer, verbreite es selber, du Schwachkopf, verbreite es wie Erdnußbutter über alle, mach nur, so werden sie steckenbleiben wie Ameisen, dort, wo sie gerade sind. Aber was ist, wenn sie mit meinem Körper was machen. Mein Gott – wenn man sich überlegt, was sie alles tun könnten. Das Zeug, von dem sie immer reden, das Sexzeug und die ganze Hurengeschichte. Randy und Rickie könnten die ganze Nachbarschaft einladen und sich abwechseln. Mein Gott. Aber was macht es dir denn aus? du bist tot. Mich zerschneiden. Sie könnten mich zerschneiden. Zerstükkeln wie in den Comics und Zeitungen. Leute zerhacken und sie in Koffer stecken, man findet sie dann auf Bahnhöfen, eine Frau wurde zerstückelt und dann irgendwo in den Kofferraum eines Wagens gesteckt. Was macht man mit einer Leiche? Es ist mein eigener Körper. Und was, wenn es dein eigener Körper ist?

Wahrscheinlich ist es so, daß man ihn verläßt, daß man ihn wirklich einfach gehenläßt und sich dann nicht mehr drum schert. Aber wie läßt man etwas gehen wo man drinsteckt, die Hände von dieser Haut wegtun, wenn es deine eigene Hände sind und sie drinstecken in der Haut. Alle diese Verbrennungen. Armer Arm. Armes Ding. Ich muß dich ziehen lassen. Und weiß noch nicht einmal, wie. Aber ich bin so schläfrig. Es wird schrecklich gut sein, sich auszuruhen. So angenehm. So ist es, ich gönne mir was Gutes. Ich werde sogar meinen armen Arm küssen. Und die Wunden ablecken. Das habe ich noch nie getan. Meistens in der Nacht nachdem sie mich geschlagen haben, habe ich nur so dagelegen und es weh tun lassen. So wie sie es mir sagten, so wie ich es verdiente. Habe die Schmerzen nie weggeküßt. Das Hündchen hat's getan, aber ich konnte es nicht abhalten, fühlte sich angenehm an, und es ist auch einsam. Besser als Leute. Könnte sogar die Stelle dort unten küssen, wo sie mich immer hineintreten, es ist ganz geschwollen, aber das ist zu anstrengend, sich so weit vorzubeugen. Wie angenehm es sich früher auch angefühlt hat, und es fühlte sich echt gut an manchmal, wenn ich es berührte, niemand anderer hat es je so gut berührt, und das ist schade, wenn ich es mir überlege, jetzt, wo's zu spät ist, denn deshalb haben sich alle so aufgeregt. Nur darüber. Was, wenn man sein ganzes Leben seine Ohren verstecken muß, es ist so verrückt, wenn man darüber nachdenkt.

Es gibt einen Ausweg. Wenn ich den großen Polizeihund dazu bringen kann, sich zu bewegen, kann ich meinen Kopf auf ihn legen und das Hündchen halten und mich wärmen. Das ist nicht so schlecht. Ein wenig schlafen. Es wird schon kommen. Man braucht gar nichts zu tun. Bald wird es sogar wieder licht werden. Wenn der frühe Morgen ganz kalt beginnt, gleich am Anfang, wenn man noch nicht sicher ist, ob es nicht noch genauso schwarz ist wie vorher, und wenn es ein schöner Tag wird, dann wird der Himmel von schwarz zu richtig dunkelblau und dann echt langsam hellblau. Aber es wird ein Scheißtag werden, man sieht es schon, erst schwarz, dann die vielen Grautöne immer heller und heller bis der Tag eine stumpfe Art von weiß ist. Und keine Sonne, nur dummes Tageslicht, irgendwie dunstig und entmutigend. Nicht viel besser als die Nacht. Irgendwie leer. Blah.

Ja, es sieht aus, als ob es so sein wird. Für sie, nicht für mich. Machen wir es grau, das bin ich. Fast dasselbe Grau wie diese Spinnwebe hier. Totes Zeug überall drüber, alles voll von diesem grauweißen Zeug. Vielleicht nicht die Spinne, vielleicht jemand, den sie gefressen hat. Aber egal, sie sind nur Flecken drin in diesem Zeug. Irgendwie abstoßend. Irgendwie hübsch. Nicht wie die Spinnwebe auf Bildern, lauter gerade Linien und echt fein und wie Regenbogen aus Licht, sondern eine klumpige Art von Spinnwebe. Vielleicht ist es eine andere Sorte, die Sorte die in Gertrudes Basement vorkommt, wie wenn sie schon seit einer Million Jahren hier ist, und die Leichen, wahrscheinlich ist es das, es ist als wären sie mit Mehl oder einer Paste überzogen, nicht diese Schulpasta, wo es so lustig war, sie aus den kleinen Gläsern zu essen, die die Lehrerin verteilte, obwohl wir sie nicht hätten essen dürfen, hat es jeder getan, und dann behaupteten wir, wir hätten es wirklich aufgebraucht, in einem großen Glas war es, nicht die Art, die man zu Hause hat, die ist auch weiß aber milchig, in einer Plastikflasche. Ich kann mich noch an Sachen erinnern, Elmer Bordens Kuh, aber manchmal kann ich nicht einmal mehr zählen eins zwei drei vier, aber fünf und sechs bringe ich schon durcheinander. Acht. Zehn. Neun war immer schon schwer. Schwarz dachte ich, denn fünf ist rosa und sechs ist rot und drei ist gelb und eins ist weiß und null ist leer. Null, denn null muß man sich auch merken, es ist ein Buchstabe, nein eine Zahl, und man kann keine Mathematik betreiben ohne sie, Fräulein, und ich vergesse, mit welchem Namen sie uns vorgestellt wurde.

Es war mir immer schon egal. Auch jetzt. Weder sie noch ich, es war nie wert, sich darum zu kümmern. Eingehüllt in dieses weiße Zeug; wie Eibischpasta im Mund zergeht, das war lustig. Was, zum Teufel, war lustig? Lustig, das ist lange her, und die Erinnerung daran ist nicht lustig. Ist nicht einmal interessant. Komm schon, *jetzt* mußt du dran bleiben. Du mußt wach bleiben und dich darauf konzentrieren, wie man stirbt und von hier rauskommt. Dieses weiße Zeug, das ist wie das Zeug, das auf die Pflanzen kommt, Schildlaus hat es Mutti genannt. Vergiß Mutti. Mach weiter, irgendwo höher. Schau nicht weg von diesem Spinnwebzeug, das ist das Geheimnis. Sie sind alle gekommen, sie haben alle dort gelebt oder sind geholt worden und gefangen und sind gestorben. Aber die Spinne auch, genauso wie der, den sie in die Falle lockte.

Es ist nicht wichtig. Am Ende ist es nicht wichtig. Alle gehen unter, irgendwann kommt jeder dazu, das Licht einmal durch das Fenster zu sehen, bevor es aufhört, in deine Augen zu dringen. Denn jetzt wird es hell, echt hell. Jetzt kann ich schon fast den ganzen Raum sehen, wenn ich sehen kann. Aber ich kann eigentlich nicht sehen, ab und zu kann ich nicht sehen. Ich dachte, ich habe die Augen geschlossen. Ich dachte, ich bin eingeschlafen. Denn das mache ich die ganze Zeit, und es geht hin und her, wie wenn sie einen k. o. schlagen. Aber ich habe es gescheckt, indem ich den Arm bewegte. Und das hat lange gedauert, denn ich kann mich kaum mehr rühren. Aber meine Augen waren offen. Ich hab' sie berührt. Aber sie haben nichts gesehen. Nichts. Überhaupt nichts. Nicht einmal die Dunkelheit. Denn man kann die Dunkelheit sehen, wenn man die Augen offenhält. Man kann die Dunkelheit sehen, obwohl man im Finstern nichts sieht. Und meine Augenlider waren ganz offen. Aber es war so, als wären meine Augen fort. Wie leere Löcher im Gesicht. Wie wenn jemand sie herausgerissen hat. Es ist schon morgen, und ich kann nicht sehen.

Jetzt ist es endlich da. Es ist, als ob es in mir drinnen überall schreien würde. Dieses Schreien ist drinnen im Kopf. Nicht einmal im Bauch, sondern mitten im Kopf. Und meine Lippen bluten. Ich habe Angst, Lippen so schrecklich, ich kann nicht aufhören, obwohl es in meinem Mund blutet und überall vorne und jedes Mal, wenn meine Zähne fest zubeißen, dann beiße ich mich selber und meine Haut, es tut nicht weh, denn ich achte nicht darauf, aber es fühlt sich so an, als hätte ich mir die Lippen fast entzweigebissen, und es macht nichts, ob es weh tut, der Schmerz ist so groß, daß ich ihn nicht spüren kann. Denn wo es am schlimmsten ist, das sind die Augen. Noch vor einer Minute habe ich durch die Kellerfenster geschaut und das Licht gesehen und jetzt sehe ich nichts. Ich sehe zu ihnen hin, aber sie sind nicht mehr da. Ja, jetzt ist es endlich da.

Nachwort

John Baniszewski, Coy Hubbard und Richard Hobbs, alle minderjährig, wurden wegen Totschlags zu einer Rahmenstrafe von zwei bis einundzwanzig Jahren verurteilt, kamen aber nach achtzehn Monaten frei. Paula Baniszewski, damals achtzehn, wurde wegen Mordes zu lebenslanger Haft verurteilt. Paula brach aus, wurde gefaßt, erhielt einen neuen Prozeß, in dem sie sich des Totschlags schuldig bekannte, wurde zu zwei bis einundzwanzig Jahren verurteilt, brach wieder aus, wurde wieder gefaßt. Paula ist seither entlassen, sie ist verheiratet und hat zwei Kinder. Gertrude Baniszewski wurde wegen vorsätzlichen Mordes zu lebenslanger Haft verurteilt, legte Berufung ein und bekam einen neuen Prozeß, wurde wieder wegen Mordes verurteilt und sitzt derzeit ihr dreizehntes Haftjahr ab. Sie befindet sich noch in der Frauenhaftanstalt von Indiana.

Erica Fischer

MANNHAFT

Vernehmungen einer Feministin zum großen Unterschied
KiWi 148

In Gesprächen mit Männern hat die Feministin Erica Fischer nach Spuren von fast 20 Jahren Frauenbewegung gesucht. In autobiographischen Notizen und politischen Analysen durchforstet sie den Zustand des Patriarchats. Mit diesem Buch möchte die Autorin Männern die Dringlichkeit eines verstärkten männlichen Engagements gegen die Herrschaft der Männer nahebringen und Frauen dazu ermuntern, ein solches Engagement von ihren Männern zu fordern.

Lena Christ im dtv

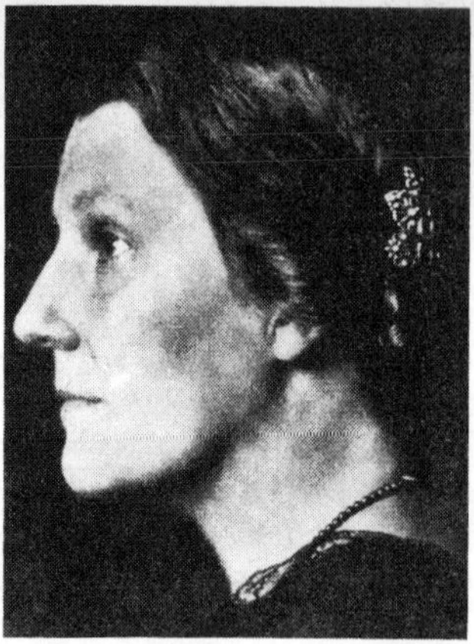

Erinnerungen einer Überflüssigen

Die Geschichte einer Jugend, in der die Idylle einer Kindheit bei den Großeltern auf dem Lande von langen qualvollen Jahren in der Gewalt einer lieblosen Mutter abgelöst wird. Es war Lena Christs erstes Buch, und sie trat damit als Dichterin der »kleinen Leute« an die Seite ihres großen Zeitgenossen Ludwig Thoma. dtv 10811

Die Rumplhanni

Die Rumplhanni, Dienstmagd auf dem Hauserhof, würde dort gar zu gern Jungbäuerin werden. Ihr Versuch, der Sache ein wenig nachzuhelfen, geht schief, und so verläßt Hanni das Dorf, um in München ihr Glück zu machen ... dtv 10904

Mathias Bichler

Mathias Bichler hat es als Findelkind nicht gerade leicht. Er erlebt so allerlei, gerät in lustige und weniger harmlose Situationen, bewahrt sich aber trotz aller Schicksalsschläge seine naiv-selige Weltfreude. Ein wundervoll lebensechter, bayerischer Abenteuerroman. dtv 11035

Madam Bäurin

In der Sommerfrische auf einem bayerischen Bauernhof stellt die höhere Tochter Rosalie Scheuflein fest, daß ihr der Sohn des Bauern lieber ist als jeder noch so vermögende Stadtmensch. – Eine heiterbewegte Geschichte aus der Zeit der Jahrhundertwende. dtv 11089

Lausdirndlgeschichten

Lena Christ erzählt von den Streichen und Erlebnissen beim geliebten Großvater auf dem Land und von den weniger guten Erfahrungen als uneheliche, unerwünschte Tochter bei der Mutter in München.
dtv großdruck 2577

Bauern
Bayerische Geschichten

Mit leisem Humor und in lebendiger Sprache schildert Lena Christ das Landleben, wie sie es in ihrer Jugend erlebt hat und wie es selten gezeigt wird. Oft genug gehen dabei die Frauen als Siegerinnen über die hochmütigen und gedankenlosen Männer hervor.
dtv 11169

Marguerite Duras im dtv

Foto: Hélène Bamberger

Die Englische Geliebte

Den bestialischen Mord an der taubstummen Marie-Thérèse Bousquet kann sich in Viorne niemand erklären. Man findet Teile ihrer Leiche in Eisenbahnwaggons überall in Frankreich. Nur der Kopf bleibt verschollen. Die Kriminalpolizei besucht das örtliche Cafe, stellt Fragen, versucht dem Mörder auf die Spur zu kommen. Hauptleidtragende sind Claire und Pierre Lannes. Marie Thérèse war die Kusine von Claire und hat dem Ehepaar den Haushalt geführt. Obwohl noch kein Verdacht auf sie gefallen war, gesteht Claire überraschend den Mord. Ein Motiv scheint sie nicht zu haben, und sie scheint auch keine Reue zu empfinden ... dtv 10730

India Song

›India Song‹ ist eine Melodie aus der Zeit zwischen den Kriegen und die Geschichte einer Liebe, erlebt im Indien der dreißiger Jahre in einer übervölkerten Stadt am Ufer des Ganges. Im Mittelpunkt steht Anne-Marie Stretter, die schöne und elegante Frau des französischen Botschafters. dtv 10996

Zerstören, sagt sie

In einem abgeschiedenen Hotel, das umgeben ist von einem rätselhaften, undurchdringlichen Wald, erholt sich Elisabeth Alione von einer Fehlgeburt – und wird zum Objekt der Begierde. Die achtzehnjährige Alissa und ihre beiden Liebhaber, ein Pariser Professor und der Jude Stein, beobachten sie, verfolgen sie, wollen sie besitzen, vielleicht auch zerstören. Die Identitäten verschmelzen ... dtv 11063

Die grünen Augen

Kino ist für Marguerite Duras mehr als nur Kino. Wenn sie über Filme spricht oder schreibt, reflektiert sie das ganze heutige Leben: den Schrecken über die erste Atombombe, die Veränderungen der Welt durch das Fernsehen, die Revolte von '68, ihre eigenen Filme und Bücher, ihre Gefühle beim Schreiben und ihre Ansichten über Kollegen. dtv 11185

Irmgard Keun im dtv

Foto: Isolde Ohlbaum

Das kunstseidene Mädchen

Doris, das kunstseidene Mädchen, ist Sekretärin bei einem Rechtsanwalt. Sie will weg aus der Provinz, die große Welt erobern. In Berlin stürzt sie sich in das Leben der Tanzhallen, Bars und Literatencafes, macht Konversation, läßt sich in vornehme Lokale einladen, goutiert die »feine Gesellschaft« – und bleibt doch allein. dtv 11033

Das Mädchen, mit dem die Kinder nicht verkehren durften

Von den Streichen und Abenteuern eines Mädchen, das nicht bereit ist, die Welt einfach so zu akzeptieren, wie sie angeblich ist. Wir erfahren alles über Tinten-Attentate, Tee in der Cognacflasche, die »Horde der rasenden Banditen« und was man gegen Klassenbuchtadel, die Beschlagnahmung der Rollschuhe, langweilige Familienfeiern und Schilder mit der Aufschrift »Spielen verboten« unternimmt. dtv 11034

Gilgi – eine von uns

Gilgi ist einundzwanzig und hat einiges satt: die Bevormundung durch ihre (Pflege-)Eltern, die »sich ehrbar bis zur silbernen Hochzeit durchgelangweilt« haben, die »barock-merkantile« Zudringlichkeit ihres Chefs und den Büroalltag sowieso. Da trifft es sich gut, daß sie sich in Martin verliebt. Doch als sie bei ihm eingezogen ist, kommen Gilgi Zweifel... dtv 11050

Nach Mitternacht

Deutschland in den dreißiger Jahren. Die neunzehnjährige Susanne will zusammen mit ihrem Freund Franz einen Zigarettenladen aufmachen. Doch er wird denunziert. Als er aus der Schutzhaft entlassen wird, rächt er sich bitter. Susanne muß sich entscheiden: für oder gegen Franz. dtv 11118

Kind aller Länder

Die zehnjährige Kully und ihre Eltern verlassen Deutschland, weil der Vater als Schriftsteller bei den Nazis unerwünscht ist. Es beginnt eine Odyssee durch Europa und Amerika ... dtv 11156

D-Zug dritter Klasse

In der Zeit des Nationalsozialismus treffen in einem Zug von Berlin nach Paris zufällig sieben Menschen aus unterschiedlichsten Gesellschaftsschichten und mit unterschiedlichsten Reisemotiven zusammen ... dtv 11176

Doris Lessing im dtv

Foto: Isolde Ohlbaum

Martha Quest

Die Geschichte der Martha Quest, die vor dem engen Leben auf einer Farm in Südrhodesien in die Stadt flieht. dtv/Klett-Cotta 10446

Eine richtige Ehe

Unzufrieden mit ihrer Ehe sucht Martha nach neuen Wegen, um aus der Kolonialgesellschaft auszubrechen. dtv/Klett-Cotta 10612

Sturmzeichen

Martha Quest als Mitglied einer kommunistischen Gruppe in der rhodesischen Provinzstadt gegen Ende des Zweiten Weltkriegs. dtv/Klett-Cotta 10784

Landumschlossen

Nach dem Krieg sucht Martha in einer Welt, in der es keine Normen mehr gibt, für sich und die Gesellschaft Lösungen. dtv/Klett-Cotta 10876

Die viertorige Stadt

Martha Quest geht als Sekretärin und Geliebte eines Schriftstellers nach London und erlebt dort die politischen Wirren der fünfziger und sechziger Jahre. dtv/Klett-Cotta 11075

Kinder der Gewalt
Romanzyklus
Kassettenausgabe der fünf oben genannten Bände
dtv/Klett-Cotta 59004

Vergnügen · Erzählungen
dtv/Klett-Cotta 10327

Wie ich endlich mein Herz verlor
Erzählungen
dtv/Klett-Cotta 10504

Zwischen Männern
Erzählungen
dtv/Klett-Cotta 10649

Nebenerträge eines ehrbaren Berufes · Erzählungen
dtv/Klett-Cotta 10796

Die Höhe bekommt uns nicht
Erzählungen
dtv/Klett-Cotta 11031

Ein nicht abgeschickter Liebesbrief
Erzählungen
dtv/Klett-Cotta 25015 (großdruck)

Die andere Frau

Eine auf den ersten Blick klassische Dreiecksgeschichte, die bei Doris Lessing jedoch einen ungewöhnlichen Ausgang findet.
dtv/Klett-Cotta 25098 (großdruck)

Joyce Carol Oates im dtv

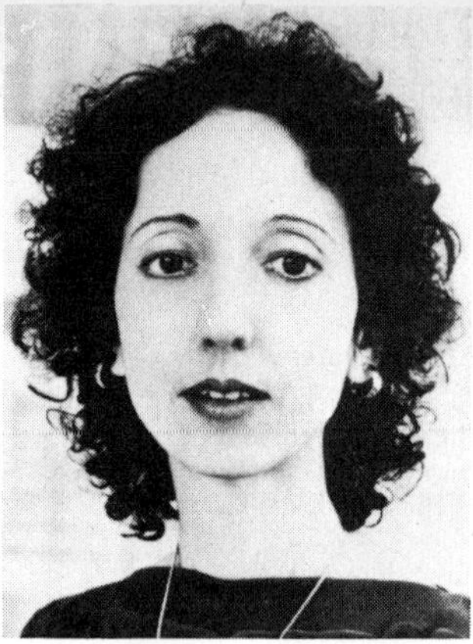

Grenzüberschreitungen

Zart und kühl, bitter und scharf analysierend, erzählt die Autorin in fünfzehn Kurzgeschichten von der alltäglichen Liebe, dem alltäglichen Haß und ihren lautlosen Katastrophen. dtv 1643

Jene

Die weißen Slumbewohner in den Armenvierteln des reichen Amerika, die sich nicht artikulieren können, sind die Helden dieses Romans. Die Geschichte einer Familie, aber auch die Geschichte Amerikas. dtv 1747

Lieben, verlieren, lieben

Von ganz »normalen« Menschen erzählt die Autorin, vor allem von Frauen, von Hausfrauen, Ehefrauen, Müttern und Geliebten. »Alle Erzählungen variieren die paar Grunderfahrungen vom zwar sehnsüchtig erwarteten, aber nie erreichten Glück auf der Erde . . .« (Gabriele Wohmann) dtv 10032

Ein Garten irdischer Freuden

Ein Mädchen will ihren ärmlichen Verhältnissen entfliehen. Sie tut es – nichts anderes bleibt ihr übrig – mit Hilfe von Männern. dtv 10394

Bellefleur

Der Osten der USA ist der Schauplatz dieser phantastischen Familiensaga. Aus dem Leben der Menschen des Hauses Bellefleur wird ein amerikanischer Mythos. dtv 10473

Im Dickicht der Kindheit

In einem Provinznest lebt die starke, in ihrer Sinnlichkeit autonome Arlene mit ihrer jungen Tochter Laney, deren Schönheit und Wildheit der vierzigjährige Aussteiger Kasch verfällt. dtv 10626

Engel des Lichts

Die Geschichte einer alten Familie in Washington, die zwischen Politik und Verbrechen aufgerieben wird. Ein mit meisterhafter psychologischer Genauigkeit entworfenes Szenarium des emotionalen und sexuellen Verrats. dtv 10741

Unheilige Liebe

Auf dem Campus einer exklusiven Privatuniversität spielen die Mitglieder des Lehrkörpers eine »Akademische Komödie des Schreckens«. Sie lieben sich, sie hassen sich, aber keines dieser Gefühle hält vor. dtv 10840

Letzte Tage

Amerikanische Kleinstädte und europäische Metropolen sind die Schauplätze dieser sechs Erzählungen. dtv 11146

Gabriele Wohmann im dtv

Foto: Isolde Ohlbaum

Alles zu seiner Zeit
Erzählungen

»Das Gräßlichste ist, daß man so unverstanden bleibt.« Ein Satz, der als Motto über allen diesen Erzählungen stehen könnte. Gabriele Wohmanns Gestalten leiden fast alle unter dem Unverständnis ihrer Umgebung. Hilflose Anstrengungen werden unternommen, um zu verschleiern, daß die menschlichen Beziehungen gestört sind; Freundschaften und Ehen zerbrechen.
dtv 1164

Sieg über die Dämmerung
Erzählungen

Schlimm genug, bei einem Picknick im Sommer das »fünfte Rad am Wagen« zu sein. Aber wenn man außerdem unter Asthma leidet, von eleganten Freunden intellektuell deklassiert, von der eigenen Frau bemitleidet und schließlich zum Gegenstand eines boshaften »Spaßes« gemacht wird, dann ist der Zeitpunkt gekommen zu gehen ...
dtv 1621

Ach wie gut, daß niemand weiß

Marlene Ziegler, eine übersensible junge Frau, die als Psychotherapeutin Karriere gemacht hat, flüchtet aus ihren »inländischen Verstrickungen« in die Schweiz, um dort eine Praxisvertretung zu übernehmen. Sie verspricht sich viel von dieser Veränderung. Doch weder ihr Beruf noch die oberflächlichen Affairen mit Männern bringen ihr die ersehnte innere Ruhe. Schritt für Schritt gleitet sie aus der Normalität ...
dtv 10100

Einsamkeit

Die Protagonisten dieser Erzählungen haben Familie, Freunde, Bekannte, Nachbarn, und doch machen sie alle die Erfahrung, allein zu sein – auch oder gerade in Gesellschaft anderer. Sie reden zwar miteinander, sind aber unfähig zur Kommunikation. Mißverständnisse, Angst, Langeweile stellen sich ein.
dtv 10275